袁永飞 著

《老子指归》的哲学研究

儒道释博士论文丛书

巴蜀书社

《儒道释博士论文丛书》由上海城隍庙和北京东岳庙资助出版

《儒道释博士论文丛书》缘起

国家“985 工程”四川大学宗教、哲学与
社会研究创新基地首席科学家
《儒道释博士论文丛书》
编委会主编　卿希泰

儒道释是中华民族传统文化的三大支柱，源远流长，内容丰富，影响深远，它对中华民族的共同心理、共同感情和强大凝聚力的形成与发展，均起了极其重要的作用，是我们几千年来战胜一切困难、经过无数险阻、始终立于不败之地的精神武器，在今天仍然显示着它的强大生命力，并在新的世纪里，焕发出更加灿烂的光彩。

自从 1978 年中国共产党第十一届三中全会确立改革开放路线以来，我国对儒道释传统文化的研究工作，也有了很大的发展，在全国各地设立了许多博士点，使年轻的研究人才的培养工作走上了有计划有组织地进行的轨道，一批又一批的博士毕业生正在茁壮成长，他们是我国传统文化研究方面的一支强大的新生

力量，是有关各学科未来的学术带头人。他们的博士学位论文有一部分在出版之后，已在国内外的同行学者中受到了关注，产生了很好的影响。但因种种原因，学术著作的出版甚难，尤其是中青年学者的学术著作出版更难。因此还有相当多的博士学位论文难以及时发表。不及时解决这一难题，不仅对中青年学者的成长不利，且对弘扬中华优秀传统文化，促进学术交流也不利。我们有志于解决此一难题久矣，始终均以各种原因未能如愿。直到1999年，经与香港圆玄学院商议，喜得该院慨然允诺捐资赞助出版《儒道释博士论文丛书》，当年即出版了第一批共5本博士学位论文。此后的10余年间，在圆玄学院的鼎力支持及丛书编委会同仁的共同努力下，一批又一批优秀的博士学位论文通过这个平台展现在世人面前，到2013年，已出版了15批共130部；这些论著的作者，有很多已经成长为教授、博士生导师。2014年，圆玄学院因自身经济方面的原因，停止资助本丛书，我们深感遗憾，同时也对该院过往的付出与支持致以敬意和感谢！

令人欣慰的是，当陈耀庭教授得知本丛书陷入困境的消息后，即与上海城隍庙商议，上海城隍庙决定慷慨施以援手。2015年，慈氏文教基金有限公司董事长王联章先生也发心资助本丛书。学术薪火代代相传，施善之士前赴后继。在党中央弘扬中华民族优秀传统文化的英明决策指引下，本丛书必然会越办越好，产生它的深远影响。

本丛书面向全国（包括港澳台地区）征稿。凡是以研究儒、道、释为内容的博士学位论文，皆属本丛书的出版范围，均可向本丛书的编委会提出出版申请。

本丛书的编委会是由各有关专家组成，负责审定申请者的博士学位论文的入选工作。我们掌握的入选条件是：(1) 对有关学科带前沿性的重大问题做出创造性研究的；(2) 在前人研究的基础上有新的重大突破、得出新的科学结论从而推动了本学科向前发展的；(3) 开拓了新的研究领域、对学科建设具有较大贡献的。凡具备其中的任何一条，均可入选。但我们对入选论文还有一个最基本的共同要求，这就是文章观点的取得和论证，都须有科学的依据，应在充分占有第一手原始资料的基础上进行，并详细注明这些资料的来源和出处，做到持之有故、言之成理，避免夸夸其谈、华而不实。我们提出这个最基本的共同要求，其目的乃是期望通过本丛书的出版工作，在年轻学者中倡导一种实事求是地、一步一个脚印地进行学术研究的严谨学风。

由于编委会学识水平有限和经验与人力的不足，难免会有这样或那样的失误，恳切希望能够得到全国各有关博士点和博士导师以及博士研究生们的大力支持和帮助，对我们的工作提出批评和建议，加强联系和合作，给我们推荐和投寄好的书稿，让我们一道为搞好《儒道释博士论文丛书》的出版工作、为繁荣祖国的学术文化事业而共同努力。

2015年10月1日于四川大学宗教、哲学
与社会研究创新基地，道教与宗教文化研究所

编委会按：2017年，慈氏文教基金有限公司因自身原因中止资助，其资助金额由北京东岳庙管委会慷慨承担，谨此致谢。

目　录

序

严遵是西汉一位很重要的学者和哲学家，他是扬雄的老师，在西汉黄老学的传承和思想发展上做出了较大贡献。在中国哲学史上，他本应占有一席之地，但是实际情况是，他长期受到忽视，近百年来中国哲学史教科书很少提及他。究其原因，这是因为传世本《老子指归》（下文或简称《指归》）的真伪问题一直困扰着学界。长期以来，学者不能确定此书的真实性及其作者与严遵的关系，于是大家都做了很明智的选择，跳过了严遵或《老子指归》这一环。近四十年来，随着正向考证成果的不断增加，特别是随着出土简帛古本《老子》的发现，传世本《老子指归》的真实性及其作者与严遵的关系重新得到肯定。而与此同时，我们看到，研究严遵思想或《指归》思想的论著也在不断增加。永飞的博士学位论文《〈老子指归〉的哲学研究》正是在此学术背景下展开选题、论证，并经过写作和修改而完成的。

一

严遵其人及《老子指归》其书，这是研究严遵或《指归》思想首先必须讨论的两个问题。

先看严遵其人。严遵，字君平，原名庄遵，因避汉明帝讳而改名严遵。他主要生活在西汉元帝、成帝时期，属于西汉后期，其生卒年不详。他与大儒刘向（前79—前8）同时，而年龄略长。其弟子扬雄（前53—18）和刘向的儿子刘歆（前50—23）为汉廷同僚。

严遵的名声显扬于汉廷，最先得益于其弟子扬雄的宣传，史书云扬雄"数为朝廷在位贤者称君平德"（《汉书·王贡两龚鲍传》）。严遵的思想亦由扬雄率先传承和向外传播。《法言·问明篇》曰："楚两龚之絜（洁），其清矣乎！蜀庄沉冥。蜀庄之才之珍也，不作苟见，不治苟得，久幽而不改其操，虽随、和，何以加诸？举兹以旃，不亦珍乎！吾珍庄也，居难为也。不慕由，即夷矣，何毚欲之有？"这段话主要赞扬了严遵沉冥隐逸的人格，肯定了其才能，扬雄说严遵"才之珍"也。扬雄的学问来源之一是严遵，在《答刘歆书》中，扬雄说："尝闻先代輶轩之使，奏籍之书，皆藏于周秦之室。及其破也，遗弃无见之者。独蜀人有严君平、临邛林间翁孺者，深好训诂，犹见輶轩之使所奏言。翁孺与雄外家牵连之亲，又君平过误有以私遇，少而与雄也。君平财（才）有千言耳，翁孺梗概之法略有。"上引两段话是目前可见最早评述严遵及其学术的文字，非常重要。以扬雄之博学和深思可知，他所称许的学者当非等闲之辈。在扬雄之后，东汉班固《汉书·王贡两龚鲍传》、晋人李轨《法言·渊骞注》、晋人陈寿《三国志·秦宓传》、晋人皇甫谧《高士传·严遵》和晋人常璩《华阳国志·蜀郡仕女》对严遵其人其事及其思想都略有记载，其中《汉书》最值得注意。《汉书·王贡两龚鲍传》曰：

> 其后谷口有郑子真，蜀有严君平，皆修身自保，非其服弗服，非其食弗食。……君平卜筮于成都市，以为："卜筮者贱业，而可以惠众人。有邪恶非正之问，则依蓍龟为言利害。与人子言依于孝，与人弟言依于顺，与人臣言依于忠，各因势导之以善，从吾言者，已过半矣。"裁日阅数人，得百钱足自养，则闭肆下帘而授《老子》。博览亡不通，依老子、严周之指著书十余万言。扬雄少时从游学，以而仕京师显名，数为朝廷在位贤者称君平德。……君平年九十余，遂以其业终，蜀人爱敬，至今称焉。及雄著书言当世士，称此二人。

《汉书》这段话指明了严遵高寿，活了九十多岁，是一位在成都靠卖卜为生的"逸民"；其学问则宗老子、庄子，著书"十余万言"，同时他在一定程度上吸收了儒家思想。在武帝"罢黜百家，表章六经"之后，汉朝的中央集权体制进一步加强，孝文化进一步得到抬升，而作为黄老学者的严遵，一边研习《老》《庄》，一边吸纳和宣传"忠""孝"观念，这在当时是很正常的举动。而严遵在其思想体系中确实吸收了这些思想观念。

严遵和扬雄的师徒关系值得重视。从学术上来看，严遵重视《老子》《周易》和《庄子》等书，其思想以推衍《老子》为宗旨，同时吸纳了儒家的思想观念。扬雄虽然在一定程度上继承了严遵的学术和思想，但他与后者有重要的不同，扬雄更重视《周易》和《论语》一经一传。在当时，《周易》是五经之原，而《论语》是诸传之长。扬雄即仿照《周易》一经撰写了《太玄》，仿照《论语》一传撰作了《法言》。归纳起来，严遵属于逸民，是一位在野的黄老学者；而扬雄则长期居于庙堂之上，是一位汉赋名家和一位颇具名声的儒家学者和经学家。这些差异，决定了他们二人在学术思想上是彼此独立的，尽管严遵是扬雄的老师，前者对于后者产生了一定的影响。

再看《老子指归》及其作者。《汉书·王贡两龚鲍传》虽然说严遵“著书十余万言”，但是没有具体指明其书篇名。《老子指归》最早见于《三国志》。陈寿《三国志·秦宓传》载蜀人李权曰：“仲尼、严平，会聚众书，以成《春秋》《指归》之文。”又载蜀人古朴曰：“严君平见《黄》《老》，作《指归》。”陈寿为三国蜀汉至西晋人。此两则引文中的《指归》，均指《老子指归》。据此两则引文，严遵亲著《老子指归》乃事实。而这部《指归》无疑应在《汉书》所谓“著书十余万言”的范围内。《三国志》所载此一说法，得到了晋人皇甫谧和常璩的继承。《高士传·严遵》曰：“君平卖卜，子云所师，聃文是阐，乃作《指归》。”常璩《华阳国志》卷十曰：“严遵……著《指归》，为道书之宗。”不但如此，严遵作《指归》之事，陆德明《经典释文叙录》和《隋书·经籍志》也有载述。

严遵曾作过《老子指归》一书，这是没有问题的。但是，自明代末年以来，学者对于传世本《老子指归》的真实性大起疑问。曹学佺（1574—1646）开始怀疑传世本《老子指归》的真实性，认为它是伪书，非故书之旧。他说：“近刻《道德指归论》，乃吴中所伪作。”又说：“犹能闻之士所赝托。”（《四库全书总目》引曹学佺《元羽外编序》）清人全祖望（1705—1755）继承此说，云：“予并疑是书乃赝本，非君平之作也。”（《读道德指归》）《四库全书总目》提要的编撰者即同意曹、全二氏的看法。而此种意见继而得到了王重民的肯定（《老子考·两汉》）。蒙文通虽然肯定“《指归》实为永嘉前书”，但他认为此书为晋人郑思远之作（《严君平道德指归论佚文序》）。

与曹学佺、全祖望、《四库全书总目》提要相对，清末唐鸿学认为“《指归》确为君平所作”，并提供了三点证据（载《怡兰堂丛书》）。严灵峰、王利器、王德有、郑良树、李学勤等人均认为今本《指归》为严遵所作。王德有查阅了数十个历代《老子》注本，发现了200多处《指归》引文，证明明代流传下来的“《指归》存本不是伪托”①。樊波成作了多方面的论证，认为《指归》“成书确定在两汉”，并“可能是西汉中晚期的元、成时期”②。

以上正反两方面的意见，永飞在其学位论文之有关章节中都作了很好叙述，读者自可参看。现在看来，传世本《老子指归》应当是真书，而不是元明时期的伪作。除了王利器、王德有、郑良树等学者所作论证之外，出土简帛古本《老子》证明了传世本《老子指归》所载《老子》本具有很高的古本价值，这从一个侧面说明了今本《指归》很可能是汉代传下来的古本，它很可能即是严遵本人所用过的本子，而非出自后人的赝托。永飞肯定严遵

① 王德有：《自序》，见氏点校《老子指归》，北京：中华书局，1994年。

② 樊波成：《〈老子指归〉当为严遵〈老子章句〉》（代前言），见氏著《老子指归校笺》，上海：上海古籍出版社，2013年。以上所引诸意见，亦可参见樊氏此文。

的创作能力，并肯定其创作《指归》之功，然后在此基础上写作了自己的博士学位论文，我认为他的选题和立意是很恰当的。

二

黄老学在先秦秦汉时期的发展可分为四个阶段。第一个阶段是战国中期偏晚至战国晚期，黄学和老学逐步融合，正式产生了所谓黄老学，《经法》《十六经》《称》《道原》四种帛书是其代表作。第二个阶段是汉初，黄老思潮借助于汉初的政治现实而达到了高峰，其政治哲学部分得到高度重视和广泛应用，汉文帝、窦太后、曹参、陈平和黄生、司马谈是其代表性人物。第三个阶段是西汉中期至东汉中期，黄老学实现了从单一的政治哲学到宇宙论及养生论（特别是形神论）哲学的转变。第四个阶段是东汉后期，黄老学实现了从思想学术形态向宗教形态的转变，道教遂由此产生。严遵是第三阶段最为重要的代表，故研究其思想是当代学者的必要任务。严遵的思想，今所见主要存于传世本《老子指归》一书中。《华阳国志》极力推崇此书，云其为“道书之宗”。笔者认为，从内容看，严遵《指归》的哲学思想主要体现在宇宙论、人生论和政治哲学三个方面。

先看《指归》的宇宙论。严遵《指归》的宇宙论思想是在浑天说的基础上建构起来的。浑天说产生于西汉景帝至武帝前期，武帝太初元年（前104）颁行的《太初历》即是根据浑天说制定的。而浑天说由此产生广泛而深刻的影响，汉人的宇宙观也由此产生巨变。《指归》的宇宙论可分为形上和形下两大阶段。《指归·上德不德篇》曰：

> 天地所由，物类所以。道为之元，德为之始，神明为宗，太和为祖。道有深微，德有厚薄，神有清浊，和有高下。清者为天，浊者为地，阳者为男，阴者为女。人物禀假，受有多少，性有精粗，命有长短，情有美恶，意有大小。或为小人，或为君子，变化分离，剖判为数等。故有道人，有德人，有仁人，有义人，有礼人。

这段话通过追问和回答“天地所由，物类所以”的问题，将整个宇宙分为所以生的形上来源和已生的形下天地万物两个部分，前者属于本根世界，而后者属于器物世界。元、始、宗、祖四字其实异名同谓，都表示始源或本根之义。严遵在这段话中提出了“天地所由，物类所以”的四因说，这四因即道、德、神明和太和。严遵认为，天地万物都是由这四重因素或原因共同作用而生成的。通行本《老子》第四十二章曰：“道生一，一生二，二生三，三生万物。万物负阴而抱阳，冲气以为和。”严遵由此将老子的宇宙生成论从一因说发展为四因说。“道有深微”，是说“道”作为生成万物及其存在的本体而具有“深微”特性。“德有厚薄”，是就天地万物在气化流行过程中得“道”之厚薄来说的。“神有清浊”，是就“清气生天，浊气生地”和《周易》的“神化”观念来说的，这一陈述既包含了质料因又包含了动力因。另外，“神明”的概念又与“形质”相对。“和有高下”，是就阴阳二气相冲达到的和谐状态来说的，故此“和气”有高下之分。“太和”，指极神妙、极冲和之气，它是清浊之气和阴阳之气的本原。此气，《指归》或称“太和妙气”，或称“太和神气”。《指归·出生入死篇》又说道、德、神明和太和四因在其形上阶段是“浑沦而为体”的，这即是说，它们在此阶段是浑沦不分的。四因的分离是在形下生成阶段表现出来的，同时通过气化的宇宙生成作用，此四因即寓于天地万物之中了。

又据上述引文，《指归》所说的形下世界由天地、阴阳、男女、性命、情意、万物等组成。这些名词概念常见于先秦秦汉古籍，无须在此再作赘述。

同样的思想，又见于《指归·不出户篇》。是篇曰：

> 道德变化，陶冶元首，禀授性命乎太虚之域、玄冥之中，而万物混沌始焉。神明文（交），清浊分，太和行乎荡荡之野、纤妙之中，而万物生焉。天圆地方，人纵兽横，草木种根，鱼沉鸟翔，物以族别，类以群分，尊卑定矣，而吉凶生焉。由此观之，天地人物，皆同元始，共一宗祖。六合之内，宇宙之表，连属一体。气化分离，纵横上下，剖而为二，判而为五。或为白黑，或为水火，或为酸咸，或为徵羽，人物同类，或为牝牡。凡此数者，亲为兄弟，殊形别乡，利害相背，万物不同，不可胜道。合于喜怒，反于死生，情性同生，心意同理。

这段话有三点值得注意。其一，它指出了终极始源是虚无本体。道、德、神明、太和是生成形下界的四因，《指归》由此推至其极，认为形上本体是一虚无的存在。《不出户篇》即曰："道德变化，陶冶元首，禀授性命乎太虚之域、玄冥之中，而万物混沌始焉。""太虚之域、玄冥之中"，是就终极始源或宇宙的终极本体之存在状态来说的。我在此使用的"虚的无本体"的概念，不是说宇宙之本体自身是虚无的或空无的，而是说其存在状态是虚无的。本体之"虚无"特性与万物之"实有"特性是相对的。由此可说，无能生有，有出于无。或者说，宇宙的终极本体能够生成天地万物，而天地万物禀受性命于太虚之域、玄冥之中。其二，这段话表明《指归》包含两重宇宙学说，即浑天说和盖天说。二者的关系是前者可以容纳后者，而后者则是在前者之下的一个相对宇宙观。《指归》云道、德、神明和太和是生成天地万物的元始宗祖，这是以浑天说为背景的；而其叙述天地万物的具体生成，则是以盖天说为背景的。其三，这段话是相对于《上德不德篇》来说的，对于形下世界的生成，此篇提出了“气化分离，纵横上下，剖而为二，判而为五”的说法，将阴阳五行纳入其中，并认为阴阳五行两者有生成的先后关系。

上文已指出，严遵构造道、德、神明和太和四因说其实是对于《老子》“道生一”章的转进。据《指归·道生一篇》，“道生一”之“一”为“太初之首”，“一”即是从数的哲学观念来指称“终极始源”。“一生二”的“二”，具体指“神明”。“二生三”的“三”，具体指“清”“浊”“和”三者。而相对于“一”来说，“道”为“虚之虚”，《道生一篇》即曰：“道虚之虚，故能生一。”重视终极本体、终极始源或终极实在的虚无特性，是严遵重视“道”并进而建构其宇宙论的一个重要表现，同时也是受到浑天说之宇宙生成论影响的一个结果。

对于从形上界到形下界的生成法则，《指归》提出了四条：第一条是“有生于无，实生于虚”；第二条是“气化分离”；第三条是“相因相借”；第四条是“自生自化”的“自然”。这四条生成法则的含义，可以参看拙作《中国哲学通史·秦汉卷》。

再看《指归》的人生哲学。《指归》的人生哲学集中在形神论和养生论上，且前者是后者的基础。“形”在《指归》中是一个重要概念，而根据此一概念，对于整个宇宙或世界可以作形上与形下、精神与形体、形与名的划分。作动词，“形”有形成、显形之义；作名词，“形”有形体、形式之义。这几层意思，《指归》皆有，但形体、形式是《指归》“形”概念的基本含义。人一方面为道、德、神明、太和四因所生化之天地万物中的一物或一员，另一方面人有其特殊性，有其不同于天地万物的类本质。在天命的宇宙生成论思想背景下，古人远在春秋末期即已形成了性命论的论域，认为在天生百物之中“生为贵”（郭店简《语丛三》），并进而提出了所谓“人为贵”（郭店简《语丛一》）的观点。战国中晚期，性命论影响了道家哲学。《指归》的人生哲学即集中在生命哲学上，而其生命哲学又以形神论和性命论为内核。

《指归·道生篇》曰：

> 何谓性、命、情、意、志、欲？所禀于道，而成形体，万方殊类，人物男女，圣智勇怯，小大修短，仁廉贪酷，强弱轻重，声色状貌，精粗高下，谓之性。所授于德，富贵贫贱，夭寿苦乐，有宜不宜，谓之天命。遭遇君父，天地之动，逆顺昌衰，存亡及我，谓之遭命。万物陈列，吾将有事，举错废置，取舍去就，吉凶来，祸福至，谓之随命。因性而动，接物感寤，爱恶好憎，惊恐喜怒，悲乐忧恚，进退取与，谓之情。因命而动，生思虑，定计谋，决安危，通万事，明是非，别同异，谓之意。因于情意，动而之外，与物相连，常有所悦，招麾福祸，功名所遂，谓之志。顺性命，适情意，牵于殊类，系于万事，结而难解，谓之欲。

这段话对于人的生命结构作了较为系统的诠释，具体解释了性、命、情、意、志、欲六个概念。而这六个概念大体上概括了人的现实生命的基本构成形式，它们合起来是对于道家形神思想的深化；同时，在很大程度上它们反映了严遵对于人的具体生命是如何理解的。而在这些概念中，性命两者最为重要。性命两者虽居于形下界，且有具体内涵，但是它们都与形上本原有直接的关系，在实体上是一致的。

与《道生篇》不同，《指归·名身孰亲篇》又以“我”为视角追问了人的“生命”本原。是篇曰：

我性之所禀而为我者，道德也；其所假而生者，神明也；其所因而成者，太和也；其所托而形者，天地也。凡此数者，然我而我不能然也。故法象莫崇乎道德，稽式莫高乎神明，表仪莫广乎太和，著明莫大乎天地。道德神明，常生不死；清浊太和，变化无穷。天地之道，存而难亡；阴阳之事，动而难终。由此观之，祸极于死，福极于生。

道、德、神明、太和四者不仅是生成形下界天地万物的四因，而且是形成“我”或“我性”“我命”的本原。这段引文最值得注意的地方是即“我”而言“我”之本原。“道德”赋予“我”性命而“我”禀受之，“神明”给予“我”生命而“我”因此具有生命活性和活力，“太和”供给“我”生成之和气而“我”赖太和以存。此外，“天地”给“我”提供了此形体寄托的场所。这四者都是“然我而我不能然也”。不过，需要注意，《名身孰亲篇》之所以将“天地”作为一个形成因，是因为这段话是从“我”的个体角度来做追问的。在宇宙生成系列中，先有天地，后有人物，故曰“其所托而形者，天地也”。“天地”作为个体存在的必要场域条件由此被强调出来。

“我”在道家哲学中是一个形体化的个体，而此形体化的个体主要包括“形神”和“性命”两个方面。对于人的生命即应从此性命和形神两个方面来作理解，或者说，这两对关系综合为一体，即为所谓人之“生”。从来源看，“生”建立在“形体”的基础上，而“形”来源于道德、神明、清浊、太和四重因的综合作用。《指归·出生入死篇》曰：“道德，神明，清浊，太和，浑沦而为体，万物以形。形之所托，英英荣荣，不睹其字，号之曰生。……得之者存，失之者亡。”是篇又说：“夫生之于形也，神为之蒂，精为之根，营爽为宫室，九窍为户门，聪明为侯使，情意为乘舆，魂魄为左右，血气为卒徒。”在这段话中，人之“生”进一步落实下来，而变得具体可感，这些具体可感的人体构成部分是《指归》养生论的前提。其中，“形”“精”“神”三者又是养生学说的关键概念。大化流行之“气”可分精粗，“神明”通过气化流行而寄寓于“精气”之中，出入人体，而形成心、九窍、魂魄、血气等物。与此相对，粗恶之气则形成人的形骸部分。“神明”是生命力之源，“心”是精气聚集最多的地方。如果精气聚集于心，那么神明即随之居处于其中。所以养生治身的关键在于治心，在于精气聚集于心。此一思想是继承前人的结果。

《指归》养生论的宗旨是“存身保身”和“长生久视”。这两点来自老子。从方法论来看，《指归》的养生论包括治身、治心和养神三个方面，而其中养神是其关键和落脚点。其实，治身和治心也是为了养神。与此相对，治身主要是治理欲望，治心则是治理巧智和贪欲，以防二者充塞和扰乱人心。在此基础上，严遵提出了一套具体的养生方法。

再看《指归》的政治哲学。道、德、神明和太和四者是严遵宇宙论哲学的基本概念和其所认为天地万物生成的四因。此四因同样贯穿于他的政治哲学之中。《指归》的政治哲学思想包括：其一，“自然”“无为”是基本观念。何谓“自然”？“自然”的字面意思是自己如此，同时又包括自然而然之义。《指归》的“自然”思想涉及：(1) 从生化流行来看，“自然”是天地万物的内在本性。(2)“自然”虽然不属于实体概念，但它是道体或规范形上、形下两界的存在性原理，即使是“道”也以“自然”为基本特性。《指归·道生一篇》曰：“夫天人之生也，形因于气，气因于和，和因于神明，神明因于道德，道德因于自然：万物以存。”(3) 从政治或治理角度来看，“自然”与“无为”具有因果关系，“无为”是因，“自然”是果。马王堆帛书《经法》《十六经》《称》《道原》四种是汉初非常流行的黄老经典，它们很重视“无为”概念，并以之为其政治哲学的基本原则，但是这四种帛书却没有出现“自然”一词。《指归》与此相对，非常重视“自然”概念，并对其作了特别的强调。这从一个方面预示着汉初的黄老学和西汉后期的黄老学是很不相同的，发生了很大转变。其二，在治理方法上，《指归》的政治哲学重视阴阳刑德理论和啬道。其三，《指归》的政治哲学以“圣人”与“皇帝王霸”为两种理想的政治人格①。

以上论述和观点，参考了拙作《中国哲学通史·秦汉卷》

① 《老子指归》的政治哲学，可参看拙作《严遵〈老子指归〉的“无为”“自然”概念及其政治哲学》，《哲学研究》2018 年第 7 期。

的有关部分①，读者可以参看。

最后看严遵的思想贡献。笔者认为，严遵的思想贡献主要表现在如下四个方面：

其一，严遵是第一位提出一套与浑天说这一新宇宙学说相适应的思想体系的学者，他大步促进了汉代哲学的转变。《淮南子》一书虽然包含着一些浑天说的理论因素，但它毕竟是在盖天说的旧宇宙学说背景之下写作出来的，它的天道观及其相关观念是以盖天说为基础的。严遵的《指归》则与此不同，它是在新宇宙学说，即在浑天说的背景下通过说解《老子》的方式构造其新思想的，其创新特别表现在宇宙生成论上。浑天说的宇宙生成论可分为形上和形下两个部分，太初、太始、太素和浑沦是其形上界的基本结构②。就形上界来说，"道""德"来自老子，"神明"来自浑天说，"太和"来自老子和《乾卦·彖传》。神明生清浊二气，而清浊二气是浑天说的理论要素。《指归》强调终极始源的虚无特性及形上界有此一生成过程，这都是浑天说之宇宙生成论的必要内容。此外，《指归》在许多篇中采用了浑天说的基本词汇。简言之，《指归》的形上宇宙生成论是浑天说和老子之宇宙生成论的结合。而张衡的《灵宪》即继承了和推进了此一做法。不仅如此，《指归》提出了极富思想创新性的四因说，这是值得特别表彰的。

其二，《指归》是黄老学在西汉后期实现其自身思想转进的

① 丁四新、龚建平：《中国哲学通史·秦汉卷》，南京：江苏人民出版社，2021年。

② 浑天说的宇宙生成论及其理论来源，参看拙文《浑天说的宇宙生成论与结构论溯源——兼论楚竹书〈太一生水〉〈恒先〉与浑天说的理论起源》，《人文杂志》2017年第5期。

一个重要标志，而严遵因此成为此一阶段黄老学之杰出代表。严遵虽然身处逸民之列，但是《指归》的思想创造性是巨大的，因此他在汉代思想史上占有重要地位，这是毋庸置疑的。西汉前期的黄老学大体上属于政治哲学，在实践上从属于政治或者为政治服务，而严遵的《指归》一改此风：一者，它更加注重宇宙论和人生哲学（特别是生命哲学）的建构，《指归》的宇宙生成论和生命哲学在分量上都明显胜过其政治哲学；二者，它高度重视"自然"观念，而汉初的黄老思潮及其所推崇的经典都更重视"无为"概念，帛书《经法》等四篇甚至没有出现"自然"一词；三者，它高度重视个体之"我"的生成和来源问题，在一定意义和程度上来说《指归》建立了个体性哲学。此外，《指归》的政治哲学也大量容纳了儒家思想观念，而这一点与帛书《经法》等四篇也是不同的。

其三，《指归》的宇宙论是扬雄《太玄》的重要思想来源之一，或者说扬雄《太玄》吸纳了严遵《指归》的部分思想。严遵的"神明"说，不仅影响了扬雄的宇宙生成论，而且影响了其人性论。《指归》对浑天说和盖天说两种宇宙学说作了初步融合，扬雄即继承了此点，并有所深化和具体化。"玄"的概念目前看来首先是由严遵提出来的，严遵即用它描述和界定难以名状的终极始源。同时，"玄"概念的提出是对老子思想的一个突破。《指归·大成若缺篇》曰："光景不见，独玄有奇，天地人物，与之俱化。"《善建篇》曰："空虚寂泊，若亡若存，中外俱默，变化于玄。"《为无为篇》曰："是以君子，动未始之始，静无无之无，布道施德，变化于玄。"这三条文献都显示严遵确实提出了"玄"的概念。而据出土简帛四古本，《老子》没有单独使用“玄”字，“玄”在《老子》一书中不是一个独立的概念。扬雄继承了严遵的思想成果，将“玄”概念进一步提升，而作为其哲学思想的最高概念——“玄”即是宇宙的本体。由此，扬雄并称其学其书为《太玄》。《太玄》是适应浑天说而创立的一种新经学或新易学，在结构上它虽然与《周易》类似，但其内容迥殊。

其四，《指归》的宇宙论哲学不仅是对于西汉宇宙论思想的提高和总结，而且其所创新的内容给汉末的道教经典及张载等人的哲学提供了思想再造的资源。《指归》的思想是黄老学通往汉末道教的必要桥梁，其四因说、自然说、性命说和对于世俗伦理的积极吸收都深刻影响了汉末道教经典如《太平经》的形成。约在千年之后，张载的宇宙论或气论哲学，也明显地受到了严遵《指归》的四因说（特别是神明、太和两概念）及宇宙虚无本体之存在状态学说的影响。当然，笔者没有否定，张载的气论同时受到了《庄子》气论思想的严重影响。在当代古代哲学研究中，学者基本上忽视了严遵哲学对于张载哲学的思想影响，这是应当得到纠正的。

三

《指归》一书今存两个版本，一个是六卷本，题名《道德指归论》；另一个是七卷本，题名《道德真经指归》，收入正统《道藏》和《怡兰堂从书》中。后者是大家通用的版本。不论是称名“道德指归论”还是叫作“道德真经指归”，它们都不是严遵此种著作的本名，严遵的这本著作应当叫作《老子指归》。

《指归》共计十三卷,《道藏》本仅列第七卷至第十三卷,其内容对应《老子·德篇》。今传本篇序先《道篇》后《德篇》,乃后人所改,原篇序当为《德篇》在上,而《道篇》在下。《指归》每篇正文前所抄录的《老子》原文章段,今人一般称为"严遵本"或"严本"。关于这个本子,笔者有如下两点看法。

其一,严遵本《老子》的分章很可能基于章数设计的观念,而其章数设计是以当时天道观的数理为根据的。《指归》所载《君平说二经目》(简称《说目》)与此相应,从一个侧面证明了此《说目》的真实性,它未必出于后人的依托。《说目》曰:

> 昔者《老子》之作也,变化所由,道德为母,效经列首,天地为象。上经配天,下经配地。阴道八,阳道九,以阴行阳,故七十有二首。以阳行阴,故分为上下。以五行八,故上经四十而更始。以四行八,故下经三十有二而终矣。阳道奇,阴道偶,故上经先而下经后。阳道大,阴道小,故上经众而下经寡。阳道左,阴道右,故上经覆来,下经反往。反覆相过,沦为一形。冥冥混沌,道为中主。重符列验,以见端绪。下经为门,上经为户。智者见其经效,则通乎天地之数、阴阳之纪、夫妇之配、父子之亲、君臣之仪,万物敷矣。

"首"者,章也。《太玄》八十一画象亦用"首"字,故云八十一首。"经"者,特指《周易》一经。西汉宣帝时,《周易》立施、孟、梁丘三家,其为五经之原的迹象已较为明显。又《周易》分上下经、六十四卦,与《老子》的分篇分章情况相仿,故曰"效经列首"。"天地为象",即以上经配天,下经配地，而分为上下篇。上下篇之分，其出遥远。郭店本《老子》甲组即有上下篇之分，马王堆帛书《老子》甲乙本和北大藏汉简本《老子》均有上下篇之分，帛书乙本两篇末并有“德”“道”的篇题，汉简本则在两简背分别题有“老子上经”“老子下经”的篇名。严遵本踵其后，以“天地为象”作为是书分上下篇的根据，而其根据其实是汉初传《老》者所用的一般理由。严遵更受到易学和阴阳观念的影响，以《系辞上》“一阴一阳之谓道”为原理，以阴阳数的两个极数八九之积为据，分《老子》全书为七十二首（章），并在此基础上分九数为五、四两数，并以之行八，故分上经为四十首（章），分下经为三十二首（章）。“九”数分为五、四两数，这其实是以五行、四时为天道观的数理根据的。

我曾受到《说目》的启发，探讨了通行本和汉简本《老子》的分章根据。通行本《老子》来源于刘向定著本，其总章数八十一即来源于《太初历》所设定的日数，《太初历》将一日八十一分，而依托于以律转历的说法，八十一分合于黄钟一龠之数。其上下篇的章数三十七和四十四，是根据中数五六之比（5:6）来制定和裁划的。与严遵本、刘向定著本相对，汉简本《老子》是景帝立经本的传抄本，其依据的宇宙学说为盖天说。据我个人的研究，汉简本的总章数七十七，是以北斗七星之数为根据设定的；其上下经的章数四十四和三十三，是以盖天说的数理地四天三（“圆出于方”）为根据设定的。在当时思想背景下，文本自身的形式（如分章）并非小事，它们要尽可能地符合所谓天道观的数理①。我近年所撰多篇研究成果的基本观念，与严遵的《说目》是一致的。

其二，严遵本《老子》包含许多古本因素，它并非伪本。这点可从如下多个方面来看。

首先，严遵本和汉简本、刘向定著本一样都以天道观的数理为根据来裁划《老子》文本的总章数及其上下篇的章数。这一点，上文已作论述，可以回看。

其次，比较诸本可知，严遵本和通行本（刘向定著本）的分章其实是建立在汉简本分章的基础上的。从全部文本的抄写顺序来看，严遵本与汉简本的文本顺序是完全相同的，没有任何反例。就篇序来看，汉简本先《德篇》而后《道篇》，严遵本也是一样的。相对于汉简本来说，严遵本既没有将《道篇》文本移入《德篇》，也没有将《德篇》文本移入《道篇》。而且，就各篇内容来看，严遵本也没有出现文本抄写顺序不同的情况。不过，需要指出，在上下两章的交接处，一句话或几句话或属上章或归下章，这属于所谓章节的界定问题，不能与此处所说全书或全篇文本的抄写顺序这种情况混淆起来。

再次，严遵本重新裁划文本的手法比较简单，上下篇均采用合并法，即严遵将汉简本《德篇》的四十四章合并为四十章，将汉简本《道篇》的三十三章合并为三十二章。严遵本《德篇》

---

① 丁四新：《论刘向本（通行本）〈老子〉篇章数的裁划依据》，《哲学研究》2014 年第 12 期；《汉简本〈老子〉总章数及上下经章数的组织原理和数理法则：一种可能性的研究》，《道家文化研究》第 30 辑，北京：中华书局，2016 年；《老子的分章观念及其检讨》，《学术月刊》第 48 卷第 9 期（2016 年）；《“数”的哲学观念与早期〈老子〉文本的经典化——兼论传世本〈老子〉分章的来源》，《中山大学学报》（社会科学版）第 59 卷第 3 期（2019 年）。

四例的具体合并情况是：(1)《得一》章将汉简本第二、三两章合并为一章，即将同于通行本的第三十九、四十两章合并为一章。(2)《以正治国》章将汉简本第二十、二十一两章合并为一章，即将同于通行本的第五十七、五十八两章合并为一章。(3)《其安易持》章将汉简本第二十七、二十八两章合并为一章，即将同于通行本的第六十四章的上下两段合并为一章。(4)《天下谓我》章将汉简本第三十一、三十二两章合并为一章，即将同于通行本的第六十七、六十八两章合并为一章。简言之，严遵本即将汉简本《德篇》中某些前后相接的两章合并为一章，八章即合并为四章。由于严遵本《道篇》已全部散佚，故其具体为哪一章由汉简本的两章合并而成，这是目前所无法回答的问题。

最后，在具体分章和词句使用上，严遵本与出土简帛古本也多有相合之处。其中，最为显著的一例是汉简本第二十二章。此章文本抄写在第60—62号简上，云："方而不割，廉而不刖，直而不肆，光而不耀。治人事天莫如啬。夫唯啬，是以蚤（早）服。蚤（早）服是谓重积德，重积德则无不克，无不克则莫智（知）其极，莫智（知）其极则可以有国，有国之母可以长久，是谓深根固抵（柢），长生久视之道也。"第60号简首有一表示分章的墨丁符号，这是汉简本的通例；第62号简后有留白，这也是汉简本的通例。汉简本每一章的抄写，前后都不共简，是一个独立的文本单位。"治人事天莫如啬"以下一段文字在通书本中属于第五十九章，但"方而不割，廉而不刖，直而不肆，光而不耀"四句在通行本中不属于此章，而抄在通行本第五十八章的末尾。汉简本与通行本相对，将"方而不割"等四句与"治人事天莫如啬"以下一段文字合抄为一章（即第二十二章），而与严遵本《方而不割》章正好吻合。严遵本此章将此两段文字合为一章抄写。与严遵本不同，其他传世本均将“方而不割”等四句抄在上一章（即第五十八章）之末。此例表明今传严遵本来源甚早，它的文本价值应当得到充分肯定。

综合如上几点看法，严遵本《老子》应当不是伪本，渊源自西汉的可能性很大，它跟出土简帛古本有密切关系。不过，在后来传抄的过程中，它受到通行本、传经者和抄写者的影响，这是肯定也是难以避免的事情。事实上，文本趋同及其互相靠近，是传世诸本《老子》的一般演变现象，我们不能据此否定今传严遵本的价值，而严遵本同于出土简帛古本及其与其他传世本间的差异应当受到今人的高度重视。郑良树曾肯定严遵本和帛书本《老子》的关系很密切，并说其作伪的可能很小①，这个意见是对的。不过，现在看来，严遵本和通行本，与北大汉简本《老子》的关系更为密切，这是近来逐渐为人所知的早期老学新知识。

四

永飞的博士学位论文是在我的指导下展开研究和写作的，其题目是《〈老子指归〉的哲学研究》。永飞一直颇有“哲学”的兴趣，无论在思考上还是写作上他都是如此，而他在此方面也颇有造诣。他选择以哲学的做法来展开严遵《指归》思想的研究，这是有其内在根据的。笔者认为，他的学位论文做得很成功，也很有成绩。

① 郑良树撰：《老子新论》，上海：上海古籍出版社，2011年，第436页。

第一，永飞的学位论文是目前第一部专门研究严遵《指归》思想的博士学位论文。而此一论题的选定，现在说起来，首先得益于近一二十年来学界对于《指归》及其作者与严遵关系的肯定。其中，出土简帛古本《老子》的发现对于《指归》真伪问题的解决起了积极作用。越来越多的学者肯定《指归》的真实性及其作者与严遵的关系，这给了永飞研究《指归》思想以巨大勇气。而永飞写出此篇学位论文本身，即是对于《指归》和严遵思想价值的直接肯定。

第二，永飞的学位论文对于《指归》的哲学思想做了全面梳理，既富有深度，又别开生面，从本书第二、三、四、五、六章的章节标题即可以看这一点；第二章研究《指归》“形”的哲学方法论，第三章研究《指归》哲学方法的基本理路，第四章研究《指归》“自然本体”的观念，第五章研究《指归》形物世界的生成，第六章研究《指归》构造人文世界的意、言、器这三个核心观念。读了永飞的学位论文后，作为他的指导教师，我感到很有新意。

第三，永飞的学位论文提出了一些创新性观点，值得重视。他的论文有新的理论框架设计，有新的方法或理路作证明，有新的思想要点归纳，以及有新的认识线索拟定等创新点。由此可知，永飞写作此文时颇费心思，他动脑和动手都很勤奋。平时，我跟他交流对话以及看他的论文，给人印象最深的是他很有创新意识，他不愿走套路，落人窠臼，总想有一点属于自己的想法和做法。这篇学位论文即是此一特点的直接体现。

第四，从这篇学位论文来看，永飞不仅具有很强的问题意识，而且思维有条理，善于诠释研究对象，同时具有很强的归纳和分析能力。如对《指归》的“道”，他归纳和分析出自然、无形、无声、无名、无为、大、生、夷、正心、履和、成功、不可胜等义。又如对《指归》“神明”的“神”概念，他归纳出十种含义；对《指归》的“和”概念，他归纳出十六种含义。对于古代的“气”观念，他归纳出正气、神气、和气、血气、意气、阳气、阴气与气化、气容、气因、气和、气志、气顺、气感、气力及禀气、静气、专气、含气、有气等义。

总的看起来，永飞在读博期间是很勤奋的，写作博士论文是很认真的，这不仅表现在其用功程度上，也表现在其思考质量上。这篇学位论文的完成，固然一方面加深了永飞本人对于《指归》思想的理解，但是另一方面也将会深化读者对于《指归》思想的认识。而他的学位论文能够在这么短的时间内出版，是一件令人感到颇为高兴的事情。

永飞学位论文的初稿写出来的时候，我已经离开武汉大学，在清华大学哲学系任教。2018 年夏天，永飞顺利通过了论文答辩，获得了哲学博士学位。又过了大约半年，永飞从河南省社科院调到了遵义医科大学工作。虽然空间距离拉远了，但是由于现代通信工具的发达，我和他之间可以很方便地保持着联系。

庚子年是人类历史上很不寻常的一年。转眼鼠尽牛来，春晖在窗外的南墙上尽情倾倒，在庭院中无声流淌。春天来了，我也很顺利地、很惬意地完成了一个多月以前永飞交给我的写序任务。

是为序。

丁四新

辛丑年雨水于北京学清苑

绪 论

本书是依据哲学的思想认知片段的整合原则①、其人生论的果实与灵魂②、其方法论理路与本体论内涵的可能建构

① 维特根斯坦讲，把“意义、理解、命题和逻辑的概念，数学基础，意识状态等”连贯成一理论整体太难，作为思想片段解说的一本观念画册，对照新旧认识以求合当理解是可能的，也有助于他人深度探讨。（参见［英］路德维希·维特根斯坦著，蔡远译：《哲学研究》，“序”，北京：中国社会科学出版社，2009年，第1—3页。）本书力求《指归》哲学思想的合当理解与系统建构。

② 宇宙论“目的在求一对于世界之道理”、分研究“存在”及“真实”要素之本体论与世界发生及其历史和归宿之狭义宇宙论，人生论“目的在求一对于人生之道理”、研究“人究竟是什么”之“人类学”“心理学”与“人究竟应该怎么”之“伦理学（狭义的）”“政治哲学”，知识论“目的在求一对于知识之道理”、研究知识“性质”之狭义知识论与“规范”之狭义论理学；哲学以“知识论之墙垣，宇宙论之树木，生其人生论之果实”，或以“论理学之筋骨，自然哲学之血肉，养其人生论之灵魂”。（参见冯友兰：《人生哲学：外二种》，北京：中华书局，2014年，第16—18页。）

及终极期许①，系统诠解严遵《老子指归》（以下文中与注释里简称《指归》，标题上除外）哲学的研究对象、缘由、方法、综述、支点、思路、架构、创新处、难点与意义，以下按序说明其大要。

一　本书的研究缘由、对象与方法

（一）研究缘由与对象

1. 研究缘由

选此为题的缘由，分外因、内因及其主因。外因是当代中国哲学专业的认知主体的觉解方向及对象之开导，这是导师丁四新教授所开示的命题文本及其思想资源，望笔者能在中国老学史、

① 费耶阿本德的（多元）“方法论与传统方法论的最根本的区别”是“不要把任何方法变成僵化的教条”，其“多元论方法的第一个否定对象就是经验归纳的方法”、做法是“多元比较和选择”“为此目的的假说”“向后回眺”的方法。（参见张之沧、张禹：《多元方法论——对传统方法论的批判与解构》，北京：人民出版社，2012年，第94、95、98、103页。）本书以多元认知方法理路，超解传统文化思想内涵，归依人类可能一致的生命本始要求与其绝对超越的精神终极诉求。

俞宣孟“从ontology字源的考察”看本体论“不是关于‘本体’的学说，而是关于‘是’的学说”，其最早定义由18世纪德国哲学家沃尔夫界定为“论述各种抽象的、完全普遍的哲学范畴”，英《不列颠百科全书》界认作“关于一切实在的基本性质的理论或研究”、与亚里士多德“‘第一哲学’或形而上学”同义、《美国大百科全书》讲它“思辨性地探究”“实在从根本上说究竟是多种表现”的这样还是多样。（参见其《本体论研究》，上海：上海人民出版社，2005年，第19—20、23—24页。）这正是西方哲学判识的本体论内涵、它探究“是”的普遍实在，与中国传统本体论使命、认可“生”的无限可能如熊十力的“宇宙本体”（“本体之所以能成为宇宙本体，首先在于它是一个‘创生实体’”，见郭齐勇：《熊十力哲学研究》，北京：人民出版社，2011年，第30页）不同。本书主要是在自然因、万物生、人认知的意义上，阐发《指归》哲学本体论的可能内涵。

汉代思想史与黄老思想的视野下统合其理论诉求、构建自足的观念谱系；也是本人志愿长期沉潜在《老子》文本思想的顺应式生命证解与转进式生活落实，借助《指归》观念场景与理论要旨深化与细化老子哲学阐释与拓展。内因是对其明确携带历史文化信息的古典思想题材的客观价值呈现之精神领会与逻辑推理。张岱年说《指归》思想特点是“提出一独具特色的天地起源论”，王德有将其哲学内涵认知分为“由无生有的宇宙演化论”“以无为本的本体论”“万物自生自化的思想”①；陈丽桂认为“严遵大大推阐了先秦道家虚无清静、自然无为的本旨，《老子》柔弱、对反的哲学，与《庄子》的超越精神”②，等等。这些说法，可求证《指归》的宇宙生命自然无限融贯万物存在与发展的主旨。由此二因凸显的主因是，在《指归》现有研究基础上，对传统中国哲学建构模式的可能规约，做出其方法论与本体论圆融的系统推阐。大体内容说明见后综述，以此重新检证其方法论与本体论的诸多要点，在宇宙生命视域内连贯考察其系统建构的可能与可行。这些缘由为笼统表达的研究主体被明确范导的外因，与客观文本可能意会生命实际的内因，及《指归》哲学系统建构要领的主因之综合权衡与专题选择，所集中指示的专业助力、经典诠释与思想价值。

2. 研究对象

研究对象是西汉中后期隐士严遵独著，今存上经篇章的大部

---

① 参见（汉）严遵著，王德有点校：《老子指归》，北京：中华书局，1994年，见张岱年的序，第1页；自序，第5、12、15页。以后注中引此书，简称《指归》点校本，仅标页码；在正文中常引用，标其篇章和页码。

② 陈丽桂：《汉代道家思想》，北京：中华书局，2015年，第151页。

分原文，有散落历代《老子》注解的少许佚文的《指归》。其现存版本两类：一类是按一至六卷编排，无总序、无《老子》经文与经传夹注，缺“人之饥”及之后、共五篇，有脱漏、经目、谷神子序、篇名的《道德指归论》，其祖本是赵元度抄本，转承在《秘册汇函》《津逮秘书》《学津讨原》《四库全书》《丛书集成初编》等。一类是以七至十三卷整编，有总序、经目、经文、经传夹注，分体例、无篇名的《道德真经指归》，明正统《道藏》、民国唐鸿学《怡兰堂丛书》属此。① 其上下经许多篇章部分文字被唐代强思齐《道德真经玄德纂疏》与杜光庭《道德真经广圣义》、宋代张君房《云笈七签》与陈景元《道德真经藏室纂微篇》、元代刘惟永《道德真经集义》等人的著述直接引用，以强、陈二氏引述的要点较多且全。本书主要以王德有的《指归》点校本、译注本与樊波成的《老子指归校笺》②，参鉴相关认识资料，判析其哲学方法论与本体论的分合理路与理据。

（二）研究方法

本书的研究方法很多，但对整个论证起核心引领与大体统合作用的主要两种。一种是跨学科、文本分析法，即在不同学科领域、不同文本依据上作观念比对与整体把握的认知方法。这种跨学科研究，要超越“科学与人文的对立”、能达成“整合性和开放性的理解”③，它得重点处理“问题表征、方法移植、知识转换”而需打破“专业化的垄断，融合不同的学科范式”、创造

① 陈丽桂：《汉代道家思想》，北京：中华书局，2015 年，第 148 页。

② 参见（汉）严遵撰，樊波成校笺：《老子指归校笺》，上海：上海古籍出版社，2013 年。以下引简称《指归》校笺本。

③ 参见黄铭：《科学与人文：从对立到互补——在跨学科和跨文化的发展中》，《科学技术与辩证法》2006 年第 5 期，第 8 页。

“以问题解决为中心的研究模式”[①]；本书以多学科为基础、以问题研究为中心，在当前新的生命哲学与科学[②]大视野、大成果中提炼其相应的理论认知主线与方法。跨文本分析是在《指归》文本方面，直接以《道藏》本为主，兼顾其他的传本、注本，尽量回溯《老子》出土材料与通行本的经文印证，对照原著前后的相近传统中国哲学典籍及要领，核实文句、段落、篇章、意涵、语境等。此类方法的大体运用，着重在传统文本的对证求解与现代学科的义理贯通相结合。另一种是中国哲学方法论与本体论的交互诠释模式，即是哲学方法的本体化与本体的方法化的诠释要点相互交织、补益、共进的规范表达方式。“一切科学都是本体论和方法论的统一”，并以此“建立方法学”、总结“各门科学”“一般规律”[③]，“本体论预设”“为科学研究指明了对象”而“方法论预设”指出研究的方向与范围[④]。此本体当是体现“多元性”“整合性”的概念，在中国古语境为“从本到体、从体到本的整体”，其“诠释”包含“思考”和“用语言表达思

---

① 参见戴正农、章莉：《问题、方法、知识：西蒙跨学科研究启示》，《东南大学学报》（哲学社会科学版）2011 年第 5 期，第 28 页；王媛媛：《封闭与开放：走向学科研究与跨学科研究的统一》，《高等教育研究》2010 年第 5 期，第 48 页。

② 当代“生命哲学的方法论成果”是狄尔泰之“理解论”与克罗齐、科林伍德之“重现说”的“知识论上”之“主体化”（参见朱红文：《生命哲学思潮与社会科学中的“培根式的革命”》，《求索》1989 年第 1 期，第 71 页）；“耗散结构理论”在偶然因素上对“理解原始生命类型结构的产生”即“原细胞说”“原基因说”具“方法论的意义”（见薛晓东：《论生命起源过程中的偶然性——生命科学的哲学断想之一》，《科学技术与辩证法》1989 年第 2 期，第 13 页）。这在生命哲学与科学的方法论建设上，突出认知主体的理解与重现以超化其觉悟与意会，强调生命起源的偶然性与开放性、解除其必然性与闭合性的绝对约束。

③ 参见孙显元：《一切科学都是本体论和方法论》，《社会科学》1985 年第 6 期，第 39 页。

④ 参见王习胜：《预设与解题——从本体论、方法论看科学问题的预设对科学研究的影响》，《北京大学学报》2000 年第 S1 期，第 24 页。

考”以形成新文本、新话语①。笔者认同哲学的方法论与本体论的统一，其方法论预设的首要目标不在方向与范围、在方法的方与法，其本体论预设的首要目标不在对象、在它的本与体及用②，以此考察西汉中后期黄老道家学者严遵、主要是《指归》的诠释理路与理据，及其多元整合的融贯说明。由此诠释，围绕宇宙生命的实况体验，探索其根源、变化、表征、过程、内涵、意向与趋势。

另外，频繁使用古典拆字法，即把一个关键性词语拆解成两个或两个以上的单字、说明其义涵与要领，比如自然为自与然、道德为道与德、天地为天与地、意欲为意与欲等。

二　本书研究之前的直接认知成果综述

从20世纪80年代初至今，中国学界探讨《指归》的“道论”“气论”“生命观”“养生方法”“养生之境界”的博士论文

① 参见成中英：《本体诠释学三论》，《安徽师范大学学报》（人文社会科学版）2004年第4期，第397、398页。

② 先秦“未出现‘本体’一词”而“本”“体”二字“被广泛使用”，“本”有“本根”与“本心”、“体”有“事物的实体”与“人的本性、形质以及事物的本然状态”等含义，但“经传之文，言体言用者多”（参见方光华：《中国古代本体思想史稿》，北京：中国社会科学出版社，2005年，第36页）；先秦诸子的“体”“用”不是“对列的概念被使用”、《论语》的“体”指“质体”，老子“空的道”与“无穷之作用（功用）”极似“后来之体用关系”，“本体论问题”“借经验知识的正面提升或对经验知识的省察与反叛而成就的先验世界（层面）与经验世界层面的区别”（参见冯达文：《中国哲学的本源——本体论》，广州：广东人民出版社，2001年，第64、65、66、67页）。此本在根与心上立意、体在物与人上显形、用在体与验上对证，三者在经验认知层面与生命超越境界上透视本体的义涵。

仅有1篇[1]，论证其道、义理、道论、自然观与政治观等硕士论文共有7篇（大陆3篇、台湾4篇）[2]，在相关章节涉及的硕博论文及论著若干篇、此不详举。中国哲学史与汉代思想史及相近学术史的片段概述也屈指可数，但从不同时限、视角、层面、议题、人物、学派、焦点、内涵、思路、目标等求解其哲学思想的期刊与集刊论文有五十几篇。下面以论文为主、辅以其他的相关研究，分为四个时期，即萌芽期、探索期、转进期与腾飞期，说明其方法论与本体论的直接认知成果的近况与缺失。

（一）《老子指归》哲学基本观念的萌芽期

这一时期，以郑万耕、王德有、那薇、祝瑞开、金春峰等为代表[3]。其本体判断：一是隐的道德本体即显的客观实体[4]，注

① 陈慧娟：《两汉三家〈老子〉注养生思想研究》（上下），新北：花木兰文化出版社，2014年；参见其目录，第2—5页。

② 硕士学位论文，有陈俪文的《〈老子指归〉一书道涵意之探索》（1997）、刘为博的《严遵〈老子指归〉研究》（2000）、陈盈秋的《〈老子指归〉的政治观》（2005）、陈尧义的《严遵〈老子指归〉义理析论》（2007）与中国大陆的吕洁的《严君平〈老子指归〉道论思想研究》（2007）、冯静的《严遵〈老子指归〉自然观研究》（2014）、严一钦的《从严遵〈老子指归〉看严遵和扬雄的思想共性》（2015）。

③ 主要有王利器的《道藏本〈道德真经指归〉提要》（1980）、王德有的《〈老子指归〉自然观初探》（1984）与《严君平〈老子指归〉真伪考辨》（1985）、郑万耕的《严君平哲学思想述略》（1984）、那薇的《严君平〈道德指归〉浅析》（1985）与《试析严君平的直觉思维》（1988）、金春峰的《汉代思想史》（1987）、祝瑞开的《严遵哲学魏晋玄学的先声》（1988）与《两汉思想史》（1989）等。

④ 郑万耕简括其气化、唯物的“宇宙生成论”，“天道无为”的自然论，及“以反映论为基础”“带有唯理论”倾向的认识论，在“道德”本体界认上强调此“客观实体”的“不确定性和无限性”；参见其《严君平哲学思想述略》，《北京师范大学学报》1984年第3期，第49、50、51、54、62页。

重本体的实在性；二是无的本体即有的气体①，注重本体的融通性；三是合（有无的统合）的本体即分的道体②，注重本体的统一性；四是虚的本体即我的主体③，注重本体的独立性；五是生的本体即命的形体④，注重本体的规定性。其本体相应的方法认知五种：一是唯理的能动反映重视客观对象；二是唯心的反向突变，重视精神辩证；三是唯灵的直觉思维⑤，重视意识完整；四是唯我的体玄守和，重视生命神秘；五是唯物的经验类推，重视

---

① 王德有合取唯物、唯心并以气为中介的宇宙演化论，其归根在以无为本的本体论、此无含“无为”“无形”义，这“本体论是两汉时期宇宙演化论的发展”“本体需有普遍性的公设”“对后世影响颇大”，它的“思维逻辑”特点是“向相反的方向转化”“由渐化到突变”；参见其《〈老子指归〉自然观初探》，《哲学研究》1984年第9期，第61、63、64—65页。

② 由“‘无’是从‘道德’到‘万物’演化过程的根据”“天地万物的本性”，推证“有无一体的本体论思想”“接近于魏晋玄学的本体论”；参见那薇：《严君平〈道德指归〉浅析》，《社会科学研究》1985年第3期，第96、98、99页。

③ 祝瑞开证其“‘道开虚无’的本体论”“‘体玄’‘守和’的认识论和方法论”，以虚之虚、无之无“说明道是超越差别，矛盾的绝对的境界”，认为其“唯心主义思辨哲学中”有“唯物主义因素和无神论倾向”，这相对于老庄哲学有较大发展与“较高的思辨论证的特色”“孕育着何、王哲学的雏形”；其“‘体玄守一’的认识论，‘为反守和’的方法论”“‘道’的本体论，保身存神的人生哲学、无为、守分的政治哲学都是一致的”且“三位一体构成一个体系”［参见其《严遵哲学魏晋玄学的先声》，《上海大学学报》（社科版）1988年第5期，第29—31页］；“人生哲学和社会政治哲学”突出“严遵‘分’的思想”“道家的‘无为无欲’的思想”“儒家正名和法家法术等思想”形成“以我为中心”的理念体系（见其《两汉思想史》，上海：上海古籍出版社，1989年，第218页）。

④ 金春峰阐述其“生成论与本体论”“经验论和思辨因素”，“道德→神明→和→形→气”的“基本模式”是“生成论而不是本体论”、道德与神明“是指气而言的”、“本体论只是这个图式（即一幅彻底的宇宙生成论图式）中的新的因素”，思辨方法异于魏晋玄学“道即自然”的本体论证、“基于经验事实的归纳或类推”从“有形推到无形的推论”“犯了‘无类’类比的错误”（见其《汉代思想史》，北京：中国社会科学出版社，2006年，第352、357—358、361、365页）。

⑤ 在汉代“以经验主义为主、思辨理性为辅”的认知影响下，严遵的“直觉思维方法”“是以素朴的心灵与万物本性相契合的一种思维方式”；参见那薇：《试析严君平的直觉思维》，《哲学研究》1988年第10期，第47页。

社会特殊。[①] 可总括其本体为客观实体、融通气体、统一道体、独立主体、规定形体，其方法是唯理、唯心、唯灵、唯我、唯物。此本体属性与方法特征是粗糙的单向的抽象认识的人类文化执念，未考虑其精致的多元的具体呈现的宇宙生命可能。这隐、无、有无、道、自然的本体研判与证、反、觉、和、推的方法认知，可简化为其融摄有无三分（无、有、无有）的原道本体与正反合辩证的自言方法，明显刻印中西古典哲学认识标准的裁剪遗痕，如传统之有无与现代之心物的分断，与人类文化生活事实的松散把握情况，如限定的能动反映与经验类推的条件归纳。

这一时期的本体核心即无、合有与无、道、自然，方法特点是反向突变、直觉体悟、为反守和、经验类推，在心物的惯性思维下对本体内涵的科学常识作批判检讨，引导传统文化观念的创造性转型，对其原旨缺乏足够的同情理解与充分的深透推阐。

（二）《老子指归》思维认知方法的探索期

这一时期以张运华、赵雅博、张涛、元正根等为代表[②]，缺《指归》本体论的深度考察与全面展开，直接修补、折衷于萌芽

① 另四种认知方法的基本内容，已见其本体部分注释的对应阐述。

② 20世纪90年代，主要有那薇的《严君平所崇尚的理想人格》（1990）、熊铁基等著的《中国老学史》（1995）、罗剑云的《严君平卖卜降妖成都市》（1996）、陈俪文的《〈老子指归〉一书道涵意之探索》（1997）、王德有的《严君平评传——出入无有解惑消愁》（1997）、邓星盈与黄开国的《试论严君平的学术思想》（1997）、张运华的《先秦两汉道家思想研究》（1998）、［西班牙］赵雅博的《从〈道德指归〉看严遵的思想》（1999）、张涛的《严遵易学思想浅析》（1999）、［韩国］元正根的《浅析〈老子指归〉的思维方式——“无○之○”与“不○之○”》（1999）、张实龙的《严君平解读〈老子〉之方法》（1999）、［马来西亚］郑良树的《〈老子〉严遵本校记》（1999）。

期的本体承诺如无、有无一体、道、自然等①，但在方法认知上有突破，即自然生命世界观所察识的体验性语言的觉解。元正根认为，目前“支配我们思考”的“科学技术世界观”是经验事物“二分化主体与客体”的思维方式，此“自然与自我”“自身与他人”“人类自身”的二分化思维、导致“自然界的生态危机”“社会共同体的危机”“人丧失真我的危机”，破解之道在“汉代道家哲学之顶峰”《指归》的“生命世界观的新的思维模式”；该模式的特点是“通过逻辑超越逻辑、通过思维超越思维、既矛盾又具悖论性”“语言过于简练”，其“主客一体”的“体验性语言”非“单纯的对象性语言”，认知形式来自老庄“无〇之〇”“不〇之〇”，大体表征“存在”是“无存之存”，“自我”是“无身之身”“无心之心”，“认识”是“不知之知”，“语言”是“不言之言”，“行为”是“无为之为”“不为之为”。这是“从生动的自我实在的观点出发”认可的“体验性思维方式”及“有关怎样表现生动生命世界真面目的方法论”，其“根本性缺陷”是“无论在何种情况下都无法将自己所知道的内容用某种固定实体的形象显示或转告给他人”②。这是对《指归》思维认知的超越性特点、体验性语言、否定性形式、直观性表

① 严遵哲学思想是“从汉代道家宇宙论到玄学本体论的中间环节”、其自然哲学中重视“本体论的思想萌芽”“思辨的论证方法”（参见张运华：《先秦两汉道家思想研究》，长春：吉林教育出版社，1998 年，第 269、273 页），其有道与德的自然思想与儒道、君民、守分的政治思想及“反知之知”的认识方式（参见赵雅博：《从〈道德指归〉看严遵的思想》，上下两篇，《哲学与文化》1999 年第 1、2 期），他是“从宇宙生成的角度讲有与无，同时含有本体论的意思”［张涛：《严遵易学思想浅析》，《内蒙古师大学报》（哲学社会科学版）1999 年第 3 期，第 40 页］，等等。

② 参见［韩］元正根：《浅析〈老子指归〉的思维方式——“无〇之〇”与“不〇之〇”》，《中国哲学史》1999 年第 3 期，第 82—83、85、86、87、123 页。以下注释，无论著作或论文，凡涉及主副题名的，第一次标全，再引时标其主题名。

征、根本性缺陷等，作整体性观察与系统性检讨。其超越性，对证逻辑思维的矛盾悖论之无限破解；体验性，立足存在主体的生活内涵之特定领会；否定性，通过习惯的语言形式，确认反常的生命实体，其整体超越性用具体的否定性落实；直观性，强调主体性领会的现实姿态融入客观性意境，其自我的内在体验意化作外在直接说明；根本性，是整体有效存在的合理发展评估显示的实质性障碍与关键性疑难，此为超越性发展与体验性存在的根本维系。此五性含严遵哲学方法论的超越要求、体验实情、否定表达、直观理解与根本缺失，即言不可名的道体、应超化其意、领会其情、审视其形、洞明其理、觉察其限。

这一时期偏重方法论建设，展现世界观或本体论架构。得在求证的认知主体无不融通现实全体的宇宙生命思维方式，有其超越意义、体验情况、否定形式、直观理路与根本局限；失在未具体证明此方法论的认知思路、如何形成其世界观的完整意象、创建稳定的认知谱系。

（三）《老子指归》在中国传统理念内的转进期

这一时期以蔡振丰、杜保瑞、陈福滨、林俊宏、吕洁、黄钊等人作代表，其聚焦《指归》的道本体与言方式之诠解、概述、表意。① 尤其是杜保瑞把方法论进路，引入西方哲学逻辑分析纯抽象的理论陷阱，框限传统中国哲学的思想容量与境界高度。他借方东美、牟宗三、劳思光等标举“中国本体论哲学的方法论问题”，解说《指归》“理论重点在阐释无为境界”“道概念的哲理义涵是无为境界的理论根据”“存在角色在指归体系中是一先在预设”“无形义是无为义的来源之一”“不可知义是无为义的来源之二”“人性现象才是无为本体义涵的真正观念来源”“道体就是无为是严君平哲学的绝对预设”②。他把本体论与方法论交融在中国哲学基本问题上考察《指归》“道”义，是一先在的绝对预设之无为境界的理论根据，其无为似源自“无形”“不可知”却实自“人性现象”，无形的“道”本体把握与不可知的

---

① 蔡振丰“考虑不同诠释模型间所具有的差异性，及可能存在的传统根源”“说明严遵、河上公及王弼三家的老子诠释学”，由此方法学判定《指归》“道与语言”问题不是其“根本的问题”，“将语言视为有待诠解的道之结构”并“强调‘对立性’与‘神明’这类的概念”，用“对立项的同源及交感来说明道与万物的生成结构”与依此“形成‘道人’在行事上应有的思维结构”（参见其《严遵、河上公、王弼三家〈老子〉注的诠释方法及其对道的理解》，《台湾大学文史哲学报》2000年第52期，第101、110、111、113页）。另，陈福滨说严遵将天地“一切事物‘指归’于‘道德’”以“显示道之形上本体的恍惚虚无”、由虚无落实成“天地万物生成发展共同根据之本体所具有的普遍性”（参见其《〈老子指归〉中“道”思想之探究》，《哲学与文化》2003年第9期，第82页），林俊宏认为《指归》的儒家伦理式“共同生活的和谐开展”离不开道家形而上“本体的承诺与回归”、消解“个体生命与群体秩序的必然紧张”（参见其《〈老子指归〉之政治思想试论》，《政治科学论丛》2004年第22期，第133—134页），吕洁说“虚无本性”的“道”成“一切存在的最高本体根据”、其“自然、无为的属性”与原则“贯彻到人生及社会领域”为“总法则”（参见其《严君平〈老子指归〉道论思想研究》，“摘要”部分，陕西师范大学2007年硕士学位论文），黄钊讲“《指归》道德观的哲学基础”是老子“‘道’为最高本体的本体论观念”与庄子“相对主义观念”、易陷“先验论”“命定论”与怀疑论的认知困局（参见其《严遵〈老子指归〉道德观探析》，《周口师范学院学报》2008年第1期，第62页），等等。

② 参见杜保瑞：《严君平〈老子指归〉哲学体系的方法论检讨》，《哲学与文化》2002年第10期，第905、906页。另见其分议题。

“言”方法建设需落实在人性的真切理解。这是现代新儒家的道德理性本体与西方哲学的逻辑分析方法，嫁接在《指归》思想的本体建构与方法说明，是对西汉初黄老道家清静无为及其中后期虚无自然的道德本体的宇宙生命遗忘，与此融合因应的形神互化的自身体验、默言玄教的意象思维的文本依据忽略，为中国哲学诠释无力抗拒也无法回避的唯一硬标准。此认知范式，成《指归》思想的哲学本体论与方法论的合理存在红线与有效推扩利器，为多数研究者高度警惕其越界作为并习惯利用其丰硕成果。

这一时期明达其本体论的“道”内涵预设的人性、物性、神性、自性（自是人，或物，或神，独无自己）之普遍规定，与其方法论的“言”认知形式在诠释模型、概念结构、抽象表达的特殊意含，此可能融通精神境界的圆满表征与一体超越所有真实的终极向往，但对传统方法理路与本体构造缺乏足够清醒的可行性规划与完整统系的可能性分析。其重《指归》“道”本体观念的形式总结与“言”方法思路的不可知检讨，未进行本体论内涵要素的有效分析与方法论原则步骤的合理推定。

（四）《老子指归》哲学创新意识的腾飞期

这一时期以万志全、周玲、金生扬、陈尧义等为代表①。特

① 从2010年至今，哲学史方面有曾春海的《中国哲学史纲》（2013）、康中乾的《中国古代哲学的本体论》（2016）等，硕士论文有冯静的《严遵〈老子指归〉自然观研究》（2014）和严一钦的《从严遵〈老子指归〉看严遵和扬雄的思想共性》（2015），期刊或集刊论文有万志全的《〈老子指归〉哲学思想探究》（2010）、周玲的《〈老子指归〉与两汉之际“道”观念的新变化》（2010）、金生杨的《再论严遵的道家哲学思想》（2014）、林明照的《〈老子道德经河上公章句〉、〈老子指归〉中的治道推演》（2015）、陈静的《呈明与分化——以〈老子指归〉为中心论汉代宇宙论的特点》（2016）等共十六篇。

别是，陈尧义从“人之思维方式影响其思想体系的建立”看“《指归》对常人之思维的反省”，他提出“形名观”为其“方法论的反省”，“自然”为“‘道’本体宇宙论义之展现”，“藉‘形’之有无确立有形、无形世界之别，并以无形世界作为有形世界得以存在之由，再藉‘无’的动词意义再向上立更高之位阶，使‘道’成为‘绝对’虚无，无形世界不同程度的无则为‘相对’虚无”。这绝对虚无的“严遵哲学体系本体论之最高本体”“非一预设”之道，按“宇宙论内容”开展它的观念要素与关键诉求，它“在汉代普遍流行的气化宇宙论中建立本体论”不如王弼“畅言、清晰”。“无形者”分“无”“无之无”“无无之无”“无无无之无”四种，形成了主导最高本体确立的“无之又无”与“说明本体如何向下展开的”“玄之又玄”两种思维模式，两模式“解开‘自然’深意”成“一原则性总纲”并“真正活络《指归》义理哲思”。其“形上学架构”“将生命实践与宇宙创生二者紧密相连”，点出“不落入时空之中的、无为、无意志的”一切最终根源之道，使“主体回归大道之修养论”与“治国理论”上①。此有研究进路的新预设、思维方法的程式反省、本体观念的层级分析、自然原则的优先对待、形上架构的完整把握等诸多规划，但对形名的基本理路未作有效分析与合适构造，对道的本体内涵也未严格区分、拘限有无的笼统化解，使本体之道陷入绝对虚无、悬置其自然总纲与道德原则、推演人的身国同治格局。严重缺失是，想挣脱西方逻辑本体的终极预设与抽象安排的概念体系论证，深陷在绝对虚无的本体规划中，用玄与

① 参见陈尧义：《严遵〈老子指归〉义理析论》，新北：花木兰文化出版社，2012 年，第 12、14、22—23、26、45 页。

自然的道家旧说去破解认知障碍，无法提供形名之实与道德之能、显化其思想世界与精神追求，此方法成型与理路推演不具体，本体层级划分与贯通未圆润。

这一时期的突出贡献是，《指归》形名方法论的基础地位确认，与道本体论的自然原则统摄。但对方法研讨极简，难以保证其优先确立。对本体论探索要么太虚，沦为逻辑预设的绝对抽象之无；要么太实，转为人生体验的相对具体之有。

（五）《老子指归》现有研究得失总结及其问题提出

简括上述《指归》研究四期认知，是其观念萌芽期的多元本体与多变方法，突出本体论的理想考察而趋极端化；其思维探索期的独特方法与折中本体，突出方法论的感悟发挥而趋否定式；理念转进期的规范方法与绝对本体，突出本体论对方法论的原理指导而趋标准式；意识腾飞期的形名方法与道本体，突出方法论对本体论的理路引领而趋本土化。此含三个基本问题即：一是本体的多元或一元，二是方法的西式或中式，三是方法论与本体论的优先引领（即先后）与作用判定（即主次），另有方法与方法论、本体与本体论的区别与联系，及其认知前提与期望目标等。

这四期的主要方法是，经验的能动辩证法、个体的直觉证悟法、自然的无不融通法、概念的逻辑分析法与思维的玄无形名法。自然的融通法含反向、解构、圆润的意义诉求，自觉的形名法具正面、建构、评断的功能效应，二者合成自然自觉的形名融通法是《指归》完整的哲学认知方法。除此，其他三法是马、中、西哲学三系①的惯用方法。因此，笔者将融合此二法对其思想更精深、完整考察与细密、确当推演，对其前缘、详情、后果、局限做出明晰、周延说解与系统、可靠求证。由此开显其道本体、道德本体、自然本体、无本体、有无本体、生命本体、宇宙本体等。此道，有根源义；道德，有伦理义；自然，含物理义；无，含无限义；有无，含融合义；生命，有创生义；宇宙，有完整义。一般认其思想根基在老子道本体论，从祝瑞开的虚无之道本体论与金春峰的自然之道本体论，转向张运华的无有即合虚无与自然之道本体论，再到杜保瑞的人性之道本体论，转入陈尧义的宇宙之道本体论，是老子道本体的虚无、自然、融合、人性、宇宙的多种意向演示。因而要对其本体论内涵有更充分把握与圆融统摄，应全面审查其整体视域，细致剖析其建构过程，认真辨识其具体环节，完善处理其可能形态与适当满足其实际期许。

其哲学方法论研究的观念陈旧，思路虚玄，未建立理论自觉的认知分析模式；其本体论研究的套路固化，多元疏解，未构造生命自然的宇宙本体谱系。因此，开创明达的认知方法理路与构建融贯的生命本体系统，是本书的研究目标、意义与主因。

---

① 指目前国内高校与科研院所设置的马克思主义哲学学科、中国哲学学科、西方哲学学科。

三　本书研究的支点、思路与框架

（一）研究支点与思路

本书基于《指归》研究综述的方法论的要素构成是方与法①，本体论的要素构成是本、体、用②，推定其理论支点是我、形、气、物、意。“我”是《指归》哲学阐释与寄托的自然本体与自觉主体，其有本体论的根源与根据之生命诉求、方法论的自然与自觉之认识可能。此方法论的“形”是万物实存的表征与化身，推引“象”的思维创造、“名”的表达形式、“分”的认知原则及“形象名分”的总理路。此本体论的“气、物、意”，是此方

① 《指归》有“殊方”“方外”“方地”“万方”“异方”（《上德不德篇》，译作“不同的方式”“世外”“比拟、比方”“四面八方”“各方”）、“方而不矩”“直方和正”“一之大方”（《得一篇》等，译为“方而不合于矩”“一的最大规范”）等，又有“法物”“法式”（《上士闻道篇》，译“效法、遵从”）、“法象”（《名身孰亲篇》，译“事物现象的总称”）、“法度”（《大成若缺篇》）、“法制”（《天下有道篇》）等；参见（汉）严遵著，王德有译注：《老子指归译注》（引用此书较多，以后简称《指归》译注本），北京：商务印书馆，2014年，第9、11、13、14、21、26、33、41、68页。此方，可推殊异的方式与方法、大体的方位与方向、完整的四方与各方、规范的大方（统一）与小方（分歧）、模拟的比方与对方，含完整、大体、殊异、规范、模拟的形态与功能之义。此法除效法的主动义，有范导性的物、式、象、度、制之实体、定型、表现、权衡、创造义，重在典范模塑。就此看，方是全体涵摄与规划而求一统，法是群体遵循与规范而得一致，方法是个体效验与规训而明一贯。

② 《得一篇》“本”作“基”，其他篇讲“根本”与本末（《上德不德篇》）、“根”（《上士闻道篇》）、“本根”（《道生一篇》）、“元”（《不出户篇》）等义，其“体”有“体道”“一体”（《上德不德篇》）、“身体”（《上士闻道篇》）、形体（《大成若缺篇》）、躯体与“同体”（《不出户篇》）等，其“用”译作“表现形式”“使用”“功用”“费用”等（见《指归》译注本第27、66、78、79页）；其“本”以“根”与“元”为首要含义，“体”以“身”与“形”为常见说法，“用”以实与功为具体表征，此知“本”可起“元”归“根”、“体”可现“身”显“形”，二者构成的“本体”是中国传统哲学的恒动生命实体即自然本体，不是西方哲学的绝对抽象主体即逻辑本体。

法论推证宇宙生命的核心观念。“气”有“自然、道德、神明、太和”四个理据，“物”有“天地、万物、人类”三种素材，“意”有“意欲、言教、器事”三大经术。简括在宇宙生命整体观照里，形上的生命本体凝聚为气，形中的生命本体凝聚为物，形下的生命本体凝聚为意[①]。由此形认知此气，此气是宇宙生命的基质，融贯所有，即它是无限融通的宇宙生命的本体指称或真体（命体）。由此形认知此物，此物是宇宙生命落实，呈现一切，即它是现世实存的宇宙生命的本体指称或实体（质体）。由此形认知此意，此意是宇宙生命虚拟，创设全部，即它是人心虚构的宇宙生命的本体指称或文体（假体）。由我自然的气、物、

---

① 《易传·系辞上》有“形而上”之“道”与“形而下”之“器”（见高亨：《周易大传今注》，济南：齐鲁书社，2009 年，第 484 页）的“形、道、器”区分，另有“四志形中，四色发外”［《容经》，（汉）贾谊撰，阎振益、钟夏校注：《新书校注》，北京：中华书局，2000 年，第 227 页］与“形中之微气”“（人）以七尺形中精神”“形中有五常”“形中之诚”［《变虚》《感虚》篇，见（汉）王充著，张宗祥校注、郑绍昌标点：《论衡校注》，上海：上海古籍出版社，2013 年，第 95、108、113、114 页］的“内、中、外”判别。前者推宇宙论的形而下之器（即实用）、形而中之物（即实体）、形而上之道（即实理），后者推人生论的形外之色（即人生表征）、形中之气或志（即人生感通）、形内之神或常或诚（即人生追求），此可在经验认知范围内转成宇宙生命视域的本体论之形上“气”（即生命本原）、形中“物”（即生命主体）与形下“意”（即生命客用）。

意，构成《指归》哲学本体论的生命世界、形物世界与人文世界[①]。

因此，本书基本思路是在作者严遵、思想样本《指归》与其研究综述的总体认知及问题分析上，自觉进行《指归》哲学方法论与本体论的系统建构，先是其“形”哲学方法论的原型认定与理路推演，再推绎其“自然”哲学本体论的三个世界即生命世界、形物世界、人文世界与其主要理据的系统探索，最后概述二者认识模型与价值期望及应有的理论贡献。这是在《指归》哲学原有认知基础上，对其方法论与本体论的系统研讨与融贯构造。

（二）研究框架

基于以上认知要点与思路，本书的框架设计如下：

第一章是严遵其人与《指归》其书，重在建构其思想认知基础。此人，通过历史记载与古今评说，概述其事迹、功德与诉求。此书，以现当代考证说解其传承，并以《经目》《总序》阐

---

① 前述科学与人文的分歧可区划自然界与人文界、在《易传》哲学有形上界与形下界、冯达文的本体反省有先验世界与经验世界、陈尧义的《指归》义理区分出无形世界与有形世界，这是两个世界的划分标准即以人的生活作为、判别人为或有为与自然或无为，或以形的上下、先后、无有、隐显辨析经验界与超越界。吕乃基对波普尔“三个世界”的特征分析，得其随“知识对于对象、语境和主体日益深刻的嵌入”相融合、“不可分割”（参见其《三个世界的关系——从本体论的视角看》，《哲学研究》2008 年第 5 期，第 114 页）；世界 1 是“物理世界”、世界 2 是人的“意识经验世界”、世界 3 是人的“各类知识世界”，世界 3 不同于前两个世界之处是它“由各种符号组成的形式世界”、不是“质料”或“物质载体”世界（参见郭斌：《浅析“世界三”与卡西尔符号世界的异同——从卡西尔的符号世界看波普尔的“三个世界”理论》，《自然辩证法通讯》2015 年第 6 期，第 132 页）。本书三个世界划分与此不同，不以人类而以自然来界识，关键不在人的历史文化成就的因果分析上判三个世界（即物界、意界、识界），而在自然的现实生命变化的因果融通上辨虚无的完全、实有的呈现、适可的意愿所建构的生界（即生命世界或形气世界）、实界（即现实世界或形物世界）与适界（即历史世界或人文世界或形意世界）。

释其篇章布局与思想要领。本章重在揭示原创者的生活背景与其思想文本的大体状况。

第二章是《指归》的“形”哲学方法论，关键在“无形”“有形”“可形”的推证。先讲“无形”变化、体验、规制，确立自然道德的生命理则；再讲“有形”浑融、生成、流衍，推定现实事物的初始造型；再讲“可形”比对、内蕴与表征，在此理则与造型上把握其适当的具体展示。本章主要探讨其哲学方法认知的原理、原型与可能。

第三章是《指归》哲学方法的理路推引，即形→象→名→分，重在“象”“名”“分”的认知构型。先由“象”推导“人文”的“法式”，得无象之象、天地法象、万物自象、人文饰象。再由“名”推证“形物”的“正实”，得正法、正名、正实。再由“分”推理“名实”的“度数”，得分理、分度、分类、分数、分职。这是其方法认知的内涵、形式、标准与全程的系统审视。

第四章是《指归》的“自然”哲学本体论，着重考察其本体理据，即自然、道德、神明、太和。一论“自然”是宇宙生命本因，二论“道德”的原因、内涵与理路，三论“神明”的原因、内核与本能，四论“太和”的原因、实质与本状。此在宇宙生命的总体归因上，推得自然本因、道德本性、神明本能、太和本质的整全融贯与无限统合，这是本体之本的证解。

第五章是《指归》哲学本体的形物世界生成，为天、物、人，重在本体落实。一论天地产生、意涵与能限，二论物的生成、蕴涵与分合，三论人的源始、认知与本智。本章关键在天、物、人一体、一贯，为大、中、小，是宇宙生命素材。这是本体之体的说明。

第六章是《指归》哲学本体的人文世界觉解，为意、言、器，关键在其本体期许。一讲意欲之术用，用在人心；二讲言教之术用，用在人文；三讲器事之术用，用在人世。本章重在推阐人类的意欲、言教、器事的实际内容与表现，归宗自然。这是本体之用的辨识。

四 本书研究的创新处、难点与意义

（一）创新处

本书在适当吸取前辈学者与后进新秀长期考辨、全面研究《指归》文本及其哲学思想的认知成果上，对其哲学方法论与本体论的内容辨析与系统研判有独到的推引与总括，大体表现以下六个方面：

第一，在《指归》现有哲学思想研究的本体论与方法论的认知基础上，直接提出“形”哲学方法论与“自然”哲学本体论并充分展开其融贯的诠解，这是对《指归》哲学研究的系统推进与深层创构。从综述的四期认识提取其形名方法的创新意识，判析其道本体的超越可能，到传统解读的思想宗旨中重构虚无自然之道的观念理解模型，归整到宇宙生命本体谱系建设里。由此区划出人类经验认知的方法理路与进序，分上、中、下三个认知领域，推证宇宙生命融通的自然本体及其落实与期许。这是对学界长期标识的形上、形下的哲学分析尺度的明显突破，方法上追溯到原形的生命理则认证，本体上拓展为三大论域的三个世界构造即：一是形上的生命视域，求宇宙整体的无限超越，此为生命世界；二是形中的现实视域，成万物实体的独特展示，此为形物世界；三是形下的历史视域，以作人类主体的经验模塑，此为人文世界。这是《指归》哲学认知的核心架构更新与完整视域规引。

第二，《指归》哲学方法论的总理路设计与证明，是形→象→名→分的主干线路与无形→有形→可形、无象→法象→自象→饰象、正法→正名→正实、分理→分度→分类→分数→分职的理则及可能的阐释，使其成为一个高度自觉的方法认知系统，为其自然本体的证立、提供观念认知基础。此比照郑万耕、王德有、祝瑞开、杜保瑞等人的辩证式的逻辑分析法，拘限于心与物、人与物、古与今、中与外的二分思维模式，与那薇、元正根、陈尧义等人的直觉式的玄无顿悟法，笼统于身与心、名与实、言与意、正与负的一元执念演绎，即心、名、意、负的绝对演义，是其认知优长的适度统合与方法思路的创造转化。即是说，在《指归》哲学方法的认知系统上，有实质性内容的重新检讨与原则性程式的明晰编排。

第三，其自然本体的系统论证是老子自然观念的直接继承与升华，是本根性的宇宙生命整体考察的基础理据。此对照自然论、自然观、自然哲学、自然理念、自然范式、自然规律、自然科学等的基本认知，在诠释意向上更周延，内涵诉求上更完整，智慧把握上更卓识。作本因、不是性命与样子及法则与主宰的自然，具备虚无、实有、适可三个核心认知意向；虚无的基本内涵是道德、神明、太和而得生命世界的大全，实有的基本内涵是天地、万物与人类而成形物世界的展现，适可的基本内涵是意欲、言教、器事而为人文世界的觉解，这是自然本体的生命根据、形物支撑与人文创构。这充分表明自然本体与上述形方法，是严遵《指归》思想观念的独特诠解，是本书研究可能成行的诸多创新凸显的两根柱石。

第四，在一些基本观念认知上，有新的说法与细致认证。比如，在王树人的“象思维”、曹运耕的“唯象思维”与柯可的“线象思维”（这三个说法见《指归》哲学方法理路的“象”部分注释）的理解上提出“意象思维”，并澄明“形”“象”“名”等意涵；在先秦诸子思想的形名逻辑引领下，检讨其相关看法，归结在人文逻辑；在自然核心观念指引下的体、用、和，推证的生命我一分为五；在道的总论上以虚论与正论，推引中论与分论，及以“道德”释“一”；在鬼神、圣神、真神、生神、形神、天神、元神的范导下，证其能神；关于神与和的关系分析，和气的基本表现，气化的本状解释；天的四种意涵整合，物的一体化与命分统领，人的类型分析与本智标识；心意的同、异、虚三种判断，意欲的本体、人生、政治与工夫四种诉求，言意关系的六种看法，神器、大器、器械的关系解析，器与事的内涵融洽，等等。这些观念内容重新赋予与补充，是其哲学系统建设的新支点。

第五，除了其哲学思想整体的新理论架构、方法的新理路、本体的新内涵、观念的新支点外，各主要章节概括出一些新的认知线索。如，无生有的原理推导、事实认定与原因分析的认知系列；名的社会生活进程、正名的逻辑链条及其三个核心环节与四步骤；人经验生活的自然命运进序及自然与道德的关系式，自然我的生命线与生活线；天地万物的生成线路及天的发展理路、树木的相因相生转化系列；物类的四条关键认识线索与简括；人的术用认知路线、意与义的三种认知关联、言的认知进路与回环；事的概观、实作、表征的路线图，等等。这些认知线索，密织其哲学的无数点与有限面，促成圆润的理论整体。

第六，另外提出一些新观点与看法。如，认知主体的自当精神与尽正原则，人心“意象为形名立法”，形式逻辑与形名逻辑的核心差异，道家的道德本我与儒家的道德自我的比较，形上的生命我之辨正，意欲的志气化、实物化、情事化的贯通，言与教的合当关系之检讨，《指归》与《春秋繁露》的哲学思想的关键分歧，等等。这是从古今中西具有代表性的哲人，及其代表作的认知要点的比照，阐发其不同的理论观察与总结。

（二）本书研究的难点与意义

1. 研究难点

研究的主要难点是：第一，如何保证严遵原创《指归》文本内容的完整性与思想认知的连贯性？在史册记载不完备、观念传承有间断、文字损益的实际与时段及其造作者难明确等情况下，以部分材料与观点做出自以为实靠的系统论证，无法避免以偏概全，也无力掌握适当尺度，往往流露出浮夸的主观臆测与不自觉的惯性认同。

第二，作为一种哲学方法论的“形”是如何可能的？由此可能性思考，能否建立其思想认知框限的普遍适用原则与严密推演程序？据《指归》文本思想分析，只有大体的生命理路与进路，没有具体的操作程序与真确的理论原则。由此能笼统判断其究竟内涵的大体情况，不可细致解析其认知环节的点滴组合，易变成经验的日常局限与超越的自在意念。

第三，意象思维的心不是人脑的机能反映，如何在人体发挥有效的思维作用？即心之灵动反映，在人体还是神体？不可能在物体吗？这会不会成万物有灵论的另样表达？人要靠什么样的精神载体，支撑其能动察识生活世界的物象？直接的追问是，心在人的哪儿有感应与自觉？或者说，人心是什么？这是一个根本性的认知难题，可解为孟子的仁、严遵的意、河上公的神，或者智，或其他，都难免陷入抽象观念的循环论证与空洞假设。

第四，“自然”观念在严遵思想认知体系里怎么能超越“道”观念，成最高本体？这在祝瑞开、金春峰、张运华、杜保瑞、陈尧义等人的观念识别中，要么等同于道，要么依附于道，都得通过道的本体证立，成《指归》哲学的最大范畴即总纲或要领。自然是道的本因，究竟在什么认知意义下成立？可否由此证得其独特的哲学本体？这是一个比较复杂的理论问题，应有不同的可能解答。

第五，如何在现有的中国哲学史范围内，界定严遵思想的理论地位及其贡献？这是一个常被忽视的问题，却是不好回答的难题。除非它有被忽视的充足理由，或被重视的足够讲法，否则大多凭自身设立的编写标准、刻意取舍其相应的观点与亮点。

当然其他难处也不少，如对现有文本的忠实理解、相近材料的合当选取以及前后学说关联的可靠推证等。研究的过程，是求解疑问的征程，也是制造麻烦的历程。

2. 研究意义

本书研讨《指归》哲学观念的系统融贯，大致有如下意义：

第一，《指归》的“形”哲学方法论与“自然”哲学本体论的理论创构，可较好克解其哲学方法与本体的一元与多元的生成难题、主次与内外的合当疑虑，深化与细化并更化现有哲学认知模式。方法与本体的分合察识与无限融通，在宇宙视域由“自然”整体的普遍“我”存在，推“形”个体的特殊“物”发展，是“自然”本体的“形”方法化；在文化视域由“道德”群体的神圣“王”（主）智识，得“名分”个体的世俗“民”（众）知故，是“形”方法的“自然”本体化。这是对其原先虚无预设的老子道本体观念的实有推衍与适可把握，融摄本体的超越、现成与经验的多重可能意向，是对无不融通的形名方法反思的正面认肯与负面观照，此以虚无、实有、适可的自然本体取代逻辑、经验二分的道本体，且以意象、名言、判别的形方法完善玄无、单一、抽象的形名观。

第二，《指归》的“形”方法论定位、作用与意义，这是之前老子的可名与恒名、孔子的正名、庄子与荀子的名实关系、墨名法三家的形名逻辑、董仲舒的名号解释等要点的整合与重构，它是更基础的方法认知，更严整的理路推引，更齐备的总体权量，是对哲学诠释学的“言”方法的前提检讨、其思维方式的确切指认、符号表达的直接证实与观念内涵的合当识别。这正是人的官能认知进序的经验成效反映的高度总结，它从人眼观的形，到心思的象，再到口述的名，终得脑判的分，确把外界观察的对象物，变成内部觉解的自由意，规范为形式表达的标准符，推出内容辨识的具体义。这是人完整认知过程的合理、合法、合适推导，不仅是纯概念认知的分理、分数、分职指称。

第三，《指归》的“自然”观念在因上对《老子》“生”与“法”之自然理念的提升与融会，是河上公的“道性自然”之生命根源追溯与王弼的“道法自然”之文化根据启引，金春峰的“道即自然”之本体证明成行。此本体的自然因，含有其生的根源义与识的根据义，不偏执于西方哲学的第一因的是非真伪见识，也不拘限中国哲学的生生不息的正反善恶命运，在宇宙生命本体上是我的虚无气化、实有物化、适可文化护持的自然世界。

第四，此为重新认识严遵哲学、汉代哲学、老子哲学、传统中国哲学与当代世界哲学，提供一种可能的观念内涵与其理路、理据有别的方法模式与本体谱系。“形”不只是形名的文字造型，也不单是形式的逻辑图谱，是二者的基础设计与真实呈现的生命原样。“自然”不是道德价值判断的当然，也不是纯粹理性认知的必然，是生命存在发展的全然、实然与适然。此形与自然是宇宙生命整体圆融的表征与内蕴，表现经验界是形显而自然隐、超越界是自然显而形隐，表与自然二者融贯过程是互隐互显。

第一章　严遵其人与《老子指归》其书

在绪论里，笔者大致阐明了《指归》哲学本体论与方法论研究的概况与得失及其待求解的核心问题，此为其研究认知情况。本章将考察《指归》哲学的存在基础及诠解可能，集中体现为它的另外两种认知情形，即：一是作者认知情形，着重讲严遵的生平事迹及历史评价，这是严遵作为原典文献创作主体的背景资料与人物印象的真确叙述。二是文本认知情形，主要阐述此书流传过程与总体样态，这是其思想承续的关键载体与基本构件的规整说明。

第一节　严遵其人

严遵，本姓庄，因班固作《汉书》，避东汉明帝刘庄讳，改为严，字君平，是西汉中后期的蜀地人，为著名隐者与明哲。他是怎样一个人，实际做了什么事，当时有何种社会效应，留存哪些文化成果，史书做了或暗或明、或略或详的记录。

一　严遵的生平事迹及历史评价

(一)《汉书》相关记载

关于严遵的事迹，见于《汉书·王贡两龚鲍传》[①]，载录如下：

昔武王伐纣，迁九鼎于雒邑，伯夷、叔齐薄之，饿(死)于首阳，不食其禄，周犹称盛德焉。然孔子贤此二人，以为“不降其志，不辱其身”也。而孟子亦云：“闻伯夷之风者，贪夫廉，懦夫有立志。”“奋乎百世之上，(行乎)百世之下莫不兴起，非贤人而能若是乎！”

汉兴有东园公、绮里季、夏黄公、甪里先生，此四人者，当秦之世，避而入商雒深山，以待天下之定也。自高祖闻而召之，不至。其后吕后用留侯计，使皇太子卑辞束帛致礼，安车迎而致之。四人既至，从太子见，高祖客而敬焉，太子得以为重，遂用自安。语在《留侯传》。

其后谷口有郑子真，蜀有严君平，皆修身自保，非其服弗服，非其食弗食。成帝时，元舅大将军王凤以礼聘子真，子真遂不诎而终。君平卜筮于成都市，以为“卜筮者贱业，而可以惠众人。有邪恶非正之间，则依蓍龟为言利害。与人子言依于孝，与人弟言依于顺，与人臣言依于忠，各因势导之以善，从吾言者，已过半矣”。裁日阅数人，得百钱足自

① 参见(汉)班固著，(唐)颜师古注：《汉书》第十册，北京：中华书局，1962年，第3055—3058页。

养，则闭肆下帘而授《老子》。博览亡不通，依老子、严周之指著书十余万言。扬雄少时从游学，以而仕京师显名，数为朝廷在位贤者称君平德。杜陵李强素善雄，久之为益州牧，喜谓雄曰："吾真得严君平矣。"雄曰："君备礼以待之，彼人可见而不可得诎也。"强心以为不然。及至蜀，致礼与相见，卒不敢言以为从事，乃叹曰："杨子云诚知人！"君平年九十余，遂以其业终，蜀人爱敬，至今称焉。及雄著书言当世之士，称此二人。其论曰："或问：君子疾没世而名不称，盍势诸名卿可几？曰：君子德名为几。梁、齐、楚、赵之君非不富且贵也，恶虖成其名！谷口郑子真不诎其志，耕于岩石之下，名震于京师，岂其卿？岂其卿？楚两龚之洁，其清矣乎！蜀严湛冥，不作苟见，不治苟得，久幽而不改其操，虽随、和何以加诸？举兹以旃，不矣宝乎！"

自园公、绮里季、夏黄公、甪里先生、郑子真、严君平皆未尝仕，然其风声足以激贪厉俗，近古之逸民也。若王吉、贡禹、两龚之属，皆以礼让进退云。

以上四段，涉及殷周际纣王、武王、伯夷、叔齐与春秋战国时老子、孔子、孟子、庄子，及秦汉时的园公、绮里季、夏黄公、甪里先生、汉高祖（刘邦）、吕后（吕雉）、太子（刘盈）、留侯（张良）等人物说明，《史记》① 有详略得当的叙述，其他后起。第一段，着重称述殷周两位隐士生命德行与文化影响，其

① （汉）司马迁撰，（南朝宋）裴骃集解，（唐）司马贞索隐、张守节正义：《史记》（全十册），点校本、修订本，北京：中华书局，2014 年；参见第一册《殷本纪》《周本纪》，第二册《高祖本纪》《吕太后本纪》，第六册《孔子世家》《留侯世家》，第七册《伯夷列传》《老子韩非列传》《孟子荀卿列传》，等相关内容。

德行廉洁高尚、影响振奋人心；第二段，西汉初四位隐士的生活状况与政治用途，其状况是避世深山、用途是为皇太子安定天下正位；第三段是突出西汉中后期两位隐士的世俗表现与圣贤品格，其表现是自食其力、品格是不屈从权威的安排；第四段是总结西汉隐士的社会作用，并比对儒士的礼法行为，其作用是“激贪厉俗”、行为是“礼让进退”。这主要凸显殷周秦汉隐士的生命风采与生活作为。

《汉书》除了适当裁剪《史记》这些人物说解外，增西汉中后期成帝、王凤、郑子真、严遵、李强、扬雄、王吉、贡禹、两龚，它浓墨刻画严遵的活动时限、处世原则、谋生手段、社会功能、传授经典、理论宗旨、文化成就、隐逸情怀、高超形象、历史影响。严遵主要活动在成帝时并得长寿终老，处世原则是“修身自保”，对日常吃穿有严格的规范要求；谋生手段是卜筮“贱业”，向成都市生活大众赚取钱用；社会功能是校正邪恶、分析利害、因势利导向善而使人子孝、人弟顺、人臣忠；传授经典是《老子》上下经，理论宗旨是老庄思想要领，偏重其自然因应；文化成就为著书十万言也传道、解惑、育人；隐逸情怀是不仕富贵、大隐于市、自得其足，高超形象如伯夷、叔齐二位贤士与园公等四位高才逍遥于世俗权威上树人间榜样；历史影响是德行潜移默化后世且一直受“蜀人爱敬”、称赞、思慕。他不同于伯夷的重德、轻生，却有其风骨、志趣、贤明、清廉；不同于园公等人随机应变地避世、用世，却能自保、自安、自重；不同于当时郑子真耕读山林的清高声名，却志业坚定、品行纯洁；不同于略晚的王吉四人的儒家礼范，却进退自如、慈爱有加。有殷周贤士的廉德而重生、秦汉先生的机变而自足、当时隐者的高洁而经世、同代或略晚儒生的规范而自如，这是严遵的精彩生活片段与奇特生命风采，是后学不断夸赞的道德典范，是乡民时刻仰慕的精神导师与后世奋力建树的历史标杆。

简要说，严遵做人清廉，做事受用，做学问高明，做自己本真，做臣民安分，做师长尽职，做先贤够范，做后进有成，做隐士传道，做评判公正。

（二）《三国志》《高士传》《华阳国志》载录及评说

之后，晋陈寿的《三国志》、皇甫谧的《高士传》与常璩的《华阳国志》[①] 对其有简评、增益。

《蜀志·秦宓传》讲王商“为严君平、李弘立祠”，秦宓听闻此事，夸其“厚党劝类”，评严遵的“文章”“冠冒天下”、为人有“由、夷逸超，山岳不移，使扬子不叹，固自昭明”；李权说“仲尼、严平，会聚众书，以成《春秋》《指归》之文”，其为“博识”弘大的君子，秦宓讲“书非史记周图，仲尼不采；道非虚无自然，严平不演”；古朴明确指认其“著作为世师式”，“严君平见黄、老作《指归》，扬雄见《易》作《太玄》，见《论语》作《法言》”。秦宓、李权、古朴对严遵颇为赞赏，称其为人超逸如许由、伯夷而志坚如山岳，为学博采众书如孔子、扬雄而文章标范天下，为事恩泽乡党如李弘而立祠纪念功德，以黄老思想著《指归》，基本理念是虚无自然。这与《汉书》对其人、其学、其事陈述的大意同，仅增其书、主旨与师范榜样、大体影响。

晚此的《高士传·严遵》，除节录《汉书》部分事迹、错置

---

① 主要见《指归》点校本，第148—150页；辅参《指归》校笺本，第296—298页。

王凤结交郑子真不成行外，补充严氏与富豪罗冲的交谈与领悟及总评，即：

> 蜀有富人罗冲者问君平曰："君何以不仕？"君平曰："无以自发。"冲为君平具车马衣粮。君平曰："吾病耳，非不足也。我有余而子不足。奈何以不足奉有余？"冲曰："吾有万金，子无儋石，乃云有余，不亦谬乎？"君平曰："不然。吾前宿子家，人定而役未息，昼夜汲汲，未尝有足。今我以卜为业，不下床而钱自至，犹余数百，尘埃厚寸，不知所用。此非我有余而子不足邪？"冲大惭。君平叹曰："益我货者损我神，生我名者杀我身，故不仕也。"时人服之。（其总评：）君平卖卜，子云所师，聃文是阐，乃作《指归》。牧不可屈，钱常有余，真人淡泊，亶哉匪虚。

此从《汉书》讲严遵不屈从地方长官委以重任与管制的隐者超逸品格，延伸到其不羡慕富人家财万金却要操业自守、知足的高士淡泊风范，此表明他对政治权力与经济财富保持足够距离的清静生活态度。这是其不仕的原因分析，当官非其所志、所长、所胜任、所满足，营利也非其所愿、所事、所用、所益，反不如卖卜教训、引导后学、推阐老子、创作佳篇、做个真人、虚怀若谷、成就典范、赢得尊重，是他所求、所为、所得、所言。这传神补写严遵对待生活财富当如何经营与利用的逸事，有虚构成分与借题发挥，但其性格特征与言行表现同《汉书》主调吻合、使人物形象丰满鲜活。

《华阳国志》简括《汉书》《三国志》的认知要领，总归纳是"雅性澹泊，学业加妙，专精大《易》，耽于《老》、《庄》，"

使“风移俗易，上下兹和”，所著《指归》“为道书之宗”，为人清高。不同点在把《汉书》教人弟之顺改作“悌”、授《老子》并增《庄子》，有扬雄评李弘不屈志、不累身、求公正的比对，也与林闾“善古学”以“考八方之风雅，通九州之异同，主海内之音韵”而“知天下风俗”，这给扬雄《方言》写作提供必要指引。这是其雅性、学业、专精、沉迷、协和、开宗、博识、清高的简说。另，北齐《魏书·常景传》记“蜀司马相如、王褒、严君平、扬子云等四贤皆有高才而无重位”，并赞“严公体沉静，立志明霜雪。味道综微言，端蓍演妙说。才屈罗仲口，位结李强舌。素尚迈金贞，清标陵玉彻”①。肯定严遵是西汉蜀郡四贤之一的高才，处卑位，其沉静、明洁、精微、妙说、超识、善辩、朴素与清澈，是前述的书、志、传的要点提炼与主旨推演。

此知严遵在为人方面不贪慕富贵荣华，安足清廉；在为学方面博通古今众书，才识精妙绝伦；在为事方面和睦乡土广众，成就社会贤达标杆；在传道方面宣扬经典大义，推阐老庄易要旨；在立言方面归宗自然虚无，著述宏富传世留名；在立德方面秉持忠孝悌，规劝邪俗从善；在养生方面节制日常欲求，简朴衣食住行，获高寿。

（三）其他有关记述

隋、唐、五代、宋、元、明、清、民国时期的官修史书，对此无增述与引论。现代学者蒙文通粗论“巴蜀文化的特征”时，提到“西汉一代，司马相如、王褒长于词赋，严君平、李宏②、

① 《指归》校笺本，第 298 页。
② 按《华阳国志》记载，此李宏是李弘。

扬子云是道家，子云同时也长于词赋”，还说“巴蜀古文化的特点”是“词赋、黄老、阴阳、数术合为一家”并熏染严遵的学术思想创造。[①] 蒙氏认可《华阳国志》《魏书》的大致讲法，严遵是道家并把词赋、黄老、阴阳、数术融合在其思想，有高深发挥与细致阐释。

21 世纪初，何介福讲严遵是“西汉著名的哲学家”，其“生卒年不详，生活在西汉元帝、成帝时”，“临邛人”或绵竹、成都人，俗解《汉书》《三国志》《高士传》《华阳国志》的生平事迹，查考其立足谋生地、后裔迁移他处与死后墓冢碑位在今世情形，即今“成都市人民公园背后有条君平街”是其隐居卖卜处，《四川通志》《邛州志》记其故里“万石坝”与后裔在明崇祯末年“外离他所”，童家桥有“汉隐士严君平墓”碑。[②] 袁庭栋也承认“汉代巴蜀学术史上”“最重要的人物应数严遵”，专用《华阳国志》注释东汉阆中有位“姓严名遵字王思”的人，并借助近代学者的研究成果与 1973 年出土帛书《老子》甲乙本补证其原创可能，其书继承老庄思想“阐明自然无为之道”“多有发挥”，是“汉代道家学说中最重要的著作”[③]。罗开玉等说，严遵是“西汉晚期杰出的哲学家、思想家”，以《汉书》《高士传》直述其生命过往与文化诉求，由朱熹评《易》“本为卜筮之书”得出“卜筮正符合圣人作《易》的本旨”，又“以《周易》释《老子》”著“10 万余言的《老子指归》”，此书标志“我国

① 参见蒙文通：《巴蜀古史论述》，成都：四川人民出版社，1981 年，第 97、98 页。

② 参见何介福：《巴蜀史》，成都：西南交通大学出版社，2009 年，第 32—33 页。

③ 参见袁庭栋：《巴蜀文化志》（修订本），成都：巴蜀书社，2009 年，第 123—124 页。

传统文化开始认识和研究自身身心内部世界”并影响“道家、道教及禅宗文化”，其哲学思想强调事物自我“主观能动性在矛盾变化中的作用”并提出“一整套经世治国之道、君人南面之术”。① 这是当代对严遵其人其书其思想的通俗零散解读，主要生活故事与基本思想风貌没有实质性增改，在出生时间、地点、寓所、后裔、墓碑、经书、本旨、特色、评价等方面，笼统赋予其文献材料与地理环境的实际认证。

也可说史、志、传、书对严遵的大致认识，基本定格在《汉书》中而增补、推扩，也简括于《三国志》《高士传》《华阳国志》《魏书》，其他不过引用、照搬原文说明与俗解其意旨。但《汉书》对严遵全面认知的文化风采，可能是来自其弟子扬雄《法言》《方言》的由衷夸赞。

二 扬雄等人评述的严遵

由前述可知，扬雄年少游学在严遵门下并如其师依照黄（帝）、老（聃）作《指归》，他据周（《易》）、孔（《论语》）著《太玄》《法言》，在《法言·问明》篇特赞严遵，即：

> 楚两龚之洁，其清矣乎？蜀庄沉冥，蜀庄之才之珍也，不作苟见，不治苟得，久幽而不改其操，虽随、和何以加诸？举兹以旃，不矣宝乎！吾珍庄也，居难为也。不慕由，

① 参见罗开玉、谢辉：《成都通史·秦汉三国（蜀汉）时期》，成都：四川人民出版社，2011 年，第 415—416 页。

即夷矣，何馋欲之有?[①]

大部分说法见上述《汉书》，将“庄”改作“严”，“沉冥”作“湛冥”，省略“蜀庄之才之珍也”一句与“吾珍庄也”及其之后这一段，即把“吾珍”“庄才”的话删除并叙事疏解其“由”“夷”逸超。这段文字前有“明”释为“微”，人的“大聪明”在“惟天”，“师之贵”为“知大知”，“有疾”成“摭我华而不食我实”，孔子是“天乐天，圣乐圣”，“群人之于圣”因“形性”，“圣道无益于庸（用)”、怪“子之不达”，人“尚智”，孔子“圣人”、以此“劣诸子贡”是书中戏言，又盛赞“成汤丕承”“文王渊懿”，以“命”属“天”，“人为”可“存亡”“死生”，“君子”在治乱“若凤”，潜龙“贞利”，随“时”用，“活身”得“明哲”。其后有“尧将让天下于许由，由耻”，在“无求于世”，“朱鸟”能随时来往，“韩非作《说难》之书，而卒死乎说难”之反难，是忧“说不由道”，“哲”“旁明厥思”而“行”“旁通厥德”[②]。此见扬雄珍贵其师严遵的高超才智，能明察天命细微与圣道通达，乐天知命、明哲保身，大知非小知，痛斥荣华世俗的做作、守护原本朴实的形性，思明“道”的究竟真谛，统合“人”言行表征，如成汤丕承天命、文王渊懿明德、孔子般圣贤、许由一样无求、同龙凤一起应时、可称为真君子。其评价之高可比《史记》中孔子对老子“犹龙”[③]说，

① 汪荣宝撰，陈仲夫点校：《法言义疏》上册，北京：中华书局，1987年，第300页。

② 参见汪荣宝撰：《法言义疏》上册，第179—211页。

③ 孔子对弟子说，“（吾知鸟、鱼、兽）至于龙吾不能知，其乘风云而上天。吾今日见老子，其犹龙邪”，见《史记》第七册《老子韩非列传》，第2605页。

其师学老、他学孔以承续黄帝天命、周文仁德。此知《汉书》等史志传记关于严遵的生动事迹与精神风采，受扬雄贵师、称圣、明哲、大知、由道、通德、尽命、随时、应世、无求的思想影响。而且，他对严遵的圣人师、明哲身、大知道的佐证，在其《方言》中也有反映，即：

> 常闻先代輶轩之使，奏籍之书，皆藏于周秦之室。及其破也，遗弃无见之者。独蜀人严君平、临邛林闾翁孺者，深好训诂，犹见輶轩之使所奏言。翁孺与雄外家牵连之亲，又君平过误有以私遇，少而与雄也。君平财有千言耳，翁孺梗概之法略有。①

西汉末，扬雄口耳传闻那些记录先代过往与成就的周秦藏书，多破败与流落无影，唯蜀地严君平与林翁孺特别喜欢“训诂”考证古今文章，依稀能从其蛛丝马迹中看到曾经堂皇的言论与高贵的思想。二人与扬雄有私交，并在某种程度上孕育后者的理论成长与精神健全，这从君平“千言”与翁孺“梗概之法”，能知其来龙去脉的宗旨与深入浅出的理路。扬雄与严遵交往及对其认知、评比、赞扬、神往、意会、言传、著述，是后来史书与文人提炼其人物原型、归纳其思想主旨、扩展其生活场景、赋予其故事内涵、明达其精神追求、树立其社会典范、传播其文化影响的主要来源与直接证据。其弟子侯芭说“严君平常病不事，沉冥而死，亦洁矣”，是简括其师对严遵生活“病”、命运“冥”、品德“洁”的神奇点评。略晚的名士梁鸿讲严遵

① （汉）扬雄著，张震泽校注：《扬雄集校注》，《答刘歆书》，上海：上海古籍出版社，1993 年，第 264 页。

“无营无欲，澹尔渊清”，是简评与素描。晋代左思赋诵“蔚若相如，皭若君平，王褒韡晔而秀发，扬雄含章而挺生。幽思绚《道德》，摛藻掞天庭”，刘逵注“君平作《老子指归》，子云作《太玄》《法言》”为“幽思绚《道德》”的文据。唐代吴筠赞“汉皇举遗逸，多士咸已宁。至德不可拔，严君独湛冥。卜筮训流俗，《指归》畅玄经。闭关动元象，何必游紫庭”。[①] 等等。这些评述，或是汉代的后学、隐士承续扬雄的严遵沉冥高洁之形象塑造的浓缩与铺衍，或是魏晋名士对比司马相如、王褒、扬雄的卓越文采之幽思道德的观照与省察，或是唐朝道士回顾汉代皇帝善待俊逸人士以安守至德、超拔俗众、畅晓玄经、闭思元象、遨游紫庭的仙圣模样。

在这些高才贤士眼中、心里、笔下，看到严遵高洁清廉的人物形象，想到其沉冥幽思的精神风采，讲到其博学多才的经典传奇，是隐逸的高人、精思的典范与博识的代表，化身为后来儒者的贤师、道者的仙长与教父[②]，实际合体为尘世真君以行走正道、持守善德、引领众生、成全自然。可见，严遵是西汉末卓识人物里的传奇隐者，成后学、后世诚心效法的精神榜样。

① 参见《指归》校笺本，第294、296、297、298—299页。

② 《道生一篇》有老子原经文“强梁者不得其死，吾将以为教父”，见《指归》点校本，第17页。

第二节　《老子指归》文本辨识

严遵有三人同姓（严）同名（遵）、不同字（或君平，或子陵①，或王思）也不同义（或真隐，或归隐，或去隐），但其著述《指归》随时间消磨与文本迁移已受严重质疑，从明清某些文士发声挑剔其真伪，到今考证其究竟真实与否仍未停。对其原著意识觉醒的学者们总不断拷问，这书是他何时何地、依据哪些传统文化经典与现实生活经验写成？或凭啥说，他有足够的知识能力创作这样一个精彩的思想文本？他究竟写了多少内容，并打算做成什么样？著成后，怎么流传在历代社会，或在传承过程有何字、词、句、节或段、章的实质性更动？现存哪种版本较可靠、可用？今人如何在残缺的只言片语与篇章中确认其主旨？回应这些问题，需对其创作可能、传承情况与理论宗旨，有所考察与求是。

一　《老子指归》非伪书辨正

前述扬雄夸赞其师严遵见识高超与品格俊逸，未彰明其书。《汉书》载生活事迹与生命风范，也未节选解说其书。最初出现《指归》名在《蜀志·秦宓传》中，由李权、古朴提及，之后

---

① 《逸民列传》说“严光字子陵，一名遵，会稽余姚人。少有高名，与光武同游学。及光武即位，乃变名姓，隐身不见”［（南朝宋）范晔撰，（唐）李贤等注：《后汉书》，第三册，北京：中华书局，2012 年，第 2219 页］。

《高士传》《华阳国志》及隋唐史书与宋元明清文人序跋也谈到此书，但该书是否严遵本人创作仍面临两大疑难：一是他确有这个可能，最后真成行了吗？或此书不是严遵作，是何人写不清楚，我们实际关心的是这人的著述与严遵思想存在什么关系？该书非他写，与他有关吗？二是他亲自创作《指归》，这书是否为至今存世的版本？或原版与现版的差异有多大，究竟被谁改动了多少内容，是如何修改的，今天学者能恢复其思想原貌吗？两大疑难归一，即今传《指归》与古史记的严遵有无明确关联，能明达到什么程度与细节？

明代曹学佺疑此书作伪，他“概见吴中近刻《道德指归》六卷”，判为“赝书”，虽信严遵与扬雄的师生关系及思想影响，评其著“渊藻之称良有所本”，但它后传泯灭，当时表彰少，不一定幸存。[①] 其后，清全祖望疑其赝品，非严遵作，疑点一是该著不像西汉其他《老子》经传的解说被《汉书·艺文志》收录。疑点二是“特祖其意而别为书”，不是“笺释”，不可能魏晋“忽出”，当“已亡”。疑点三是文“颇不类西京人语”。《四库总目提要》说其为“能文之士所赝托”，“备道家之一说”。周中孚据曹氏言，断其“实明末人所伪作”，未细说原委。王重民《老子考·两汉》的严遵部分也指认“今所传本为元明人伪作”，到了民国学者蒙文通还假定“此书汉末蜀之隐君子所作”而“托于君平”。[②] 可见从明清到民国对《指归》的质疑声不断，曹氏根据其刻本判为赝书，信其良本湮没，认其思想影响深厚。全氏疑其未被东汉官方史书明录，不可能从魏晋期间突然冒出，

① 参见《指归》校笺本，第301页。
② 参见《指归》校笺本，第305、307、311、314、316—317页。

不像西汉末人的言语表达，其他讲或确含后世文士伪本的理论宗旨，为道家一说，但它的原本早遗失，此与曹氏看法大体一致并补证其前后文本的大意相关。

清末唐鸿学认“《指归》确为君平所作”，释曹氏、《四库提要》之疑而提供三个证据即：由扬雄“称引悉遵师说”举证《指归》第七卷“七十而有二义”，此同扬氏《羽猎赋》某处表述；第十卷经文中“不嗄”同扬氏《太玄·夷·次三》的类似表述；另有，南朝“梁刘昭注《续汉书·祭祀志》”所引的部分文字，也在其第七卷中。[①] 此释疑在相近文献的文句与文意上有所认同，可证原本与伪本在某卷某篇某处的相关继承，难充分阐明现版与原版雷同或它们有多少内容相同与不同。现代学者严灵峰在前述文献基础上，力证“严遵《道德指归论》非伪书”、“原附经文”、是残书，其上经《总序》、二经《说目》非严氏作；王利器认为此《经目》“出自君平”，另有《蜀本纪》《座右铭》等作，“上篇《道经》部分”在“明代即已亡佚”，散见唐宋学人的引用，此书魏晋时“已盛行”；张岱年从书中“指斥秦楚”“颂扬‘神汉’”与“多引《周易》语句”解《老》、“卜筮为业”的“内证”，认肯此书作于严遵的理由充分；王德有查阅《老子》注本数十、发现“《指归》的引文二百余处”“足证明后《指归》存本不是伪托”；金春峰信这些考证，赞同张岱年《中国哲学史料学》的判断，即“此书确非伪书，但是可能有后人附益的部分”；郑良树深信严遵能“留下一部十余万言的《指归》”，“在西汉士林”地位崇高且无人出其右，但该书

① 参见《指归》校笺本，第 312—313 页。

到清末与民国初“残本已被判定为伪托”，其《总序》“当为君平所亲作”，“非后人所能伪托”；李学勤总结此书“原非注体”，其“《老子注》二卷”“亡于陈隋之际”，该书“北宋尚全”，到南宋末“前六卷已佚”“有人据残本加以‘说目’‘总序’”，明代将缺本“改为一至六卷”并“伪续‘说目’注文为‘谷神子序’”。[①] 从西学范导的现代研究到中学深造的当代探索，都认《指归》作于严遵、为真、有缺失、有损益，其时代特征、内容形式、文字引用、多个作品、士林地位与历史传播等为证，原作怎样、缺失多少、损益哪些、佚亡时间、篡改人物、注解实情等存疑，略有争议。

樊波成在其“成书、真伪、体例、定名等一系列问题”上结合新旧文献试解，此伪书说“多由于所据版本有误”，此书在明代前是严遵著当无异，《道藏》本更可靠，从两汉“老学风气不同”与书中多处细节看出西汉末的思想特色；再从“1987 年青海大通县上孙家寨 115 号西汉晚期汉墓”出土的一批竹简军制研判，严遵在蜀郡成名为元帝时，生活在宣、元、成三帝期间，《指归》“成书确定在两汉”并“可能是西汉中晚期的元、成时期”；还从“用韵和简帛看《道藏》本《指归》经文就是严遵《老子注》”，区分其“《老子章句》之‘句’”为《老子注》、“章”为《指归》，相信其经文及解说内容“能为《老子》学史和简帛《老子》的校勘提供重要的参考”。[②] 严遵作《指归》，在明以前是真命题，后成假说法，从汉代老学风气的前后

① 见《指归》校笺本，第 321、322、325、330、333、344、350、352、354、369、374、375、392、413 页。

② 参见《指归》校笺本，见其“代前言”，第 1、2、5、6—7、9、51、52 页。

差异、文本的认知细节、出土竹简的军制分析与人们的习惯语法、章句的标准做法等可得证。事实上，其后至今的学者确无法凭文献材料担保现行《指归》本成书于何人、何时、何地，也无力直接证明如何传承、改造、定型。其可行版本、前贤品评、思想特色、资料补证、语言风格、精神旨趣甚至它可能的文化背景、社会环境等，有历史演变的相关复合性与交错模糊度及现实存在的不确定扩展成分与潜意识消解因素。研究者只能在既有认知材料设定的条件下，发掘其理论根源，阐释其思想内容，推引其精神诉求，统合其话语体系，评判其历史影响，赋予其现实意义。

就此《指归》文本的真伪考量，西汉末隐士严遵确有能力并实名创作过此书。后来研究可在某种理想认知条件下，做一个相对融贯的文本系统探讨。下面对此文本的事实记述，作跨时段考察与可能性分析。

二 《老子指归》书目序跋与编排注引

严遵有著述传世，扬雄笔下与班固书里大致言明（未提书名），《指归》书名与严遵作者身份同时出现在魏晋期间史家书写的《蜀志》与《华阳国志》之中。唐代陆德明《经典释文》作“《老子指归》十四卷”、魏徵等撰《隋书·经籍志》有“十一卷”、殷敬顺《列子释文·列子新书目录》作“《指归》十四篇”、李隆基《唐玄宗御制道德真经疏·外传》标十四卷，到前蜀杜光庭《道德真经广圣义》也说十四卷、后晋刘昫《旧唐书·经籍志》有严遵写十四卷与冯廓撰“十三卷”，宋代王尧臣等编《崇文总目·道书类》录十三卷、欧阳修《新唐书·艺文志》又作十四卷、郑樵《通志·艺文略》记十一卷、陆游《渭南文集·跋老子道德古文》讲汉代严遵著《道德经指归古文》(未标卷数)，略后晁公武《郡斋读书志》指认十三卷、作者、注者、章句差异并初判谷神子即冯廓，元代脱脱等撰《宋史·艺文志》也是十三卷，明代范邦甸《天一阁书目·子部·道家类》作《道德真经指归》十三卷并分列作者、注者。① 这从隋唐到元明的相关卷目收录看，《指归》或称《老子指归》《道德真经指归》《道德经指归古文》，有十一卷、十三卷、十四卷、十四篇之分，跟魏晋一样与严遵一起载录，到后晋出现两个作者所写的不同卷本、宋明又增两个注者的不同说法。此时期除《指归》卷数差异、作者与注者的区别及后来混淆各经注的写作特色，它们应是一个认知版本的不同演绎，被人、时、事、书的错综复合与别样展现。

该书宗旨，《汉书》概括为“依老子、严周之指”，《蜀志》归结“虚无自然”之道，《华阳国志》称其“道书之宗”，唐玄宗解其为制“阴阳之理”②。到明代，刘凤完整剖析其精妙的理趣即：“其为旨与老氏无间，故因其篇章以发归趣，以为道本于无。无无之无是生于无……体既无矣，不得不虚……虚之极也，复何所穷？故原物之生，始惟至柔……满必始于虚，柔为之本……以是为国，以是为身，祸之所去，福之所存，绵绵不绝，为天下正……无伤吾神而万世为泽。此君平之指而老氏之大要

① 参见《指归》校笺本，第291—293、300页。
② 参见《指归》校笺本，第298页。

也。”① 严遵《指归》的要旨与老氏《道德经》的原理完全融通，即：其道的“本”“体”是“无”，不受任何局限、成“虚”，能通融一切，无限周转宇宙内得“柔”、化刚强事物，遍生万物圆满后归“虚”、容实际所有。虚柔本体“为国”“为身”，可去祸、存福、正天下、贯通日月或通达永恒、保全精神、惠泽万世。这是虚无自然道体的玄妙精义之超越理解，与实惠存世之具象普及，宇宙命运玄机在柔而化、遍、周、恒、全，现世生活实感在身而生、存、正、泽、贯，即它提出虚实融合之道的命理化生万物、遍存宇宙、周正国是、恒泽众民、全贯所有。此理从元气的生命流行论到原物的宇宙构成论，得帝王的神圣政治论，推到臣民的道德人生论，终为名言的认知本体论，综合为广义之我的宇宙生命之自然本体论、统摄类别存在的条件限定与集群发展的共同成就的神圣权威之贤王政治论与道德仁义之臣民人生论，此为当代研究《指归》的基本思路，在综述里大略提及，笔者将在推证中充分展开其宇宙生命本体的自然意蕴与进路。此知，在明代，对《指归》主旨的把握相当到位，细微阐释其精义与大体辨识其关节，别于魏晋隋唐人士的粗评。这暗含一个需面对又尚待解决的疑难，即：为什么在创作《指归》全书时，不能详细总结其议题与认真思虑其整体原理，却在该书缺近一半的情况下，能高度提炼其经文与完全注解其关键要领呢？或当时已作详说与简括，后人不过在部分认知依据上承接其要旨与阐发其意趣吗？这得梳理近世流传的编排版本与历代留存的注引情形。

---

① 《指归》校笺本，第 301—302 页。

当前有两个保存较好的残本，一是明代《正统道藏》[1] 洞神部·玉诀类·能的《道德真经指归》存卷七至十三的原典本、转录于清末唐鸿学的《怡兰堂丛书》中，一是明万历沈士龙、胡震亨选辑的《秘册汇函》、参校于赵玄度的《道德经指归》道藏本、转承于明末毛晋的《津逮秘书》和清中叶张海鹏的《学津讨原》及民国时期王云五主编的《丛书集成初编》的《道德指归论》卷一至六的秘藏本。沈士龙"惜其前后残缺"，为文转韵似从《史记·龟策列传》来，其《名身孰亲篇》"无名之名"句同王弼"注《睽》之《上九》"之文。胡震亨以《说目》上下经七十二篇所校"尚多二篇"，指出《得一篇》《方而不割篇》《大似不肖篇》《以正治国篇》存在合并差异，"《民之饥》已下七篇都缺"和"阴八阳九"说"非老氏本旨"。钱谦益认为赵玄度本从钱功甫得抄本七卷至十三卷，其"前有《总序》，后有《人之饥也》至《信言不美》四章"。《四库总目提要》疑其《说目》是有人抄袭吴澄的《道德经注》语。吴骞说《秘册汇函》本"卷末《人之饥也》以下六篇阙"已补、钱曾"珍为秘

① 陈国符在"道藏源流考序"中将"道经纂集"分"三期"即：第一期是《汉书·艺文志》始有著录而由魏晋南北朝道教代表人物增益、"目录虽备""丛藏未成"，第二期是唐开元"编排纂辑，始以藏名"、五代乱"焚烬，统纪荡然"、北宋官修校定且以徽宗时"《政和万寿道藏》为最古"，第三期是金元虽补缀却强毁、"明正统十年重辑全藏"至"万历三十五年""镂板行世，今尚流传"。（见其《道藏源流考》，北京：中华书局，1963 年，第 1、2 页。）另明永乐令"第四十三代天师张宇初纂校《道藏》"到"英宗正统九年始行刊版"，共"五千三百五卷八十函"、每函"若干卷"、函目为《千字文》、"卷为一册"而重行分卷、短卷合并，此为《正统道藏》；后有《万历续道藏》，但明清两朝"印施各处宫观《道藏》甚多"、经兵灾数毁少存、"遂成秘笈"，1923—1926 年"上海涵芬楼据北京白云观所藏《正统道藏》《万历续道藏》景（影）印"面世（见前书，第 172 页）。道经编撰，自东汉到明中后期，陆续有整理、修订、补益，也数受焚毁、散落、碎离，幸好民间、文人与道观等各方传承与保存，得以重新集合、增删、完备有限的文本与卷书。

册”，以陆游讲“玉笈道藏书二千卷”中《道德指归》“为第一”。陆心源讲此《秘册》本的祖本是“钱叔宝手抄本”，“增为《津逮秘书》”和《学津讨原》，它“非善本”。[①] 明末到清中叶的文人秘藏本，不仅缺了下经，而且缺失上经后四章或六篇，并质疑《总序》《说目》真实性，常据道教本补益，它不是相对完整的善本，是专门辑录的转抄本。

蒙文通考辨此书“文高义奥，唐宋道家，颇取为说”，地位仅次河上公，其“天一阁著录十三卷”尚全，正统道藏“仅存七卷以下”佚半，有“强思齐《道德经玄德纂疏》引君平说百二十余事，宋陈景元《道德经藏室纂微》引君平说五十事，李霖《道德经取善集》、刘惟永《道德经集义》亦颇引之”，它不一定被班固著书收录，为汉晋作品，今传本以唐氏刻《怡兰堂丛书》“为最善”，其《下经》（即德经）《其政闷闷章》《昔之得一章》《天下莫柔弱于水章》等五章不同于河上公本，《上经》《曲则全章》“末十七字为后章首”而“其他六章之合”“无可考”。严灵峰“就陈景元《纂微篇》”校“现存谷神子注下篇残本”“出于《指归》”“共二十章”，《上篇》“因谷神子注本阙佚而无从校对者”“共十四章”，且比对章节、注文以阐明《说目》伪而《总序》真，秘藏本系自撰与“删削《道藏》谷神子注残本下篇加以改编而成”。王利器说今“残存《德经》下篇”可以“了解严君平哲学思想的一般”，通过历代诸多典型的文献、文字、文句证《指归》为真，它把“宇宙间客观事物的运动规律，概括为事物之自然与体道之自然”，这“自然哲学与政治思想的

① 参见《指归》校笺本，第303、304、306、307、312页。

有机联系”是“我国文化遗产的精华”。郑良树核对“严本与河上本、王弼本、傅奕本及范应元本，同时与帛书《老子》或古籍征引《老子》相符合的，为数非常多”，作伪可能性极小，具体指证《总序》《说目》应为亲作。虞万里发现分七十七章的北大汉简本《老子》在“合传世本七十八、七十九两章为一”，同严遵本。樊波成据“西汉蜀、楚方言的特征”认“《道藏》本《指归》所附经文注”是严遵原作，从“郭店简本《老子》‘执大象’看《指归》经文注的年代”在东汉前。① 他们据现有传世与出土的历史相关资料、《老子》文献成果、规范编排形式、生活方言特征、思想认知内容与理论分析方法，乐观推测《指归》全本一切文字属严遵亲作或原创，较多争议的地方是其注为谷神子所有、《总序》与《说目》伪造、上经残本补漏等，保守看法是可从中得出严遵一贯的哲学思想内涵，归宗老庄式的自然本根与推引黄老式的政治事业。这些不同看法都有一定根据与道理，决不能成为自身压倒其他解释的绝对说明与充足理由，更主要是在某种可能的历史认知条件下对其哲学思想考察与整合。

上述书目、序跋、编排、注引等文本、文献传承情况，得严遵创作了《指归》全书及相关内容，但由于历史演变的各种因缘与人物选录的特殊要求，出现部分残缺、篡改也是顺理成章与无法回避的，这不否认其时代印痕、生活气息、语言特色、核心思想与大体理路依然可见与能知。下面了解其全书的总体架构与残本的上经要领。

---

① 参见《指归》校笺本，第315—318、322—326、334、336、391页；虞序，第7页；代前言，第27—28页。

三　《老子指归》总体架构与上经要领

今存残本《指归》的总体认知框架是其《经目》，全称《君平说二经目》；其原书半部的《上经》述要是通行本《老子》“德经”部分对应的《总序》。此相对《上经》的具体陈述，《经目》是之前文本纲领的总体规划，《总序》是之后内容要旨的局部说明，二者完整呈现该书思想的形式建构与内涵说明，可精致推演其认知思路与理论要点。此处先剖析其《经目》的框架设计原理与程序，再略述其《上经·总序》的思路与节点。

> 庄子曰：昔者《老子》之作也，变化所由，道德为母，效经列首，天地为象。上经配天，下经配地。阴道八，阳道九，以阴行阳，故七十有二首。以阳行阴，故分为上下。以五行八，故上经四十而更始。以四行八，故下经三十有二而终矣。阳道奇，阴道偶，故上经先而下经后。阳道大，阴道小，故上经众而下经寡。阳道左，阴道右，故上经覆来，下经反往。反覆相过，沦为一形。冥冥混沌，道为中主。重符列验，以见端绪。下经为门，上经为户。智者见其经效，则通乎天地之数、阴阳之纪、夫妇之配、父子之亲、君臣之仪，万物敷矣。①

这应是严遵解读《老子》经文时创写《指归》的理想宣言，他先读《老子》一书并领会其创构的缘由、根本、初始与意象，

① 此以《指归》点校本为基准，在断句标识和经文释义上可参照樊波成的校笺本。

解其篇章分断、基本原理、具体顺序与核心表达，最后以智者身份考察其成效、目标与圆满。此缘由是宇宙事物变化所带来的生命感悟，根本是孕育生命的道德所维系的圣洁母体，初始是获得道德效验的经典所选录的字词符号，意象是经典塑造的天地所展呈的文化世界。以此缘由、根本、初始与意象，可勾勒出《老子》经文内蕴的精神全貌，即由变推常或恒（母）、由常开始（首）、由始成象，也即在生活世界变象中寻得其生命恒常、绽放所有存在与发展。篇章分断是天地之象的上下之意与阴阳之数的行列之配，上经是天的意象而有超越感、神秘气息，下经是地的意象而具有归宿感、经验意味，天配阳之九、地配阴之八、得文配章之七十二；基本原理是天地意象与阴阳变数的配对模式，其天地是老子道德生命情意舒展的精神世界，其阴阳是《周易》八卦图形排练的数目结构，这是汉代黄老道家归隐生命世界的理论造型；此造型的大体认知程序是通过天阳之九的裂变、成四与五，分别照应地阴之八的始终而得上经四十篇、下经三十二篇，依此阴阳的奇偶、大小与左右推定上下经的先后、众寡与来往，即在天地阴阳意象的上下经定数与定性研判中，能确认其万物存在的序列、度量、方位、运动或过程与结果；核心表达是三个，一是生命运动过程的显形，二是万物度量的道主，三是人文符验的成果，形是事物外征、主是生命内蕴、果是意象合作，此外内合可得生命事物的原形、精神与定义，即确定的表征、内涵与意义。他以此象数分法、道德理式、篇章排序、认知内核，解得《老子》文本的造型与思路，这是其上下经的门户功用。作为旁观的智者，应切实看到它的效用或用意，不要妄自揣摩它的原意，兑现它的目标诉求，获得满意的布局，安顿万物众生与安排万事经营。其真正的用意在于通晓天地的数理变化、阴阳的法则规范、夫妇的配对因果、父子的亲缘承续、君臣的仪式交替，由此形构、道主、信验的万事万物，可对自身生命体证与生活推绎的文化世界或天地，有所明察与觉解。这能够使其效果、目标在具体事物身上落实与振作。此三大方面赋予《老子》思想内容与形式的解读，明察宇宙生命道德变化的原理、是天地阴阳的象数演绎模式，其程序在经验事物的社会功效评级中拟定具体步骤。需进一步说明的是，其象数演绎是自然事物的生命演变过程、非逻辑符号的文化推证成果，功效评级是人伦关系规划的社会等级秩序、不是经济利益统筹的社会财富配置。

如果跳出《经目》总体理路与意旨，据《老子》现有传世与出土文献资料，考证其与《指归》的内容关联与形式安排，在西汉语境里后者受前者直接制约。丁四新指出目前可证实“最早而完整”的是《老子》帛书甲本，如《史记》所言“著书上下篇”“五千余言”之“基本内容”与“章段构成”，随后的“汉简本、严遵本和刘向本”大体相同，它们差别“表现在篇第的先后、章数的多少、章界的裁判和异文上面”。[①] 这些文本的差异如何识别，此不探讨。现转入其要领分析与篇章架构，略摘《总序》前论、其与《经目》内涵的密切关联是：

> 昔者老子之作《道德经》也，原本形气，以至神明。性命所始，情意所萌，进退感应，呼吸屈伸。参以天地，稽以阴阳。变化终始，人物所安。穷微极妙，以睹自然。演要

① 丁四新：《早期〈老子〉文本的演变、成型与定型——以出土简帛本为依据》，《中州学刊》2014 年第 10 期，第 105 页。

伸类，著经二篇。叙天之意，见地之心。将以为国，养物生民。章有表里，不得易位。章成体备，若本与根。文辞相践，不可上下。广被道德，若龙与麟。增一字即成疣赘，损一文即成瘢疮。自大陈小为之上，纪道论德谓之经。①

此总结在严遵作《指归》与《老子》更名《道德经》后，不是《说目》前瞻式预判性解读以留意其原由、理据、思路与主旨，当是一种后顾式简括性提要而洞识其来龙去脉、始终流程、人物用意与价值贡献。就算在某种认知条件与意义下，此内容不是严遵亲作，也应由其大作《指归》顺理成章而得。它直接归本于“形气”而非“道德”②，不显象于“形”“物”却玄妙于“神明”，不编排天地阴阳数目变化所对应的篇章构型、能感应“性命”“情意”“所安”的微旨与“自然”，由此演绎其思想要领与拓展其认知内涵而成经典文章。此文章能理解天地心意，服务国民生养，有“表里”定位与“本根”实体，也有其言辞安排与道德宗旨，不可随便更动、增损、抹灭。按大到小陈列是“上经”，若按前到后推演成“下经”。也可讲，《经目》是严遵依道德之母，推演万物之子，领会《老子》的宗旨；其《总序》是由形气之神明，观解道德的经纪，察识《道德经》的心意；由此旨意，体证上下经各篇章的主要内涵。

其《上经》包括《上德不德》《昔之得一》《上士》《道生

① 文字及断句可参《指归》校笺本第6页，《指归》点校本未收录。

② “形气”是西汉常见的用词（可参《黄帝内经》及其他），“道德”是战国时已用的主词（时见《庄子》外杂篇，在简帛《老子》中是单用、无连用），由此知，严遵可能写了《指归》并分上下篇作总结。只可惜，或许他写了全部内容，残留部分给后世，迄今难复原，多数欲推断究竟如何。

一》《天下至柔》《身有名货》《大成》《天下有道》《不出户》《为学日益》《圣人无心》《出生入死》《道生之》《天下有始》《使我有知》《善建》《含德之士》《知者不言》《以政治国》《方而不割》《治大国》《大国》《道物》《为无为》《其安易持》《古之为道》《江海》《天下谓我大似不肖》《用兵》《吾言易知》《知不知》《民不畏威》《勇于敢》《民不畏死》《人之饥也》《人之生也》《天之道》《天下莫柔弱于水》《小国》《信者》共四十篇或章，篇或章间的关联语是“故授之以”即用某某章或篇传授此意旨。《下经》应有《道可道》《天下皆知》《不尚贤》《道冲》《天地不仁》《谷神不死》《天长地久》《上善若水》《持而盈之》《载营魄抱一》《三十辐》《五色》《宠辱若惊》《视之不见》《古之善为士》《致虚极》《太上》《绝学》《曲则全》《希言自然》《企者不立》《有物混成》《重为轻根》《知其雄》《取天下》《佳兵》《知人者智》《执大象》《将欲歙》计二十九篇[①]，缺《大道废》《绝圣弃智》《孔德之容》《善行无辙迹》《将欲取天下》《大道泛》六章，又阙《道常无名》《道常无为》两章[②]，其作三十二篇或章的实际情形，今不得详知。

综述《经目》总纲是，道德始母孕育的万物亲子在《老子》文本中，按天地阴阳象数方式、推绎其究竟情形与终极原理，此为严遵作《指归》前所预判解读《老子》经书的思想要领；《总序》由形气神明显示的道德经纪，在《道德经》原典中按性命情意的微妙变化，自然体证其国民本根与文章表里，此为写《指归》后尽心精简《道德经》的理论用意。二者从上下经篇章

① 此以《指归》点校本的《老子指归辑佚》汇总。
② 此以《指归》校笺本之《道经（辑佚）》所补。

的认知形式与道德内涵，阐明《指归》的大体架构与主要旨趣。

这一章，首先据汉魏史书与古今学者评议严遵做人、做事、做学问、做自己、做臣民、做师长、做先贤、做后进、做隐士、做标准，的确够范，是西汉中后期民间市井一位传奇人物与一种精神典范。然后，依照明清与现代学人考究《指归》一书真伪、内容、形式、架构、要领、注解及其本身思想特色，可得该书是出现缺失的修正作品、内涵丰厚、编排有序、构思巧妙、自然要旨、道德推演、形气融贯且实物对证、人事检验及文教传播，这些是值得我们深入研究的理论资料与认知对象。这是《指归》作者的形象塑造与作品的价值发掘的复原工夫体现。也就是说，真有其人，真有其书，人与书真有关联，关联多大真值得研究，但更应研讨其文本思想内蕴与表征及贡献。

第二章 《老子指归》的“形”哲学方法论

前讲《指归》哲学研究的五种方法类型与其方法论内核，内核是方与法而以方为认知原点，二者对应着天地万物的实存之形与推展之路。“形”在传统中国哲学的形名论[①]与形神论[②]的直接对照、形上与形下的道器研判里，是经验认知的一个关键存在因素，一个被当代中国哲学理论研究长期忽视的思想实证基础，它可被视作人类经验感官划分现实世界的基本观念与认知方法。它在《指归》研究综述的认识成果上依附于形名观的方法论反省，是笼统、简要的思维模式在本体宇宙论中启示其道的玄

① 参见汪奠基的《韩非的形名辩说形式》（《社会科学战线》1981年第2期）、刘培育的《韩非的形名逻辑思想》［《宁夏大学学报》（社会科学版）1984年第1期］、郭齐勇的《〈恒先〉——道法家形名思想的佚篇》（《江汉论坛》2004年第8期）、曹峰的《作为一种政治思想的“形名”论、“正名”论、“名实”论》（《社会科学》2015年第12期）等的说法。

② 参见郑如心的《〈黄帝内经〉的形神论》（《东北师大学报》1981年第1期）、高晨阳的《范缜的形神论与玄学的体用观》（《文史哲》1987年第3期）、白奚的《章太炎的形神论及其历史地位》［《兰州大学学报》（社会科学版）1992年第1期］等的说解。

与无，未充分彰显其形名方法论的指引作用与意义。

本章将重塑它在中国传统哲学，主要在严遵思想的哲学方法论[①]发凡与构造。《经目》讲“反覆相过，沦为一形[②]”，此“反”为道动、“覆”为道全、“相”为道连、“过”为道贯，即道的回归运动、全覆盖、连续关联、融贯过程，彰显其物趋同发展（“沦”）、是非判断（“为”）、道德称谓（“一”）、生命仪表（“形”），推引此道的物“生之形之，设而成之”[③]，塑造其度、框限其生、固定其形。这是《指归》哲学方法的原形认定

① “张岱年‘体验、解析、会通’相结合的哲学方法论的提出”，这标志他哲学“综合创造”的“完成”与“方法论思想的成熟”（参见刘静芳：《体验、解析、会通——张岱年哲学方法论的综合创新》，《学术月刊》2005年第5期，第26页）；“冯友兰的哲学方法论反思”在“哲学的性质与方法的这种内在一致性”上，有超出“自身的普遍的哲学意义”（参见李景林：《正负方法与人生境界——冯友兰哲学方法论引发之思考》，《中国社会科学》2010年第6期，第66页）；刘笑敢反思用明确“分析式的现代哲学概念”之“反向格义的方法”，其“无法全面反映或涵盖”笼罩“宇宙与社会人生”、贯穿形上形下的“老子之道”观念（参见其《反向格义与中国哲学方法论反思》，《哲学研究》2006年第4期，第39页）；哲学方法论是在哲学原理指导下“关于认识事物和解决问题的根本方法的理论”、是“应用哲学”（参见刘冠军：《哲学方法论论纲》，《理论学刊》2001年第6期，第57页）。传统中国哲学方法论研究，应当突出张岱年的体验、解析、会通三结合的可能，反思冯友兰的正负方法的内在一致性，审查老子贯通形上形下之道的宇宙生命意蕴，推进人类经验认知的现实生活的根本性理解与系统性建构。

② “形”为“体”，该句译作“反复回转，融为一体”（王德有的《指归》译注本，第3页）；“形”为“象、画、物之表”（王传林：《庄子语境中的“德”“形”之辨》，《阴山学刊》2015年第2期，第84页）。《指归》有“变化不极，反覆不穷”“虚实反覆”“处其反者得其覆”“审于反覆，归于玄默”（《得一篇》）、“始终反覆”（《至柔篇》《万物之奥篇》）、“反覆相因”（《天下有始篇》）、“纵横反覆”“是非反覆”（《以正治国篇》）、“幸于反覆”（《用兵篇》）等（参见《指归》点校本，第10、11、12、21、48、61、64、74、92页）。“反覆”涉及“不穷”“虚实”“反”“玄默”“始终”“相因”“纵横”“是非”“幸”等义，常释为“反复”，可解作“动态的全覆盖”或“回归完整”等；其他字义，随后略解，对“形”有专门详说。

③ 《道生篇》讲“生之形之，设而成之，品而流之，停而就之，终而始之，先而后之”（《指归》点校本，第46页）。此生形的成、流、就、始、后，是其设、品、停、终、先的转机与轮回。

即无形其度[①]、度形其生、生形其有、有形其可、可形其定[②]，即“无形”为“形”的存在限度，“度形”权衡其发展模型，“生形”获得其实有摹状，“有形”反映其适当表征，“可形”确认其特殊定式。下面集中探讨其无形（度形与生形归于此）、有形、可形的认知可能与方法自觉，超化其玄无的神秘感思与形名的逻辑构想[③]，信验其实知的心体意象与合当的名分理路。

① “一者，道之子，神明之母，太和之宗，天地之祖”“一，其名也；德，其号也；无有，其舍也；无为，其事也；无形，其度也；反，其大数也；和，其归也；弱，其用也”（见《得一篇》，《指归》点校本，第9、10页）。译“一，是它的名；德，是它的号；无有，是它止息的形态；无为，是它行事的表现；无形，是它的度数；反，是它的常规；和，是它的宗旨；弱，是它的表现形式”（《指归》译注本第27页）。顾瑞荣认为“‘一’是‘道’的等值概念”，可单用、也可与“‘大’、‘太’连用”，它在《老子》第十四、三十九、四十二章是“‘道’的别名”（见其博士论文《道家“大一”思想及其表达式研究》，第35、36页）；金春峰“从《指归》的描述来看”“一仍然是气”（见其《汉代思想史》，第359页），刘玲娣等说“《指归》的‘一’采纳了《淮南子》将‘一’视为一种混沌的原始物质的观点”（见其《秦汉道家与道教》，西安：三秦出版社，2012年，第148页），曾春海讲“‘一’约当《老子》书中的‘德’”、又认为“道德即‘一’”“是作为客观世界本来面目和固有规律之‘自然’”（见其《中国哲学史纲》，第196页）。“一”释“道”“气”“原始物质”“德”“道德”“自然”，此作“道德”合适。

② 《治大国篇》有言：“世皆可赏，莫之可形，草木黄而后落，人化尽而后终。”（《指归》点校本，第69页）此“形”，“《津逮》本、《学津》本作‘刑’”（见《指归》译注本，第204页）。这意味着，万物“可形”之成或定，也是其毁或变。

③ 冯友兰说“哲学是对于人生底、有系统底、反思底，思想”，其“思想是人生中底光”，此光或是禅宗的“回光返照”的神悟或顿悟之灵光；又说“哲学的方法”与“出发点”是以“纯思之观点”对“经验”作“理智底分析、总结”及“解释”并以“名言说出”，此为自觉了解即“觉解”，其以经验对象的“官能”之理智考察与其“结果”之逻辑分析来“思”证神境、非玄“想”。（参见冯友兰：《新知言》，北京：北京大学出版社，2014年，第7、9—10页。）

第一节 论“无形”变化、体验、规制

“无形”是什么？先秦两汉思想有许多关于“无形”的精致表述①，从“物”的“生、成、足”看，可视为生命事物的宗祖征象、生活天地的无限范围与宇宙精神的圆融运动；从“人”的“兵、情、乐”讲，是行兵打仗的极致表现、原始情感的真诚反应与天赋和谐的绝对保障；从“道”的“虚、大、平”论，是虚通一切的心灵空间、广阔无边的实践领域与日常受用的满足状态；从“德”的“本、静、一”议，是决非自身的根本存在、呈现他者的可能发展、无与伦比的天下独特。它在“物、人、

① “无形者、物之太祖”（《道原》，王利器撰：《文子疏义》，北京：中华书局，2000年，第37页），“天无形而万物以成”（《审分览·君守》，许维遹撰：《吕氏春秋集释》，下册，北京：中华书局，2009年，第439页），“道家使人精神专一，动合无形，赡足万物”（《史记·太史公自序》第十册，第3993—3994页）；“微乎微乎，至于无形”“故形人而我无形，则我专而敌分”“故形兵之极，至于无形；无形，则深间不能窥，智者不能谋”[《虚实篇》，见（春秋）孙武撰，（三国）曹操等注、杨丙安校理：《十一家注孙子校理》，北京：中华书局，2012年，第141、146、155页]，“有情而无形”与“察其始”“而本无形”[《齐物论》《至乐》，（清）郭庆藩撰，王孝鱼点校：《庄子集释》，北京：中华书局，2012年，上册，第61页；中册，第613页]，“天功”“莫知其无形”与“乐则不能无形”[《天论》《乐论》，（清）王先谦撰，沈啸寰、王星贤点校：《荀子集解》，下册，北京：中华书局，1988年，第365、448页]；“虚无无形谓之道”（《心术上》，黎翔凤撰，梁运华整理：《管子校注》，中册，北京：中华书局，2004年，第759页），“夫道者，弘大而无形”[《扬权》，（清）王先慎撰，钟哲点校：《韩非子集解》，北京：中华书局，1998年，第49页]，“道者无形，平和而神”（《道德说》，阎振益等校注：《新书校注》，第325页）；“无形者，非本无形者”（《天瑞篇》，杨伯峻撰：《列子集释》，北京：中华书局，2013年，第20页），“静而无形”“陈其有形以著其无形者”（《保位权》《人副天数》，苏舆撰，钟哲点校：《春秋繁露义证》，北京：中华书局，1992年，第175、357页），“所谓无形者，一之谓也。所谓一者，无匹合于天下”（《原道训》，刘文典撰，冯逸、乔华点校：《淮南鸿烈集解》，北京：中华书局，2013年，第35页）；等等。

道、德”大体言说中，有不同的内涵诉求与多样的可能选择。

一　变于无形，化于无朕

简述以上的无形，与万物的生成关系、精神的互动可能、用兵的制胜谋略、情状的本始界识、原道的虚无内涵、有形的动静彰显、自在的独特证明等，其涉及生、死、物、事、神、形、能、所、兵、谋、本、末、道、德、无、有、一、多等多种内涵。《指归》文中“无形”，可因应、变化、澹泊、无有、空虚、太清、光照、周密、细微、昭然、独见、计运、奇变、动静等①，有类似前述独到、连贯、充分的深度解读，即：

> 盛德之人，敦敦悾悾，若似不足，无形无容。简情易性，化为童蒙，无为无事，若痴若聋。身体居一，神明千之，变化不可见，喜欲不可闻，若闭若塞，独与道存。
>
> 是故，大器晚成，无所不有。变于无形，化于无朕，动而无声，为而无体。威德不可见，功业不可视。祸息于冥冥，福生于窅窅。寂泊而然，是谓至巧。万物生之，莫知所以②。勉勉而成，故能长久。

---

① 关于“形”字，显示179次，此含《经目》1次、上经163次、佚文15次；上经“无形”表述54次、佚文见其5次。另有“变化惚恍，因应无形”（《上德不德篇》）、“因物变化，滑淖无形”（《道生一篇》）、“澹如赤子，泊如无形”“冠无有，被无形，抱空虚，履太清”（《出生入死篇》）、“德光四海，照万物而化无形”（《方而不割篇》）、“大小周密，纤微无形”（《万物之奥篇》）、“昭然独见，运于无形”（《为无为篇》）、“计运无形，以收敌神”（《天下谓我篇》）、“变运无形，奇出无朕”（《用兵篇》）、“动无形矕，静无圻堮”（《知不知篇》）等（见《指归》点校本，第5、18、42、66、74、78、89、93、97页）。

② 樊波成认为，“王德有本作‘从’”“非也”，此“‘以’字古音在之部，与‘之’‘久’相叶”（见其《指归》校笺本，第35页）。

大象无形，大状无容。进而万物存，退而万物丧，天地与之俯仰，阴阳与之屈伸。效之象之，若影随形。(《上士闻道篇》，《指归》点校本第15—16页，以下引文属此书只标篇名、页码)

道德至灵而神明宾，神明至无而太和臣。清浊太和，至柔无形，包裹天地，含囊阴阳，经纪万物，无不维纲。或在宇外，或处天内，人物借之而生，莫有见闻。毳不足以为号，弱不足以为名，圣人以意存之物也。故字曰至柔，名曰无形。是以，无形之物，不以坚坚，不以壮壮，故能弊天地，销铜铁，风驰电骋，经极日月，周流上下，过飘历忽，安固翱翔，沦于无物。

何以效其然也？夫响以无声不可穷，影以无形不可极，水以淖弱贯金石、沉万物，地以柔顺成大功、胜草木，舌耳无患，角齿伤折。由此观之，柔者弊坚，虚者驰实，非有为之，自然之物也。(《至柔篇》，第20—21页)

这是对今本《老子》第四十一章“广德若不足”“大器晚成”“大象无形”① 的义涵推阐与第四十三章“至柔”“至

① 河上公注“德行广大之人若愚顽不足也”“大器之人若九鼎瑚琏，不可卒成也”“大法象之人质朴无形容”。(王卡点校：《老子道德经河上公章句》，北京：中华书局，1993年，第164、165页) 王弼注“广德不盈，廓然无形，不可满也”“大器，成天下不持全别，故必晚成”“有形则有分……故象而形者，非大象”；楼宇烈说“‘象’为有形，‘大象’则‘无形’”并疑作“大器无形，不持合成，故免成”[(魏)王弼注，楼宇烈校释：《老子道德经注校释》，北京：中华书局，2008年，第112、113、115、116页]。此“广德”“大器”“大象”与“无形”相关，避免“盈”(或“满”)“合”“分”，这意味着“无”与“广”“大”同义、“形”与“德”“器”“象”照应。

坚”[①] 的关系理解。《指归》“盛德若不足”同《庄子·寓言》篇的老子语，其“大器晚成”“大象无形”跟河上公本、王弼本一致；至柔章首句与汉简本几乎雷同、省略“于”字，注解为“无形物也”（柔）“胜有质也”（坚）。[②]《指归》本“盛”同《庄子》、异《老子》帛书本与通行本之“广”“大”，“大器”“大象”“至柔”跟河上公、王弼注同，与楚简、帛书、汉简本略别[③]，表明它上承老庄、下启河王二注、稍异汉简帛。大象非天象，大与盛德之盛、大器之大、至柔之至的意相近、相通、相同；无形的形，既是框限之型，也是制裁之刑的原样，以待显象；这是“形”变“象”的内生可能与外推趋势。

再看上引“无形”的推阐，“盛德之人”“无形无容”与道独存、“简情易性”又“无为无事”、千变万化、能身（形）神

① 河上公注：“至柔者水也，至坚（者）金石也。水能贯坚入刚，无所不通。”（王卡点校：《老子道德经河上公章句》，第173页）王弼注：“气无所不入，水无所不经。”（楼宇烈：《老子道德经注校释》，第120页）此突出“通”“入”“经”，前者以水之柔贯通金石之坚、得完整解说，后者以气、水之圆融无碍于一切事物却对“至坚”未作诠释。

② 参见《指归》校笺本，第33、34、35、42页。

③ 楚简《老子》甲乙丙三编的要点整理以“如”代“若”、“曼”代“晚”、“天象”代“大象”、“亡”代“无”；对照其帛书本，“‘广’为本字，‘盛’、‘大’乃同义换字”，楚简本“曼”与帛乙本“免”应训作严遵本与王弼本“晚”、非“无”义，“天象”为“大象”讹误、“形”即“型”。（参见丁四新：《郭店楚竹书〈老子〉校注》，武汉：武汉大学出版社，2010年，第308、316、319—321、322—323页。）据十二家校释改“晚”为“慢”，楚简本“曼成”与帛书本“免成”“当理解为‘无成’”，“形”“指形象”、既非早出的“（模）型”也非晚作的“刑（法）”。（参见彭裕商、吴毅强：《郭店楚简老子集释》，成都：巴蜀书社，2011年，第430、457、462页。）其帛书甲本“天下之至柔，（驰）骋于天下之致（至）坚”、乙本缺“柔”与“之至坚”，以水“喻无为至弱能破有为之累”。（参见高明撰：《帛书老子校注》，北京：中华书局，1996年，第35、36页。）其汉简本是“如”代“若”、“天”代“大”、“晚”为“勉”、“形”为“刑”，仅增“驰”并改“致”为“至”。（参见北京大学出土文献研究所编：《北京大学藏西汉竹书·贰》，上海：上海古籍出版社，2012年，第125、126页。）

归一。此形与“容”“情”“身”义近，也同“道”“性”“神”意通，由人的德定。这是人的视角洞察“形”，向外展示的容貌、情事、身体与在内赋予的道理、性命、精神。“大器”所有是“无形”所变、“无朕”所化、“无声”所动、“无体”所为，不可见“威德”“功业”，可生息祸福，此“至巧”所得、“万物”所由、“长久”所能。形与“朕”“声”“体”相应于变化与行动，不滞碍于德业、福祸，得机巧的极致、事物的原由与时空的潜能。这是从“物”之生，追究“形”之极，所获的至巧、所以、长久。有此人与道的形容、物与器的变化，领悟“大象”对“大状”的万物素描、知进退存亡，觉解“无形”对“无容”的天地本原、作俯仰屈伸。其“效”与“象”，验证人、物、道、器的形影不离与融合互动，这是以形的本状、映照其衍生之物蕴涵的道。这是由《老子》“大象无形”的宇宙事物运动状况，推绎人、物、道、器“变于无形”的进程与原理，自内向外、自先到后、自人明道、自器理物，道是人、物、器之形变的生命理则。据此知，《上士闻道篇》的“上”同“广”“大”“盛”“至”义，“士”是有文化知识觉解的人，“闻”是生命物转成文化经验的获取方式，“道”是万物形变的原则。即，在认知主体“人”对客观表征“形”的观悟下，变通地理解“道”“物”的关系融摄。此推出“变于无形”的认知原则。

《至柔篇》进一步解释此原则，论证“至柔无形”的道德、神明、太和，含至坚有形的天地、阴阳、万物、人物、圣人，即

"道德至灵"以通神[1]（可推道无形）、"神明至无"以展能（可推神无形）、"太和"至柔以化刚（可推和无形）、天地至大（可推天无外，大形）以设限、阴阳至强以应变或推行（流形）、万物至著以建维或立法（可推物形）、人物至感以成文或制名（可推形象）、圣人至智以存意（可得形意）。此处未阐明，道与道德、神与神明、太和与生、天与天地、物与人，如何应承、关联。而后以"至柔"指认"无形"，推证"无形之物"的本性（柔弱）、融贯性（穿越天地铜铁）、普遍性（周流）、一致性（无物）等。其"至"（极致）释为"无"（无限）而"柔"，不等同"形"、规导其变；"至灵"不是没有灵通，是无限灵通；"至无"不是啥都没有，是无限的无限。柔与灵、无，是相通表述、是不受限制的相互转化与趋同，由此至柔规范无形、无限融通所有。以无形贯穿道德、神明、太和、天地、阴阳、万物、人物、圣人等，使它得方法论建构可能与实际展现。最后，总结这种论证并强化其归旨，以"响""影""水""地""舌耳"来排比式推阐"无声""无形""淖弱""柔顺""无患"的"穷""极""贯""沉""成""胜""伤折"，反推"柔""虚"的"自然"与"坚""实"的"有为"，以阐明"无形"的无限可

① 《得一篇》释《老子》"神得一以灵"为："神之性得一之灵，而神之所为非灵也。"（《指归》点校本，第9、10页）"一"是道德，是道之名，也不是德与神，德是道之号、神是道之能；此以神性归属灵性、得人之道德性，"灵"为"虚"如《道生一篇》"一以虚，故能生二（神明）"（此见该书第18页）和《庄子·人间世》"唯道集虚"（"虚"指"气"，见郭庆藩：《庄子集释》，上册，第152页），证得此道德为虚或灵、不同庄子的自然之气、更偏重汉儒或黄老人文之德。另《修文》讲"积恩为爱，积爱为仁，积仁为灵"[（汉）刘向撰，向宗鲁校证：《说苑校证》，北京：中华书局，1987年，第476页]，此可见其灵的人文性与仁爱内涵即道德性。与刘向同时的严遵当有此反映，但其根源指向不是人间恩爱、是自然虚无。

能与变化是“自然”的缘故与表征。此对无形之变的论证，先是融通的系列解释，再是无限的连贯描述，终为自然的要旨归纳。即此变，相对一切存在，是融通、无限、自然。

对此“无形”的译解，“无”是“不”“没有”，“形”是“形容”“象”“形象”“形体”，把“无”当否定副词或动词、限定与推引“形”，形是被人类经验感官直观化、遮蔽其无限超越意义，但从“不拘”“最为柔顺”“不可测量限界”看，其含无限融通之意。[①] “形”有概念上的单词与整句、抽象与具体、局限与无限的认知困惑[②]，这把重心放在“象”[③] 上，以形象之物与意象之道的自然、融通，追求无限、超越、纯粹，执意于语言符号的规范与表达，淡忘宇宙生命的根系与引领，纠结并融合在自然生命与人文符号的无碍联结。这提示自然、无限、融通的无形演变，需要向自觉、有限、独特的实体效验转进，即无穷变化的无形，应转入有所规定的它自身，也即无形之变到无形之体。

① 王德有译“无形无容”为“不拘形容”、“变于无形”为“变而没有形”、“大象无形”为“大的形象没有形象”、“随形”不变、“至柔无形”为“最为柔顺而没有形体”、“无形之物”为“无形的东西”、“无形不可极”为“没有形而不可测量限界”（参见其《指归》译注本，第43、45、46、60、61页）。

② “大象无形”应译成“关于道的抽象看不见它的形状”（参见王乐耕：《“大方无隅，大器免成，大音希声，大象无形”新译》，《社会科学战线》1986年第2期，第136页），此译有二弊即“遗失‘大’字的‘终极至高无上’义”与表述“至尊实体‘道’的抽象”显冗余、此整句“才是解释‘抽象’一词的概念”（王煜：《“大象无形”新译驳论》，《社会科学战线》1987年第3期，第164页）。

③ 此“‘象’表征着万物自然的生命运动”，成“沟通‘道’、‘物’、‘气’、‘意’、‘言’的重要的中间环节”，重视“‘象’的虚空超无”“对‘象’的意象而非言语的符号指涉功能作出了种种描述和规定”。参见李天道：《“大象无形”与中国美学“意境”之模糊心态》，《西南民族大学学报》（人文社科版）2009年第5期，第206页。

二　生不生之生，体无形之形

从形变的融通、无限、自然的论证进序，看无形的理路推展，它始于生命的融通，历经无限的可能，终于自然的圆润，因而自然是无形的根本归结、其无限舒展与实质融通。此无形是自然的，是自己原初的完美样子吗？若追问，自然是实然，是实际的具体存在吗？是应然或当然，是价值的理所应当吗？是必然，是逻辑的绝对肯定吗？是超然，是精神的普遍超越吗？是全然，是整体的无限开放吗？是本然，是生命的永远本真吗？《指归》中它是虚、不是实，是无、不是有，是因、不是应，是能、不是必，是化、不是合，是变、不是定，是通、不是止；确切说，二者皆是，更全、更活。它是人在时空的不尽思虑，是物化始终的无穷归往，是物与人不确定的真实存在与发展。如何能对此自然、无限、融通的变形体证呢？就此物体与人体考察其无形的原型，从认识论原则看主要是人体的感知与证实，是文化生活理想状态下的认知主体意会与言说，譬如：

上顺道德之意，下合天地之心，危宁利害，视民若身。体无形之形①，处太阴之阴，发无为之为，扬无声之声。异

① 据《指归》表述与王德有译注，其“体”释作君王之“体验”如“体道”“体德”、本作“一体”“身体”“同体”“合体”“形体”、或引申为“实行”如“体坚刚”、或直译为“体魄”如“体正神宁”、或意译成赤子之“体悟”、或转译作“位”如“继体之君”（见其《指归》译注本，第 6、9、20、42、61、62、95、121、130、151、154、162、231、233 页），多见“体验”义且常用“身体”“形体”说。王树人讲到“中国传统道论之思”之“体‘道’就有体会、体验、体味、体悟、体认等”义，“这个体”是“灵肉一体之‘体’”并“能与宇宙整体之体一体相通之‘体’”。见王树人《中国的“象思维”及其原创性问题》，《学术月刊》2006 年第 1 期，第 54 页。

彼灭化之罪，明彼逆天之功，显天之所降，见地之所生。有名无实，有实无名，名实相违，或正或倾。纵横反覆，合于冥冥，天灾自起，妖孽自生。离其父子，绝其弟兄，杀其凶将，戮其忠臣，天下怨恨，莫与同心。魁然独立，受天之兵，战胜大喜，四海安宁。此用奇之上也。（《以正治国篇》，第61—62页）

这是古代政治社会理想塑造的最高领导者与管理者如“圣王”“以奇用兵”① 的上、次、下三策之上策谋划。他先以自身的道德意与天地心，直观民众的利害安危，体察“无形”的细微造型与“太阴”的幽深创构，发扬“无为”的合适作为与“无声”的和谐声音，此当为自我优势审查、统一大众运作、真正惠顾国民的内部修整。再以天地赋予与生活情境，指明敌手犯下的死罪、经营的逆功，能使其名位与实权相背离、虚张其禄位或颠覆其政权，纵横交错各种纷争势力，并反复无常地争名夺利，导致天灾不断与妖孽泛滥，此为认定对方过错、搞乱对方阵营、促进血腥斗争的外部推动。再后，对其家庭生活主角如父子、兄弟的关系决裂与政治生活主力如“凶将”“忠臣”的身体杀戮，毁灭性打击对手主心骨与生力军并引发怨声载道、离心离德，就此发力顺势而为、平定战乱、天下欢欣、共享康宁，此为

① 《老子》楚简本作“以攲（奇）甬（用）兵”，其“帛书二本作‘畸’，弼本等作‘奇’”（参见丁四新：《郭店楚竹书〈老子〉校注》，第152页）；河上公释此句为“天使诈伪之人，使用兵也”（王卡点校：《老子道德经河上公章句》，第220页），陈鼓应译作“以诡奇的方法用兵”（见其《老子注译及评介》修订增补本，北京：中华书局，1984年，第277页），《指归》释解该篇的此处大意为“王道人事”的“一柔一刚，一文一武”相辅相成“明王圣主”之治国、用兵（参见《指归》点校本，第60页）。此把“正”“奇”合为一体、看实际成效，正如把“王”“圣”合成“圣王”理想主体、做政治事业。

定点清除目标、迅猛收拾残局、实现公共事业的内外统合。这是从社会理想的政治主导者，体证其个人内功修炼的无形态势、增强自身实力并麻痹对手注意，展呈外界助力的有效作为、否定对方能合理存在且根本动摇其防御力量与信心，统合其政治内外优势的关键要素、获天下决定性胜利与普遍性幸福的最佳办法。狭义上说，体无形之形的体是人体，无形是理想，形是现实。这是人的生活理想求证，其内在的合意体会去整顿外部的杂乱局势，趋于和谐的适宜状态。它是自我历史发展的信念，要做给他人看，获得共同美满结局的理念启示与事业基础。它有历史文化智识优势与现实政治权利保障的认知主体的完全确证。这在限定的认知条件下，更多人类经验事实陈述与总结，提取智识与力量并形成期望结果与格局，这是古今生活层面的理想状态下的无形体验，对其现实情境中具体作为检讨不够、内涵单薄。

> 动静玄妙，若亡若存，成物遂事，无所不然，光而不灭，用之不勤者，以其生不生之生，体无形之形也。（唐强思齐《道德真经玄德纂疏》引，《谷神不死篇》，第128—129页）

此下经佚文的宇宙生命层面的内蕴概括，即“生不生之生，体无形之形”，其生是体或形的根系说明，比上述正解的人类生活层面的内涵说明，更简明扼要、完整圆融、灵动无限与切实受用。它没有人类历史观念的设想与经验事实印证的形式束缚，全靠生命本身推举与觉悟，其更基础、根本、合理、有效。此以不死的谷神[1]即自然创生的命运神，不是人文信守的幸运神为主持者，体察其动静、玄妙、存亡、物事、自然、光辉、持久、生生不息、各种各样等，这是宇宙生命对自身的经历、观察、证明、效验与圆通。此知《指归》不是一开始从文化生命体证其变形存在，是从宇宙生命体验其原形可能，优先突出无形的自然体验、非有限的人文论证。

综上所述，从人类生活经验层面看，体是认知主体，无形是理想世界，形是现实世界；从宇宙生命融贯层面讲，体是自然实体，无形是自然根源，形是自然展现。两个层面如何贯通？此非人文赋予其意义关联，是自然生长其命运融贯。能权衡此二者联系的内在尺度是生命，外在标识是文化，内外兼顾的有效主体是人类。此可推，自然无形的宇宙生命存在，转入自觉有限的文化生命构造，确立实际生活的相关判准。

三 制以无形，系以无极

无形变体的认知内容，变是自然、无限、融通的完整演绎，体是生命实体与文化主体[2]，此变体超越经验认知。人类应怎样在经验认知层面把握其体、应对其变、造就其形呢？或如何在生命融贯层面默认本体、顺遂变化、模塑常形呢？《指归》关注自然的宇宙生命内蕴，启引自觉的文化生命内容，它不以后者规范

---

① 《老子》的“不死”“谷神”是“玄牝”、是“天地根”，严遵解此神“出入无穷，往来无间，动无不遂，静无不成，化化而不化，生生而不生”（见《指归》译注本，第384页）。

② 此实体，指物或自然神，即物以自然成神，或物是自然显化的神；主体指人或历史神，即人以自觉成神，或人是历史创造的神。

前者、筹划生活世界秩序安排与名利配置，如：

> 质真若渝，为民玄则。生之以道，养之以德。导之以精神，和之以法式。居以天地，照以日月。变以阴阳，食以水谷。制以无形，系以无极。天下喁喁，靡不宾服，宇内康宁，万物繁殖。若非其功，而非其德，大而似小，醇而似薄。(《上士闻道篇》，第 15 页)

这是对《老子》上经“质真若渝”① 句的疏解，以此确定民众的“玄则”，此则“道生”“德养”，由“精神”引导、“法式”和合，在天地范围、被日月照察，随阴阳变化形体、凭水谷满足饮食，其受制于无形、统系于无极，如此作为可使天下宾服、宇内繁荣，却不计较功德大小厚薄。此解的关键在玄则，关键的关键在“玄”②，它上接“质真”“若渝”、形成道德原则，下定精神法式、框限天地万物。此道德原则构建的精神范式，是无形制约与无极系统的典范，可推无形制有形、无极统有极的原由。人与物对无形怎么限制？或，人与物在无极如何获得极致？

---

① 《老子》郭店本为“（质）贞（真）女（如）愉（渝）”，“贞”与“真”“义近音通”，“‘愈’（愉）通‘渝’”（丁四新：《郭店楚竹书〈老子〉校注》，第 316、318 页）；帛书甲本残缺，乙本余一“质”字（高明：《帛书老子校注》，第 23 页）；汉简本作“桎（质）真如輸（渝）”，“渝”读“偷”、释“苟且”“怠惰”义和读“输”、释“堕坏”义“较胜”（《北京大学藏西汉竹书·贰》，第 125 页）；河上公本把“真”作“直”，注为“质朴之人若五色，有渝浅不明”（王卡点校：《老子道德经河上公章句》，第 164 页）；王弼本释作“质真者，不矜其真，故（若）渝”（楼宇烈：《老子道德经注校释》，第 112 页）；王德有译此为“品质淳正却好似腐朽”，把它看作“民众的奇妙法则”，由此进行“道”“德”“精神”“法式”“天地”“日月”“阴阳”“水谷”“无形”“无界”等推绎（见其《指归》译注本，第 44 页）。

② “玄，天也”（王卡点校：《老子道德经河上公章句》，第 2 页），此意味着以天则范导民众；“玄者，冥默无有也，始、母之所出也”（楼宇烈：《老子道德经注校释》，第 2 页），此是最初、原始、根源。

这成不可能限制的限制，不可能极致的极致。这种无限、无穷是宇宙生命的本真，那种受限、可穷是人类生命的现状，是否文化生命的至善当无限与无穷？这能论证可能，不能实验究竟。前述“玄”解为一种思维方式，是逻辑形式推演的历史考量与期望，不是生命情景变化的现实舒展与凝结。而玄在最初意义上，是生命本原的通路显示，非思维本体的理路说明。此本真之路，形成道德或精神之式，具体范导天地万物运作。若是虚构之路，则造就思想言论、抽象了解生活事物。这二者决非人为的完全绝离，是天然的系统融贯，其度制反映在人的思维，并贯穿生命。以此对无形的“制”①，如其变与体一样未定或待定；定不是人的绝对确定，也不是现象物暂定，是生命自定。生命自变、自体、自制，才自定、自用、自度。人文经验生活、政治事业与历史追求，只有借助生命的真实反应与作为，才得体证、圆成、如意。从这种意义理解无形之变、体、制，是自然之变、自在之体、自我之制，即在完整的宇宙流变中归宗生命根源、在圆融的生命体验中获得生活内涵、在独特的生活局限中造就自我系统。可引申严遵从宇宙生命之道推出万物生命之德，再推出人类生命之神（精神），推定文化生命之理（法式），推引社会生命之情（心

① 如《上德不德篇》“无有制令”“制万物之宜”“制分别明”“拘制者褒录”“制礼作乐”，译作“行政命令”“裁断”“制度”“遵守规矩”“制订”；《得一篇》“制世御俗”“能专制天下而威不可胜”，译作“制约人世”；《上士闻道篇》“无制而势隆”，译作“无所依托”；《道生一篇》“众务不制”，译作“辖制”；《天下有道篇》“法制”“无有不制”，后者译作“不服从”；《为学日益篇》译作“挟制”；《行于大道篇》“创作改制”，译作“礼制”；《知者不言篇》“神明为制”，译作“法式”；《民不畏死篇》“形可制而势可禁”，译作“把握”（《指归》译注本，第14、17、19、21、29、33、42、57、85、92、106、150、169、311页）；等。此制，有制令、裁断、制分或度、拘制、制礼、制约、专制、无制、辖制、法制、挟制、改制、法式、把握等。

意），推导政治生命之事（事功），推得历史生命之言（名言）。这是从无形的道、德、神、理，推测有形的物、事、情、言。无形可变、可体、可制、可言，其变是神，体是道或德，制是理，言是名。

由此知，制于无形之制是理制，其得玄则之则是理则、理万事之事是人事，无形是自然、无限、融通，玄是生命进路，理是万物法式。这是人类经验认识对宇宙生命奥秘的全面理解，是一种方法论的统合思路，注重认知主体的自我觉解及历史成就，以领会精神的主观情感而管理道德的客观世界。也可说，无形之度以其神变，寻其道体，推其理制，明其物事，赋其义涵，造其人文。

第二节　论“有形”浑融、生成、流衍

无形与有形、形上与形下，以形判分无有、上下，这是生命虚实显微的连绵创造宇宙万物的两种笼统存在方式。无形的变、体、制，是无形与有形的共变、同体、统制，即无、有在形中变化、体证与规制，是经验认知得以产生与成行的可能。无形与有形，先是生命联系，这不排斥其历史展开在文化生活、逻辑勾连在语言符号、精神向往在自由王国，需从生命联系中创发种种机缘、因果、表征、内涵、过程、结局、圆满等。即无形与有形，首要是生的关联，生是无有之变、体、制的融贯，有形之生与无形之度在宇宙生命中同呼吸、共命运，不是在文化生命中共同感念、观悟。

一 浑同为体，万物以形

无形如何创生有形？《指归》说：

> 道德神明、清浊太和，浑同沦而为体，万物以形。形之所托，英英荣荣，不睹其字，号之曰生。生之为物，不阴不阳，不可揆度，不可测量。深微不足以为称，玄妙不足以为名。光耀恍惚，无有形声。无状无象，动静无方。游于虚寂之野，处于无有之乡。得之者存，失之者亡。
>
> 夫生之于形也，神为之蒂，精为之根，营爽为宫室，九窍为户门。聪明为侯使，情意为乘舆，魂魄为左右，血气为卒徒。进与道推移，退与德卷舒。翱翔柔弱，栖息虚无。屈伸俯仰，与时和俱。轻死与之反，欲生与之仇。无以为利则不可去，有以为用则不可留。故无为，生之宅；有为，死之家也。(《出生入死篇》，第41—42页)

前述《至柔篇》阐释了道德、神明、太和、天地、阴阳、万物、人类、圣意的内涵互动，证实无形的至柔、应变、自然、融通、无限、创生；《以正治国篇》以圣王的道德意与天地心、关注民众的利害安危，《上士闻道篇》讲民众的根本原则是道生与德养以建制，此在无形的宇宙生命视域求证其认知主体与变化法则。由此主体与法则，可推无形与有形的关系存在及建构，它们是生命的具体关联，不是逻辑的抽象维系。此处从二者的生命关联着眼，探讨无形之体与万物之形，怎样实际融贯。内涵界定依然是道德、神明、太和，形式表现是万物英荣，内在关联是生，此“为物”不可分阴阳、不可度量究竟内涵，其深微、玄妙、恍惚、虚寂也无限、决定存亡。此内蕴与形物在其生养的道德推移、卷舒、翱翔、栖息、俯仰、仇反、去留，以神为蒂、精为根、心为舍[①]、窍为门户、聪明为使、情意为舆、魂魄为将[②]、血气为卒，知其进退、柔弱、虚无、时和、生死、利用，得形物的道德天地之生宅即“无为”、它的精神运动之死穴即“有为”。此解笼统与传统、不能构成系统，笼统得不清楚具体运作的实情，传统得用道德观念等求解究竟，在系统建构上缺乏足够依据与严密推理，这是庄子式大浑沌[③]的混同生命整体。其有形是万物、实、形、有、强、刚、用即有为、分、死，无形是道德、虚、神、无、弱、柔、体即无为、和（合）、生。

由此道德、神明或精神、太和浑融趋同，为此生形的里、体；天地、万物、人显示区分，为其表、用。此形是物的体性证明，或可说，形即性。万物的内在规定性是道德等，表征是形、彼此是生的联系。这表明无形与有形的生之关联是性之命定。

---

① 《管子·内业》“定在心中”为精舍，王德有疑“营爽”为“精爽”、指“心”（见其《指归》译注本，第120页）。

② 《老子》第三十一章说“偏将军居左，上将军居右”，河上公注：“偏将军卑而居阳位，以其不专杀”“上将军尊而居阴位，以其主杀”（参见王卡点校：《老子道德经河上公章句》，第126—127页）。

③ “南海之帝为儵，北海之帝为忽，中央之帝为浑沌。儵与忽时相遇于浑沌之地，浑沌待之甚善。儵与忽谋报浑沌之德，曰：‘人皆有七窍以视听食息，此独无有，尝试凿之。’日凿一窍，七日而浑沌死。”参见郭庆藩撰：《庄子集释·应帝王》，上册，第315页。

二 生之形之，设而成之

无形混同的道，创生有形纷纭的物；《道生一篇》解“道生一”是“混窅冥①”，“二”是“神明”，“三”是“和浊清”，“万物”是“天人形”②。此篇对虚无、自然的道德，如何创生实有、适然的万物，作了较完整表述，即：

> 有虚之虚者开导禀受，无然然者而然不能然也；有虚者陶冶变化，始生生者而不能生也；有无之无者而神明不能改，造存存者而存不能存也；有无者纤微玄妙，动成成者而成不能成也。故虚之虚者生虚（虚）者，无之无者生无（无）者，无者生有形者。故诸有形之徒皆属于物类。物有所宗，类有所祖。天地，物之大者，人次之矣。夫天人之生也，形因于气，气因于和，和因于神明，神明因于道德，道德因于自然：万物以存。

此道生物的论述“是一个由极度虚无逐渐趋向实有的发展过程”而“没有把虚无阶段看成一个凝固不变的状态”，道德是“‘道’与‘一’的合称”，神明即二，太和即三，此分四个层次充实“《老子》‘有生于无’的思想”且引入更复杂、更“具体的思维深度”。其道依从《淮南子》看法为“天地万物普遍遵

① 《至柔篇》有“窅窅冥冥”，窅是“深邃貌”、冥是“昏暗貌”（《其安易持篇》同）；《不出户篇》有“窅冥之事”，此释为“深远难见貌”；《万物之奥篇》有“气志窅冥”，此释作“幽深”；《民不畏威篇》有“不识窅冥之道”，此与《不出户篇》同。参见《指归》译注本，第66、100、220、295页。

② 《指归》校笺本，第36页。

循的法则”，不同在指明这一法则的内容是自然无为。“一”是一种混沌的原始物质。“神明”吸取《内业》《白心》《心术》的相应看法而“描绘成一种变化莫测的气”。太和是“一种和谐的气”。此宇宙演化体系为“带有唯物主义内容的唯心主义体系”。[①] 其道德的根本属性与规定是虚、无，却“不是一种绝对的境界”“是一切事物和现象的根据或原因”“是自然”。[②] 在《指归》思维模式“无之又无”与重要义理观念“有生于无”解析中，“无然然者”的“无”区别于“始”“造”“动”，严遵借“‘无然’设立形上学追溯的停止点”，最终引出自然概念，其“无无之无”“无之无”“无”同时兼“能”“所”两重身份与在理论上“因地”“果地”以“环环相扣”宇宙论的构建，“无无无之无”“只有‘能’、‘因地’”“为全能和第一因”以建本体论，“以‘有’、‘无’作为哲思观念”从“形”“内容”“位阶”区分出“有形与无形、‘有’性与‘无’性，以及‘有’性与‘无’性混合而成、却有组成差异之理论位阶”，得“形上世界位阶无性、有性增减之推移”的“道、德、神明、太和”变化情况。[③]《指归》发挥《老子》本义即道性“‘无为’的自然义”，展现“若干宇宙生成系列”，此顺向演示“‘道生万物’的生成线索”，逆向反映“严君平逆向思维的轨迹”。[④] 一是道以气融贯于物的宇宙生成论模式，二是道以虚无开导于物的

① 参见王德有：《〈老子指归〉自然观初探》，《哲学研究》1984年第9期，第61、62、63页。

② 参见张运华：《〈老子指归〉“道开虚无”的自然哲学》，第25页。

③ 参见陈尧义：《严遵〈老子指归〉义理析论》，第23、28、29页。

④ 参见陈慧娟：《两汉三家〈老子〉注养生思想研究》（上），第144、145、146页

自然本体论模式，三是道以有无二性规范物的本体宇宙论模式，四是道性无为、自然展呈物的宇宙生成论模式，概括为宇宙生成论与本体论两种，一、三、四已关注到其思维层次、深度、模式与轨迹。这主要围绕“形”的思维认知、补充其要点与进路，要点是道与物的生成论与本体论的关联、前者为宇宙生命、后者为思维逻辑，进路是气化、虚化、生化、自化，这可体现原始物质性、虚无自然性、有无二性、无为道性。此无形与有形是生成论的关联，还是本体论的关联，或兼有之，或其他？它的进路怎么展开，具有什么特性呢？

笔者从认识方面整理此，可分为三：一是“无者生有形者”的原理推导，即从“虚”推出“然”，推引“变”，推动“生”，推得“存”，推证“成”，此推理不是逻辑思路，而是生命进路。二是“诸有形之徒皆属于物类”的事实认定，即在宗祖观念的原理指引下天地是大物、人是小物，此认定是古代生活经验的大致感知，并非现代科学知识的严格判析。三是万物的生成原因系列，从自然→道德→神明→和→气→形→生→存→物，这是形生之物的归因即自然因、有别于前述定性即道德性。由此，无有形物转化是生命原理推定，其经验认知是天地、物、人的三维架构，成因是自然推演。无形生有形，是道生物的形象印证，先赋予其形以道德性命与心意（以性与心解此形），而此原理、原因的解析是虚设本原、自然流行，以根与行、解其形。

三 品物流形，禀受性命

上述“形”的无、有转化为道、物的关系讨论，首要在道德之生、推展万物之形，定性、定命与明心、明意（信）；次用自然之因、开示事物之形，寻根、溯源与流行、泛滥；接着探讨的是，此形物如何归根性命、首尾相应与融贯可能。这不再是怎样衔接其虚无的道德本体之生与实有的事物结构之成，也不是要怎么证明笼统的自然本体之因与具象的人文形式之果，何以通达实际的日常生活之物与真际①的恒常生命之道。《得一篇》解《老子》“天得一以清”句，有大致分析即：

> 天之性得一之清，而天之所为非清也。无心无意，无为无事，以顺其性；玄玄默默，无容无式，以保其命。是以阴阳自起，变化自正。故能刚健运动以致其高，清明大通，皓白和正，纯粹真茂，不与物糅。(確)［确］然大易，乾乾光耀，万物资始，云蒸雨施，品物流形，元首性命，玄玄苍苍，无不尽覆。②

得一的一，或为道，或为德，或为其他，本人理解是道德，前述有形的天地万物的道德生命规定性，不是逻辑思维规定性与文化生活规范性；由此道德清明、纯粹、完整，得天的本性规定。以此道德之心、意、为、事的无限顺性，凭“玄”之思与“默”之应所超越形貌与楷式的局限保命。“天”如此无形地顺性保命以确定自身的纯有，则它的阴阳变化“自起”“自正”以

① 实际与真际的分辨，据冯友兰哲学思辨对判断与命题的真假说明，即“实际蕴涵真际”“有实际必有真际”“有真际不必有实际”“及知真际，我们即可离开实际而对于真际作形式底肯定”（见其《新理学》，北京：北京大学出版社，2014年，第33页）等。所用、所指的真际，应包含形式与内容的认肯，即真际是宇宙生命的真世界、实际是经验生活的实领域，前者蕴涵后者即有全的真际、才有验的实际，二者是具体融贯而非抽象判断。

② 《指归》点校本，第10页。

保持自我的原状，这是天的无形向有形转化的依据与可能，依据的一即道德、可能是顺性与保命而得性命或生命。此天的道德生命“能刚健运动”，可致高、大通、和正、真茂，能超脱万物的形式限制，这是它无形展示的高远、融通、和谐、真正、丰茂。这是易道的有无互化之推证。天之道德性命的纯正与普适的整合推演，《人之饥篇》有其分化与融通的补充说明，即：

> 道德之生人也，有分；天地之足人也，有分；……禀受性命[①]，陶冶群形。开导心意，己得以生。藏府相承，血气流行。表里相应，上下相任。屈伸便利，视听聪明。道德之所以分人也。含吐覆载，云行雨施，雷风动作，日月更代。春生夏长，秋收冬藏，阴阳和洽，万物丰盛。民人动作，皆足以生。天地之所以分人也。（《人之饥篇》，第107页）

此要领为“守分”，“这种‘分’是道德赋与[②]的‘性命’，是‘自然’存在的和谐状态”。[③] 以《民不畏死篇》“人君有分，群臣有职”说其重“分”，有“战国齐法家‘刑名’之意味”，重点不在“国君御臣之术”、在“缔造和谐政局，增进百姓利益”。[④] 此处“分”不限于君臣的“职责、身分（份）或是角色”，更应“是‘自然之理’”[⑤]。此分为“职分、限度”，说解

---

① 《不出户篇》有相同的表述，即：“道德变化，陶冶元首，禀授性命乎太虚之域、玄冥之中，而万物混沌始焉。”（见《指归》点校本，第32页）此处解说道德、性命在太玄、虚冥中起始万物。

② 此与，或为“予”之错写，或义同、通。

③ 参见祝瑞开：《两汉思想史》，第215页。

④ 参见张鸿恺：《严遵〈道德指归〉思想述评》，第293—294页。

⑤ 参见林俊宏：《〈老子指归〉之政治思想试论》，第106—107页。

“道德产生人”“天地供养人”。[①] 若以“各有其性，各守其分”为据，“道德、天地、侯王、臣下、万物均有‘分’，此‘分’含有‘范轨’、‘性分’、‘职分’诸义”，万物分度有“范轨义与性分义”“未见有职分义”，人有前二义却未必有后一义，“道德具范轨义而无性分义、职分义，天地具范轨义、性分义而无职分义，君、臣、民则兼具范轨义、性分义、职分义”；[②] 其“天之职分，或动或静，维持太和，化生万物；天之职分，在于使人民耕织得时，物质丰足”[③]。这是“品物流形”的性命理分，以人为中心表明“道德之生”分育群形、“天地之足”分治众生，此守分的人，获道德性命、明自然之理、担本位之职、行刑名之责、造和美之局、求众生之足。这自然的道德性命赋予与社会的君臣民刑名建构，转成思维的形象观解、名言表述与理分判别，先概论道德天地的人为形分，后说明如何被形分成人物、统合为道德。即在道德视域里，由性命之形，导出心意之生与血气之行，表里上下顺应其利与明，得物、人的初始；进入天地视域，经云雨、雷风、日月运动与孕育，四季生长与收藏，圆熟万物和洽、丰盛，成物、人的终结；此道德天地，人物性命、心意、形体、内涵始终循环更替各自的表象、名义与职分。这是人的视域中的物形之生的理分，即自然→道德→性命→心意→神明→太和→天地→阴阳→万物，自然是无形之因，道德是无形之得，性命是无形之体，心意是无形之灵，神明是无形之制，太和是无形之合，天地是有形之限，阴阳是有形之变，万物是有形之分。

① 参见王德有的《指归》译注本，第 316 页。
② 参见陈尧义：《严遵〈老子指归〉义理析论》，第 110—111 页。
③ 陈慧娟：《两汉三家〈老子〉注养生思想研究》（下），第 325 页。

由以上说解，道德品分万物，以“刑”与“型”① 定“形”，裁剪、造就群形与众生；道德混同有无，以“性”与“心”生“形”，推运其命、觉悟其意，是内涵规定；自然展呈万物，以“根”与“行”解“形”，追溯其因、运化其体，是过程说明。此以“刑”与“型”确定其形，彰显于人、区分于名，是形式表达或具体成就。即可说，“形”以自然为“根”“行”、道德作“性”“心”、天地得“刑”“型”。

第三节 论“可形”比对、内蕴与表征

前面讲了无形度量的根本性难题的暂时求解的生命理则的权宜设定，与有形创生的内涵规定、过程说明、具体成就的合适推绎的可能表征。人将怎样在无形的生命理则与有形的事物造型中认识其适可的经验表征？我们以下从三个方面把握即：一是用比较的方法认识“形”，如“同形”“异形”“殊形”“适形”等；

① 楚简《老子》“长耑（短）之相型（形）也”，“型，帛书二本作‘刑’，河上本、傅本、《淮南子·齐俗》《文子·道原》引《老》等作‘形’，唯弼本、《释文》作‘较’”，用“较”义误（参见丁四新：《郭店楚竹书〈老子〉校注》，第108页）。《老子》上经言“道生之，德畜之，物形之，势成之”，帛书甲乙本作“物刑（形）之而器成之”（参见高明：《帛书老子校注》，第69页）。此四句，河上公注为“道生万物”“德，一也。一主布气而畜养”“一为万物设形象”“一为万物作寒暑之势以成之”（王卡点校：《老子道德经河上公章句》，第196页）。王弼注细致，归结为物由道生而后德畜、德畜而后自（指物）形、自形而后势成（见楼宇烈：《老子道德经注校释》，第136—137页）。需更正河上公注的“一”为“道德”，这是道德生养合成的物形趋势，用“气”与“设”表达其内在充润与外现形象；王弼梳理此物的道、德、形、势的生命关联之自然推进与实际落成。此刑与型，对照《指归》的《道生篇》与佚文《天下皆知篇》的释解，知其一是长短物之成全、另一是道德物之造型。

二是用本真的方式认识“形”，如“形性”“形质”①“形神”“形体”等；三是用呈现的样态认识“形”，如“形象”“形色”“形声”“形势”等。

一 用比较的方法认识“形”

无形与有形是一种比较的方法，二者怎么比较是一个不能由经验行为主体人克解的认知难题。老子说“有无相生”而“长短相形（或较）”②，即有与无是不受限的生命联系、并非受限的认知把握，在有形的前提条件下能一较长短、大小、高低、异同、曲直等。这限定在有形的情况下，比对两种或两种以上的不同类型存在。《指归》在无与有的生命联系中对其形的比较，可转入经验认知领域把握其形的大体情况，如：

凡此数者，亲为兄弟，殊形别乡，利害相背，万物不

---

① 《出生入死篇》说“兕虎不加无形，而五兵不（系）［击］无质”（《指归》点校本，第44页）；此指“无形之人”“无质之物”（《指归》译注本，第128页），但《万物之奥篇》有君子立身“若朴若质”、《勇敢篇》讲“刚毅质直”、《天之道篇》谈“弦质相任”，分别译作“原质”“正直”“弓的质料”（前书第220、301、334页），此质与物形之朴素、正直等特性有关，当含“形质”意，非特指具象的人或物，而是规定其大类存在的特质。

② 佚文《天下皆知篇》注解“无以有亡，有以无形”“寸以尺短，尺以寸长”“无无则无以见有，无有则无以知无”“无长无以知短，无短无以知长”（《指归》点校本，第124页），无与有以形生相连而知无、见有，长与短以尺寸相较而知长短。河上公注“见有而为无”“见短而为长”（王卡点校：《老子道德经河上公章句》，第6页），王弼认为其“皆陈自然，不可偏举之名数”（楼宇烈：《老子道德经注校释》，第6页），陈鼓应译作“有和物互相生成”“长和短互为显示”（见其《老子注译及评介》，第64页）。一以见有、短而为无、长，一是自然全举，后者得其妙旨，兼顾其全与偏是《指归》说明。

同，不可胜道，合于喜怒，反于死生，情性同生，心意同理。①

四支九窍，趋务舛驰，异能殊形，皆元一心，以知百方万物利害之变皆生于主。(《不出户篇》，第32、34页)

万天殊状，水土异形，习俗相违，利害不同，容貌诡谬，意欲不通，阴阳所不能及，日月所不能明，皆以之始，皆以之终。(《道生篇》，第46—47页)

日昃阴生，燥至风起，溪谷小动，海波大兴，高下相临，差以百寻者，以其形大故也。千仞之岸，万丈之崖，物类登之，崖隤下颠，蚊寅蝼蚁适足以游翔，而犀象虎豹之糜骸者，以其形重也。(《治大国篇》，第67—68页)

日月之出入也同明，人之死生也同形，春秋之分也同利，玄圣之与野人也同容，通者之与闭塞也同事，道士之与赤子也同功。(《天下谓我篇》，第88页)

殊形异类，各反（其）所。生为杀元，杀为生首，二者相形，吉凶（著矣）。(《勇敢篇》，第101页)

适形而衣，和腹而食。(《人之饥篇》，第107页)

国有大小，地有险易，民有众寡，货有多少，形有高卑，途有远近，势有强弱，权有轻重。大胜小，易胜险，富胜贫，众胜寡，高胜卑，近胜远，强胜弱，轻胜重，物之理也。(《小国寡民篇》，第117页)

此知，万物相比较的基础依据与关键标准是“殊形”，“异

① 此处断句参见《指归》校笺本，《不出户章第九》，第64页；它有别于《指归》点校本，在“道”字后断。

形”“形大”“形重”“同形”“适形”“形有高卑”可通过“殊”的确认来比对，其“异”是“殊”的独特显示，“大”是规模，“重”是分量，“同”是一致，“适”是限度，“高卑”是位置。“殊形”界定有三处：一以兄弟的亲缘关系，推导“形”的差异存在。此有别、背、异（“不同”）、不可，即其生活区域或定向、生命利害、事物表征、发展出路或未来归宿不同，也有合、反、同、可，即喜怒交替、生死归一、性情趋同、心意合理。殊形有合别、背反、异同、可不可，它是分合、正反、同异、可否的完整独体。二是从人体器官的功能表征，推得“形”的差异存在。四肢与九个孔窍如两眼、两耳、两鼻孔、一口等，都有不同造型与作用，它们有共同的主宰即心，由此了解不同地方的生活事物利害变化，有规则可循。不是根据人际关系而是人体官能，说明殊形的同异与背后主宰。三是从“异类”认肯“形”的差异存在。即不同生命事物的种类有不同的形式表现，各自有不同的生命归宿，也有生杀的相互纠结与开解，此异同的比对、得吉凶的彰显。这不同于前述两种，一从异乡或向、另一从异能或体确认“形”的差异存在，它是从异类或异种。还有一种“异形”，从“殊状”判别其差异存在，或异状或异样的分别。如此归结，直接表述“形”的差异存在有三种，即异地之形、异能之形、异类之形，而相近表达其差异存在的一种是异状之形，同形是其形的生死趋同、形大是其形的地势差异拉大、形重是其形的物类表征明显、适形是其形的体貌搭配合适、高卑是其形的位置对比突出。这一系列“形”的表述，都可在“殊”上解释其异同的内蕴与表征。

因而，“殊”是“形”的特殊赋予与表现，由此可比较其异同、大小、轻重、高低、远近等状。

二　按本真的方式认识“形”

我们怎么超越人类自身认识的殊形表象错觉，直面生命事物本身的原形存在，验证其特殊素质的稳定发展？这要走出人在文化历史演变中觉解与完善的亲缘、官能、分类与表达，重回宇宙生命实存中体验与感知其自然、无限、融通、本真。生命事物存在，本来就真，不用文化符号逻辑判断其真伪。作为其中一种存在的人，会将、也能、且该怎样体认这种真？或它在人的生命骨子里，自然呈现便可？《指归》在宇宙生命视野观瞻此真的表征，推测其内蕴与素质，即：

> 故名利与身，若炭与冰，形性相反，势不俱然。名终体极、身存世昌者，天下无之。(《名身孰亲篇》，第24页)
>
> 及至定神安精，动体劳形，则是理泄汗流，捐衣出室，暖有余身矣。(《大成若缺篇》，第27页)
>
> 夫道德神明，陶冶变化，已得为人，保合精神，而有大形。(《天下有道篇》，第30页)
>
> 形神并作，未尝休息。此治身之有为也。(《出生入死篇》，第42页)
>
> 百川非闻海之美、被其德化归慕之也，又非拘禁束教、有界道、画东西而趋之也，然而水之所以贯金触石、钻崖溃山、驰骋丘阜以赴随江海无有还者，形偶性合，事物自然也。(《江海篇》，第86页)
>
> 故事为而神否，身往而志还。形反我志，事逆我身，悲

彼先圣，伤彼万民。(《用兵篇》，第 92 页)

此涉及“形”与“性”“神”“体”“志”，在人类经验生活的关系界定与内涵说明。前述无形之度中，以自然的因与行、寻其根与推其运，以道德的性与心、定其命与明其志或意，在道德天地创制其型与刑或法、灵通其神与气，即在无形度量下自因其生命根源、自变其生命内涵、自制其生命形式。此转入有形之生、成、定，怎样衡量它们的关联及蕴涵，是其本性、精神、体能、志气在实际生活的观念反映的有限效验。此先用社会生活条件限制的名利与俗身、自然事物特质明朗的冰炭，得出它们的相反“形性”所导致的生命发展趋势不一样。这个比对的问题，在名利，是人的生活习性积成，非生命特性展呈，它跟冰与炭两种生命事物的特性对比有别。对人身来说，此社会名利赋予与自然形体生成是不同的，前者是意外的社会枷锁，后者是本有的自然禀赋。这是以自然形性的合理存在的无限融贯，批驳社会属性的不合理赋予的终极追求，如《江海篇》百川水“形偶性合”是物之自然，非人之教化，即物形模塑得某种暂定的生活体是天然偶成与本性整合的结果。其本性是自然性，非人文性或社会性。此自然性是生命特质的表征，非社会生活的特征。

其次，是形与神的关系讨论，有四种可能：一是神与精的连贯性安定，它们跟体与形的互动性劳作，顺理成章、水到渠成。二是“道德”塑造人的“精神”，同时塑造其形体，其形神自在变化中保合完整。三是形与神开始未曾分离，结束也没隔绝，始终处于圆融的恒动中，这是从人自身作为表现、进一步阐释第二种可能的完整运动。四是从做事方面考察“神”的可否，影响“我身”的生命选择与“我志”的生命归宿，这种逆反的生命效应会损伤先圣与万民的生命诉求，是第三种“治身”可能的生活事务化解释。形与神的四种可能是互动、层级推进的，一是宇宙生命笼统的整体把握，二是人类生命存在的综合把握，三是人自身生活的全部作为，四是生活事务的成效评价，此关系说明的最后判准是人类生活事务的成效，这是人类生活的经验判断的形神关系。由此判断，知《指归》的精神是形体的自然宰制，不是名利的社会附属；是笼统的生命整体的内蕴，不是集合的生活个体或群体的内容；是具体的普遍虚无，不是抽象的永恒实有。

从形的本性与元神上，推引其性命与精神的自然特质，非生活与文化的社会特点。这表明其本真的存在方式，先由性命与精神直接决定，然后由身体与意志共同作用，事务与名利是其附属产品、具有暂时条件性。就此讲，自然物的殊形特质由性命与精神双重制约所构筑与体认。其构筑的样态与体认的可能怎么有效描述，这需在象、容、色、声、影、名等中翔实考察。

三　以呈现的样态认识“形”

据上述的殊形归纳及其特质认定，《指归》未提出范缜“形质神用”① 的鲜明主张，它立足于殊形的异向、异能、异类、异状的独特展呈与确认其特质的性命、精神、形体、意志的综合衡

① 范缜论证此形神关系是，一是“神即形也，形即神也。是以形存则神存，形谢则神灭也”，二是“形者神之质，神者形之用；是则形称其质，神言其用；形与神，不得相异”而作刃利之喻，三是“人之质”“有知”而“木之质”“无知”、人之“生形”非“死形”（参见方立天：《方立天文集》第5卷《中国古代哲学·上》，北京：中国人民大学出版社，2006年，第278、279—280、281、282页）。形神相即、共存灭，形质神用、同体验，人木质异、生死形别，这是限定在人类生活经验的形神判析。

量，比范氏探讨神灭与不灭的质体与文用互动的经验类推内容丰富，起码在宇宙生命超越的道体与人类生活经验的物体上作自然归因与融贯处理，不偏执神或形的绝对统摄与完全隔离、以纯粹高扬人文宗教信念或经验科学认识，这是融通其道与物、神与形、合与分的自然本体哲学求证之可能与实现的基本态度与努力。在殊形及特质的指认下，对其现实样态作可能描述，既是人经验认知的日常要求与任务，也是超越此认知的长久承诺与使命。《指归》除无形度制的原理分析与有形创生的机体解释，及殊形展呈的进向、潜能、种类、摹状与其特质界识的形性、形神、形体、形志的直接或间接表述外，它在人体的官能认知基础上对“形兆”“形象”“形容”“形影”“形声”“形色”“形势”“形名”等，作了相同、相近、相应的经验素描与超验推测，如：

> 夫易姓而王，封于泰山，禅于梁父者，七十有二义，其有形兆圻堮髣髴不可识者，不可称言，此其性命不同、功名不齐者非耶也？（《上德不德篇》，第4页）
>
> 万物以然，无有形兆，窅然独存，玄妙独处。周密无间，平易不改，混冥皓天，无所不有。陶冶神明，不与之同，造化天地，不与之处。（《得一篇》，第9页）
>
> 萌牙未动，形兆未生，绝之未见，灭之未存。（《其安易持篇》，第80页）

以上所引“形兆”的表述有三处或三篇，王德有译作“形态”“形象和征兆”“征兆”[1]；《白虎通·右释天地之名》第一

① 参见王德有的《指归》译注本，第9、26、235页。

句是“始起先有太初，然后有太始，形兆既成，名曰太素”①，这是太素的形质表征所反映的浑浊状态。此解为形的征兆而未成象，较妥。再看其文义，《上德不德篇》讲古今七十二位易姓王封禅泰山梁父、当赋予其七十二种意涵，这些意涵的征兆是不可识也不可言，可由其性命与功名研判，能直接体验与间接证验，成可言、可识的对象，此征兆可生、可观。《得一篇》《其安易持篇》从形兆的“无有”“未生”，谈其独存玄妙、周密全有、造化一切与萌芽推动、绝灭实在，预示其无限可能又无法实存，穿越无形与有形、表征某种可能，在其无限可能与某种可能中幸存、可见，此征兆可能、可得。如此，形兆是无形向有形显化的第一种表征，即无形的终结点与有形的起始点之零界状态，或叫形之太始。由此始显象，即形象，象是形能显化的第二种表征。

(圣人之道) 纤微高大，无有形象。

效之象之，若影随形。(《上士闻道篇》，第14、15—16页)

(道) 生育群类，莫有能违，无有形象，为万物师。(《用兵篇》，第91页)

故坚强实满，死之形象也；柔弱滑润，生之区宅也。(《生也柔弱篇》，第111页)

---

① 刘仲达《鸿书》引《钩命决》说：“天地未分之前，有太易，有太初，有太始，有太素，有太极，是为五运。形象未分，谓之太易。元气始萌，谓之太初。气形之端，谓之太始。形变有质，谓之太素。质形已具，谓之太极。”《广雅·释天》认为“太始者，形之始也，生于戌中，清者为精，浊者为形。”［（清）陈立撰，吴则虞点校：《白虎通疏证》，下册，北京：中华书局，1994年，第421页。］这是天与地未成形或未分之前形象、元气、气形、形变、质形的逐次运化阶段，形兆在太始与太素之间有端也有质，或为成形前的一质点而是浑浊态。

此“形象”[1] 表述，也有三处，仅一处译为“形体”与“影像”，其他两处未译解[2]。说圣人之道“微”与“大”以推其无形无象，象以“效”验、形以“影随”。又讲“道”化育“群类”与“万物”是无形无象、不能违逆的发展趋势。再从草木死亡的形象塑造，领悟“坚强实满”向“柔弱滑润”的生存道路。可见，“形”与“象”在经验认知层面（有）是具体等同的，在超越认知层面（无）是略有区别的（一个可效，一个可随）。

> 背阴向阳，归柔去刚，清静不动，心意不作，而形容修广、性命通达者，以含和柔弱而道无形也。
>
> 神明生息，形容自正。(《道生一篇》，第 18、19 页)
>
> 其经世也，气志窅冥，而形容隐匿，居如惊恐，貌似不足。(《万物之奥篇》，第 75 页)
>
> 心志玄玄，形容睦睦，卧如死尸，立如槁木。不思不虑，若无所识，使物自然，令事自事。(《其安易持篇》，第 81 页)
>
> 及其死也，形槁容枯，舌缩体伸。何则？神去之也。(《生也柔弱篇》，第 110 页)

上述“大象无形”推小象无影、中象可验也可形，能够被物形验证的中象或具象是形容，容是形显化的第三种表征，它摆

---

① 《道原》以“虚无、平易、清静、柔弱、纯粹素朴”为“道之形象”（参见王利器：《文子疏义》，第 14 页）；《慎大览 · 顺说》有“不设形象”（许维遹撰：《吕氏春秋集释》下册，第 378 页）；《兵略训》讲“天化育而无形象”（刘文典：《淮南鸿烈集解》下册，第 593 页）。道是有形象说明的，也是无形象把握的，正如天地生化万物是无形象计量的，都是在无形与有形之间的不定与定“象”。

② 参见《指归》译注本，第 40、268、327 页。

脱无限可能、进入有限现实，它与纠结于无限、有限的兆、象是略不同的。“形容”① 在文中有八处，包括佚文一处。它有代表性的表述，可通达性命、含摄柔弱之“和”与无形之“道”，由“神明”生化来“自正”，“经世”要与“气志”隐匿俗尘并平常与谨慎持守，无“心志”的思虑与智识却有物事的自然与融洽。另有一处，人在死时“形”“容”的枯槁同步变化，其神去、体缩，此有整体与部分之意，或大形与小形、整形与分形之义。容之无限，是融通“道、神、和”的，它的限是跟物、人、事同体互动、共进退或存亡的。这说明“形”的兆、象、容，向“无”追溯是不设限的，向“有”进展是受限的，即在超越层面是等值的表述、在经验层面是区分的说解。

世主为形，人物为影。(《大成若缺篇》，第27页)

主者，天下之心也，气感而体应，心动而身随，声响相应，形影相随，不足以为喻。(《以正治国篇》，第63页)

无形影，无根朕，仿佛浑沌，莫知所以。独知独见，独为独不，变化无常，畜积无府。(《方而不割篇》，第67页)

愚为智巧之形也，智巧为愚之影也。(《知不知篇》，第96页)

形影有主客之分、主次之别、虚实之应、先后之随、生死之变、功德之配、智愚之喻。其主客先后、生死反复的有无感应，

---

① 《心术下》言人能“外见于形容”，《内业》说人可“和于形容”（黎翔凤撰：《管子校注》中册，第783、943页）；《韩非子·奸劫弑臣》讲豫让“败其形容”，其《外储说右上》有马“形容似骥”，《显学》谈伯乐不能以“发齿吻形容”断其必为马（参见王先慎撰：《韩非子集解》，第113、342、503页）。以人或物之形容，观其外、和、败、似、断，此为可经验的条件认知与具体把握。

是物事取舍的“独见”之真假展现，与“独知”之智愚反映。

微妙周密，清静以真，未有形声，变化其元。(《大成若缺篇》，第 27 页)

夫无形无声而使物自然者，道与神也；有形有声而使物自然者，地与天也。(《言甚易知篇》，第 94 页)

凡事有形声，取舍有影响，非独万物而已也。夫形动不生形而生影，声动不生声而生响，无不生无而生有，覆不生覆而生反。

是故，趋舍废置，王道之形声也；吉凶存亡，趋舍之影响也。(《知不知篇》，第 96、98 页)

有物俱生，无有形声，既无色味，又不臭香。(《生也柔弱篇》，第 110 页)

淫于五色之变，视不见祸福之形色者，陷目之锥也。(《五色篇》，第 133 页)

形声是有响动的实而非清静的真，同归变化的元而处微妙的境。其虚实动静与常变显微之无有判分，是“物自然”的虚静至极之“道与神”与实动至著之“天与地”。形色是眼里的奇观，也是它的局限，还是它的困惑，甚至是它的虚幻并漠视祸福。它的明暗见识、祸福觉迷之有无承受，是人眼限定的美善之虚构情景与改观之可能刺激。

上而取人者，形大势丰，德博权重，人之所利也。(《大国篇》，第 72 页)

故天下除嗜废欲、乐生恶死者，皆重其神而爱其身，故形可制而势可禁也。(《民不畏死篇》，第 105 页)

夫巨木，高百寻，大连抱，头剖中门，尾判中户，不蒙华实，常在于下，千枝万木，舒条布叶，青青葱葱，共生其上者，以其形大而势强也。(《生也柔弱篇》，第111页)

形势是人谋利之德博大、求好之权厚重、取权利之丰足，通过嗜欲的兴废与生死的乐恶，爱惜神与身，控制言意、行进。其权力大小、欲望多少的有无把握，是身心好恶的自然之刚柔推演与人为之强弱互助。这是人类社会形势涵摄的道德、权利、欲望、精神、身体等之有无、进退、取舍的要领。在事物自然形势的强大观照下，一棵巨木在其树干高大，可舒展千枝万叶，结满丰硕果实，繁衍成一片森林，提供千家万户的栋梁之材，滋养一块土地及其生命，是无限量的鲜活存在与希望发展。这是两种形势即自然形势与社会形势的基本判断。

(道) 怀壤空虚，包裹未有，无形无名，芒芒濒濒，混混沌沌，冥冥不可稽之，亡于声色，莫之与比。(《道生一篇》，第18页)

“形名”是人自觉的意象限定下物或事理解的经典之统分说明，它取有无之中的形象之合与聚存亡之力的形势之分，是从自然的现实进入自觉的历史之关键表达，后面将详议其究竟内涵与合适形式。

以上形兆、形象、形容，都是在物自然的有形限定下，人感观的经验之分合表征，其着重在形之合的意义上，证明其无与有的实效转化可能与直接呈现模样。此同形影、形声、形色、形势在形之分的认知意义上把握，其内涵有别。后者是影、声、色、势等，与“形”反应、响应、照应、感应的另一对象。它们与形是二、不是一，是对应的关系、不是相同的存在。因此，此形之自然与人文的样态分合之可能定性与现实定量的经验解析，有助在《指归》的方法认知上确立一条求证的理路，可得“形”的最终定型是认知起点，其意象演变是认知过程、名言系列是认知结果、统分判别是认知目标，这理路由起点、过程、结果与目标构成。

本章主要探讨了《指归》的“形”之无到有、有到殊、殊到定的可能变化与现实征象，或者说，是其“无形”到“有形”、再到“可形”的内蕴发掘与外征发现。其能化，是因“自然”无限融通一切存在的缘故；实征为万物，有其生形、理制、度量；因而，无是“自然”无限融通，有是“自然”具体有物，殊是物体的特殊表现，定是实物的确定样式，这是《指归》哲学方法认知的内在驱动力与现实基础建设支撑。或可说，其内蕴由“自然”直接赋予，外征由万物全面展示，这是“自然”万物在人眼里的识解或直观感知。就此而言，“形”原在“自然”内存为“根”与“行”以寻道或本“因”、化德或实“体”，从而受“道德”塑造为“性”与“心”以运天或全“命”、得地或段“意”，落入“天地”呈现为“刑”与“型”以示智或圣“人”、定物“名”。这是相对“无形”的“自然”总原则的推阐，能称作“有形”的万物自化与“可形”的人类自觉的生活实践发展过程。由此过程，我们可比较“形”的殊、异、大、重、同、适、高、卑或下，可推知其性、体、质、神、志，可观测其兆、象、容、影、声、色、势，进而对其整体、内涵、外状、合作有确切分辨，这是人类经验能认知万物原“形”的基本方式。所以，笔者基于无形的“自然”方圆之大原则、“有形”的万物方体之实过程与“可形”的人类方式之细领会，简要讲《指归》哲学方法认识依据的大原则圆通一切、依托的实过程明达所在、依附的细领会觉察具象。这是此哲学方法之方，作为“形”推证究竟内蕴与实际表征的自然融通原则、万物发展过程与人类具体领会的理论考察。

第三章 《老子指归》哲学方法的理路推引：形→象→名→分

上章讲了《指归》哲学方法的认知原型的生命理则、可能内蕴与现实表征，其理则是无形的自然，内蕴是有形的万物，表征是自然万物可形的类型、特质与样态。这种由人类先天领悟与经验观察相结合的方法原型的指导作用与意义，其如何充分体现于人的思维认知、言语表达与观念研判中呢？本章在“形”的自然理则、生命内涵、物体造型的标定下，探索其理路展开的可能，总的推引流程是形→象→名→分，即人眼观测到的实物原形→心深思的意念景象→口表述的名言符号→脑分判的认知结果。

第一节 由“象”推证“人文”的“法式”

据前章讨论可得，“形”是人类这个思维主体的经验认识基点或起点。依此，我们可推导《指归》哲学方法的认知过程，它以形之象，做人的思维入口，展开其可能进路与现实要求。此进路，先在无象之象确认其功效与法式，后归总天地法象的自然原因与道德原则，其要求在物象抽绎其人文[①]意向与意思；二者一贯为进路通达，一致得要求解答。

一 示以无象之象，立其法式

笔者依据《老子》"惚恍"的"无状之状，无物之象"与其"道之为物"的"有象""有物"说[②]，及《易传·系辞上》"在天成象，在地成形，变化见矣"[③]，与古代"造字之本"的"六书"即"象形、象事、象意、象声、转注、假借"[④]，展示象与物或形在"无"向"有"之道化，与"天"向"地"的物化，及"物"向"人"的文化。这隐含一个在《指归》哲学方法认知的首要问题，即人的认识先有形、还是先有象？我们从物的道生、

① 《贲·彖》讲"刚柔交错"的"天文""以察时变"，又讲"文明以止"的"人文""以化成天下"（参见高亨：《周易大传今注》，第189页）；《大成若缺篇》有"无文章而海内自明"，《大国篇》讲"文章明，故执百兽而制于人"（见《指归》点校本，第27、70页）。此人文即人的生活文章、非其生命文章，不是自然运化、是自觉感化。

② 《老子》第十四章"帛书《甲》本稍残，《乙》本保存完好，经文均与王本同"（楚简本无、汉简本大体同），第二十一章帛书甲乙本同为"道之物""中有象呵""中有物呵"（参见高明：《帛书老子校注》，第287、328页）；河上公解此是"言一无形状，而能为万物作形状""（言）一无物质，而（能）为万物设形象""道唯忽怳无形，其中独有万物法象""道唯怳忽，其中有一，经营化生，因气立质"（王卡点校：《老子道德经河上公章句》，第53—54、86页）；王弼注前句是"欲言无邪，而物由以成。欲言有邪，而不见其形"，后句是"以无形始物，不系成物，万物以始以成，而不知其所以然"（楼宇烈校释：《老子道德经注校释》，第31、52页）；"无物"之"道"为"无状无象"、"有名"之"德"为"可状可象"，释"物者，物生以后之形。象者，物生以前之气"、归属"德"［见（元）吴澄：《道德真经吴澄注》，上海：华东师范大学出版社，2010年，第17、28页］。西汉《老子》经文排序先"象"后"物"或形，汉及其后的理解是从人言或观以推绎因缘与可能，都以人的文化生活经验、判断其象的可能内蕴的意思与应当表现的意向。

③ 高亨：《周易大传今注》，第451页。

④ 参见《汉书·艺文志》，《汉书》第六册，第1720页。

天成来看，象在先、形随后；由物与人的文化转进来讲，是形在先、象在后；这是象形文字能够创立的特殊要求与推演的经验基础，也是《指归》的方法理路能从“形”直接意化为“象”的生活前提与历史依据。下面进一步说明“形”如何化“象”，除前述道、神、物、圣道的“形象”推论外，《指归》推阐如下：

> (道德等生物)无状无象，动静无方。游于虚寂之野，处于无有之乡。得之者存，失之者亡。(《出生入死篇》,第42页)

先是《老子》的惚恍之意概括，但不是道生物之状与象的素描，是以道德、神明、太和为内涵规定的生物状态体会与形象说明，需“物”在“无象”“无方”中定形、定向。就此万物生化的方向感以言“象”，释“象”为“向”，一种宇宙生命的走向、趋向。再是《庄子》“逍遥游”的空旷所有实存与超脱一切束缚、“应帝王”的神通素朴境界与浑沌中央安居①，是人身坐忘②与人心神游所向往与抵达的圆融之境与自然之国，这是象之向的彻底释放与完整贯通，人或物与永恒、普遍的宇宙生命融为一体后无象又无所不象（向）、无方又无处不方（象）。再后是历史经验总结其得失存亡的关键在此道德内涵的规定与运作，这由老子的自然道纪，经庄子的生命浑融，成就历史的道德引

---

① （庄子对惠子说）“今子有大树，患其无用，何不树之于无有之乡，广莫之野，彷徨乎无为其侧，逍遥乎寝卧其下”；（蒲衣子说）“泰氏，其卧徐徐，其觉于于；一以己为马，一以己为牛；其知情信，其德甚真，而未始入于非人”；（无名人讲）“予方将与造物者为人，厌，则又乘夫莽眇之鸟，以出六极之外”，他又讲“汝游心于淡，合气于漠，顺物自然而无容私焉，而天下治”（见《逍遥游》《应帝王》，郭庆藩撰：《庄子集释》，上册，第46、293、299、300页）。

② 颜回说：“堕肢体，黜聪明，离形去知，同于大通，此谓坐忘。”孔子对此进一步解释：“同则无好也，化则无常也”（《大宗师》，郭庆藩撰：《庄子集释》，上册，第290页）。

领。人借助“象”的有无生命转化，为各种自然物进入历史评价体系，提供某种方向性的思维引导，是《指归》思维认知过程的初步揭示与诉求。

> 故无状之状，可视而不可见也；无象之象，可效而不可宣也；无为之为，可则而不可陈也；无用之用，可行而不可传也。是故，得道之人，见之如子之识亲，履之如地，戴之若天。被之服之，体之如身。(《知者不言篇》，第58页)

这可参照《指归》佚文《道可道篇》“太上之象”① 的说解。此“无象之象”是前述“无形”之“大象”或“太上之象”的另一讲法，即大象无形是不限定其任何形象而可能为一切形状、太上是最高或极致或不可超越而推演其他、无象是“无状”“无为”“无用”之“无”或“不可”向有或“可”的一致推论。即，可透视其本状或原状却不能用眼睛看到、要用心灵思考，可效验其大象却只能体会、不能宣讲，可运作其无为却不能陈述经过、只能提供规则，可发挥其大用却不可传递其功能，此可与不可表达“象”的“效”与“宣”。此“效”可有本状寻思、无为定则与大用阐发，“宣”不可眼睛证明、具体操作与功能把握。这种“效”而不“宣”的“无象之象”，是宇宙生命整体的“响”在文化生命个体的“应”。得道者才能“见”“履”

① 总体表述是：“太上之象，莫高乎道德，其次莫大乎神明，其次莫大乎太和，其次莫崇乎天地，其次莫著乎阴阳，其次莫明乎大圣。夫道德所以可道而不可原也，神明所以可存而不可伸也，太和所以可体而不可化也，天地所以可行而不可宣也，阴阳所以可用而不可传也，大圣所以可观而不可言也。”（《指归》点校本，第122页）此象，最高的生命原则是道德、最大的能力发挥是神明（或灵）、最好或妙的全体融通是太和、最重要的现实存在是天地、最显著的作用变化是阴阳、最明智的人物代表是大圣。

"戴""被""体"其虚"响"以实"应"，正如子识亲、脚踏地、头顶天、被覆盖、真身验，可寻亲缘、耕作土地、接触天空、笼罩其中、自我体认。此类比、暗喻式的跳跃性笼统解释，有心灵知音的穿越感，可转入人经验认知心的潜意识趋向，往其内在精神响应的功能性反映，即"无象"之"向"在认知心深处转成"无象之象"的"响"。也可说，"象"的第二个认知内涵是"响"、接受意向，而其第一个是"向"、确定意向。认知意向如何确定与接受，《指归》未给出具体的有效解释，只提供大体的可能状况，这是古代思维认知无法程序化操作的悟性求证，在超越人的感官经验同时又必须借助其感官体会它的理趣。

> 世主恬淡，万民无事，教以不言之言，化以不化之化，示以无象之象，而归乎玄妙。奄民情欲，顺其性命，使民无知，长生久视。故我无言而天地无为，天地无为而道德无为。三者并兴，总进相乘。(《至柔篇》，第22页)

此"世主"可看作得道之人，要"恬淡"[①] 无为而无不为，使民众"无事"而无不事，将其意旨教化、显示于众，又当用"玄妙"的做法让他们自言、自化、自象，这是"不言"的言教、"不化"的感化与"无象"的取向。象之"示"是心之思，向大众示意，不是口之授、传话给大家，也不是文之符、留名辨认，更不是物之形、用眼观赏。即人心展示的象，是意象，不是

① 《老子》第三十一章有君子用兵应"恬淡为上"说（参见高明：《帛书老子校注》，第390页），《指归》有"故恬淡无为而德盈于玄域""恬淡无欲"（《上德不德篇》）、"大人乐恬淡"（《上士闻道篇》）、"恬淡安宁"（《知人者智篇》）（见《指归》点校本，第4、5、13、145页）。《天道》言"虚静恬淡寂寞无为者，万物之本"（郭庆藩撰：《庄子集释》，中册，第462页）。

话语，不是名相，不是物象。此象的涵义是“想”，是心中“名相”，是没有确定的名言形式的各种构想之状况意会。此意象呈现又回归到老庄的认识套路上，即以老子“无知”“久视”的生命直觉体悟而顺应天性的自然作为或为无为[①]、沿袭老庄的“道德”“天地”“无为”与“我无言”[②] 的做法推进。这是认知心能从无限开放之意向变成义理（或妙理）闭合之意思的主导性过程涵摄。人因为有了这过程涵摄的意思，才能“立无象之式”的意象或叫心中名相，即：

> 是故，明王圣主，损形容，卑宫室，绝五味，灭声色，智以居愚，明以语默，建无状之容，立无象之式，恐彼知我，藏于不测。(《方而不割篇》，第66页)

得道的世主是“明王圣主”，在政治社会是明智的王者、在文化历史是圣通的主宰，也可说他是人类经验生活完善得几乎完美的认知主体。这样的主体不要拘束于外在的容貌、居处、味

---

① 《老子》帛书甲、乙本有“恒使民无知无欲”（甲本缺“恒”），朱谦之解为“反朴守醇”而“自然泊然，不争不盗不乱”；参见高明：《帛书老子校注》，第237、239页。“售，帛乙、弼本等作‘久’”，其“‘久视’即‘长生’之义”，具体做法是“啬”；楚简《老子》甲编是“为亡为，事亡事”，“亡”在“帛书二本、范本作‘无’”，此即“以无为为”“‘无为’是‘为’的原理和根据”；参见丁四新：《郭店楚竹书〈老子〉校注》，第267、268、96、97页。

② 《老子》第三十八章讲“上德无为而无不为”，第四十三章讲“不言之教，无为之益”，第五十七章讲“我无为而民自化”［帛书甲乙本“无不为”作“无以为”，“王弼本与其他传本多与帛书相同，唯严遵、傅奕、范应元、楼古四本及《韩非子·解老篇》作”如此，参见高明：《帛书老子校注》，第3页；河上公注此是“法道安静，无所施为”“言无以名号为”与“法道不言，帅之以身”“法道无为，治身则有益（于）精神，治国则有益（于）万民，不劳烦”及“我修道承天，无所改作，而民自化成”，王卡点校：《老子道德经河上公章句》，第148、173、221页。此知“无为”“不言”与“道”直接关联与呼应］。庄子论“帝王之德”“以天地为宗，以道德为主，以无为为常”，此“无为”“用天下而有余”且“上必无为而用天下”；参见《天道》，郭庆藩撰：《庄子集释》，中册，第469页。

道、声音、色彩的实际感受之经验困扰，当以大智若愚的姿态表达其认知、以沉默是金的用语明通其义涵，由此在人心中构建没有外界事物情状规制的认知形式即心象或相。此象自知、非他知，除非化作文字与付诸事务，才可了解其意含与原委，心知肚明却不为他人揣测清楚其究竟内涵。这在某种认知意义上，建与立、无状与无象、容与式是对应的同义反复，此实际传达同一个意思，即心象如何有效构造。其有效构造过程，未交代完整与具体，但大概情形、总体要求、核心目标与可能功效是悟解的。其大概情形是超绝生活经验的物，总体要求是以“居愚”生或得“智”，以“语默”得“明”，核心目标是建立无状、无象的容式或楷式或稽式，可能功效是自知用意。此相①是“象”认知过程的第四种内涵，它由心思来、超化其所限以构筑意象的定式。这是意象思维得以可能的自知标志，自证其意向与意思。

> （世主无为）故能陶冶民心，变化时俗，上无不包，下无不克，成遂万物，无不斟酌。感动群生，振骇八极，天下芒芒，不识美恶，玄效昧象，自成法式。（《圣人无常心篇》，第41页）

就上述认知主体，或确切说是心知主导者，从得者到得道者再到世主、再是明王圣主，归结在“世主无为”也无不为、以“自成法式”。这是先拟定道德的意向后得到它，再展开它的意

① “判断之形相全然为一特殊机能”即“悟性在判断中之逻辑机能”，大致可划作“想当然的”“实然的”“必然的”判断；康德的知性范畴表或“悟性概念表”中样式有被译为“形相”并含摄、分判“可能性”与“不可能性”、“存在性”与“非存在性”、“必然性”与“偶然性”之三系（或六性），而且说“若干纯粹感性形相（时间、处所、状态及前时、同时）及一经验的概念（运动）”在此表中“有任何地位”。（见［德］康德著，蓝公武译：《纯粹理性批判》，北京：商务印书馆，2009年，第90、93、97页）此类悟性概念的样式，取自心灵意象的形相。

思并明确其内涵，标榜其法式，即由象之向到响、再到想、再到相、最后是像。唯有把心中的实相化作图像，才能规整万物的用意并统系其意思。全面斟酌这种内心认知过程，是思维活动的笼统反映，此以世主的道德心“陶冶民心”“变化时俗”，可上下覆盖、贯通、克解生活百态与万难，成就希望事业与方便器具，由此感动群生与震惊世界，穿越苍茫、美恶、玄昧而验证原则与原因。从这个意义上讲，此效象是心思之美像（景）的规范设想，想是其善义、相是其真谛，此善想、真相、美像是心象意思的三种过程内涵推测。三者与心象意向之进向、响应，构成《指归》心思认知过程内涵的五种可能步骤与大致诉求，即人心意象的趋向→响应→思想→实相→图像。

综上所论《指归》思维认知过程的关键在“示”，它不是人言的表层、显示或展示其意涵与意义的规范要求，而是人心的里层、揭示或暗示其意向与意思的可能诉求。此诉求是意象思维①，此思维内涵征象有“向”“响”“想”“相”“像”。由此人心意向、意响、意想、意相、意像，可认识人心外的经验之天、地、物、人、事、文、理。但现存《指归》甚至包括汉以前保留的典籍，都未提供具体的认知思路，只见大体的觉悟理路。

① 王树人等针对“主客二分”的“概念思维”之“绝对化与异化”提出“象思维”（见其《论“象”与“象思维”》，《中国社会科学》1998 年第 4 期，第 48 页；另有《“象思维”与原创性论纲》《中国的“象思维”及其原创性问题》等文章），张祥龙把象思维与概念化思维等归结为人的“理性思维”［见其《概念化思维与象思维》，《杭州师范大学学报》（社会科学版）2008 年第 5 期，第 6 页］，王前说“象思维的特定器官是心、即右脑和边缘系统这些‘非左脑’部分”及“同左脑的有机联系”（见其《论“象思维”的机理》，《中国社会科学院研究生院学报》2002 年第 3 期，第 59 页），另称“唯象思维”［曹运耕：《试论唯象思维的三个阶段》，《华东师范大学学报》（哲学社会科学版）1997 年第 2 期］与“线象思维”“象数思维”（柯可：《中华线象思维的特点与贡献》，《广东社会科学》2008 年第 1 期），等等。由此认知与本文分析，界定为意象思维，即人心对形物的意象化处理的自觉思维活动过程及其内涵诉求。

二 天地法象，万物自象，人文饰象

由上可明人心意象思维过程的五种内涵是看不见、听不到、摸不着、说不出、证不得的内在认知，只能靠“心”这个虚设灵通的神明主体①、而非实有的经验感官，去意会其进向、响应、构想、真相与图像，需把这种内在的精神体验投射到外界的天地、事物与文本，才能真切感知它的最高存在原则、具体发展形式与丰富思想表述。它的最高原则是天地法象即道德，具体形式是万物自象即实物或具形，丰富表述是人文拟像或象即文字，三者是人心意象思维的有效成果与合理表现。严遵的《指归》对此法象、自象、拟象，解释如下：

> 以道为父，以德为母，神明为师，太和为友，清静为常，平易为主，天地为法，阴阳为象，日月为仪，万物为表，因应为元，诚信为首，殊分异职，绳绳玄默，引总纪

① “人生命的根源和中心，乃是心灵”，在“中国古人称生命中心为魂魄”而“西洋哲学传统地称人生命的中心为灵魂”，此心“不是内脏的心”、是“人精神生命的主体”，也不是近代与当代西方哲学以“理智代表心灵”、拿“精神工作”替代其“本体”（参见罗光：《生命哲学》，修订版，台北：台湾学生书局，1988 年，第 152、153 页）。这意味着，此心并非现代人体科学验证的右脑机能及其联系部分，也不是中国古代的仁之规定讲人固有“仁”的“恻隐之心”、人“心之所同然者”是“理”或“义”、而“仁，人心也；义，人路也”（参见《告子上》，朱熹撰：《四书章句集注》，北京：中华书局，2012 年，第 334、336、340 页），与五神之一（即《成象》释“谷神不死”为“人能养神则不死，神谓五藏之神：肝藏魂，肺藏魄，心藏神，肾藏精，脾藏志”、伤则“五神去”，参见王卡点校：《老子道德经河上公章句》，第 21 页），是人的精神主体而统摄肉身的具体工作。

纲，举大要而求之于己。[①]（《治大国篇》，第68页）

故法象莫崇乎道德，稽式莫高乎神明，表仪莫广乎太和，著明莫大乎天地。道德神明，常生不死；清浊太和，变化无穷。天地之道，存而难亡；阴阳之事，动而难终。由此观之，祸极于死，福极于生。是以圣人，上原道德之意，下揆天地之心。（《名身孰亲篇》，第23—24页）

“大要”在“己”上“求”，此大要是“道德”父母、“神明”“太和”师友、“清静”“平易”常主、“天地”“阴阳”法象、“日月”“万物”仪表、“因应”“诚信”元首，此己指己心而非己身、确切说是心知为主的身心一体验证，其求通过分职、默会、引导、列举而发挥心的功能、意含、主旨与细节。若“形”是从“无”创生“有”以定性、明心、兴起、流行、刑治（形制）、成型，则“象”是由内向外投射的人心之趋向、响应、联想、实相（意象或意思）、图像（图景或蓝图）。天地万物的效法对象，是这种图式或叫法式，是心中理想的蓝图规划，也是心思或知之外显天地的基本依据。此为人类心象成就天地法象的要领。因此，求天地法象的极致是道德，或道德为其最高依据，其规范形式的最大可能是神明或万能的神灵实现这一切（此为期望兑现、非实际生成），对此道德神明范式的最好权衡

① 此断句与译解，参照《指归》译注本，第201、202页。除前四句未译，摘录后面部分：“以清静为纲常，以平易为宗主，以天地为法式，以阴阳为楷模，以日月为准则，以万物为表率，以顺应为本原，以诚信为主导，各自职分不同，恍惚无言，牵引纪纲，抓住主要枢机而反求于己。”我理解是“以□为□”两两配对即道德父母、神明太和师友、清静平易常主、天地阴阳法象、日月万物仪表、因应诚信元首，以道父德母生成道德子（女）、道德生神明、神明生太和、太和生清静、清静生平易、平易生天地、天地化阴阳、阴阳化日月、日月化万物、万物化因应、因应化诚信，自然构建人心的道德诚信。这是道德内化于人类心灵的宇宙生命澄明。

是太和或全融合，它们作为精神生命整体最直接的笼统表现是天地。这基于圣人的道德意与天地心，考察天地万物的生死祸福之终极变化与无穷更替。也可讲圣人的道德心意或意象是天地法象，由此展开万物的形构并赋予其内涵，或说给予天地万物的形名与意涵，这是心知意象思维成果的外化与落实。

> 天下象之，无所不为，万物师之，无所不事。(《大成若缺篇》，第 28 页)
>
> 天地自作，群美相随，万物自象，百蛮自和。万民蚩疑，不知所之，随明出入，托于四时。优游精神，不外心志。意中空虚，如木之浮，如壤之休，不识仁义，不达礼仪。心不知欲，志不知为。行步踸踸，瞻视颠颠，语言默默，意气玄玄。外似禽兽，中独异焉。(《为学日益篇》，第 37 页)
>
> 上下相象，中表相应，出入无朕，往来无间，若影之于形，响之于声。(《方而不割篇》，第 66 页)

天下万物仿象（或效仿）此道德意之后可“无所不为”“不事”，或一切可为、可事，但天地变化不是人心变幻的影像投射、是它自身的相应演变，即心中天地与自然天地有个相互符合的思维过程、各自应变、融通彼此内涵与表达“群美”。万物的形象塑造不是人心的意义构造，是人之心意与物之形象相对应的某种程度吻合，万物依然按照宇宙生命的天成模式、非人为模式塑造自己的实存，除非是人为加工的器物、辅助社会事业发展的工具保障与价值保证。这种心意与天地、万物的随和（即随机符合而和谐运作）是不确定的自信，易受万民或大众的质疑、有待时间与经验修正，更多是心志内的精神遨游而思虑万千、自由组合各种意象。“仁义”不是它的思想指导原则、为其文化意旨规定，“礼仪”也不是它的精神生命形式、为其社会实践程式。这种心志，除了精神自由与思想自在，没有物质牵绊与语言规范，是意气渲染、意向探索、意思揣测与意义求证。其外在形象与禽兽无实质性差异，但其内在诉求有独特性意涵，这是人禽内外之别的心理依据，人有复杂的思维活动、禽兽或动物（人之外）没有。这是人心仿象、万物自象、内外相象、人物合意，好比形影与声响的互动配合却出入自如、往来自在，它是物在人心中产生的印象，也是人在物形中获得的意象。由万物自象可推万民自意，由万众一心反推众物一体，心与物在意象体验中达成一致。一致怎么达成？先是仿象、以万物为师（有精神导师与生活导师之别），后是自象、以人物为体（有内外体之分），再是相象、以心物为应（有里应外合之证）。就此，人用物象外化心象之意或志，其万物自象是人心拟像或人文画像。

> 逮至仁义浅薄，性命不真。不睹大道，动顺其心。陷溺知故，渐渍（忧）[爱]恩。情意多欲，神与物连。深谋逆耳，大论迕心。非道崇知，上功贵名。是以，作术治数，集辞著文，载之篇籍，以教万民。纲纪天地，经纬阴阳，剖判人事，离散祖宗。淳朴变化，设伪万方，转移风俗，倾正败常。改正易服，万事尽彰，钟鼓琴瑟，间以竽笙，升降进退，饰象趋翔。礼仪三百，威仪三千，分舛并争，兴事僝文。以辩相诎，以巧相胜，毫举毛起，益以无穷。是以天下背本去根，向末归文，博学深问，家知户贤。甚者拟圣，以立君臣，同意者，无能为官；异心者，功大而亡。（《为学日益篇》，第36—37页）

当人心的内涵规定“仁义浅薄”、导致“性命”伪善、失去深厚底蕴与生命真诚时，就随心所欲越过内在的“大道”规范制约、沉陷“知故”恩爱情景纠缠不休、伤神害意并且谋逆歪论、疯狂情识与崇拜功名，这是人心的堕落、欲望的膨胀、情识的泛滥与名利的奴役。要防止这种情况发生，须用道德的文籍与术数教化万民以趋真善、厚仁义。此把文化生命的道德原则化作生活天地的“纲纪”与阴阳变化的“经纬”，以“剖判人事”职分、履行职责、承担使命与移风易俗、恢复正常作为。这从皇历纪元到饮食服装，再到各项事务，最后到娱乐休闲，都升降有据、进退有序、装饰有型、趋翔有路、竞争有节、论辩有对、相互有益，其共同修正、全体表彰、一切安乐、系统合作、普遍应用、不断进展、永久守护。此精心护养道德的本根丰茂，尽力或意舒展仁义礼智的末文广博，就会家喻户晓、人人贤能、比拟圣明、超化分歧、统系零散、同意管制、齐心事业。这是意象思维的人文尝试与规范作业的正义与反证，正义在深厚道德赋予其仁与礼、得合理诉求与合适要求，反证从性命根本到数术末节都受不同心思、欲求、情感与器物、杂事的扰乱，应归正道德仁义宗旨。以三段论总结是心魔起、如何治、成效咋，此心魔起、为在浅薄中失真、在无道中动心、在知故中痴迷、在情欲中通达、在谋逆中违心、在功名中屈服，如何治则需要典籍、文辞、术数教导与纲纪、经纬、礼仪规范人事，成效咋却是看天下本末趋舍、家国君臣关系互动、大众学问事业发展。所以，人类生活天地的道德法象与万物生命塑造的和美形象（或自象），当化作社会规范的人文饰象，使意象思维过程的内涵诉求、表征在名言或文辞要求中。这是形的象思维，转入其名逻辑的应当需求。

略述以上要点，天地法象是意象思维活动呈现的道德原则，万物自象是给它寻找可靠的验证实体，人文饰象是用它规范社会生活的直接要求，三者是其外化可能的原则规定、实体对照与具体需求。

第二节 由“名”推理“形物”的“正实”

由前述章节分析，“形”在“无”的视域是“道”，禀赋生命“道德”“神明”“太和”义涵；在“有”的视域是“物”，绽放生活天地、事物与人类的殊状；在“心”的视域是“象”，内蕴思维向度、可能与现实的用意；在“文”的视域是“名”，表征观念形式、内容与价值的贡献。人心的意象思维内涵，应以名言形式表达，使其认知成果外化为观念、固化为信符、感化众生。因而需要探讨“形”外化的逻辑①、固化的内容与感化的意义。此考察《指归》对“名”表述与期许及融贯，分为三方面：一是“正法以正名”，二是“正名以覆实”，三是“审实以督名”。这主

① 康德称“逻辑”是“关于一般知性或理性的必然法则的科学”、关切“一般思维”的“法规”而“不考虑作为思维质料的对象”，他从“量”“关系”“质”“样式”的辨别看“知识的逻辑完备性”，对其“一般要素”即“概念”“判断”“推理”与“一般方法”作了系统论证。（［德］康德著，许景行译：《逻辑学讲义》，北京：商务印书馆，2010年，第11页；另见其目录）。“逻辑的实质就是必然”、其系统是一种演绎形式、它本身并不必然、“出发点可以武断”且为“自生”关联（见金岳霖：《逻辑》，北京：中国人民大学出版社，2010年，第252、238—239页）。牟宗三以“理性论”或“超越论”解释“逻辑是‘纯理自己’或‘推理自己’”、展现自己，沿承“传统逻辑”的实际牵连与现代“符号逻辑”的抽象演绎、明达“方法学”的科学理路（见其《理则学》，修订版，南京：江苏教育出版社，2006年，第254页；“自序”，第5—9页）。“逻辑的一个中心问题是分清有效的论证和无效的论证”，其“元逻辑研究”是形式系统的“完全性、一致性和可判定性的证明（或否证）”，此“形式逻辑”包括“传统”“经典”“扩展”“异常”“归纳”的逻辑，有别于算术或几何系统、生物学与物理学等“公理化系统”（［英］苏珊·哈克著，罗毅译，张家龙校：《逻辑哲学》，北京：商务印书馆，2003年，第8、9、11—12页）。逻辑是人类的理性能认知必然性的思维科学之形式表达、非内涵陈述，主要在方法论意义上使用其概念、判断与推理，它又是自我从偶然的可能性导出必然的真实性、绝对认肯其有效演绎，不像纯粹的数学公式与经验的物理学定律提供可判定的完全一致说明。

要是由“名”推理“形物”[①] 的实际情况，该如何有效表达。

一 正法以正名

我们若参照康德“知性为自然立法”，是其先天综合判断的纯粹时空的逻辑推演与后验分析判断的庞杂事物的细节对证，共同完成人类认识对象的理想存在的规则形式的全面总结；此知性范畴的运作模式，是人类生命的悟性主体的高度提纯的生活感性素材，求自我意识的无限可能内容的抽象规定性的理解。[②] 以此讲严遵的“意象为形名立法”，是人心先天虚构的自觉运思线路与人文后天限定的语言规制模型，一致认可其人间社会事务的经

① 《天下》中关尹说“在己无居，形物自著”、注疏此后一句为“不自是而委万物，故物形各自彰著”或“委任万物，不伐其功，故彼之形性各自彰著”（参见郭庆藩撰：《庄子集释》，下册，第1088页）。可参《指归》的“万物以形”论证，其形物一体、形是方法认知的对象而能化生命自然的意象、物是本体建构的素材而能作生活自觉的题材，此在宇宙生命视域里表现其方法与本体的圆融互化。

② “在玄学的演绎中，由范畴与思维之普泛的逻辑机能完全一致，已证明范畴之起源为先天的；在先验的演绎中，吾人亦已展示范畴为‘关于普泛所谓直观对象’之先天的知识之所以可能”，这种“所以可能”是就“联结之法则而言”或“就其对于自然规定法则”“使自然成为可能”（见蓝公武译：《纯粹理性批判》，第127页）。在这种先验的形而上学演绎中的自然是自觉或思维的自然、非自在或生命的自然，其知性范畴可成为这种自然的法则规定、表征其实质内涵。《老子》与《指归》的自然，是宇宙生命的自然，不受人类道德意志或意识范导的存在、反为其奠基或根源，它不在思维方法的认识论意义上使用、常在宇宙生命的本体论意涵上呈现。

验存在的现实应当教训，能刻意塑造形名表达的认知范式①，这是人类生命的自然意识与社会生活的自觉感受所明确指称实物的具体表征与深厚蕴涵。人心意象自定的文化生命的现实法式，是人们形名自正的社会生活的历史规则，可无名、起名、正名、定名、荣名、隐名其义。

（夫）［失］名（夫）［失］货，道德是祐，神明是助，名显自然，富配天地。故细身大名，未可与论至道也；轻身重国，未可与图利也。夫无名之名，生我之宅也；有名之名，丧我之橐也。(《名身孰亲篇》，第24页)

冠无有，被无形，抱空虚，履太清。载道德，浮神明，秉太和，驱天地。驰阴阳，骋五行，从群物，涉玄冥。游乎无功，归乎无名。此治天下之无为也。(《出生入死篇》，第42页)

建德流泽，常处显荣，辞巧让福，归于无名，为而不

① 《天道》提供一个古代“明大道”必“分其能”“由其名”的“形名”认知进路，（明）天→道德→仁义→分守→形名→因任→原省→是非→赏罚→（判）“愚知（智）”“贵贱”“仁贤不肖”；形名赏罚是“知治之具”而非“知治之道”、为末而不为本、比详于“礼法度数”(参见郭庆藩撰：《庄子集释》，中册，第475、477页)。《主道》言明君守“道”“虚静以待令，令名自命也，令事自定也。虚则知实之情，静则知动者正。有言者自为名，有事者自为形，形名参同，君乃无事焉，归之其情”，《扬权》又言“用一之道，以名为首，名正物定，名倚物徙。故圣人执一以静……形名参同，用其所生”“君臣不同道，下以名祷，君操其名，臣效其形，形名参同，上下和调”(王先慎：《韩非子集解》，第28、48—49、50页)。邓析“好形名，作竹刑”以“次赏罚”推展“乡校议政”、宋钘与尹文“以物为法”“正形名”“缘理因用”(参见汪奠基：《中国逻辑思想史》，武汉：武汉大学出版社，2012年，第49、53页)。此有“形名”认知模式的三条思路，第一条是邓析等从“物”到“理”的法律赏罚规定所校正的功用性作为，第二条是庄子从天到人的系列内涵推导所展呈的工具性度数，第三条是韩非从“人”（君或圣）到“言”再到“事”再到“情”的君臣和调可能所效验的参同性审判。可先确保形名的客观原则之公正应用，后明达其关键程序的内涵诉求，再判定其调治对象的实际情况，这是先秦时期诸子的思想经验总结。

恃，与道俱行。[1]（《信言不美篇》，第 121 页）

有名，非道也；无名，非道也。有为，非道也；无为，非道也。无名而无所不名，无为而无所不为。

无名无朕，与神合体，天下恃之，莫知所以，变于虚无，为天地始。（《道可道篇》，第 123 页）

由前述生命理则推无形之形是物之道，进而推无象之象是意之道、无心之心是身之道、无为之为是事之道、无名之名是言之道，此五道即是宇宙生命向文化生命转进的总根源（物道或原理）、总趋势（意道或原因）、总代表（身道或原主）、总作为（事道或原创）与总成就（言道或原文）。《指归》思维方式的“无○之○”之无，不限于“单纯否定个体孤立的实体性”，重在“强调宇宙万物整体统一性的肯定性表现”且二者同时进行。[2] 又，综述其“无之又无”思维模式，实践中有“能”“所”双重身份、理论上有“因地”“果地”两种意含；此无作形、象、心、为、名，在否决个体实存与整体统系上能所互动与因果对应，这表明无名与无形、无象、无心、无为，在生命本根上一体共存、在文化认知上区别对待。此一体性内涵，表现在自然、道德、神明、太和、天地、阴阳、五行、群物中，即无有、无形、空虚、太清、玄冥、无名、无功的“生我之宅”；其对待性标识，反映在德、名、货、身、利、论（或辞）、为、巧、荣上，即有得、有名、有财、有己、有益、有辩、有功、有恩、有福的“丧我之槖”。此无名与有名不是生命之道的本体，是其本

---

① 参见《指归》译注本的原文断句与注解，其以“德性”回归“无名”以随“道”行（见该书第 361 页）。

② 参见元正根：《浅析〈老子指归〉的思维方式》，第 84 页。

名或恒名与强名或命名；无为与有为也不是生活之道的本身，是其本事与琐事；以道的本体、本身看，融贯其名、为之无与无不的能所因果。由此知，无名是生命精神的本体、超化因果制约，是文化天地的开始、融入能所建构。

> 敬元贵始，常与名俱，因节而折，循理而割。（《上德不德篇》，第6页）
>
> 君王无荣，知者无名。无教之教，洽流四海，无为之为，通达八方。动与天地同节，静与道德同容。万物并兴，各知其所，名实俱起，各知其当。（《善为道者篇》，第83页）
>
> 将顺情欲，以违天道：故起巧立名，以代其身；施惠流恩，以获大咎；遁福天外，追思四海，福德求之不能得矣，患奔祸驰无所逃矣，大威以至乃始为善。（《民不畏威篇》，第100页）
>
> 人怀自然之道，达人情之理，秉造化之元，明异同之纪，故若言中适，淡淡和德，谓之信者：下之所仰于上，彼之所取于此，强大之元，威令之始，民人所助，成功之道，权势所因，名号所起也。（《信言不美篇》，第119页）

起名，立名，始名，命名，强名，制名，得名，有名，可名，实名，等等，这在确立人的认知起点上都表达同一意思，即认知主体可直接赋予某物、人、事等某个名字或名号。对恒名与可名的是非关系，无名与有名的始母关系，始、有、强、命、制与名的创造关系，《老子》认为“道”永远是无名与不可名、可名不是恒名、无名是文化天地开始、有名是文化事物孕育（或母亲)、强名“道”为“大”、“始制有名”且“知止”[①]。而对虚名与实名、得名与失名的内化与外现可能,《庄子》讲:名是实邀请的宾客,实为名维护的主人;名实据服务对象的喜怒情绪,能调节其具体应用;名实是圣人可申诉的对象,不可胜诉的意义;名的获得受到实的存在局限,名的拓展边界是实,实为名的终极归宿;名实的本质内涵,受事物因果法则范导;在认知主体的经验视域,进行名与实的集中认证;名实的精微之物,可作有效表述与言意之辨,可得合适体会。[②] 由此看《指归》的起名或立名,先与恒名直接相关,因循理节或原理规定、作出分割;其次,跟“无名”认知相当,动静在道德天地万物中被君王熟悉;再与实或自身紧密相连,顺从情欲、恩惠、福德、祸患、权威的引领;最后,与“信”是人的主观要求,蕴涵“自然”“人情”的道理,秉持“造化”的基元,明达“异同”原则,并且取舍于上下彼此的强弱、大小、成败、进退、始终之权衡。此起

① 《老子》楚简甲编讲“道殌亡名”,其“殌”在“帛书二本作‘恒’,弼本等作‘常’”,“亡”在“帛书二本作‘无’”;十一章讲“詞(始)折(制)又(有)名,名亦既又(有),夫亦牐(将)智(知)祡(止)”;十五章讲“未智(知)亓(其)名,孶(字)之曰道,虗(吾)弜(勥)为之名曰大”(见丁四新:《郭店楚竹书〈老子〉校注》,第118、130、184页)。其帛书甲本记“名,可名也,非恒名也”与“无名,万物之始也;有名,万物之母也”,王弼本“恒名”作“常名”、“万物之始”作“天地之始”;又“一者”“寻寻呵不可名也”、乙本“名”作“命”(见高明:《帛书老子校注》,第221、222、223、284页)。

② “名者,实之宾”(《逍遥游》),“名实未亏而喜怒为用”(《齐物论》),“是皆求名实者也,而独不闻之乎?名实者,圣人之所不能胜”(《人间世》),“固有无其实而得其名者”(《大宗师》),“名止于实,义设于适,是之谓条达而福持”(《至乐》),“果有名实,因以己为质”“名相反而实相顺”(《庚桑楚》),大人“实不聚,名不立”(《徐无鬼》),“此名实之可纪,精微之可志”“或使则实,莫为则虚。有名有实,是物之居;无名无实,在物之虚。可言可意,言而愈疏”(《则阳》)(见郭庆藩:《庄子集释》,上册,第27、76、145、279页;中册,第621页;下册,第801、804、846、906、909页)。

名同老子的恒名、无名与庄子的实名、信名有内在关联，它更突出自然与人情的因应制约，有恒的生命冲动、无的原始积累、实的客观限制与信的主体期望。

> 治之于乡，则睹纲知纪，动合中和，名实正矣。白黑分明，曲直异理，是非自得，奸邪不起。(《善建篇》，第53页)
>
> 是以明王圣主，损欲以虚心，虚心以平神，平神以知道，得道以正心，正心以正身，正身以正家，正家以正法，正法以正名，正名以正国。正国纲纪，分明察理，元元本本，牵左连右，参伍前后，物如其所。正名以覆实，审实以督名。一名一实，平和周密，方圆曲直，不得相失。赏罚施行，不赢不缩，名之与实，若月若日。一名正而国家昌，一名奇而国家役。(《以正治国篇》，第60—61页)

无名到起名或有名是文制的过程、以恒道融贯，起名到“正名”①

① 孔子告诉子路“为政”必“正名”，此名正则言顺、事成、礼乐兴、刑罚中、民措手足，则“君子名之必可言”（见朱熹：《四书章句集注》，《子路》篇，第142—143页）。荀子有《正论》《礼论》《正名》等篇推阐此政治与人生的原则要求，详解其义理如“是非之封界，分职名象之所起，王制是”“性伪合，然后圣人之名一”“书其名，置于其重，则名不见而枢独明”“析辞擅作名以乱正名”“民莫敢托为奇辞以乱正名”（见王先谦：《荀子集解》，下册，第404、433、434、489、490页）。董仲舒说“是非之正，取之逆顺，逆顺之正，取之名号，名号之正，取之天地，天地为名号之大义”（《深察名号》）、“正名以名义”“名者，所以别物也。……人心从之而不逆，古今通贯而不乱，名之义”（《天道施》）；见苏舆：《春秋繁露义证》，第285、471页。此三者正名，是孔子的政治路线、复兴西周的礼乐制度，荀子的人生路线、成就圣王的礼法体制，董仲舒的宇宙路线、彰显天地的名义准则。此交融在《指归》思考里，有损益、偏重、顺承与圆润。

是“中和”[①] 的结果、以“文理”[②] 校正。其乡土治理的名实更正以社会人伦纲纪为指导、求符合、规整日常言行，此可明是非黑白、知奸邪曲直，这种局部管制的原理剖析在明王圣主。他损益建构，形成社会生活的逻辑链条即损欲→虚心→平神→知道→正心→正身→正家→正法→正名→正国→正治→正理→正物→正人→正事→正行。损欲至正身、归结为《指归》的“内圣工夫”，从正身到正国、理解为其“外王事业”，由此对比“儒家格物、致知、诚意、正心、修身、齐家、治国、平天下”的“内圣外王”义理架构，突出“身国一体之理”与正法、正名的圣王修为及政治纲领。[③] 此分作三个核心环节：一讲圣王正国的

---

① 《老子》帛书甲本有“中（冲）气以为和”（高明：《帛书老子校注》，第29页）之说，汉简本是“万物负阴抱阳，中（冲）气以为和”（《北京大学藏西汉竹书·贰》，第125页），河上公对此句注为“万物中皆有元气，得以和柔”（王卡点校：《老子道德经河上公章句》，第169页），此可推元气在万物的中和运作与情状之融贯说明。《中庸》讲“喜怒哀乐之未发，谓之中；发而皆中节，谓之和。中也者，天下之大本也；和也者，天下之达道也。致中和，天地位焉，万物育焉”，朱熹注“天命之性”为“中”“道之体”、“和”是“情之正”“道之用”（见其《四书章句集注》，第18页），这是人的性情、在生活天地的中和功能与大体反应之根本界定。《指归》兼容这两种中和的意向，有自然元气与社会性情的双重内蕴。

② 《礼论》有细致、周延的表述即“孰知夫礼义文理之所以养情”“贵本之谓文，亲用之谓理，两者合而成文，以归大一”“文理繁，情用省，是礼之隆也；文理省，情用繁，是礼之杀也；文理、情用相为内外表里”“伪者，文理隆盛也”“故先王圣人安为之立中制节，一使足以成文理”“君者，治辨之主也，文理之原也”（王先谦：《荀子集解》，下册，第412、416、422—423、432、441、442页）。

③ 参见陈尧义：《严遵〈老子指归〉义理析论》，第125页。

道法成型，先以老庄损欲、虚心、神灵、通道、全身（形）理路[①]开导其根源，再辅以孔孟荀韩黄老的正心、正身、正家、正法、正名、正国理路[②]铺展其原则；二是此道法原则的正理物事(器物)，先确认其“纲纪”，再明察其分疏、本末、左右、前后、数目，最后规范其物事，是此原则的器物上应用即正治其形、正理其能、正物其用；三是此原则的名实审查，先指出这种审查可能、即名实相互监督修正，再说明二者周正曲直得失，再以此名实赏罚分明，最后是根据“名”的奇正判断国家昌衰，这是该原则的事务上检讨，即正人（此人相对于己或身）之失、

① 老子“为道日损”“神得一以灵”“不见可欲”“虚其心”“少私寡欲”（王卡点校：《老子道德经河上公章句》，第186、155、10、11、77页）与庄子“唯道集虚。虚者，心斋”“此四六者不荡胸中则正，正则静，静则明，明则虚，虚则无为而无不为”“执道者德全，德全者形全，形全者神全。神全者，圣人之道”（《人间世》《天地》《庚桑楚》，郭庆藩：《庄子集释》，上册第152页，中册第442页，下册第804页）。老子以减少可欲、虚静实心、灵通一神、为求圣道，庄子是人情荡或乱、道心虚或正、德（得）道全、形神全，老庄抑制人之情欲、以心神虚通完全道德。

② 孔子说“苟正其身矣，于从政乎何有？不能正其身，如正人何”（《子路》），孟子讲“我亦欲正人心”（《滕文公下》）、“其身正而天下归之”（《离娄上》）、“吾未闻枉己而正人者也，况辱己以正天下者”（《万章上》）、“正己而物正”（《尽心上》）、“征之为言正也，各欲正己”“言语必信，非以正行”（《尽心下》）。(朱熹撰：《四书章句集注》，第145、277、283、316、361、373、381页。）荀子认为“礼者，所以正身也；师者，所以正礼”（《修身》），“正身行”“本政教，正法则”（《王制》），“正法以齐官”（《富国》），“礼之所以正国”“主能当一则百事正”（《王霸》）。(王先谦：《荀子集解》，上册，第39、176、203、237、248、265页。）“若以道化行正理”“正明法”（《奸劫弑臣》），“正治而已”（《南面》），“以隐正道”（《饰邪》），“以道正己”（《观行》），“尧不能正一国”（《用人》），“尧为匹夫，不能正三家”（《功名》），“道先王仁义而不能正国”（《外储说左上》）。(王先慎：《韩非子集解》，第105、109、128、131、211、220、223、295页。）汉帛《经法·道法》篇讲“至正者静，至静者圣”“名刑（形）已定，物自为正”，其《君正》篇“法度者，正之至也”、《四度》篇“正者，事之根”、《论》篇“明以正者，天之道”，《十大经·成法》篇“请问天下有成法可以正民”“夫非正人也，孰能治此”；参见陈鼓应：《黄帝四经今注今译：马王堆汉墓出土帛书》，修订本，北京：商务印书馆，2016年，第16、25、71、107、130、286、291页。

正事之实、正行之义（此为正名之大义）。由此三环节得“正名”理路是，先护养其内圣的心神、通达道法，再推扩其外王的道法、框限物事，再调治其器物的功用、发挥潜能，再审查其事务的名义、决定兴衰。正名根据是正道，主持是圣王，对象是身心，范围是人己，成就是家国；其原则是道法，程序是治理（或治术），工具是器物，目标是事务，效验是行为，最大成就是正国，最终目标是正事，最后检验是正行。

> 修身正法，去己任人。审实定名，顺物和神。（《出生入死篇》，第42页）
>
> 臣之所名，君之所覆也；臣之所事，君之所谋也。臣名不正，自丧大命。故君道在阴，臣道在阳；君主专制，臣主定名；君臣隔塞，万事自明。（《民不畏死篇》，第105页）

从笼统认知意义上讲，起名是正名，正名是定名，即一旦给某物赋名、就能为其正当的用名，一直常用的名字、成其确定的称谓；具体认知程序上“起”是预设的大概之初始命名，“正”是实物或事的具体内容对照，“定”是规范的日常固化用法，它们在“名”的始、当、用上，确有先后辨识与不同内涵及功能要求。定名是正名在文化谱系的确切落实，是生活观念的完全固化，是社会习惯的长期养护，是历史经验的内容标明。此名对人类自身是合理信念的守望，对他者存在是有效规则的引导，对外物化生是必要因缘的顺应，对精神追求是和谐一致的表达，对现实成就是抽象的严格审查，对政治事业是指令的制度运作，对命运走向是大胆的系列推测。在传统政治社会建构中君臣通过这种定名的强制性日常规范操作，致力实现共同事业蓝图谋划的全覆盖推进与关系互动之可能内蕴的特殊性展呈。这是圣王能实修身心以正法、定名的大体要求，是“君主专制，臣主定名”理想政治的明确目标。此可说，定名是人类认知原则的理念固守。

> 是故，威势尊宠，穷极民上，名号显荣，覆盖天下，而不知足者，猎祸之具而危亡之大数也。(《天下有道篇》，第30页)
>
> 富国兼壤，轻战乐兵。底威起节，名显势隆。形严罚峻，峭直刻深。法察网周，操毒少恩。诸侯畏忌，常为俊雄。公强求伯，伯强求王。此治国之有为也。(《出生入死篇》，第42—43页)
>
> 故力视损明，力听损聪，疾言沮德，巧伪败功。是故，口以大开，耳目急张，知故并起，万物孳蕃。奋心扬虑，显遂功名，名成功遂，祸至福终。(《天下有始篇》，第49页)
>
> 百姓和集，官无留负，职修名荣，称为君子，常有余德，没身不殆。(《善建篇》，第53—54页)
>
> 是以圣人之建功名也：微，故能显；幽，故能明；小，故能大；隐，故能彰；志在万民之下，故为君王。威振宇内，四海尽臣。悬命受制，莫有能当。德与天地相参，明与日月同光。(《为无为篇》，第78页)
>
> 与而不夺，以显其名，赏而不罚，以立其惠，生而不杀，以成其仁。(《勇敢篇》，第102页)

理想的认知主体即圣王或圣人或明君，他守护理想的生活信念与现实的知识谱系，希望其绝对的无限引领与伟大的普遍发展，但在历史经验范围内是相对的有限指引与渺小的特殊争取，这正是“定名”向“荣名”转进的执着愿望与经验束缚。此荣名，是显名，是起名的繁荣、正名的发展、定名的光耀，大致有几种情形即：一是追逐威名显赫无极限与不满足、变成招祸的器具与危亡的度数，二是积极有为的治国表征即“名显势隆”、国家要富强、民众得康乐、君主有权威、赏罚应公正、诸侯多敬畏、王公更推崇，三是“显遂功名”的心力并举、过度会“沮德”“败功”、适度功成“福终”，四是官民同修荣名、共享富贵生活、共创道德事业、共谋永恒发展，五是圣王建功立业的显微、幽明、大小、彰隐在万民的心志中、四海的臣服上与天地的日月里，六是在和平的文化生命赋予中能声名远播、要立惠成仁、突出功德与生机。简括为荣名无限会招祸、显名有征看强势、遂名适度得福终、修名共荣能长久、建名（功）天下常幽微、声名远播需惠仁，这在老子“功成、名遂、身退，天之道”“自古及今，其名不去，以阅众甫”“功成不名有”“可名于小”“可名于大”“名与身孰亲”① 的智识中与汉儒倡导的实惠利禄（公孙弘）、仁德操守（董仲舒）② 的言行里，具有直接的思想印痕与丰厚的社会功德之理性映射。这表明，荣名可限，不可无

---

① 《运夷》注“言人所为，功成事立，名迹称遂，不退身避位，则遇于害，此乃天之常道”；《虚心》注“道常在不去”与“言道禀与，万物始生，从道受气”；《任成》注“有道不名其有功”“道匿德藏名，怕然无为，似若微小”“万物横来横去，使名自在，故可名于大”；《立戒》注“名遂则身退”（王卡点校：《老子道德经河上公章句》，第 32、87、137、175 页）。

② “（董）仲舒为人廉直……（公孙）弘希世用事，位至公卿”（见《史记》第 10 册，《儒林列传》，第 3799 页），且董氏对汉武帝言明人之天性、知“自贵于物”、推重“仁谊”“礼节”、安守“善”“理”、为君子（见《汉书》第八册，《董仲舒传》，第 2516 页）；汲黯说公孙弘“位在三公，奉禄甚多”却诈“为布被”，此使汉武帝下诏“劳大者厥禄厚，德盛者获爵尊”以褒“文德”（参见《汉书》第九册，《公孙弘卜式儿宽传》，第 2620 页）。

限；可征，不可强征；可度，不可过度；可久，不可恒久；可隐，不可常隐；可传，不可空传。

身死名灭，祸及子孙。

名终体极、身存世昌者，天下无之。

是以，知足之人，体道同德，绝名除利，立我于无身。

既精且神，以保其身。知足而止，故能长存。此谓遁名而名我随，逃利而利我追者也。(《名身孰亲篇》，第24、25页)

灭文丧事，天下自已。损之损之，使知不起。遁名亡身，保我精神。(《为学日益篇》，第37页)

遁名逃势，与神卧起，执道履和，物无不理。(《天下谓我篇》，第88页)

前述的起名、正名、定名、荣名都是有名、可名，是名的认知逻辑得以创始、完善、稳定、拓展的合理存在与有力保证；"遁名"与无名，是道之隐、神之明、心之意、文之灭、物之性、人之命、事之义、理之智、我之归、他之宿、一之化、多之恒，是名的认知逻辑得以可能与改进的内生根据与终极依靠。"名"有认知条件限制，丧失这种条件支持，便失去"名"的认知逻辑，这暗含"名"的逻辑推理不是普遍适用的，只有在它生效的认识范围才行。这种条件限定，怎么实效把握？就人讲，身存，名在；身亡，名灭；名是人的认知逻辑。以物论，名在，物存；名去，物未必无；即物的有无，不以名标判；名不是物的存在规则。推至神，神名可定、可不定，可定是信，可不定是真，即：真正的神无法由人命名，信守的神可赋名。人应以子孙传名、防止其失传，以现世昌名、避免其衰落，以精神保名、拒绝其遗忘，以道理执名、珍惜其拥有。这是遁名的四种可能，即隐于子孙、现世、精神与道理。

上述无名、起名、正名、定名、荣名、遁名，可简化为无名与有名、可名与恒名、定名与不定名的关系互动与人文证明。这种证明的逻辑能在人文中开展其自觉的认知理路，无法也无力在无名、恒名、不定名中辨识其自然的生命道路。由此，需讨论名与实的关系及其作用在文化生活的认知意义，不纠结于名之有无的最初设定与最终转化，在宇宙生命中怎样完成究竟内涵。此得《指归》在经验认知层面考察“名”的逻辑、内涵与意义，而不去生命超越层面观悟其“象”的自然、无限与圆融。其宇宙之思与在、一齐超越所有实存，其人文之名与物、共进退、同命运。

二　正名以覆实

若以名之无与遁、用“冥”概括，其“起”以“鸣”说解、“正”以“明”显示、“定”以“命”规范、“荣”以“敏”能动，[①] 则名的冥、鸣、明、命、敏是一种求证，证明其

① 可参翟锦程关于“名”的基本含义之归纳分析（即“‘名’的基本含义”有“人名”“命名、取名”“事物的名称”“名分、名号、名义”“谥号”“名声、声誉”“形容、称说”“大”“名目、种类”“文字”“眉睫之间”“通‘明’”，见其《先秦名学研究》，天津：天津古籍出版社，2005 年，第 4—6 页）与先秦诸子对“名”的重要表述，另有《深察名号》说“名之为言，鸣与命也”（苏舆撰：《春秋繁露义证》，第 285 页），“隐根于玄冥”（《上德不德篇》）与“去心释意，务于无名，无知无识，归于玄冥”（《道生一篇》）及“至出于冥”以知“大通”和“有大功”（《不出户篇》）、“聪明内作，外若聋盲，思虑玄起，状若痴狂。口不能言而意不能明”（《知者不言篇》）与“明以语默”（《方而不割篇》）、“是以，不小其位而居之以敏，不薄所处而厚修其礼，不苦卑微而革其大始，不厌困危而绝其所以”（《民不畏威篇》）（参见《指归》点校本，第 5、19、33、58、66、100 页）。

无知之幕与无限之极，怎样在人文觉解中，获取俗世在意的名号、名义、名理、名利。人文正名是思维认知的逻辑证明，是生活逻辑的必然证明，不仅有认知的形式要求，还有生活的真实内涵，统称人文逻辑即人类经验生活事物的应当证明。此证明主要是理论认知的意涵，待证实，赋予其实际作为的内容，这是正名以覆实。如眼观形物的一切表征，通过心思的所有意象，变成口述的全部名言，此口所表达的真实内涵，用心暗示的虚拟图景，覆盖眼观察的生活事物，这是证明的形名逻辑的应然过程、变成证实的生活逻辑的自然行程，在人文证明的当然中统系万物证实的必然，如《善为道者篇》讲“名实俱起，各知其当”。其不当或“失当”，是什么表现呢？

> 理名正实，处事之义，谓之义人。(《上德不德篇》，第3页)
>
> 使侯王有为，动不顺一，为贵得贱，为正得蹶。乱扰迷惑，事由己出。百官失中，丧其名实。万民不归，天地是绝。(《得一篇》，第11页)
>
> 上好名则民伪，民伪而以光，光则耀，以耀为光则大德隐而小惠章，忠臣蒙其死，而万民受其殃。数者以施，货流情通，所以谓方者不方，廉者不廉，直者不直，光者不光。名谬实易，正失德亡。
>
> 非不肆也，举正扬直，表过章恶，贬邪削枉，明人之失，天下尽正而动无声也。去名以光，使下自当。(《方而不割篇》，第65、66页)
>
> 君之威势，灭而不扬，奸雄豪特，令行禁止。百姓冤结，万方失理。忠臣悲忧，佞巧大喜。名实失当，赏罚妄

举。(《民不畏死篇》，第 105 页)

天地示之不能见，神明告之不能闻，释是废然，好用私心；身动于此，事应于天，去己怨彼，天下大昏；罔以明法，诛以信刑，名实有孚，赏罚得中。公平无私，逾失天意，正直不邪，益失民心；刑戮并用而奸益起，赏深赐重而乱益生。当此之时，善人中罔，贤者陷刑，虽得名实，何可善焉?[①] (《柔弱于水篇》，第 116 页)

在名与实的正当关系[②]理解与具体事务处理中，人是决定性意义的认知主体与行动主体，离开人的理论阐释与实际修正的名义，是不需考虑当与不当或失当、效与无效或失效的生活问题。这指明“义人”、掌握名义赋予权与意义解释权，是名实关联互化与内涵融通的主体，即义人可“知性”[③] 操控“名”系统去

① 此段断句参看《指归》译注本，第 343 页。其中“罔”同“网”、引申为“网罗、处罚”，“孚”作“诚信”，“逾”同“愈”、是“更加”义。

② 胡红伟总结先秦文化语境中“名”主要有“名声或名誉”“名号或名位”“名称或言辞”三义，由此名的内涵说明“名实”一词的三种用法即常见的“声誉功利”、语言或逻辑思辨的“概念与实质，名称或事物”、伦理义限定的“一种政治方法”，这“名实思想”最主要“不在于思辨，而在于政治”；他把“名”与“礼”“法”“辩”“道”四种关系阐释建构“名礼论”“名法论”“名辩论”“名道论”四个系统，重点涉及“象征与秩序”“思想与权力”“概念与实质”“‘名’的超越”四大议题，着力于孔孟荀儒家、商韩法家、墨子及后学、老庄稷下道家的理论诉求。(参见其《“名”的追寻——名实关系视域下的先秦政治哲学》，首都师范大学 2013 年博士学位论文，第 27—28 页；另见其目录与大体内容)

③ “如果我们的语言能力或知性离开了语言现象的经验过程而寻觅于语言理念的纯粹世界，我们对于语言存在的思考便不会获得任何知识性的结果，也不会获得语言现象知识的任何原则”；“语言知性和语言感性能力作为我们自身的语言能力，它须秉承言说主体的语言意志命令，其行为作用可以体现在语言现象认知的任何环节，也可以体现为行为本身的自主性地位存在”（刘照惠：《语言存在与知性的经验基础——基于洛克“人类知性论”的语言哲学思考》，西南大学 2016 年博士学位论文，“摘要 I”，第 76 页）。知性是语言能力，受限经验，构建理念，产生知识及其原则，秉承主体意志命令，贯穿认知环节，确立自主地位。

修正“实”作为。其要领有三：一是政治社会实体或主体即侯王或上或君、臣或百官、民或百姓的名实关系审定。其有名实关系混乱颠倒的三种情况：一种是为正得反，有君王的实权滥用、无官民的名义规整；一种是图虚误实，此有上的虚名效应、失下的实惠收益；一种是欺上瞒下，它有君的名位虚设、多臣民的实利争夺。即正反、虚实、上下的误导发展，引起的“失中”“名谬”“失当”，这是君臣民的原则失守、信念荒谬、职分错位带来的名实不当。

二是从文化社会的主体即人的正当名义与标识，考察其实际表现。这是前述政治要旨推引的适度泛化与高度超化，此在《方而不割篇》第二段引文中分两节，第一节是行动原则的广泛认可、求“天下尽正”，第二节是精神追求的主体挺立、得自我光明。这两节由个人行为的过失检讨，明察社会要贬扬的正邪枉直，表彰正当作为与抑制不当反应，在生活观念与举措无声无息的长期熏陶与管制下逐步完成，不把社会赏赐的功名利禄、看成个人风光的锦绣图景，安足于日常习惯的淡定生活、孕育进退自如的健壮生命。这是人的经验生活中希望构建的尽正原则与体悟的自当精神，其文化社会创始与拓展的现实灵魂与历史导航，即文化灵魂在自当中、导航在尽正上。

三是其一的伦理基础构筑、其二的价值目标规划，完整表达天地神明的公心与天下人事的私己及赏罚“明法”的中正，拾整“天意”“民心”关键不在贤良逞能与刑赏重用、在公私分明与损益得当，判断其为政贤圣公正的标准是有价值取向的“善”、不是事实认知的“名实”。此先反推出“善人”的“是”与“然”、守护“天地”“神明”的在与公，再顺此推引得

“身”“事”的不好照应与“己”“彼”的天下困境，应用到制度执行上的枉法作为与酷刑表现；接着以私、邪、奸、乱，反证公、正、刑、赏的不善，此不善在失天意、民心与生起人祸、混乱，表明其善之心意在“平”即平常、“直”即直率、和即谐和、中即适中；最后，在善人与贤者生命危难的关键时刻，“可善”的生活观念如何培养、其实际效果怎样确保，应在每个阶段具体的社会环境认知条件下慎重查对。此以善人为目标或价值诉求，求其是与然、公与正、可与能，即善的价值标准树立（是非判断）、推行（公私操作）、成效（可能成果）。或者说，这是从道德或伦理主体的善行、善心、善愿，求解其恶行、恶意、恶果，标榜个人与社会相当可观、可行、可得的价值意愿。

此名实得当的三要领，是通过人们共同的政治事业、文化理想与价值意愿来规约的。其在政治事业中，有君、臣、民三个认知主体的原则坚守、信念期许与职责担当；在文化理想里，人这个唯一认知主体，须振作自当精神与推广尽正原则；在价值意愿里，善人这个认知主体，希望统合政治、文化、伦理三者的实际诉求趋进。这意味着名与实的当与不当或失当，归根到底是人的价值意愿之善与不善判断。

因而，正法以正名是依人心意象思维的法式，规引人文言论理路的逻辑建构；正名以覆实是按人文逻辑的形式要求，查证社会生活经验内容的笼统把握。这是《指归》认知的形名逻辑与人文内涵。其意义应以经验的实，督促人文的名，获历史的响应，这是审实以督名，即审订实际生活内容、范导文化理想的价值兑现。

三 审实以督名

前述物形之观到意象之思，是思维建构的设限过程；意象之思到名称之义，是逻辑推导的理论进程；名称之义到实事之证，是内涵展开的符合考量；实事之证到名理之教，是要领固化的主旨传播；对实事与名理的关系审查与义涵联系，是日常认知的自我检讨。但在严遵前对名与实的关系理解，有三种典型认识，即：一是墨子与名家分析的名实耦合，明察实理以推定名义，摹仿物状以辩解名言，凭名谓以表述实质。① 二是荀子认可的名实约定，出现名称混用、实指混乱、名实不符。② 三是董仲舒辩证的名实性质③，持常道指导可名、取变名追究实务、用定名指称实物。《指归》在名实的耦合、约定、性质的认证中，对其合与不合、当与不当、变与不变的问题

---

① 《墨子》讲天下诸侯“有誉义之名，而不察其实”（《非攻下》），指出“所以谓，名也。所谓，实也。名实耦，合也”（《经说上》），与“辩者”“察名实之理”“摹略万物之然，论求群言之比”、应“以名举实”（《小取》）；孙中原释解为有“义的虚名”、无“义的实际”，得三种知识即“名知、实知、合知”，其辩的目的是“考察概念和实际的原理”并能概括反映事物面目、根源以知言论利弊与得失而“用概念模拟事物的实质”（参见其撰《墨子解读》，北京：中国人民大学出版社，2013 年，第 283、287、63、64、191、195 页）。有学者总括名家理论特色是“（一）强调哲学思想中概念意义的确定性，（二）思想发展递衍的逻辑性，（三）理论架构的开放性，（四）系统学说的完整性”（李贤中：《先秦名家“名实”思想探析》，“自序”，台北：文史哲出版社，1992 年，第 2 页）。

② 荀子说“名无固实，约之以命实，约定俗成谓之实名”，三种认知困惑即“用名以乱名”“用实以乱名”“用名以乱实”，校正办法是言行合、同异调、约受悖（参见《正名篇》，王先谦撰：《荀子集解》，下册，第 491、496、497—498 页）。

③ 董仲舒说“王者有改制之名，无易道之实”（《楚庄王》）、“挈名责实”“以名定实”（《考功名》）、“名者性之实，实者性之质”（《实性》），撰者对此“名”“性”“实”“质”的关系解释为“以名言之，则性为生；以实言之，则性为质。而质原于生，是名亦实也”；参见苏舆撰：《春秋繁露义证》，第 19、178、181、311 页。名与实，性与质，在生的原初联系中是一贯、一致、一体。

作了必要探讨，其“合”体现其意象思维的法式中、“当”反映其形名逻辑的义涵中、“变”表征社会事务的细节中。此以实际变化的事务细节，修正人们理想设计的观念形象，这是“审实”的诚挚意义与“督名”的特殊价值。

有名无实，有实无名，名实相违，或正或倾。(见前引《以正治国篇》)

刿与不刿，使人无争。贪叨者息，洁白自生。莫之为浊，莫之为清。名不虚谥，实不倚倾。非不刿也，善廉美让，章含显盗而辩无藏也。去争以直，使下自克。(《方而不割篇》，第66页)

是以明王圣主，放道效天，清静为首，和顺为常，因应为始，诚信为元，名实为纪，赏罚为纲，左德右威，以应不祥，天下仰制，莫能毁伤，故国可保而民可全也。[①] (《用兵篇》，第91页)

咎责绝逆人心，煞戮不合天意。生而天下病，死而天下利。众弱为一，同忧共谋，虽有强名，实不得胜。夫何故哉？毒流死结，天道不佑也。(《生也柔弱篇》，第111页)

名与实的两个认识极端，要么“有”、可“正”，要么

① 王德有译为：“明王圣主，模仿道效法天，以清静为起首，以和顺为法式，以顺应为原始，以诚信为开端，以名实为条贯，以赏罚为总缆，左握恩德右执威严，用以应付不祥，天下用它来治理，没有能伤败的，因此国家可以保存而众民可以安全呀。”（见其《指归》译注本，第268—269页；断句参照此书）此前后部分是直译、尚可顺承句意，从“起首”到“总缆”的段落是转译得不够严谨、忽视关键细节差异与故意重复解释要点，如“起首”与“原始”“开端”、“法式”与“总缆”是在什么认知条件与意义下区分使用的。此圣主效仿天道，清静是首要，和顺是常态，因应是始承，诚信是基元，名实是程式，赏罚是纲领，其德威并用以化解不祥、统合天下，可保全国家与民众。

"无"、可"倾"，非此即彼，易判对错，难深究其对错的原委与表现，即认知主体以有为是、无为非或同为是、异为非。"有"的认知领域两个，一个是"有名"即文化领域，一个是"有实"即生活领域。两个领域如何融通、统合或怎样划界、独立，由认知主体决定。其根据什么决定？经验！这种名实的是非判断为经验总结，不是超验规划，由人的意识化作认识，非由其意志操控价值。即其意是可被认识、可言（能不能尽意为另一问题）、可信（会不会成迷信、涉及习惯与见识），不是纯粹的臆想，也非不可知，不得任意说。这在"有"的认知领域、存在"可"的认知问题，即名实要符合、得当，否则相违背、失当。除此有的两个领域，也可推出"无"的空间两个，一是"无名"的思想或精神空间，一是"无实"的生命或宇宙空间。此无名之思或神是有名之意或灵，此无实之命或极是有实之生或中，须在有无的名实时空里确定其正与倾。这隐含着有实、有名、可能相冲突的文化生活领域，存在一个合当的认知问题，与无实、无名、无限可能的宇宙生命空间，面临一个通融的思想难题。因而，自生、自正、自章（彰）、自克、自灭（息），在名实的有限竞争中不图虚、不靠得，而要让、要舍。这应是名实的合当原则在日常生活竞争的注意事项，即无争锋芒、要生息调养、清浊莫为、虚倚不定、美善廉让、彰隐辩难、曲直克刚。它是从名士或人（主体）→名物或事（客体）→名号或称（文化）→名言（语言）→名义（意义）→名理（理由）→名教（教育）→名分（职分）的社会生活过程，不是从名字（符号赋名）→名词（字词组合）→名句（字词构成句子）→名段（字词句集合为段落）→名篇（段组成篇章）→名著（篇集成著作）→名学（著作研究或学问）→名统（学谱或系统）的文化知识进程，即：非文字符号的纯逻辑形式之推断与解析，是认知主体的合经验内涵之总结与塑造。

其认知主体是理想塑造的圣王，不是现实造就的民众。圣王可效仿天道作为，完善人生，创建美好生活事业，管理国家规范发展，惠顾民众幸福享受，是社会存在的楷模与历史推进的目标。民众学习圣道，总走在求学、求道与为贤、为圣的希望之路上，绝对服从圣王管制，普遍遵守圣训、圣旨与王命、王道。因而，民众关注不作重点考量，圣王效法为至要追究。他追究什么呢？或取法何种存在模式发展众生？此模式的本性规定即“清静”，气质变化即“和顺”，低调态度即“因应”，平常理想即“诚信”，教条内容即“名实”，残酷手段即“赏罚”，良善目标即“德威”，曲折进程即“毁伤”，作用对象即“国民”，圆满结局即“保全”。在这种模式追究中，大众直接拂逆天意、人心，后果是生存成天下的病患、死亡为利好。为何这样惨淡收场呢？因为丧失天意人心的生活病毒侵染、种下死亡的结果，得不到“天道”模式的护佑，只能被抛舍在找死的归途上自甘堕落与灭亡。这是以圣王接受天道之实，督导民众、执行圣意之名，突出顶层设计之正，规范底层活动之奇，步入文化生命正轨，可分享宇宙生命大德的认知模型。此有高妙原理与大致态度及深远意涵，无细密步骤与具体措施及明确收益，重在主体审查与受众反应，轻于客体剖析与要素架构。这是《指归》的名实合当原则所确认的圣王主体与天道模式。

也可说，名实相违、相争、相正、相胜是其顺遂、谐和、应当、克制的关联表达，区划为两个领域与两个空间。在此领域、空间的原理把握上，凸显圣王的实际效仿与创造任务，构建天道运作模式的真际自化与圆融图景，从人生的整体诉求推引出总体认知的原则要求。即人文的名，可规划人为的实；人为的实、可审查人文的名。二者相合、相成，也相分、相限。其合成，求正当的融通表现；其分限，为独立的领域空间；在分合中，推进其意义实现。这揭示名义确认的合当原则，由实际希望的圣王主体与天道模式，作合理决定与有效修正。

综上所论，正法→正名→正实是形名逻辑推理的最简式，此由意象思维法则、推出形名逻辑模型、规范生活事物发展，正法是设定的原则、正名是演绎的内涵、正实是归纳的表征，构建其融通合当的总理路与理想主体取法、重塑的总模式，此总理路是人法名实、总模式是天道自然。反过来看，正实→正名→正法在生活世界的应用程序，即应从自正的生命事物存在、推得自言的文化生活形式、确立自信的精神法则要求。由此知其正实是自然的造化，正名是人文的演化，正法是人心的定式，体现《指归》命运固化的总诉求与实际载体造就、守护的总归宿，总诉求是真得实名法、总归宿是美善终极。前者由先验到后验、靠形名逻辑证验，后者从先天到后天、凭生命事物呈现，二者需理想与实际的认知主体的综合考量及分别对待。此名的法之实的逻辑求证与它的实之法的命运展呈，重在命运展呈中考察逻辑求证的原则、非程序，不在逻辑求证中说明其命运展呈的可能与现实。这是亚里士多德形式逻辑的三段论纲要推绎①与严遵形名逻辑的三步骤要领求证的核心差异。前者突出思维的三大自然（客观性保障）规律，即矛盾律、排中律、同一律的形式求解，却轻视内容建构；后者彰显认知的三大人文（主体性觉悟）规则，即正法、正名、正实的内容求证，却忽视形式排列。亚氏试图建立超验的逻辑公式，统系繁杂的自然科学表象，突出纯物理的因果规律的明细运动；严氏要构筑经验的逻辑定式，维系纷乱的人文科学意象，凸显人类事理的名分规则的大体作为。

第三节　由“分”推断“名实”的“度数”

前面讲《指归》哲学方法的起点、动力与原型，以无形为宇宙生命的限度、生形为此生命驱动、有形为此生命造型、可形为其适当认知，其思维过程与结果以人心意象为自然法式、天地法象为道德本因、万物具象为精神成就，逻辑内涵与意义以形名为语言模范、事实为理论内容、功效为文化诉求。由此，展呈

---

① 亚氏“第一次完整而明确地提出并陈述以矛盾律为最基本规律（另包括排中律、同一律）的元理论以及从这个元理论出发而创立了以三段论为主要内容的谓词的或概念的（形式）逻辑”，他的“逻辑规律”受其“哲学本体论和认识论的羁绊”、混淆“事物规律与思维规律之间的关系”，也混淆“形式逻辑关于推理的有效性同认识论关于认识本身的真实性”，其“以自然语言为主”“过于强调规律”而忽视“以人工语言为主”的规则研究［参见郑文辉：《论亚里士多德形式逻辑基本规律的学说》，《中山大学学报》（社会科学版）1993 年第 3 期，第 53、59 页］。引文括号内说法是注者根据上下句意所补加；此表明形式逻辑的元理论之认知规律系统建构的基本内容即矛盾、排中、同一，其与哲学本体论、认识论的纠葛及自然语言表达方式，对事物规律与思维规律的联系、有效推理与真实认识的关系、自然规律与人文规则的关联未展开足够讨论与完整阐释。

“形”之原型塑造的适可、意象思维的定向与形名逻辑的合当。本节将对此物“形”，经“象”意之思索与“名”言之陈述，所得的分理、分度、分类、分数、分职，作总量权衡①。

一　分理

形的理分，前引“分”解释是范轨、性分、职分以区别道德生人、天地足人、侯王守国、臣民奉职、万物养身，此含认知主体的能动性与统摄力；又引作本分、职分、身份护持性命、创建事业、承担角色，这说明“分”的先天本命、生活职业、价值定位。此以什么理则区分，或其判据是何？此理分，有天生的“分理”② 与人

① 总量权衡，其总量既不比较也不定性，而是笼统的完整考量，它不需要进行事实的数据统计与运算，也不用作价值的全面评估与兑现，是一种根本性的实质统筹与核心组分；其有别于佛学性智或证量之灵察与量智或比量之修行（“‘为道日损’的‘性智’”是“悟”、识“体”、见“德性”、称“证量”或“体认”，“‘为学日益’的‘量智’”是“觉”、知“用”、为“见闻”、称“思量”或“思辨”，参见郭齐勇：《熊十力哲学研究》，第82—84页；“因明学所说的比量就是推理”而分作心证内推“自悟”的“为自比量”与言证外表“悟他”的“为他比量”，此比量又可区分为“自、他、共”而对应于“宗、因、喻”，见沈剑英：《论因明之三种比量与简别方法》，《社会科学战线》1980年第4期，第61页），也不同于科学理性界定的质、量、度之系统分析（纯科学的客观逻辑之有或存在的三种规定性，即“作为规定性”本身的“质”、作“被扬弃了的规定性”之大小的“量”和“作为从质方面规定了的量”之“尺度”，参见［德］黑格尔著，杨一之译：《逻辑学·上卷》，北京：商务印书馆，2009年，第66页），它主要是宇宙生命的直接体验与文化观念的意义觉解。择要说，它是宇宙生命整体的人为权分，提供具体认识的大致向度。

② 两汉关于“分理”的说法，如“圣人之同死生通于分理”（《说山训》，刘文典：《淮南鸿烈集解》，下册，第657页），“小肠大肠，心肺之府也，主礼义，礼义者，有分理，肠亦大小相承受”（《性情·右论五性六情》，陈立：《白虎通疏证》，上册，第388页）等。此为（自然）生命的分理与（社会）生活的分理如礼义，简称作命理与生理，合为生命原理而有整体与部分的承受。

为的“分度”①。《指归》如何明达、推定其形的分理呢？或它怎么在原形中找出理据、拓展理路、建立理则与完善理论？由此理论的依据、方法、标准、系统，怎样融贯成一个分判整体呢？此形，是实物的纹路，为物理；是天文，为天理；是地貌，为地理；是人文，为文理；是事件，为事理；是情状，为情理；是意念，为义理；是法条，为法理；是道德（得），为道理；总之，所是表现，为所定理。然而《指归》未细分各种理路、建立特定理则，仅提供模糊的理据、形成简要理解，即：

(上仁之君）睹微得要，以有知无，养生处德，爱民如子。昭物遭变，响应影随，经天之分，明地之理。别人物之宜，开知故之门，生事起福，以益万民。(《上德不德篇》，第5页)

故其为物也，虚而实，无而有，圆而不规，方而不矩，绳绳忽忽，无端无绪，不浮不沉，不行不止，为于不为，施于不与，合囊变化，负包分理。(《得一篇》，第9页)

是故，夷道若类，使正玄起，除其法物，去其分理。从民之心，听其所有，灭其文章，平其险阻。折关破键，使奸自止，坏城散狱，使民自守。休卒偃兵，为天下市，万方往之，如川归海。

① 两汉对“分度”的讲法大致有，“日行十二分度之一，岁行三十度十六分度之七，十二岁而周”（《天文训》，刘文典撰：《淮南鸿烈集解》，上册，第107页），“日历得其分度”（《封禅·右论封禅之义》，陈立：《白虎通疏证》，上册，第286页），“分度以定则正督经纬，而四分之一，合各九十一度十六分度之五，于是圆定而正”（程贞一、闻人军译注：《周髀算经译注》，上海：上海古籍出版社，2012年，第112页），“其星若日有分者，分子乘全为实，分母为法。其两有分者，分母分度数乘全，分子从之，令相乘为实，分母相乘为法，实如法得一，名曰积度”（《律历志下》，《汉书》卷二十一下，第四册，第1004页）。

大方不矩，无所不包。方于不方，直于不直，无圻无堮，无法无式。不方不直，万物自得。不直不方，天地自行。在为之阴，居否之阳。和为中主，分理自明。与天为一，与地为常。(《上士闻道篇》，第14、15页)

白黑分明，曲直异理，是非自得，奸邪不起。(见前引《善建篇》)

正国纲纪，分明察理，元元本本，牵左连右，参伍前后，物如其所。(见前引《以正治国篇》)

未然之时，慎之不来；在于皮毛，汤熨去之；入于分理，微箴取之；在于藏府，百药除之；入于骨髓，天地不能忧而造化不能治。(《为无为篇》，第78页)

除《善建篇》《以正治国篇》在“名实”对证与互动中补益认知的内容完善与形式表达外，其有“形”之黑白、“意”或“象”之曲直、“名”之是非与“分”之奸邪的判识，也有国之纲纪的总理之述要、人之辩论的分理之证明、命之本根的原理之追溯、运之左右的前后之推理、物之安顿的变现之实理。这表明其分理取自国、人、命、运、物等，考察其黑与白、曲与直、是与非、奸与邪、正与奇、明与暗、本与末、左与右、前与后、能与所等。此既定的总体理路与绝对理则的规引下，上仁之君体察命运的精微与治国的纲要，需了解人物的适宜与开启知故的法门，从现有人物的命运认知与祸福起灭、推测其隐藏无限可能的生活样态与天地构筑。此君先“得要”立德、广推一切、护养民众，再应变、禀受先天性分与后天命理的孕育发展，最后判别其宜与不宜、开创经验知识的谱系与具体事务的效益以实惠大众。这是仁君觉解天地分理、统摄人物知故、创构民众福禄事业。把这种人为与人文的因素剔除，纯粹考察事物变化的分理，返回宇宙生命的虚实、有无、方圆、恍惚、始终、浮沉、行止、施受、常变、分合中自然展呈与收敛，这是生命的分理演化天地万物的所有可能与表现。前者是仁君法理、以天地人物融贯福禄事业，后者是生命原理、以无限可能拓展全部实存。二者如何有效对接，或生命原理怎样合理又合适变成仁君法理？这是“为无为”① 的自然造化所成就的天地杰作、整体顺承其固有理则与具体推扩其实际理路，也是“名可名”② 的人物知故所揭示的认识原委、个体力求理据说明与群体纠结理论辩难。由此无为的命运操作与可名的人物认识，体会生化之初、表、里、终所展现的全程、内蕴、作用、结果。这是人物生理的经验考察，即以疾病之萌、显、治、忧、结，观察未然之状、皮毛之症（或征）、肤理之痒（或痛）、脏腑之害（或祸）、骨髓之命。可见，身体疾病命运的分理即命理与实效对治的方法即实法是变化发展的。

① 河上公注解此是“因成循故，无所造作”（王卡点校：《老子道德经河上公章句》，第245页）；王弼解其为“以无为为居，以不言为教，以恬淡为味，治之极”（楼宇烈：《老子道德经注校释》，第164页）；（疏）“凡所施设，功与化冥，于为非为，故曰无为。此明心”，（义曰）“心业所起，有用而无形，凡所作为，起于心也，无为则心业净”[（汉）河上公、（唐）杜光庭等注：《道德经集释》，下册，北京：中国书店，2015年，第942页]；释德清解此是“凡有为，谓智巧”“然道本至虚而无为”“独圣人以道为怀，去彼取此，故所为者无为”[（明）释德清著，黄曙辉点校：《道德经解》，上海：华东师范大学出版社，2009年，第122页]。

② 帛书甲本作“名，可名也，非恒名也”（高明撰：《帛书老子校注》，第221页），汉简本作“名可命，非恒名也”（北京大学出土文献研究所编：《北京大学藏西汉竹书·贰》，第144页）；河上公注此“谓富贵尊荣，高世之名也”（王卡点校：《老子道德经河上公章句》，第1页），王弼说“可道之道，可名之名，指事造形，非其常”（楼宇烈校释：《老子道德经注校释》，第1页）；（疏）“可名者，言名生于用，可与立名”，（义曰）“无用则道凝，有用则名立”[见（唐）杜光庭等注：《道德经集释》下册，第593页]；释德清认为此“明世人居有为之迹，虚名不足尚”，学“圣人处无为之道以御世，功不朽而真名常存”（见其《道德经解》，第35页）。

基于这种分理的自然演绎而非人文推导，我们需转进“礼节”的人为分度，在人类经验生活中考察其原理应用与内涵要求。这是分理的生命笼统，待分度的生活细节填充。

二 分度

据前述，可知“无形”是生命限度与活动尺度，制约有形之物与意念之事的同时，权衡生命事物的实体存在与客观发展。尺度是规定的“质与量的直接统一”，它“既是一种通常定量”“又是特殊的”且“实在化”与“外在”的可能被扬弃之规定。[①] 此历史辩证思维所纯粹规定的形式逻辑尺度，与《指归》的意象思维规范的形名逻辑分度有区别，后者是主体经验感知的外化与客观整体生命的内化的中和权量，虽被明确赋予直接性、统一性、现实性、特殊性、暂定性、外在性与发展性，而非实体超验认知的抽象概念与其普遍演绎的客观意义证明。此分度是宇宙生命日历与实际、提供给人类社会的刻度与标准，是认知主体特殊分享与长期遵守的自然习惯与规则，未经逻辑科学思维审查的直观生命真谛与客观生活法则。它不把抽象概念符号恒定为绝对精神的普遍信念，将具体内容诉求落实为日常规范的特殊意

① 参见［德］黑格尔：《逻辑学·上卷》，第408页。

念，推崇周文的礼乐熏陶与秦汉的礼法教化①，不尊崇柏拉图至善的理念设计与基督教万能的上帝指示②。这也是人活着的“实用理性和吃饭哲学”，其“‘度’的本体性”是“掌握分寸，恰到好处”，此度不在“任何对象”“意识”中、在“人类的生产—生活活动中”，它是“成功的实践活动中”主动创造的“和”“中”“巧”，即“主观合目的性与客观合规律性的一致融合”。③此知《指归》不像《淮南子·天文训》《汉书·律历志》彰显日月分度的历史规律，它将此规律归结在自然原理中推引礼节分度的现实规范，即：

---

① “周代的‘礼’正是从政治制度层面、礼典仪式层面、道德伦理层面等各个方面熔铸了整个宗周礼乐文明”（江林：《〈诗经〉与宗周礼乐文明》，浙江大学2004年博士学位论文，第10页）；贾谊论述“礼法同源”“礼法并用”“礼为主，法为辅”，徐复观说其政治思想“以礼为体，以法为用”、构建“人与人的合理关系”“发挥以礼为政、以礼为教的效能”（参见唐雄山：《贾谊礼治思想研究》，广州：中山大学出版社，2005年，第238页）；“汉儒综合‘礼’、‘法’，要求等级名位各有其相应的礼义德行，以此为教，用来维系传统社会宗法等级秩序”（张造群：《礼治之道——汉代名教研究》，北京：人民出版社，2011年，第39页）。此知，汉代社会在礼乐文明引领与礼法规范指导下合理构筑与有效维系，成功教化众生、修正言行，认可等级名分约束。

② 古希腊讲求对话技术与可靠知识的“辩证学”以“意典”为研究对象，其意典或理念是“有常的东西，不易的真理”、是“本体或原理”和“哲学的盘石”、具“普遍性”“纯一性”“永久性”“独立性”“实在性”“目的性”（参见严群：《柏拉图及思想》，北京：商务印书馆，2011年，第58、64页）；“基督教对哲学的主题构成的贡献”在“普遍的经验意识”中“世界及其所有部分的偶在”“人的个体性”“历史作为一个不可逆的、对未来开放的过程的发现”“对理解人的自由的作用以及爱与和解的概念的作用”，它“真正的自由出自与上帝的和解”并成为“与善相统一的意志”，其近代文化转型发展“首先在于把上帝理解成为人的主体性以及世界知识的最高条件”（参见［德］潘能伯格著，李秋零译：《神学与哲学》，北京：商务印书馆，2013年，第121、147、163页）。这绝对“理念”或至善“意典”，是辩证的恒常本体与普遍的知识原理，成为哲学思考的可靠基础；基督教哲学突出人类经验意识中世界的偶在、个体的独特、历史的开放与自由的和解，所形成的万能之上帝观念。

③ 参见李泽厚：《历史本体论·己卯五说》，增订本，北京：三联书店，2008年，第8、9、10、11页。

道德之化，天地之数，一阴一阳，分为四时，离为五行，纶为罗网，设为无间，万物之性，各有分度，不得相干。(《名身孰亲篇》，第24页)

夫道德废，淳朴亡，奇物并作，知故流行。礼节起，分度明，万物有条贯，百事有纪纲。封疆画界，治邑屋，州乡里，国有忠臣，家有孝子。录内略外，双身为友，损彼益此，务以相厚。(《知不知篇》，第97页)

取而不能以息，予而不能以费，去取有分，无所憎爱，留柔居弱，归于空虚，进退屈伸，常与德俱。(《生也柔弱篇》，第110页)

损不可逃，益不可距，祸无常留，福无常处，各受一分，不得兼有。(《天之道篇》，第113页)

万物从宇宙生命的本性上看各有生活尺度，适宜衡量其具象存在；这是自然原理内涵规定的道德天地与其形式变化的阴阳四时五行，所共同构筑的整体独特与个体样貌。它们被编织在宇宙生命大网中，圆融无碍地体现其独有的活动内容与完整的存在样式，像人被设置在历史文化网络中，自主自律地范导其实际诉求与理想塑造。这张生命大网，笼罩一切事物的生存与发展，推出遵守历史规律与靠身心协同觉解的文化谱系，维持全体人类的思想与实践。此自然的道德原理与天地的阴阳程式，建构万物的演变分度，蕴涵自觉的文化原则与书写的历史程序、规划社会的关系模式。这种模式是日常生活礼节，它对宇宙生命一员的人是一种社会框限，是对自然的道德内涵之裁剪与生命原理之效法，是人创造自己的生活器物、重构其文化天地的独特标识与规范形式。依此能明察各种器物制造的历史条贯，明达日常琐事处理的适用纲纪，这是人类社会的礼节分度的大概功效。此宇宙生命的日月分度与社会生活的礼节分度，已在《史记》的《礼书》《乐书》《律书》《历书》《天官书》等中完备，无须专门说明，只要笼统提及，就足以让当时人清楚怎样去遵守与执行。但自然的生命尺度将无力开解其始终的命运约束，社会的文化尺度可有意开悟其特定的生活局限。人在生活创造与享受中“取”“予”不能过度，否则，会损益他者而无知，祸福自身而无常，不懂进退处留。也可说《指归》，未直接提供日月分度、建构历史王国，也没具体赋予礼节分度、维系生活世界，是通过宇宙生命的道德内涵、展呈其可能的大体网状并以物性推定其存在的分度，借助文化生命的知故内容、设计其现实的运作程式并以人事明察其发展的尺度，提出取予有度、爱憎有别、刚柔有济、进退有德、损益有道、祸福有受、兼独有和的警示原则。《指归》依照此两个分度，要求二者的生命原则的适度融通①、不是绝对疏隔。

这个“度”的自然生命超验感知的日月神奇与社会生活经验把握的礼法俗套，在《指归》相关表述中可见类似说法如“秉权操变，以度时世”“旁流不可揆度”“贵贱同域，存亡一度”“深度柔弱”“历度四海”“超然大度”“度不能度，而量不

① “天道自卑。无律历而阴阳和，无正朔而四时节，无法度而天下宾，无赏罚而名实得，隐武藏威无所不胜，弃捐战伐无所不克；无号令而民自正，无文章而海内自明，无符玺而天下自信，无度数而万物自均。”王德有译解“天的法则是自谦”，没有律历、正朔、法度、赏罚、号令、礼乐、符玺、度数，而阴阳和谐、四时合节、天下宾服、名实相符、人民自正、海内自明、天下自信、万物自均（见其《指归》译注本，第 80、81 页）。此以宇宙生命的自然原理、不是文化生命的社会法则，融贯阴阳、四时、天下、名实、威武、战伐、民众、海内、信符、万物。

能量”① 等，这是秉持生命的权变以测度生活的时世、要旁通所有、一体存亡、沉潜柔弱、横贯四海、超越涵摄、无限度量。此当为宇宙生命的自然分理，整体推演文化生命的社会分度的历史规划与现实证验，是大原则与大变化的尺度揣测，而缺小程序与小细节的步骤落实。

三　分类

由上可知在分的系统标识中，宇宙生命的自然分理与文化生命的自觉分度是其基本原则，而万物的分类与分数是其具体方法，在此原则指导下进行合理规划与合适建设。分类是一种具体的笼统方法、概括实存物的总体类别，分数是一种具体的精细方法、计量此实存物的确切数目。它们是经验总结的具体、做了理智分析的概括，前者着重在大的方法领域与内容的规整，后者强调小的方法统计与推算的规范。人们对事物分类，为的是能将其分别，而分别的办法是分数。古代接近“分类”② 的方法认知与

① “掌握权柄操持变化，用以运转时世”“广横不可度量”“以贵贱为同域，以存亡为一体”“深深越过柔弱”“经历四海”“超越凡尘心胸开阔”“度不能测度，量不能计量”（见《指归》译注本，第16、17、24、27、35、38、56、57、78、79、127、128、157、158页），可得“度”之义是推度或推测、度量、体、越过、经历、开阔、测度或计量，作名词之本体、标准或度数或法度和动词之推测、计量、度越及形容词之广度、深度、大度（此三度，能还原为名词之程度与动词之超度）。就此知生命之推度、广度、体度、深度、历度、开度、量度，即生命之推运时世、推广内涵、体验存亡、深透柔弱、遍及四海、开阔心胸与计量具体。

② 逻辑概念的“一般分类只是暂时的”，其“分类就是概念的判断”且是“概念对本身在下判断”或作规定；“定义的个别内容通过特殊性”上升为“普遍性”并当作认知的“客观基础”，在此基础上的“分类表现为普遍的东西的、最初的东西的判分”（参见［德］黑格尔著：《逻辑学》，上卷，第43页；下卷，第503页）。

本体把握是《尚书 · 虞书 · 舜典》之“帝厘下土方，设居方，别生分类”与《荀子 · 劝学篇》之“《礼》者，法之大分、类之纲纪”①，其预设了认知主体的方域区分的可能类型与规范客体的礼法纲纪的实际样式。《指归》无“分类”的直接说法，有相近的惯用观念表达即：

> 天圆地方，人纵兽横，草木种根，鱼沉鸟翔，物以族别，类以群分，尊卑定矣，而吉凶生焉。由此观之，天地人物，皆同元始，共一宗祖。六合之内，宇宙之表，连属一体。气化分离，纵横上下，剖而为二，判而为五。或为白黑，或为水火，或为酸咸，或为徵羽，人物同类，或为牝牡。(《不出户篇》，第 32 页)

> 饰智相愚，以诈相要，防堤邪淫，奸伪之路密。分别同异，是非之变众，则国家昏而政事衰。作方遂伎，雕琢文彩，奇变异怪，以褒有德，以别尊卑，巧故滋起，俊出愈奇。(《以正治国篇》，第 63 页)

> 味之于无味，察之于无形，故能分同异之类，明是非之情。为之未有，定之未倾，勇功不见，知名不称，福不得起，祸不得生。无福之福，兴于无声，无祸之祸，息于无名，主安民乐，天下太平。(《为无为篇》，第 77 页)

> 是以圣人，执道之符，操德之信，合之于我，不以责人。故有德之主，将欲有为，必稽之天，将欲有行，必验符

---

① 此《舜典》引语为《书序》所记，“正文已无”，见李民、王健撰：《尚书译注》，上海：上海古籍出版社，2009 年，第 25 页。“《礼》所以为典法之大分、统类之纲纪”，其类“谓礼法所无、触类而长者”，其《礼》是“道德之极”与学之终止处；参见王先谦撰：《荀子集解》，上册，第 14 页。

信。求过于我，不尤于民。归祸于己，不怨于人。故是非自定，白黑自分。未动而天下应，未令而万物然。(《柔弱于水篇》，第116页)

《周易·系辞上》有“方以类聚，物以群分，吉凶生”说[①]，《礼记·乐记》《史记·乐书》将此“吉凶”更作“性命不同”[②]，《淮南子·诠言训》归结为“皆形于有”并以“太一”统天地、“分物”为鸟、鱼、兽[③]。到“《指归》完全吸收了《系辞》的观点”[④]，它推天地人物“同元始”与共“宗祖”并“一体”判分阴阳、五行、万类，并照搬董仲舒“天地之气”作阴阳、四时、五行的“生成论说法”[⑤]，“其物我一体的理论”沿袭“当时流行的天人感应思维范式”[⑥]。天地、万物、人一体受用的“生成序列”，对“圆方、纵横、种根、沉翔、族别、群

---

① 高亨：《周易大传今注》，第451页。高亨注“方当作人”以推人有类聚、物有群分，此“异类异群矛盾对立”生“吉凶”。并且，此句前有“天尊地卑”定“乾坤”、由此“卑高”陈“贵贱位”、由此“动静有常”断“刚柔”，后作“成象”于“天”、“成形”于“地”、见“变化”(参见该书第450页)。

② 此句译解为“动物各依种类相聚，植物各依群体相分，那么它们的禀性、生命也就各自不同了”(王文锦译解：《礼记译解》，北京：中华书局，2016年，第481页)；其“方”释作“动物”、“物”界定为“植物”、“群”推演为“群体”，有些牵强和偏狭，需要相应的文本证据；就我的理解，此“方”按规矩之方圆是“理”、由“一”(道德)之大方是“道”，即以类合于道或理、为总体认识与把握，其“物”泛指万物而不拘限于植物、动物和人类或所有的生物，“群”是根据“类”区分的众多、有合群的需求、也有独特的表征，这是以群分于物或事、为具体认知与判断。另见《史记》第四册，第1419页。

③ 此有“隔而不通，分而为万物，莫能及宗，故动而谓之生，死而谓之穷”(刘文典撰：《淮南鸿烈集解》，下册，第557页)，分隔成万物、有生之动与死之穷而融通为道宗、无生之限、也无死之终，这表明“类”归宗于“道”而“群”区分于“物”，绝非“物”分别于“群”而“类”归结于某种物。

④ 陈广忠、梁宗华：《道家与中国哲学(汉代卷)》，第231页。

⑤ 参见金春峰：《汉代思想史》，第358页。

⑥ 参见张运华：《先秦两汉道家思想研究》，第278页。

类、尊卑、吉凶之分”的“元始、宗祖、根本”追溯到“道”，阐明其“共同始源”“共同生长的场域”且“形成一个密不可分的整体”。① 这正是群物能分类的宇宙生命根源与现实活动样态的过程概况与内涵体验，根源是自然之道、样态是各色之物、概况是气化一切、体验是无所不能，这是人眼观的认知对象推测的始源、涵养与流露。

除此直观的事物分类原则的大概把握，尚需人心思的是非权衡、区别眼前的同异；其是非标准可辨识大众的智愚、欺诈、邪淫、奸伪并决定国政兴衰，而其异同状况可从方技、文采、奇正、德行、尊卑、巧故中作必要澄清，这具有心灵的主观判断的悟性觉解的独断意味，缺少头脑的客观推理的知性证明的复合考量。人们应不知不觉接受头脑的“无味”“无形”的理智审查、区分异同与是非，对其为、定、勇功、名称、祸福、声息、安乐、太平有清醒的认识，这是由《指归》思想的方法认知而非生命本体的理据说解。此眼观的异同、心思的是非、脑知的得失，须表现在口述的信符上来判黑白。这一切认知对象、意象、形象与法象的合理保证与有效保障，由理想主体即圣人提供。

四 分数

《指归》对“数”的表述，同“理”“度”“类”的表述一样笼统，无详细的内容解说，也无严密形式推演，如“反，其大数”“道之至数，一之大方”“通明数术”“天地之数”“无度

① 参见陈慧娟：《两汉三家〈老子〉注养生思想研究（下）》，第223—224页。

数而万物自均”“知万物之数”“虚实之事，刚柔之变，死生之内数”“有类之徒莫不有数”“法数相参，故能大通”“方数千里”“一奉天数”“神明之数”“死者无数”“为为之为者，丧真之数”“断狱万数”“不可胜数”“丧神之数，在于自专”“知者，保身之数，全国之具”① 等。此数有大有小也有中，大到天数、全数、至数、无数，中到数术、度数、内数、法数，小到万数、方数、知数、胜数，还有明数、真数、神数等相关“数”的一些界识，既是宽泛的理数或天数、也是概略的量数或度数、还是神秘的气数或实际的物数，这由人分判、估计、界识、推算、统合与规范。此指出：数之极，是道之反；物之类，受数之限；参此数，定人之法；法之度，明事之理；理之全，得数之知；知之具，助巧之为；为之伪，失真之神；神之灵，通命之运；运之气，化数之专或常。即，数是一种定式，框限生命事物的存在与发展，它也是一种变则、融通各种可能的互动与统系。这意味着，《指归》的数不仅被赋有分类之道或理的原则内涵，还具备分度之物或气的流程形式，以分理的原则、构建分度的规范、实际表述分类的可能与情况。其代表性阐述如下：

人物禀假，受有多少，性有精粗，命有长短，情有美

① “反，是它的常规”“道的终极法则，一的最大规范”“精通巧术（数：气数）”“天地的气数”“没有度数而万物自均”“知晓万物的理数”“死生的内在运数”“有类别的东西没有不有限的”“法规与气数相互交错”“方圆数千里”“完全遵循天数”“神明的气数”“死者无数”“失真的理数”“断案以万为数”“不可胜数”“丧神的理数”“保养身体的气数”（《指归》译注本，第25、27、32、33、34、36、38、71、72、80、81、109、110、124、125、136、173、174、207、208、216、218、223、225、244、245、276、277、289、290、291、293、294、356、357页）。此译解，数的两个基本诠释是气数、理数，其常规、法则、巧术、度数、运数、有限、方数、天数、无数、万数、胜数等既有或新增，可在此二者认知中获得本义与变义。

恶，意有大小。或为小人，或为君子，变化分离，剖判为数等。故有道人，有德人，有仁人，有义人，有礼人。（《上德不德篇》，第 3 页）

天地之数，一阴一阳，分为四时，离为五行。（见前引《名身孰亲篇》）

释虚反实，以极为事。上知天高，下知地厚。明阴阳之分，知万物之数。昼见星于天，夜见鱼于川。耳比八风之调，目领群兽之毛。此思虑之极也，无益于存。（《为学日益篇》，第 38 页）

垂拱而诸侯忧，跷足而天下恐，发号而天心悲，举事而神明扰。亡国破家，身分为数。夫何故哉？去和弱而为刚强也。（《生也柔弱篇》，第 111 页）

人物之数分为二是孔子儒家辨识的君子与小人①、分为五是老子道家分析的“道人”“德人”“仁人”“义人”“礼人”②，

---

① 孔子说君子“周而不比”（《为政》）、“怀德”“怀刑”“喻于义”（《里仁》）、“坦荡荡”（《述而》）、“成人之美”（《颜渊》）、“和而不同”“易事而难说”“泰而不骄”“上达”“道者三（仁、知、勇）”（《宪问》）、“固穷”“病无能”“求诸己”“矜而不争，群而不党”“可大受”（《卫灵公》）、“有三畏（天命、大人、圣人之言）”（《季氏》）等，小人反之。（参见朱熹撰：《四书章句集注》，第 57、71、73、102、138、148、149、156、157、162、166、167、169、173 页。）其对君子的周、德、刑、义、坦、美、和、易、难、泰、达、道、穷、病、矜、群、受、畏，作大体说解与基本判分，成后世儒者对君子的总定位与经典认知。

② “在《指归》中，因着气化的分离合和，产生不同层次的人格有圣人、道人、德人、仁人、义人、礼人，甚至等而下之的有众人与俗人”（陈慧娟：《两汉三家〈老子〉注养生思想研究》，下册，第 394 页），此节是《老子》第三十八章“道、德、仁、义、礼”之先后关联的知性主体发挥与理想基调涵摄。此五人之分判，“除为人性论、修养论上之分判，亦为政治论、儒道高下之分判”，还作为“《指归》修养论与政治论”的“中介环节”（参见陈尧义：《严遵〈老子指归〉义理析论》，第 94 页）。

此是根据其经验生活禀受的多少、特性的精粗、命运的长短、情感的美恶、意义的大小来划分，它不是绝对标准的先天设限以求纯粹的恒定隔离，而是相对内容的后天变化以作适时的普遍融通，剖判为某个数如二或五、也并非单纯形式上的定数，应为综合内涵认知的定理，即以自然道理落实为社会法度的类别区分的主体表征，不是数学原理演绎为逻辑尺度的格式说明的客观形态。此数，上推是天地之数以分判阴阳、四时、五行于眼之俯察，中推或内推是万物之数以统合虚实、天地、阴阳、昼夜、耳目于心之思虑，下推或外推是万事之数以解构威权、名利、情理、形神、强弱、存亡于脑之决断，而后是合推万言之数以建树恒定、绝对、普遍、标准于口之楷式。这是数的概观之分别，关联人物、天地、万物、万事、万言的生命纽带与生活承受，它不是数的精准确定，以演算其常数、整数、分数、对数、函数、极数、导数等的逻辑排序与数学公理①。或，该数是先天的生命合理性与后验的生活可靠性的具体分度，非只是纯粹抽象的文化精

① “逻辑可以说明数学，但不能证明数学”；数学真理“建立在一种牢固的、平凡的、‘总体’的直觉上”，趋进“绝对真理”；据“逻辑经验论者的正统观念”讲，“数学是先验的、同语反复的、不可谬的”；“数学证明本质上具有三种不同类型”即“前形式的、形式的、后形式的”，前后两种证明是“实际的数学主题”与清晰的经验材料、易“陷入某种不确定性”，数学形式证明“绝对可靠”却不完全认肯其可靠性（参见［匈］拉卡托斯著，林夏水、薛迪群、范建年译：《数字、科学和认识论》，北京：商务印书馆，2010 年，第 29、31、37、109 页）。“数学研究的量并不是具体的量”是“抽象的量”如“自然数、实数、三角形、圆、常量、变量、结构等”，“数学的成果以定理的形式表现出来”“通过演绎方法”证明（参见林夏水：《数学哲学》，北京：商务印书馆，2003 年，第 253、254 页）。

神性与完全表象的社会物质性的形式证明[①]，后者不过是前者在人的思维认知层面的进一步细化与深化。也可说有此数的宏观估量，才有它的微观计量，保持其度的中观测量。简括此四种数是，人物之数可品分为二或五、天地之数分化为一却流转为（时间构成性的）四或（空间构成性的）五、万物之数演算其生命群体与思维极致、凡事之数体现其生活大众与国家强弱。这是数的生命哲学分析，非其自然科学的逻辑推证或几何算术的形式建构。这是典型中国传统社会经验生活分度的分数衡量[②]。

以上关于数的说明，知《指归》的分数同分类一样，是概观的方法与内容的经验审查，绝非详实的计量与演算的逻辑求证。其分理与分度是合适生活原则的构建，分理是其总原则、分度是它的细规则，它的分类与分数是特定认知方法的说明，分类是此方法的大体、分数为其小体。在此原则与方法的经验指导下，有必要深入考察其经验生活的具体作为，即分职。在此原则、方法、作为的“分”中，才能明确《指归》的认知理度、类别与职守。

---

① “数和形式反映现实世界的量的关系和空间形式的‘原子’和‘细胞’”；中国仰韶文化器物遗迹里已有类似“‘对称’、‘平行’、‘等距’等抽象的观念”，西周甲骨文刻有“从1到9九个数字”和“十、百、千、万”计量单位并使用“干支纪日法”，《周易》数学思想有强烈的实用性、“独特的算法化”、辩证—极限、初步组合等表达（参见孙宏安：《中国古代数学思想》，大连：大连理工大学出版社，2008年，第7、11、14、28—29页）。

② 老子曰“计人众寡，使有分数，设机械险阻以为备，制服色等，异贵贱”（王利器撰：《文子疏义·上礼》，第527页），鹖冠子曰“阴阳者，分数所以观气变”（黄怀信撰：《鹖冠子校注·学问》，北京：中华书局，2014年，第310页），墨子讲“轻重分数各有请”［（清）孙诒让撰，孙启治点校：《墨子间诂·旗帜》，下册，北京：中华书局，2001年，第582页］，《主术训》有“人主不明分数利害之地，而贤众口之辩”（刘文典撰：《淮南鸿烈集解》，上册，第345页），《历书》“盖闻昔者黄帝合而不死，名察度验，定清浊，起五部，建气物分数”（《史记》第四册，第1505页）。

五 分职

前述“品物流形”探讨道德、天地有分与分人，阐释其自然性分可上推宇宙生命的理分、下导文化社会的职分、确认生活个体的身份或分；又在“天地法象”提及殊分异职的道德根源与礼法纲要；再是生命分理与生活分度的大小原则认知，万物分类与人事分数方法的大概指称，以此识别君臣分职的正当作为的具体考核。此生命理分于自然的整体性与道德的规定性，分理天地的现成性与万物的特殊性，由此自然天地的现成整体与道德事业的特殊规定，明察人的职责与使命。这是从物形到意象、再到名言，终到理分的经验落实。先秦两汉“分职”观念，按分职成就天下事、懈怠与擅取容易坏事[①]，分职是依据法制或法式度量其本任[②]，明达分职是王制的公道与公义、是人们才能与事业的名位与进序[③]，治理民众、授政官吏、敬事大业、进功才干、

① “群吏”“怠于分职”（《非儒下》）、“非其分职而擅取之”（《号令》）、“均其分职，天下事得”（《杂守》），参见孙诒让撰：《墨子间诂》，上册，第290页；下册，第600、624页。

② “上有法制，下有分职”（《君臣上》）、“人主立其度量，陈其分职，明其法式”（《形势解》）、人臣“守本任，治分职”（《明法解》），参见黎翔凤撰：《管子校注》，中册，第560页；下册，第1171、1208页。

③ “百工分事而劝，士大夫分职而听”（《王霸篇》）、“明分职，序事业，材技官能，莫不治理”而“公道达”“公义明”（《君道篇》）、“分职名象之所起”是“王制”（《正论篇》），参见王先谦撰：《荀子集解》，上册，第253、282页；下册，第404页。

显名天下、担任要职、谋共同福利、履行光辉使命①，此涉及分职的道义认定、作为辨别、实效推广、事业成全与制度构建。其对分职的原理、主体、方式、事业与制度，做可能的系统推演与实际的适度操控，确保其完整作为与希望成果。《指归》是否如此，或有不一样表述与推证？下面选取“分职”部分相关或直接的说法，即：

殊分异职，绳绳玄默，引总纪纲，举大要而求之于己。（见前引《治大国篇》）

故人君有分，群臣有职，审分明职，不可相代，各守其圆，大道乃得，万事自明，寂然无事，无所不克。臣行君道，则灭其身；君行臣事，必伤其国。（《民不畏死篇》，第105页）

失道之分，性不可然；失天之分，家不可安；失主之分，国不可存；失臣之分，命不可全；失民之分，身不可生。

守分如常，与天地通。损己余分，与道俱行。祭祀不绝，后世繁昌。过分取大，身受不祥。重累相继，后世有殃。（《人之饥篇》，第108页）

故总安危之大范，秉治乱之至要，使海内之士，尽忠竭能，分职奉公，以宁其上，权势流行，威德隆盛者，知也。

① “分职而治之”为“治之纲纪”之一，参见刘文典撰：《淮南鸿烈集解》，下册，《泰族训》，第817页；“是以群臣分职而治，各敬而事，争进其功，显广其名，而人君得载其中，此自然致力之术也”（苏舆撰：《春秋繁露义证》，《保位权》，第176页）；“王者受命为天地人之职，故分职以置三公，各主其一，以效其功”（见陈立撰：《白虎通疏证》，上册，《封公侯》，第130页）；“王者三公，各有所主；诸侯卿大夫，各有分职”（见张宗祥：《论衡校注》，《顺鼓篇》，第318页）。

心识万端，目窥人事，无所穷极，众臣分散，谓之博闻。博闻故不知。何谓不知？嫌于天道，疑于人事，之谓不知。不知之徒，安乐万事。内多思虑，外多喜欲。既有所憎，又多所恶。易诱以生，可胁以死。(《信言不美篇》，第120页)

分职的殊异状况出现，其从生命认知的根源上看是自然无为之道的“玄默”① 推运，此无体、无为、无迹、无息、无声、无言、无影、无用；从文化社会的纲要上讲是自己追求之德（得）的线索辨识，此有体、有为、有迹、有息、有声、有言、有影、有用。此玄默之道与线索之得是经验生活主体觉解与具体担当，这是生命禀赋的差异表现、反映在人类个体发展与群体成就上。由此分职的总纲或大要，可指导、规范、监察、评价人君与群臣的政治作为，避免其分外作业与越位履职，造成“道”“事”纷争与“身”“国”伤亡；人只有恪守本分且承担本任，才能遵循政治规矩行事、明觉大道、攻克疑难或障碍、获得福禄。人不可丧失其道分、天分、主分、臣分、民分，道分是本性自然之理（为生命赋予），天分是家教安顿之德（为父母给予），主分是王国存亡之法（为君主规定），臣分是幸运保全之术（为群臣归

① “玄默寂寥而化流于无极”“荡荡玄默”“玄默暗昧”（《上德不德篇》）、“玄玄默默”“归于玄默”（《得一篇》）、“玄默而信”（《大成若缺篇》）、“玄玄默默，使化自得”（《不出户篇》）、“至微玄默”（《以正治国篇》）、“冥冥窅窅，芒昧玄默”（《方而不割篇》）、“藏言于心，常处玄默”（《万物之奥篇》）、“玄默托后”（《天下谓我篇》）、“游于玄默之野”（《知不知篇》）、“玄默无私”（《勇敢篇》）、“虚静柔弱，玄默素真，隐知藏善，导以自然”（《信言不美篇》）。王德有译作“缄默”“无息”“缄默无言”“无声”“缄默而函妙”“无言而函妙”“幽暗”“沉默”（见《指归》译注本，第11、14、101、188、219、262、288、361页），此常见义是缄默，推引出无息、无言、无声、无影等义，是妙不可言、闻、见、验的状态描述，这是自然之道的存在状态与发展可能。

纳），民分是自身生活之道（为民众总结）。要经常守护这种本分、履行必要职分，才能得合理的天地通道、发展生命，得合适的生活资源、营养自身，得合法的社会纲要、建设家国，得合意的文化事业、承载历史重任。此生命分理，经自觉的主体人，调治为生活分度，再由期许的理想圣王，作具体事务的社会分类，推广给普通大众，评判价值创造的文化分数，寄望无穷的来者，担负群体希望的历史分职。即从分理与分度的原则或道理到分类与分数的方法或路径，再到分职的作为或责任的经验认知进程。再看《指归》之知的经验主体是“海内之士”、而非神圣之王或君或主，他总领人间安危的“大范”与秉持社会治乱的“至要”，对“上”忠心耿耿、竭尽所能并对下奉公职守、善待众生，既要保障政治权势的全局掌控，又得保证文化威德的整体繁荣，此以士之上下负责、明察“知”之要领的“为”之职守。知之反是不知、博闻、心识纷扰、眼花人事、无所追究、不能集中注意力、太多嫌疑、苟且安乐、多思多欲多憎恶、被生死诱惑胁迫，是不明道理与不懂方法的胡乱作为，是人觉解的正当认知之错谬与失措。

就此言，先提出分职的大要总纲，以归理于道、求证于己；再论君臣分职的规范性作为与悖逆的危害性后果，及其生命的规定性内涵与期许的历史性责任；再是认知主体“士”的分职大要、上下担当与目标，及博闻之纷乱、嫌疑、欲求与困惑。这是总理之道求证于自己，推引规范去落实社会职责，明确主体要避免认知困境的大概分析。这是《指归》认知的终极生活目标，须在现实文化主体的有效职责承担。

综述本章要点，其“分”是在“名”的形式规定下，对生活事物的经验理解与标准度量的原则把握即分理与分度，对类型概观与数目计量的方法提示即分类与分数，对职责操守的作为评价即分职。此原则是自然的宇宙生命的分理，经人这理想认知主体开示与效法，转成自觉的文化生命的分度，把握各自存在与发展的大小标尺；其方法是在此分度下，对天地万物的整体规划与类型归纳，以相对明确的计数界识，判别特殊内涵赋予与局部表征，提示条件限定的精粗认识进路与程度；其作为是此原则的合理指示与该方法的有效规引，它由现实的认知主体担当、履行必要责任、共建希望事业。这受到西汉初黄老思想与中期儒术观念（如司马谈与董仲舒等）的求治、务治、平治天下的理论熏染，沿袭政治伦理意味浓的名义（道）→名理（德）→名言（经）→名教（典）→名分（范）的群体生活的人文逻辑，将老子可名的大、所求的恒或常与孔子正名的中、所得的位或分，改进为可知的理、所证的度来引导众生，使其经验生活有政治规范的价值定位、统系与评判的名分，并且可被改造成其哲学的认识原则、方法与作为的理智，给缺乏方法论指导的传统中国哲学，提供大正的范例、总体理路与实际进向，此可举证方形即方法原型、推演法象即方法意涵、表述理名即方法稽式、确立职分即方法应用。这是《指归》从自然的物形到自觉的意象，再到自治或自理的名言，最后是自律或自制的理分，此正是人的经验认知方法的方之构型与法之模范、其共同完成形—象—名—分意涵的大体进程。由此可见，“分”是《指归》哲学方法的认知终点、归宿与目标，它在生活原则上是终点、在文化系统上是归宿、在精神追求上是目标，是人类思想面向上下（即社会群体的尊卑礼节维度）、左右（即文化个体的平等识别维度）、前后（即历史整体的连续超越维度）规范尺度绽放的三维理性坐标，即自觉的生活、自律的文化、自信的精神。由此归纳得其总的理路，是物的原形以指认直观的造型→心的意象以推引思维的法式→文的名符以校正生活或经验的实有→理的职分以权度观念或概念的适可，这是《指归》哲学方法的大体说明。

第四章 《老子指归》的“自然”哲学本体论

由前面《指归》综述中四种典型说明的本体、方法的相关研究汇总与第二、三章哲学方法的认知原型及主要理路，我们可初步研判其本体的本是自然的本因、道德的本性、神明的本能、太和的本质的四本归一，其体是天地大体、万物中体与人类小体①的三体合体，其用是意欲、言教、器事之术用的三用②应用。接下

① 孟子指出“人”分“大人”与“小人”、是从“大体”与“小体”判断的，朱熹注其“大体”是“心”、“小体”是“耳目之类”（见《四书章句集注》，《告子上》，第341页）；近代张之洞提出“中学为体，西学为用”，简称“中体西用”，这是中国“十九世纪后期一个广泛流行的口号”并沿着洋务派与改良派的思想变化、发展为相对完整体系［参见汤奇学：《“中学为体，西学为用”思想的演变》，《复旦学报》（社会科学版）1982年第1期，第67页］。这从人的大小体与学的中西体所做的观念辨析，不同于严遵从物的大小体所求其适中的基本分法，其物作为判准的中体、区别于天之大体与人之小体。

② 墨子讲“言有三表”即“有本之者”“有原之者”“有用之者”，其“上本之于古者圣王之事”“下原察百姓百姓之实”“（用为刑政）中国家百姓人民之利”；参见孙诒让撰：《墨子间诂》，《非命上》，第265页。这是从“言”的“本”“原”“用”所断的“事”“实”“利”，此当为三用即古用在事本、今用在察实、中用在谋利，主要是经验生活实践层面的内容表达。严遵思想里阐发的三用，是人类文化生命的理论指导层面的基础说明，其用在心而得意、在文而明言、在世而制器。

来的章节会充分讨论此假定依据、具体内容、可能进程与期望成果，依据为虚设的四本、内容为实建的三体、进程为虚实融合的宇宙生命本体即气的流变、成果是自觉的文化生活主体即人的应用。本章重在《指归》的宇宙生命本体内涵[①]理据的求证，从其本因说起。

第一节　“自然”是宇宙生命的本因

已在第二章以无形推引其生命本根在自然、得无限融通的可能，质问此本根的实然、应然、必然、超然、全然、本然等如何绽放全体与活络所有。但古代的自然说法与今天的自然讲法是不同的，正如中国的自然观念也有别于西方的自然理念一样。下面先讨论古今中外关于自然的大致看法与《指归》对此的总体判断，再证解其可能意蕴与实际表现。

---

① 李霞指出“道家哲学的最高范畴‘道’本质上”是一“包含生命意蕴、融宇宙之本与生命之本为一体的概念”，它“是对生命存在进行形而上的终极思考而得到的理论结晶”，以此展开其“气”机制、“德”本质、“自然”本性、“形神”二元结构、“生死”过程、“重生贵生”价值、“自然无为”存在、“形神兼养”修养、“身心超越”境界的系统推证（见其《生死智慧——道家生命观研究》，“导言”，北京：人民出版社，2004 年，第 2—3 页）。此含宇宙生命本体论的核心内涵，即以生命为本、对其存在作形上的终极思考，由此诠解宇宙生命本源之道、本质之德、本性之自然、结构之形神、存在之无为、机制之气化、过程之始终、价值之贵重、修养之兼备、境界之超越。

一 自然的古今说

我们比对《诗》《易》《书》《春秋》《论语》等文献的重要用词，可知“老子是最早提出和使用‘自然’观念的人”，有“我（百姓）自然”“言（希言）自然”“法（道法）自然”“常（命运）自然”“物（万物）自然”①；其后有《管子》《庄子》《韩非子》讲“因自然”“顺自然”的态度与法则，《淮南子》谈“自然之势”“万物固以自然”、《论衡·自然》说“知天之自然”“（气）自然无为”；此作合成词，其义“自是”“自宜”“自成”；此道家的自然法则解释，不同于西方哲学视域的“自然目的论场景”“自然神论（主宰）”与自然规律论（运作），其“自然主义范式”强调“人与自然”的“统一与和谐关系”、它注重“事物自然内在本性”维护、崇尚真实的“素朴无华和纯质无文”、倡导“理想的状态或理想的境界”，此观念融通中国哲学“形上与形下、超越性与人间性”为“宇宙法”“人类法”。② 这是先秦两汉的自然意涵、老子道家的自然法式与西方论域的自然理念，为考察《指归》的自然理据提供必要参鉴与相应补益。

在“《指归》中，道是哲学的最高范畴，但道的根本属性与规定，就是自然”③，它主要阐发“道家这种贵重自然的思想”，

---

① 括号内的文字，是笔者以《老子》通行本与个人理解所增补。

② 参见王中江：《道家学说的观念史研究》，北京：中华书局，2015 年，第 145、146—149、151、154—155、156、163、166、173 页。

③ 金春峰：《汉代思想史》，第 353 页。

其自然为“一切事物和现象的根据或原因”[①]。此自然成为“《老子指归》的最高范畴”，比《老子》“道法自然”、河上公“道性自然”“向前推进了一步”，它“第一次提出‘道德因于自然’”、从“本然而然”“上升到宇宙本源和规律的层次”。[②]这种“本体宇宙论于‘自然’此原则性总纲中”，其含“玄”“合”并“表现‘道’之常性”，是绝对虚无的“‘道’之精神”“活络”、不可提置其道上。[③]《老子想尔注》的“自然”不同此，它“有其宗教教义的规定与规范”“不可能全然的无为以顺乎自然”，把《河上公注》中“模糊不清”的“道”“一”“气”关系用“自然”等同。[④]此知《指归》的道之根性与定性是自然，是成物与成象的本据与本因，在宇宙本源与规律层面是最高范畴、统系道法与道性的本然、是道德的第一因；在本体宇宙论中它作总原则与分程序，通达无有、不超越道之精神、成其内在活络与外在表征，它也是全然无为的宇宙生命的元气运作、区别于宗教意义的至上神的人格塑造。此最大的分歧是道与自然，谁是《指归》的最高范畴、能融摄其他观念认知。一种意见是认可“道”的无上地位、相信“自然”对“道”的有效融通与整体展现，另一种是较推崇“自然”理念的最高塑造、超化其外的概念理解而融贯理论。从文本的核要观点来看，我赞同后一种说法，持无限融通的可能，非终极设定的理念；就思想表达的复杂性与矛盾性，二者都有合理认知范围与有效应用尺度，

---

① 参见张运华：《先秦两汉道家思想研究》，第264页。
② 参见陈广忠、梁宗华：《道家与中国哲学（汉代卷）》，第236页。
③ 参见陈尧义：《严遵〈老子指归〉义理析论》，第48页。
④ 参见陈慧娟：《两汉三家〈老子〉注养生思想研究》（上），第176、177页。

需在人的经验生活里限定、中和觉解理论内涵与意义。作为本体的自然，是应超越其道的精神与境界、成其根源与根据，这是《指归》能超越一切的自然诉求。

就此，由老子讲自然之我、言、法、常、物，及其后论自然之因、顺、势、固、知、为，与西方文化理解自然之（标）的、（真）主、（规）律，推得其经验主体（我）与超验主体（主）、抽象形式（言）与具体事物（物）、存在法则（法）与发展规律（律）、恒常生命（常）与日常局势（势）、根本原因（因）与最终目的（的）、顺遂引领（顺）与牢固守护（固）、智慧提示（知）与合适作为（为）。这是自然的主体、形式、事物、法则、规律、生命、局势、原因、目的、引领、守护、提示与作为。再结合当代学者对《指归》自然观念的价值意涵的高度认可与广泛推阐，知其地位最高、贡献很大、层级上等、通达道体与物体、全然无为无不为，是先秦西汉自然思想的大体总结与基本原则的可能重构。虽有学人过度诠释与故意抬高的理论嫌疑，但如何陈述《指归》的自然内涵，待细证。下面据《指归》文本内容，我们依次阐释其自然的虚实体、内外用、因应和、五个我，推证其生命内蕴、生活表征、因果系统与主体自觉。

二　自然的虚实体

前论自然之道的认知主体（人）与其物的客观存在（形），推道德归因自然、给自然与道德的观念认知一种先天排序，引入道、神、天、地的无有驱动，完整绽放各类事物的生命内涵。[①]此在道、道德、神、无、有、天、地、形、声、物、人、事上，探讨自然的根系、动力、因果、表里、动静与主客。根系是自己，或生命我，不是其他或对象的存在；隐形驱动是道、神，显形驱动是天、地；在先天的生成层级上，自然是道德的第一因，道德是其第一果；在后验的人为判析中，内含道与神，外表物与事；在生活天地的震动是声响，凝结为形式；在人类认知上，主体是人，客观是物。由此根系、隐显驱动、第一因果、内含、外表、震动、凝结、主体与客观，证得自然是一切可能、存在、发展、回归、循环、圆融的第一理据，即本因。下面以自然的虚实体即虚体、实体、虚实结合体，与内外用即内用、外用、内外相互用，及其因应和即因和、应和、因应完全和，展开说明。其虚实体，以“自然之X”表示，大致有：

> 天下偟偟迷惑，驰骋是非之境，失其自然之节。（宋张君房《云笈七签》卷一引，《道可道篇》，第123页）
>
> 道德所经，神明所纪，天地所化，阴阳所理，实者反虚，明者反晦，盛者反衰，张者反弛，有者反亡，生者反死，此物之性而自然之理也。（宋陈景元《道德真经藏室纂微篇》引，《将欲歙篇》，146页）

《指归》两处佚文讲“自然之节”“自然之理”，并对后者提要释解。此理是道德规范、神明综理、天地化育、阴阳调制、

① 前引《指归》文，有自然之物、道德因于自然、事物自然、道与神无形无声使物自然、地与天有形有声使物自然、人怀自然之道等。

万物属性①的统领与总系，是恒常、纪纲、化生、调治、任性的自在本体；它也是“实”“明”“盛”“张”“有”“生”与“虚”“晦”“衰”“驰”“亡”“死”相反相成的无限可能，虚实、明晦、盛衰、张弛、有无、生死皆一体能动的完整保障。其理是宇宙生命事物的恒定、纲领、动能、法式、实体，虚实互用于明、明晦互映于盛、盛衰互成于张、张弛互争于有、有无互合于生、生死互反于虚。此理不可能无虚、无实，只能又虚又实、或虚或实、或全虚全实；不可能非道、非德，只能有道有德、通道通德、合道合德；其神明与生死等无此绝对的非与不存在，只有相对的是与发展。此知自然之理是圆融之理、非方凿之理，是变化之理、非隔断之理，是普遍之理、非特殊之理，是总体之理、非具体之理，是道德之理、非礼法之理，是阴阳之理、非仁义之理，是生命之理、非人文之理，是现实之理、非历史之理，它并不反对方凿、割断、特殊、具体、礼法、仁义、人文、历史的理解。这理解，使天下人惊慌失措他的存在意义、迷惑不已他的发展目标，长期奔波人间“是非之境”与利害之域患得患失、瞻前顾后，明知故犯地丧失原初生命的自然节奏与节制、痴恋文化生活的社会成就与欲求。这是人类刻意存在与盲目发展的日常困境与终极宿命，把人文之理凌驾自然之理上造成的苦难历史与悲哀现实，此脱离真正自在的现实、模塑绝对卓越的历史引领与统摄一切。《指归》用自然的节律与总理、制约人文作为与纷扰，这是对老子自然之我、言、法、常、物的要旨归总与推扬。

---

① 王德有译此段为：“道德所规范、神明所综理、天地所化育、阴阳所调制的，……这是物的属性而自然的道理呀。”（见《指归》译注本，第433页）大体对应，末句略显生硬，“而”作“与”更合适些。

再看其阐述自然“之道”“之性”“之要”“法式”“之变”“之验”“之路”“之物”“之具”“之称”“之归”“之府”，次第整理其文句与观点如下：

> 自然之道，不可强致，水动下流，人动趋利。（《大国篇》，第72页）
>
> 神明之数，自然之道，无不生无，有不生有，不无不有，乃生无有。由此观之，忧不生忧，喜不生喜，不忧不喜，乃生忧喜。（《为无为篇》，第77页）
>
> 是以，自然之道，常与物反。无身者生，有身者死；趋利者逢患，求福者得祸；不召自来，不迎而遇。我虽欲勿，然世不得解。故生生趋利，为死之元也；无身去利，利为生之根也。（《人之饥篇》，第108—109页）
>
> 天无常与，民无常处，有德者归之，无德者见背，自然之道也。（《小国寡民篇》，第117页）
>
> 是以明王圣主之欲尚民也，以自然之性，盛德之恩，容卑辞敬，比于庶人。视身如地，奉民若天，昭然独知而不可测，卓尔独能而不可原，深察博达而不可塞，聪明并流而不可壅。不以役物，反以后民，故民履之如地，托之若神。常在民上，王土配天。（《江海篇》，第86页）

“自然之道”柔顺如水流下、与人趋利，是神明的定数与“无有”的生理，它与物始终困扰的无有、生死、利患、祸福、来迎、欲得的致命局限截然相反，能超化矛盾的现实存在以和解，是天、民的常变与有德、无德的向背。其性，如道一般卑微低贱、满载恩德，是明王圣主“尚民”的生命法宝，供奉天地与民众同神灵、不可“测”“原”“塞”“壅”。

是以圣人，退为之为，去事之事，体道之心，履德之意。统无穷之极，秉自然之要，翔于未元，集于玄妙。(《天下有始篇》，第49页)

夫道德神明，陶冶变化，已得为人，保合精神，而有大形。动作便利，耳目聪明。游于昭旷之域，听视天地之间。上观自然之法式，下察古将之得失。(《天下有道篇》，第30页)

“自然之要”操持在“退为”“去事”的圣人之手，体验道德的心意，统合无穷的终极，翱翔元始的最初，集聚玄奥的妙门。其“法式”是“上观”的道德、神明、精神之自然，显形在“昭旷之域”，也是“下察”视听言思所明达内蕴的人之古今生活得失在天地间。

自然之变，感而应之，天地人物，莫之能败。(《出生入死篇》，第44页)

且道德无为而天地成，天地不言而四时行。凡此两者，神民之符，自然之验也。(《至柔篇》，第22页)

道之所生，天之所兴。始始于不始，生生于不生。存存于不存，亡亡于不亡。凡此数者，自然之验、变化之常也。(《行于大道篇》，第51页)

道德之教，自然是也。自然之验，影响是也。(《知不知篇》，第96页)

利物，受其福；不利，则获其恐。圣人大惧，恐后有患，深原所由，莫善自然。自然之路，要在无形。(《善为道者篇》，第82页)

"自然之变"是生命的先天感应，非生活的经验感受，为天地人物因循、非其绝对宰制。其验，在"神民"信守无为的道德天地、成全天地四时不言的生命孕育，在"道""天"生兴存亡的变化常数中坚守的恒定信符，在道德之教穿越历史发展障碍而留存的深刻影响。其路的要领在无形，它由无象以知意、无名以成文、无分以担责，由圣人追究来龙去脉以获福利、除惧患。

> 非有巧能，自然之物，圣人因之，与天周密。(《道生篇》，第45页)
>
> 自然之物不求为王，而物自王焉。(《江海篇》，第85页)
>
> 神道荡荡而化，天地默默而告；荡而无所不化，默而无所不告；神气相传，感动相报；反沦虚无，甚微以妙；归于自然，无所不导。故言言之言者，自然之具也。(《言甚易知篇》，第94页)
>
> 道德所包，天地所载，阴阳所化，日月所照，物类并兴，纷缪杂乱，盛衰存亡，与时变化，积坚者败，体柔者胜，万物之理，自然之称也。(《柔弱于水篇》，第114页)

"自然之物"不求巧能、圣人因循此自然以顺天并周密无间，不求称王称霸天下、自壮自强无敌。其具是"言言之言"以"神道"荡化一切事物，"神气"传报虚无微妙。其称，为道德包含、天地承载、阴阳变化、日月朗照、物类兴盛、时空架构、万物充实，更错综复杂、有兴衰成败、能刚柔同济。

> 故圣人建言曰"有之"。有之者，言道之难知，(推)[惟]柄自然之归，以统万方之指者能有之，非庸庸者之所能闻也。(《上士闻道篇》，第14页)

故，和者，道德之用，神明之辅，天地之制，群生所处，万方之要，自然之府，百祥之门，万福之户也。（《天之道篇》，第112页）

“自然之归”在圣人建言的不知“道”里统合“万方”旨趣、为庸众所不能听闻的真谛，在无所不导的玄妙、从虚无振作其神道与神气。其府，是道德所用、神明所辅、天地所制、群生所处、万方所要、百祥进门、万福开户的全和或大和。

此自然的道、性、要、式、变、验、路、物、具、称、归、府，可知其柔顺、定数与生理、局限与化解、常变与向背的生命之道，能推引其卑贱的德性存养、顺遂、通达、充盈、成全；这由有德性与德行的圣人操持要领以证合道的妙门、初始、终极与心意，其模塑的法式在道德性命内涵与古今生活形式的上下观察中、体验隐显的现实效应，这种变化是此定式的天地人物感应、因循、殊异、趋同的发展过程；该过程效验于道德天地的生命孕育、变化常数的恒定信符与历史传播的深刻影响，具体反映在圣人觉解的有形、有象、有名、有分、有利的生活出路上，作为放弃能巧与强霸以顺应自身、壮大自己的独特物，不是语言抽象的工具存在而是宇宙生气的神道融贯；进而此表征道德天地内容与时空万物形式的圆满结合，归趋于圣言的生命大道、生活真谛、现实玄妙与历史精神，终安顿在道德规引的群生府邸与福祥开启的全和境界。这依照人类生活经验的现实遭遇与历史命运的意念化想法与做法，求证自然的道→性→要→式→变→验→路→物→具→称→归→府的宇宙生命实存、进展与回归，推引自然融通形上、形下并圆润一切事物运化、成为名副其实的第一理据或本因。

把上述自然之理补充到其性与要之间，以明达其道、德、性、命、理的可能整合；再把自然之节补充到其称与归之间，以创制其造（物）、用（具）、知（称）、旨（节）、誉（归）的现实归趋。这是人经验生活的自然命运进序，即道→性→理→要→式→变→验→路→物→具→称→节→归→府，此为《指归》的自然理据的大体进路。

三　自然的内外用

由上述自然进路，我们可讲其内外用与因应和。其内外用的认识，分外用与内用及二者的合用，讨论如下：

道失而德次之，德失而仁次之，仁失而义次之，义失而礼次之，礼失而乱次之。凡此五者，道之以一体而世主之所长短也。故所为非其所欲也，所求非其所得也，不务自然而务小薄。（《上德不德篇》，第6页）

中士所眩，下士所笑，乃美善之美善者也。夫陈大言，舒至论，表自然，穷微妙，则中士眩而下士笑。浮言游说，生息百变，起福兴利，成功遂事，则中士论而下士觉。（《上士闻道篇》，第14页）

道释自然而为知巧，则心不能自存，而何天地之所能造，阴阳之所能然也？天地释自然而为知巧，则身不能自生，而何变化之所包，何万物之所能全？（《行于大道篇》，第50页）

是故，不争之德，因人之力，与道变化，与神穷极。唯弃知者，能顺其则。故王事自然，不得妄起，得之全命，持

之有理。(《江海篇》，第86页)

世主好知，务顺其心，不睹大道，不识自然，以为为为，以言言言，息知生事，以趋所安，寖以为俗，终世被患。性变情易，深惑远迷，精浊神扰，外实内虚。强默生咎，强静生患，故视之而不见，告之而不闻，非以自嫉，以为不然。(《言甚易知篇》，第94页)

故使有德之君，变志易心，生息万事，以教其民，祷祝请福，以至大治者，自然不听也。

是以，顺情从欲，穷极心意，动导天地，静陶万事，神灵在己，不察不燎，身不降席而万国自备：虽欲不亡，自然不置也。(《知不知篇》，第98页)

百姓之所以偷利化恶，公废私行，营家者富，图国者贫，直者先死，廉者困穷，风流俗败，是伪非真，毫乱丰扰，君子深藏，众寡相暴，强弱相凌，贫者臣役，富家如王，以其淫主乱君不睹自然，反情纵欲，违道去天，饰知创作以顺其心也。(《人之饥篇》，第108页)

其外用是“务小薄”“陈大言”“舒至论”“为知巧”“（王事）不得妄起”“不识”“不听”“不置”“不睹”。务小薄，为一体之道的缺失，沉陷在德、仁、义、礼、乱的为与求，结果非所欲、得。陈大言与舒至论，晕眩于“美善之美善”的外表粉饰，穷究于浮游之微妙的福利事功。为知巧，使道心不能自存，天地不能造就，阴阳不能展呈，自身不能化生，变化不能包含，万物不能成全。不得妄起，王者德力引领、道神化育、弃知顺则、保命护理。不识，是好知、顺心、盲道、强言、强为、生事、趋安、染（习）俗、被患、性情变易、深远迷惑、精神浊扰、内外空虚、勉强静默、无视本体、无闻本义。不听德君，变易心志、生息事务、传教民众、祈祷祝福、诉求大治。不置，顺从情欲、穷究心思、引领天地、闲掷事务、任由自己、目不察识、身不亲临、万国周备。不睹淫乱君主顺心放纵情欲、违逆天道、修饰知行、百姓因此利恶、行私以经营富家、贫国，风俗败坏与是非紊乱、廉直君子藏匿，众寡、强弱、贫富相互暴凌、奴役。其务小巧、薄知，是纵欲、致乱、伤残、失道；其大陈浮言、舒展空论，是眩于美饰、伪善，苛求名利、功德；其不睹淫乱君主的恶行恶果，不听有德君主祈福求治，不识宇宙生命本义，不置情欲心思、导引国事，不得王者德力，不用道神、弃知保命；这些做法、想法、说法，与自然本根、本因、本能的正当兴起、舒展与周正，相违背。自然的外用与其道、德、心、意、真、朴，完全相对峙的主或君、事、欲、知、美、善，彰显其得、利、名、祸、恶、失。这蕴涵一根本性问题，怎样表征人物尤其是君主日常生活的适当功用，叫真正的自然作为与成就？或自然表征的认知标准是什么？其内用的解释是：

知故窒塞，自然大通。家获神明之福，人有圣智之功。(《至柔篇》，第22页)

其内用的“大通”以封闭“知故”、获取福功，简要诉说人的知故对自然的福禄所裁剪的恶劣影响与后果。修正这恶行恶果，得找出其恶因、恶意，从因缘与动机上根除其不良的企图与作为。这话简略得让人摸不着头脑、拿不定主旨，此大通是生命大道通达一切事物、还是生活捷径畅通希望天地、或文化智慧通透精神境界或其他，这样笼统追究使大家都无处着力。

造化之心，和正以公，自然一概，正直平均，无所爱恶，与物通同。剂长续短，损盈益虚，不足者养，有余者丧，贪叨多积，自遗祸殃。不足不止，利心常起。智以诈愚，强以大取。自然均之，名利归主。(《名身孰亲篇》，第24页)

鬼神与人，合而俱市，动于自然，各施所有。寂如无君，(怕)［泊］如无鬼，万物尽生，民人尽寿，终其天年，莫有伤夭。(《治大国篇》，第68页)

是故，出慈入勇，出俭入广，释后且先，反和逆神，动违自然：福与之远，祸与之邻，大命以绝，神气散分，天地不能安，道德不能存。(《天下谓我篇》，第89页)

其内用与外用、人为与自然、本体与末节、神明与知故等，不能彻底分裂为纯粹绝对的独立存在，其共生、共存、共用、共识。因此，内外用，看似外用、又像内用，说是内用、又是外用，内外界限不易划定、拿捏。如，自然的造化心一概公正也平均，不会厚此薄彼、嫌贫爱富、说长道短、爱屋及乌、惹是生非、损人利己，或损不足补有余、贪图福德、巧取豪夺、恃强凌弱；人、鬼、神合一也分列并“各施所有”推动整体交结与个群独特，各适其欲、展其能、得其所、足其生、尽其限，不会让君、鬼、万物、民人有所故意惊动、损伤；再有，“反和逆神”的“勇”“广”“先”是远福、近祸、绝命、分神、扰天、污地、毁道、丧德的，“慈”“俭”“后”的正和顺神是亲福、疏祸、保命、合神、安天、静地、成道、树德的。

因而其内外用的造化心是公平作为、在人鬼神是所有合适、持慈俭后是和正顺神，即自然是公平造作、适合所有、顺正圆满。这是自然本有的功用吗？还是人对自然的期许呢？

四 自然的因应和

按其虚实体与内外用的解释，在宇宙生命中一切是可能的、也是可实现的，如此作为、交合、结局是不容置疑的，也不必部分验证；在文化生命里，这是历史期望，也是现实追求，需经验对证与具体效益。二者的合当贯通是自然的因应和，分为因和、应和及二者谐和，解说如下：

> 因道任天，不事知故，使民自然也。(《大成若缺篇》，第27页)
>
> 随时循理，曲因其当。万物并作，归之自然[①]。(《出生入死篇》，第42页)
>
> 反复相因，自然是守。(见前引《天下有始篇》)

其因和，分三个层次：一是“反复相因”的宇宙生命的无限循环、回归自身的圆满，二是“随时循理”的万物内涵变化合当、表征自我独特，三是“因道任天”的民众具体事务简朴、自得生活清静。即生命圆满的相因、万物独特的循理、民众清静的因道，这是自然因和的一切存在、发展与回归的三种情形。也可说，自身（自）存在圆融的本因、自我（物）拥有独特发展

① 另有“去我情欲……智虑，归之自然”“善恶信否，皆归自然”（《圣人无常心篇》），“使民不得知、归之自然也”（《善为道者篇》），等等，王德有译作“回归于自然而然”“都随自然”“回归于自然”（见其《指归》译注本，第116、243页）；前有“自然之归”是归向其自身或本身、非道，此说“归之自然”明白其归属在它自己、非其他。

的理路、民众（人）自得清爽的道理安顿。此看作，由绝对的自或我，向相对的物与综合的人推展的前后因缘；可从此推出自然相因作自因（自由性原因）、本因（根本性原因）、第一因（最初性原因），其时因（时间性存在因素）为理因（理则性原因）、第二因（规范性原因）、常因（日常性原因），天因（空间性存在因素）为道因（解释性原因）、第三因（操作性原因）、动因（发展性原因）。这是道德因于自然的大体认肯，即道因在自然、德因在自然、理因在自然，它也是对自然虚实体的逻辑进序的总体支持与主因分析，简括其内外用的可能与现实所隐含的关键性机缘与决定性条件。

> 是以圣人，不为有，不为亡，不为死，不为生，游于无、有之际，处于死、生之间，变化因应，自然为常。（《为无为篇》，第77页）
>
> （得道之士）合和顺理，以应自然。（《天下谓我篇》，第89页）
>
> 天地之道，生杀之理，无去无就，无夺无与，无为为之，自然而已。正直若绳，平易如水，因应效象，与物俱起。（《勇敢篇》，第101页）

看其应和，更能表达这种简明的意涵即得道之士“合和顺理”以响应自然的号召、引领与推进；该应和，有整合自然之因与应的用意以循其理、行道之实，它是因应和的直接反应；因和是其直接原因，此集中表述其因应的变化与效象。变化是无有生死的相互转化，效象是此变化的道或理显现“绳”的正直与“水”的平易。由此得，一切都符合并遵循自然的原则与要求，一切都实现并满足自己的发展与归宿。

> 是故，上德之君，体道而存。神与化伦，德动玄冥。天下王之，莫有见闻。德归万物，皆曰自然。
>
> 上德之君，性受道之纤妙，命得一之精微，性命同于自然，情意体于神明，动作伦于太和，取舍合乎天心。神无所思，志无所虑，聪明玄远，寂泊空虚。
>
> 下德之君，性受道之正气，命得一之下中，性命比于自然，情意几于神明，动作近于太和，取舍体于至德。托神于太虚，隐根于玄冥，动反柔弱，静归和平。（《上德不德篇》，第 4、5 页）
>
> （此五者即天、地、神、谷、侯王）性命自然①，动而由一也。(《得一篇》，第 11 页)
>
> 皆合自然，各得其所。(《小国寡民篇》，第 118 页)

其因和与应和的有效结合，可使上德君主体道、神化、德动，性命、情意、动作、取舍、思虑、聪明、空虚回归自然的微妙与和合，统摄万物、万事、万民的作为；可使下德君主性命禀受、生活获取、情意表达、动作关联、取舍判断、理想寄托与最终归宿，在自然中得到足够保障与充分保证，依附于此的自然求

① 前有老子言“命自然”与严遵讲的自然之性，可推其性命自然或性自然；另有“心为身主，身为国心，天下应之，若性自然”（《上士闻道篇》），“交归万物，若性自然，流道沉德，洽和同真”《治大国篇》，“情性自然，不以为取，将以顺道，不以为己，万物归之，为天下宰”（《万物之奥篇》），“各正性命，物自然矣”（《天之道篇》），王德有译作“本性自然而然”“本性自然如此”“自然”（见《指归》译注本，第 40、205、222、333 页）。此核心词不是道、德、性、命、和、真、物、己、心、情、身、国、天下，是自然，它为本、正、同、交、流、归、顺、应、主、宰等，知其在生命原理与内涵认知上的根本地位与作用。

解能破除其面对的社会疑难。即自然的虚实体、内外用须在其因应和中，可对道、德、神、性、命、天、物、人、君、民、情、意、事等，有融贯统合与全面展示及大体规整。

我们可由上述自然的虚实体、内外用与因应和的证解，明达其虚实无碍整体圆融、内外不妨共同运用、因应求解相互成全，或称为自然合体、合用、合和，进而推得自然作自因、本因、第一因，成为所有存在与发展的第一理据。

五 自然的五个我

以上，我们讲了《指归》的自然的古今说、虚实体、内外用与因应和的要领，其主体觉解的关键是“我”的证明，即：

> 我性之所禀而为我者，道德也；其所假而生者，神明也；其所因而成者，太和也；其所托而形者，天地也。凡此数者，然我而我不能然也。(《名身孰亲篇》，第23页)
>
> 故大道坦坦，不出门户，其出弥远，其知弥寡。道在于身，不在于野，化自于我，不由于彼。万物常治，智慧不起。(《大成若缺篇》，第26页)
>
> 夫原我未兆之时，性命所以，精神所由，血气所始，身体所基，以知实生于虚，有生于无，小无不入，大无不包也。本我之生，在于道德。(《不出户篇》，第33页)
>
> 故人能入道，道亦入人，我道相入，沦而为一。守静至虚，我为道室。与物俱然，浑沌周密。反初归始，道为我袭。(《天下有始篇》，第49页)
>
> 伺命在我，何求于天？至福（以）［似］祸，大吉若凶，

天下醉饱，莫之能明。是以，世俗见近闻浅，不识窅冥之道，蔽于微妙之常，塞于神明之理。察于毫毛之利，不睹丘山之祸，肆情行态，无所畏忌。(《民不畏威篇》，第99页)

前说“自然”是一合成词，即它由“自”与“然”完整组构；而此“自”在原《老子》书中有自生、自遗、自今、自古、自示、自见、自是、自伐、自矜、自宾、自均、自知、自强、自大、自化、自正、自定、自谓、自名、自称、自富、自朴、自爱、自贵、自来、自伤，其“然”有“知众父之然”“超然”“介然”“知天下之然”“未知牝牡之合然怒”“知其然”“然后”“默然”“繟然”“不然”；①“自”解作宇宙生命的自我、自己、自身、自个、各自（这是最丰富的）与时间推展的顺序副词即从、由，“然”可译作其表征的样子、样态、形态，或引申为绽放、开显、显示与指代这样、如此、这般及顺承的瞬时差或前后关联，这二者在时间进程上一致甚至重合、在主客角色扮演与核心定位上不同、以自为主，此表明“自”的本体地位与主宰作用、“然”的附属情况与辅助功能。“自然”成一独立词后就不能单一理解、拼凑其意含，需在新的综合认知背景与条件下推阐其内涵与表现。“自然”单字分别与整词统合的意蕴塑造与形名表达，《指归》上引文字可推其主核与特征所揭示的理路。

先讲其“然我”，是“道德”“神明”“太和”“天地”所得，是“我性”所“禀”“假”“因”“托”，其为本我即本来的我、生我即生长的我、成我即成就的我、形我即形塑的我，这是

① 见刘笑敢：《老子古今：五种对勘与析评引论（附〈老子〉五种原文对照逐字通检）》下卷，修订版，北京：中国社会科学出版社，2006年，第1455—1457、1177—1178页。后引此书，简称《老子古今》。

“我不能然”的生命禀赋、依靠、因缘、寄托。可见，我的规定性、主体性、条件性、过程性与终极性赋予，都不在我，是道德、神明、太和、天地、万物的自然恩赐与融贯，由此得普遍连续的我性自然，深化老子讲百姓做事的我自然的决定作为。在然我、道德上提出“道”“自我”，道不在生活道路的野外或户外坦荡、遥远地追逐他物的利益与知识，在生命自身智解其发展奥义与自定其独立特质，即物合道、道合身、身合自、自合我、我合一切，此把道德规定性的自然我、提升为生命本体的独我，这是生活经验感知的自我向宇宙生命证悟的超我求解。而后，是“自我”“性命”“精神”向生溯源与“血气”“身体”归根定基、得“原我”或本我，此推虚实、无有的生化原理与可能怎么确认究竟内涵与趋势，它是微小到无所不融入与宏大得无所不涵括且大小连贯通达，其生的动力在道德、不在自然或道德推动它的生命、自然融贯这一切。这看似在本我生命开创上突出道德的推引力、降低自然的内在生命爆发力，实际上把汉儒的仁义礼智信内涵规定的文化生命道德①，转成其自然本体、本因、本能禀赋的宇宙生命道德，这隐含自然是道德的基础性支撑与根本性决定。再后提出“道我”合一，是道与自我基础上的内核凝结与高度简括，也是本我与道德生命基源的虚静守护与周密笼罩，更是然我的禀、假、因、托的系列规范与集聚整合，它与现实经

① 董仲舒说王者“当修饬”“仁谊礼知信五常之道”、以此受天祐与“享鬼神之灵，德施于方外，延及群生”（见《汉书》第八册，《董仲舒传》，第2505页）；扬雄释“仁、义、礼、智、信之用”，为君子处仁宅、由义路、正礼服、明智烛、执信符（参见汪荣宝撰：《法言义疏》，上册，《修身》，第92页）。此从王者常道在融贯神灵、方外、群生，到君子日用当安仁、行义、正礼、明智、守信，是先秦儒家孔孟荀相关思想在政治与人生方面的原则性阐发；介于董扬二人之间的严遵集中于宇宙视域的自然因缘推演，对仁义之上的道德原则做了更深透的生命阐释。

验的人、圆融于生命整体把握，与初始的生命回归、最终的生命期许息息相关、紧紧相连。道我是真正超化道的我，不是道德规定的然我，不是与道齐驱的自我，非由道德推动的本我，是道与道德归宗的道我。其“命我”的自证，它是本我的道德开显，自我的道路规范，然我的道理注解，道我的命运关联，自然的动态推演，祸福吉凶的载体，幽冥、微妙、神明的恒常，洞察世俗见闻的主导，可作道我与本我的中介，就好比本我是命我与自我的中介、而自我是本我与然我的中介一样。此以然我→自我→本我→命我→道我①的内生关联，证自然是内在融贯、外表全面与整体完好、成第一理据，其他的意念、观念、概念、信念由它得正解与合适推绎。即，从我的然→自→本→命→道，在自然的最高原因层级上，确认普遍的我之本、命、道。

因此，笔者比照西方自然神的合目的性的宗教信仰的终极命运的超然诉求，与自然科学的合规律性的理智思维的逻辑形式的必然推断之绝对认识，理当推得《指归》展呈的自然本身即“道我”的合终极目标的宇宙生命的连续存在的全然进行，与自

① “弗洛伊德把人的心理历程分为三层，上层为意识，中层为前意识，底层为潜意识，构成了他的深度心理学”，但“心理的实质”是“意识而不是无意识，更不是潜意识”；在此意识三分法外“有超我、自我和伊底（本我）的三分法”，并在生物本能的生死争斗中统合为有机整体（个体）或消解为无机状态。（参见［奥］弗洛伊德著，高觉敷译：《精神分析引论》，译序，北京：商务印书馆，1984 年，第ⅲ、ⅶ、ⅸ、ⅹ页）这是从人的心理意识发展与精神品格塑造，辨析其文化动机与生活欲求的大体认知结构。劳思光以“老子论自我之境界”提出三个设准即“德性我”“认知我”“情意我”，德性我是“儒学所立之‘道德心’”、认知我可划出“形躯我”、情意我“就‘活动’言”是“生命我”，老子否定德性我、认知我及形躯我而肯定那种“纯粹生命情趣”即“‘情意我’之境界”；见其《新编中国哲学史（一）》，北京：三联书店，2015 年，第 157、185、188 页。这从人的自我境界之道德心、生命意与形躯身，认肯其本有的灵之性、虚之情、实之体。

然化身即“道言”的合规范要求的文化生命的价值创造的当然作为之融贯全体。就此宇宙生命的终极发展目标与文化生命的规范存在价值的完整融贯意义上讲，自然是《指归》认定的最初生命理据与本因、化解其他一切内蕴可能并突破所有滞碍。

第二节 论“道德”的原因、内涵与理路

前述道德是自然因的第一果，由方法认知总理路推绎，宇宙生命的完整原形是自然、此原形的自觉意象是道德、此意象的纯粹名义是神明、此名义的合理分度是太和。再依自然的道我→德我或命我[①]→本我→自我→然我的内关联，道我始终在生命的无知之幕中隐藏真身，德我在生命的有知之网开启宇宙奥妙，本我在道德之链上禀受性命化育，自我在道德生命的无有之节上明达希望生活的内涵赋予，然我在此生命的天地之初展示实存万物的形式可能，这五个生命我的存在特征是虚无，不是实有。人若放弃经验认知的理路把握，超越的生命存在要落实经验的生活发展，则只有生命我能自证其究竟细节与完整过程。前述杜保瑞等人解读《指归》的本体内涵、归结得道德本我，其向上寻道我的生命根源与德我的生活根据、下启自我的精神主旨与然我的实

---

① 《指归》除了有别于《老子》的道生自然、《河上公注》的道性自然、王弼注的道法自然，得出道因自然，作为自然与道德的主导性关系的因缘说明外；它也确含此道生、道性与道法的意涵与演义，在《上德不德篇》反复讲道德性命以道为性、德为命、根系其他所有，这是在自然因之后的性与命关联其生的道德论证，此可推其自然的道我为性我、德我为命我。同样，另三者蕴涵此道之因、生、性、法的观念要素的或明或暗的疏证与正解，因而它们的意涵是相通的、区别是其在意的主要义涵更突出且圆润。

际作为，这揭示传统中国哲学的道德理性本体的文化生命基因，是笔者拓展其道德认识的理论前缘与思想营养。此处先论道德的自然原由，再论其内涵规定，最后讲道德本我的理路建设。

一　“道德因于自然”的生命自觉

《指归》为何把道德的生活原则，归因到自然的生命原理上，求证其本我的观念建构？其方法进路是自然原形即物形，到道德意象即心象，再到神明名义即主旨，最后得太和分度即客观，这是人的经验认知之物、心、主、客的纯思抽象过程。以自然本体的生命我分化来推导，道我的前身是自然的完全，德我的生身是道我的落实，本我的自身是道德我的担当，自我的觉解是神明者的照察，然我的作为是太和者的成就。此可证，道我是自因的自生本体，命我或德我是自在的自定本体，本我是自正的自身实体，自我是自觉的自由主体，然我是自为的自适客体，这是形上生命我的内蕴与表征。由此方法进路与生命本体，可证得道德的原因在自然、自然化生道德。或说，道德的认知是经验生活的自觉，其本体理据是宇宙生命的自然，后者为先天浑融的无限的无意识的整体超越，前者却是经验片段的限定的有意识的具体操控，二者完全的对接与融通是人类根本无解的思想困惑与实际困境。人怎么自觉讲道德的自然归因呢？

道德天地，各有所章，物有高下，气有短长，各乐其所

乐，患其所患，见其所见，闻其所闻，取舍殁①缪，畏喜殊方。(《上士闻道篇》，第13页)

且道德无为而天地成，天地不言而四时行。凡此两者，神民之符，自然之验也。

故我无言而天地无为，天地无为而道德无为。三者并兴，总进相乘。和气洋溢，太平滋生。人物集处，宇内混同。祸门已闭，天下童蒙。世无耻辱，不睹吉凶。知故窒塞，自然大通。(见前引《至柔篇》)

(失)名(失)货，道德是佑，神明是助，名显自然，富配天地。(见前引《名身孰亲篇》)

道德无为而神明然②矣，神明无为而太和自起，(太和)无为而万物自理。(《大成若缺篇》，第26页)

道高德大，深不可言，物不能富，爵不能尊，无为为物，无以物为，非有所迫，而性常自然。(《道生篇》，第46页)

道德之教，自然是也。自然之验，影响是也。(《知不知篇》，第96页)

(和者)道德之用……自然之府……(见前引《天之道篇》)

道德所包……自然之称也。(见前引《柔弱于水篇》)

上引自然、道德的直接或间接关系说明，可归作八个方面：

---

① “《津逮》本、《学津》本‘殊’”(《指归》译注本，第35页)，“殁，胡本系统作‘殊’”(《指归》校笺本，第30页)；另，该段断句，在“长”字后将王本的句号或分号改作樊本的逗号。

② 此“然”作“如是、这样”，在“本文为自然如此意”。(见《指归》译注本，第75页)

一是“道德之教”为“自然”、其“验”看“无为”“影响”，即道德教化的原则是自然、其效验是自然影响力反映；二是“道德之用”归宿“自然”府邸，即道德的功用最终通过自然产业护持或守卫，或道德作用的完成是自然事业的创建；三是“道德”内蕴成“自然”表达，即道德内容由自然提供、非人文设计；四是崇高、伟大的道德形象，非“言”“物”“爵”“为”造就，其禀性“自然”，从根本上看如此作为，即自然赋予道德的高大形象；五是“道德”坚守的正当做法、为“自然”彰显的美好名义，即以自然之名、行道德之实；六是“道德无为”才“自然大通”，其有为将混乱不堪、凶祸不断、耻辱不休、知故泛滥、谣言四起、争名夺利、你死我活、不得幸运与安生，只有自然通达道德的生命愿景；七是道德、神明、太和“无为”使“自然”贯穿“神”“物”及人的独特表现，即道德的无为是自然的有为；八是在“道德天地”各有所章、高、下、短、长、乐或喜、患或畏、见、闻、取、舍，如物与气、人与器或事一样，即一切事物在道德天地中自然绽放其完整内涵与全部表征。简括为，道德教化的自然原则、其完成的自然事业、内蕴的自然禀性、形象的自然造就、坚守的自然名义、无为的自然通达、推扩的自然作为、天地的自然生长。此得道德无为、天地、内蕴、形象、推扩、完成、坚守、教化，是自然有为、充实、赋予、塑造、支持、保障、成全、指引，可推出道德本、因、起、动、通、用、成、终于自然。

因此，从认知方法看，在文化生命归因系统中万物自然的原初形象，经现实生活的经验自觉改造成人文的道德名分，这是汉儒董仲舒以仁义模塑众生的想法。严遵应受这种想法的真实影响，他在宇宙生命本因寻根上更突出自然的第一理据，推演其道德的希望成果，提出道德的因是自然、不是仁义。这是汉儒与汉代黄老学者的道德观念的一个根本区别。道德的内涵是什么呢？《指归》如何界定？

二　道与德及其道德之义涵辨析

据“道”的七种原义[①]、式能构造[②]、各种名义[③]、宇宙理据[④]，与老庄关于道的“形上之德”“形下之德”[⑤]、六类意涵[⑥]、

① 先秦语境的“道”，有“路”“言说”“理则或法则”“方法”“命令”“正义或公正，也就是德”“通和达”义；参见王中江：《道家学说的观念史研究》，第81—82页。

② “道是式—能”，有“可能”之能与析取“无所不包的可能”之式，它无生灭、新旧、加减、始终与所谓存在；参见金岳霖：《论道》，北京：商务印书馆，2015年，第20、22、24、41页。

③ 道之所以然、能然、已然、实然、将然、必然、偶然、适然、本然、自然、当然的名，它“规定事物与其善恶是非等之义”；参见唐君毅：《中国哲学原论·原道篇》，北京：中国社会科学出版社，2006年，第21页。

④ 宋明“把理（即道）作为宇宙的本体”，论其理念内涵、自然本性、物事心性与虚实圆缺纯杂；见许抗生：《当代新道家》，北京：社会科学文献出版社，2013年，第189—201页。

⑤ “综观道家形上之‘德’”的基本义有万物之生德、存德、实德、玄德，其形下之德是万物与人具有的、在老子那里主要有“从道之德”“不以‘德’为‘德’之‘德’”“‘信德’和‘善德’”“天真之德”“不争之德”；参见王中江：《道家学说的观念史研究》，第139—140页。

⑥ 老子有“形上实体之道、虚理之道、道相之道、同德之道、修德之道，与其他生活之道、为事物及心境人格之状态之道”（唐君毅：《中国哲学原论·原道篇》，第145页）六义。

典范预设[①]、本质规定[②]、本体意义[③]、德义理路[④]，知《指归》前的道德内涵特别丰富、能动阐发、用意多元、经验设定、本体诠释、价值落实、系统松散、直觉感悟。这制约其道德观念丰富性、能动性、多元性、经验性、诠释性、价值性、系统性与感悟性的内涵塑造。

再看当代学者解读《指归》的道，是极度虚无，能分层发展；是生命轨道，能引导万物；是普遍法则，能规范所有；是自然无为，能无所不为。[⑤] 它是哲学的自然定性的最高范畴，是一切物象实存的最后根由，是无形、无为、无心的本质诉求，是总

① 老子之道有“形而上的实存者”“规律”“准则、指标或典范”义，其预设的道是“经验世界中所体悟的道理”附托；参见陈鼓应：《中国哲学创始者：老子新论》，北京：中华书局，2015 年，第 139 页。

② “老庄的生命本质论”的形上根据是道、个体落实是德、构成质料是气、人性规定是自然，此处的自然是“生命价值的本质”与“真、善、美的本性”；参见付粉鸽：《自然与自由——老庄生命哲学研究》，北京：人民出版社，2010 年，第 15、152 页。

③ 老子道体是“形上实体类型”“多义综合论”“主观境界论”，有“存在本体论意义”“价值本体论意义”；参见许春华：《天人合道：老子哲学研究》，北京：人民出版社，2013 年，第 160—161、193—194 页。

④ “‘德’观念在道家哲学中呈现出这样的一种理路：从宇宙观场景的‘德’具体到个人心性维度的‘德’，再基于圣王的特殊地位而转化为政治领域的‘德’”“在道家哲学中，‘道’之所以对人类世界有意义，根本上来说需要‘德’的承载与转化”；参见叶树勋：《先秦道家“德”观念研究》，清华大学2016 年博士学位论文，第 253、254 页。先秦道家哲学之道的人类世界意义需要“德”的直接承转，其基本理路是宇宙观之德→个人心性之德→圣王政治之德。

⑤ “在《指归》看来，整个宇宙就是这样从极度虚无的道，通过四个层次，逐渐生出实有，产生出万物的”；此道“是引导天地万物生化的轨道，是天地万物普遍遵循的法则”与“自然”“无为”的；参见王德有：《〈老子指归〉自然观初探》，第 61—62 页。

控无限可能的规律原理。[1] 它是超越相对或差异的绝对或大同境界，是层级推演的虚无或抽象本体，是天地万物的道德本原（非生命本原），是融通所有的理气实体，是天人感应的神圣主宰。[2] 它还是因应物化的生成结构与待人诠解的语言结构（蔡振丰），无为境界的理论根据与存在角色的绝对预设、人性现象的义涵反映（杜保瑞），是“绝对之无性”与显不显化之有性的两重含摄[3]，也是本体特性说明的“最高宇宙范畴”与实际功能[4]。这是其本原、本体、本性、本命、本因、本能、本质、本主、本据、本文、本意、本理、本事、本境的道。其本原是道德价值，本体是极度虚无，本性是无有显化，本命是自然规定，本因是应物生成，本能是无限可能，本质是绝对预设，本主是神圣宰制，本据是人性义涵，本文是语言结构，本意是思维对象，本

① 前述《指归》的道是其哲学的最高范畴、道德的根本属性与规定是自然，它是“一切事物和现象的根据和原因”，其本质规定是“无为、无心”，它是一切存在与发展的“总规律、总原理，或力量和作用”；参见金春峰：《汉代思想史》，第354、355—356页。

② “严遵对《老子》的道作了发展。他不是简单地把道归结为‘虚’‘无’，而强调其为‘虚之虚’、‘无之无’，以说明道是超越差别、矛盾的绝对的境界”，此道是“溶解、取消一切差别、矛盾的‘玄冥’‘大同’的境界”；“道的本体经过不同层次的演变”后“从超越有、无的绝对本体演变为‘无’而生‘有’”，它是“天地、万物的本原”而其“非由道的‘施与’‘作为’才形成”；严氏“在论述‘道’时也吸收了‘气’的理论”和谈“天人感应”以“天人同为‘气体’”而“互相感应”，还吸收韩非的“道”“理”思想而信靠事物“自身的发展规律”；参见祝瑞开：《两汉思想史》，第202—205页。

③ “《指归》之‘道’实兼牟氏所言之‘无性’与‘有性’，可说其‘道’亦有双重性”，就其哲学系统看此“为无无无之无、具备绝对的‘无性’即可”，其“有性可再区分为‘不显之有性’与‘显化之有性’”且作“一存有亦可作为教义”；参见陈尧义：《严遵〈老子指归〉义理析论》，第42页。

④ “总结本体之特性”有本原性、本质性、自因性、唯心性，依此检视《指归》的道“是宇宙最高范畴，是宇宙的本原，为世界万物存在的根源和原因”，它确把“‘道’提升到‘本体’的位置”而在狭义上表现“宇宙功能”；参见陈慧娟：《两汉三家〈老子〉注养生思想研究》，第141、142页。

理是普遍法则，本事是实际作为，本境是大同精神。这是用哲学理论释读《指归》的道所间接赋义的本旨。

回顾前引《指归》的道与德[①]表述，道自然、无形、无声、无名、无为、大、生、夷、正心、履和、成功、不可胜，德博、威、延、参、俱，合为道德生养、道德父母、道德体用、道德符信。[②] 这是对道的本性（自然）、本状（无形无声无名无为）、本位（大）、本能（生与夷）、本用（正履成胜）的勾勒，与德的度量（博厚）、势力（权威）、范围（天地）、参照（万物）、完备（整体）的诠解，对道与德的生养功能、父母关系、体同趋势、信符根据的认可。除此道的本义，还有难知、神、一体、释、变化、存、因、天地、身、我、高等，德有盛恩、次、不争、君、动、归、至、大等，道与德的关系说明有先后、上下、大小、正奇、天地、高大等。[③] 这是对其道的表述、精神、整体、开放、演变、实际、因缘、框限、载体、主导与德的恩泽、次第、姿态、主体、驱动、归宿、终极的求解，在生命关联内得

---

① 许建良归纳先秦老庄道家之德，其在道“生成上的滞后性”、在物“坐标上的普世性”、在辅“实现上的因循性”、在修“实践上的规范性”与在“人己关系上的他人优位性”等（见其《先秦道家的道德世界》，北京：中国社会科学出版社，2006年，第385页。另参阅相关具体内容阐述），这为道先德后、德化众物、德因现成、德行模范、德人让位的观念内涵提供要领与佐证。

② 见前面章节引文的归纳是道生德养、不可胜道、道无形、德延天地、德博权重、（道）无形无声使物自然、道父德母、（道）非有名无名或有为无为、人怀自然之道、成功之道、得道正心、德与天地相参、体道同德、执道履和、左德右威、养生处德、常与德俱、执道符以操德信，及大道、天道、君道、臣道、夷道、失道等。

③ 此见自然本因的引文归结，言道难知、道所生、自然之道、盛德之恩、神道荡荡而化、道失德次、道一体、道释自然为知巧、不争之德、与道变化、有德之君、上德之君体道而存、德动玄冥、德归万物、上德之君受道之纤妙、下德之君受道之正气、取舍体于至德、因道任天、天地之道是生杀之理、道在身、我道相入、我为道室、道为我袭、道德天地、道德无为、道德是佑、道高德大、道德之教、道德所包等。

道先德后、道上德下、道大德小、道正德奇、道高德大的认知。此可知其道的内涵丰润、德的作用突出，共建生命事物的宇宙功能、关系模式、发展趋势、信念根据，上接自然、下引其他。下面以文中有一定代表性的“道”“德”说法补证。

道的总论，如“帝王根本，道为元始”“不多不少，不贵不贱，一为纲纪，道为桢干”“静为虚户，虚为道门，泊为神本，寂为和根，啬为气容，微为事功”“道虚之虚，故能生一”“（圣人能）达道之心，通天之理”“圣人所以能动与天和，静与道合，既能保身，又能全国”“强弱在将，安危在相，得失在主，存亡在道”“（知者）上之所依，下之所附，导天之经，达道之路”，等等；道的中论，有“精神隆盛，福德并会，道为中主，光见于外”“（梦为君王）中心独然，觉而道之”“古今之通道而人心之正理”“得道之士，外亡中存，学以变情，为以治己”“中士之所道”“王道人事，一柔一刚，一文一武，中正为经”，等等；道的分论，是“明鬼神之道，通万物之理”“天人之道，物类化变，为寡者众，为贱者贵，为高者卑，为成者败”“成败之事，在为与否；存亡之道，在去与来”“圣人之道，动有所因，静有所应”“治国之道，生民之本，啬为祖宗”“自今及古，圣智之道，变化终始，自天而王”“绝言之道，去心与意”“帝王之道，无事无为”“神明之道，天地之理”“天地之道……侯王之道……众人之道……至人之道”，等等。① 此总论为理想圣王的政论或正论，与现实生命的虚论或静论。政论（一）元始之道、为帝王根本，（二）桢干之道、为标配贵贱多少的统一纲

① 见《指归》点校本，第6、7、11、12、14、18、25、43、44、48、58、66、75、88、90、94、98、105、112、113、117、120页。

纪，（三）通达天道、为圣人能动心思的可靠理据，（四）和合天道、为圣人保身全国的动静尺度，（五）存亡之道、为将相主强弱安危得失的最后判断，（六）用天道、引导为知者上下依附的正当出路。此正论包括帝王道论、圣人道论、知者道论，简化为王道论、圣道论、知道论，可考察帝王的根本与桢干及判断、圣人的理据与尺度、知者的出路。虚论（一）道门、此为神本、和根、气容、事功，（二）道生、其为完整的无限而非残缺的局限；（一）为正论提供其本、根、容、功的依托，（二）为（一）提供整全支撑与圆融可能。此二论即正论与虚论是总论的基本内容，前者为道的气容或正气与事功或正事，后者为道的神本或虚体与和根或虚用，这是总的认知视域下道的虚体、虚用、正气、正事。中论在王道与人事上主要取决于正论，一是“道为中主”、得“精神”“福德”，二是君王觉道、心中“独然”其正念诚意，三是古今通道、为人心正理，四是得道人士或中士所道其内外实情以治己，五是以“中正为经”统合王民文武刚柔道事；此道之正，是其正主（神）、正念（意）、正理（心）、正己（治）、正经（文）。接着由中正之道分说鬼神之道、天人之道、存亡之道、圣人之道、治国之道、圣智之道、绝言之道、帝王之道、神明之道、天地之道、侯王之道、众人之道、至人之道等，此得天道、神道、人道、圣道、言道、帝道、王道、臣道、民道、治道、生道的根系、主干与枝用及花果；根系于神与人而有鬼神、神明与天人、圣人、众人、至人，主干在圣与王而求圣道、圣智、圣言与王道、王治、王事，枝用在智、言、治、事或言与行的生活成效与文化成就，花果在神、人、圣、王的形象塑造与功德影响。这样，道由虚而正、正而中、中而分、分而得、得而言、言而行、行而果，这是严遵的老子道家的总、中、分的自然成全。

还可从上德或玄德或至德或真德或神德或生德、中德或仁德或盛德或善德或圣德或养德、下德或法德或建德或功德或俗德或成德的三层次第连绵义涵，补证其总道、中道、分道的初衷流露与底蕴揭示。其对老子“玄德”推阐，有“神与化游，德配皇天”“德与神明争流，名与天地相保”“不言之化，与天同德”“德驰相告，神骋相传，运动无端，变化若天”“玄德之沦，罔荡轶遁，恍惚无形，反物之务”“一反一覆，或为玄德”；对汉儒“仁德”的认肯，有“睹微得要，以有知无，养生处德，爱民如子”“君如父母，民如婴儿，德流四海，有而不取”“扶微起幼，仁德复发，有土传嗣，子孙不绝”“德化凌风，理于蒸庶”“福因阴始，德因阳终，鬼神降其泽，圣人流其恩”“德泽洽润，恩爱流行，慈惠和结，众情发扬”“德厚泽深，无所不胜”；对大众“俗德”的规整，有“德有优劣，世有盛衰，风离俗异，民命不同”“德盛泽流，洋溢万方。美德未形，天下童蒙”“建德若偷，无所不成”“威德不可见，功业不可视”“功与地配，德与天齐，反愚归朴，比于婴儿”“贪夫逃爵，残贼反仁，积柔集弱，唯德是修”“劳而无德，苦而无功”“生而不杀，与神明通，建德流泽，常处显荣”，等等。① 其玄德无形、无限、无言、无务，却神化皇天浩荡、神驰无端边界、神明名义绽放、神通所有可能；仁德，得要、得君、得传、得理、得福、得情、得胜，睹微知无、育民不取、起幼不绝、风化众庶、恩泽平生、

---

① 见《指归》点校本，第 4、5、6、15、19、30、49、54、56、69、84、92、102、115、117、121 页。

发扬慈爱、深厚根基；建德，有优劣、圆缺、成败、可否、美朴、贪残、苦劳、荣辱，决定同异、隐显、能所、威功、智愚、名利、福寿、生死。因而德之玄，在无与神，指向道，以示根据；由此根据，显仁之义，恩爱情长，福泽育养；养成俗光，构建美满，张扬威望，终归迷茫；如此反复，明察道德，收拾残局，整顿善良。这是玄德或神德的道体、仁德或圣德的道义、建德或俗德的道用，共同酝酿的认知理路，可推道德总体、中义或正义、分用或分职的本我担当与使命。

因此，其道是总，求全；是中，作正；是分，担任。其德是玄，求真；是仁，修善；是俗，美功。其道与德，是总全的玄真、中正的仁善、分任的俗功。即，整体的本真，是玄的成全，归自然；群类的性善，是心的觉解，推仁义；个体的事功，是身的职责，负使命。这意味着道德是整全的无限可能的宇宙生命，融创正觉的特定认知的文化生命的关键环节与主打理据，它上承自然的道我与命我的先天根脉，下引神明的自我机能与太和的然我实体，开显其经验的天地、万物、人类、心意、言论、器具等。

三　道德本我的理路建设

上述形→象→名→分的认知理路、自然的道我→命我→本我→自我→然我的主体担当、道的总→中→分与德的神（玄）→圣（仁）→俗（建）的客观落实、统合道德内涵→表征→用意→基准→精神→价值→存在→思维的信念明达、融贯其本→因→起→动→通→用→成→终的全面演进，可推其理路为人心意象的名分规定、担当为宇宙生命的本我自觉、落实为整体开示的无限可能、明达为融贯过程的价值呈现、演进为始终关联的因果分析。这是《指归》道德的理路、担当、落实、明达与演进，其理路在心、担当在我、落实在能、明达在求、演进在分。简要地说，道德心与其我的能与求，是分的统合与圆满。

在《指归》之前关于道德的说法，《庄子》有道德之质、间、次（于天或道）、乡、正、杂、主（于帝王之德）、至、毁（于圣人之过）① 以挺立道我的自然全程与全境，《荀子》有道德之纯备、之全、诚明、之威、之尊、之极、之求②以展示德我的人文成就与威严，《新书》说道德性命、神明、神气、精微、润泽、造物、仁义③以推演命我的自然融通与润育，《淮南子》谓道德之本、包、应、意、论、伦、上通、可常④等以阐明本我

① “（仁义）非道德之正”“游乎道德之间”（《骈拇》）、“毁道德以为仁义，圣人之过”（《马蹄》）、“天地之平而道德之至”“夫帝王之德，以天地为宗，以道德为主，以无为为常”“先明天而道德次之，道德已明而仁义次之”（《天道》）、“此天地之平而道德之质”（《刻意》）、“其唯道德之乡”（《山木》）、“天下大乱，贤圣不明，道德不一”（《天下》）；见郭庆藩撰：《庄子集释》，中册，第317、328、345、462、469、475、539页；下册，第1064页。

② “夫是之谓道德之极”（《劝学篇》）、“言道德之求”（《儒效篇》）、“全道德，致隆高，綦文理，一天下……天王之事”（《王制篇》）、“道德诚明，利泽诚厚”（《王霸篇》）、“有能化善、修身、正行、积礼义、尊道德”（《议兵篇》）、“夫是之谓道德之威”（《强国篇》）、“道德纯备，智惠甚明”（《正论篇》）。见王先谦撰：《荀子集解》，上册，第14、137、202、267页；下册，第339、345、391页。

③ “故道德仁义，非礼不成”（《礼》）、“道、德、性、神、明、命，此六者德之理”（《六术》）、“道德施物，精微而为目”“目足以明道德之润泽矣”“性者，道德造物。物有形，而道德之神专而为一气”“神者，道、德、神、气发于性”（《道德说》）；见阎振益等：《新书校注》，第214、316、325、326页。

④ “道德上通”（《览冥训》）、“深原道德之意”（《精神训》）、“通于道德之伦”（《本经训》）、“合而为道德”“多离道德之本”“道德之论”（《齐俗训》）、“仁义之不能大于道德也，仁义在道德之包”（《说山训》）、“道德可常”（《说林训》）、“不知道德之应；知道德而不知世曲”（《要略》），等等。见刘文典撰：《淮南鸿烈集解》，上册，第252、284、311、431、466页；下册，第642、690、859页。

的人文笼罩与塑造，这些推其自然道我与命我的下落圆成美妙的道德世界或生命、人文德我与本我的担当造就规整的道德社会或文明。这是道德的本质规定、性命赋予、因应通达、神明照察、诚意精致、言论庞杂、内涵完备、区域规划、主体作为、权威尊严、伦常规范、实际恩泽、致命局限、仁义诉求、终极归宿等，由虚无规定本质、天地赋予性命、元气贯通因果、人心照察神明、事物反映精义、名号阐发言论、过程提供内涵、范围规划愿景、帝王担负重任、富贵标榜权利、纲常明确职分、民众享受实惠、圣贤觉解局限、良知推举仁善、圆满守护归宿。可见《新语》《淮南子》《论衡》等书里“道德、性命、精神这三个概念使用”较普遍，战国中期及前无此复合词、荀子前后始用。[①] 有效衔接两汉思想谱系的《指归》用道德是“本体宇宙论式的讲法”，以“‘生’表达本体之内容”、其“自然”“隐含‘道’生‘德’之义”，此“‘道’为本体论、‘德’为宇宙论”、二者结合成自然的本体宇宙论。[②] 这是从宇宙生命本体观念看《指归》的道德本我建设，沿两个意向展开，即：一是道与德的本我证立，先从道德元始到万物实体，再从其无为治身到道德世界；二是本我的道德涵摄，意味着本我在道德的涵摄中，由自然的道我

---

① 参见刘笑敢：《庄子哲学及其演变》，北京：中国社会科学出版社，1988 年，第 12 页。

② 参见陈尧义：《严遵〈老子指归〉义理析论》，第 72 页。另，苟小泉指出，“中国传统哲学本体论”是一种研究“事物的根源性、本源性”与“整体性、统一性”及“应然性、应当性、目标性、价值性的理论形态”，其根本性、统一性、应然性“构成一个相关的、一致的问题、内容或视域”，由此揭示的“方法论实质”是“具象表达与象征言说”，构筑“可道”“常道”两个世界、模塑“可道”“常道”“道德”三种理论形态（见其《中国传统哲学本体论形态研究》，北京：北京师范大学出版社，2013 年，第 3、26 页）。

与德我赋予、决定。以下分别论述：

天地所由，物类所以，道为之元，德为之始，神明为宗，太和为祖。道有深微，德有厚薄，神有清浊，和有高下。(《上德不德篇》，第3页)

绝圣弃智，除仁去义。发道之心，扬德之意。顺神养和，任天事地。阴阳奉职，四时驰骛，乱原以绝，物安其处。(《至柔篇》，第22页)

世主无为，涣如俨容，天地为炉，太和为橐，神明为风，万物为铁，德为大匠，道为工作，天下青青，靡不润泽。(见前引《圣人无常心篇》)

依此，道与德是天地形成的原始根由，是物类依凭的最初根据，是神明宗亲的生命起源，是太和祖庭的先天保障，共为神明、太和、天地、物类的存在基础与发展因缘。这是本我的道德生命基因，即深微元道与厚薄始德共创的道德生命本我。此本我扬弃汉儒的圣智仁义的设计方案，发扬黄老的道德心意的诚挚感受，顺任可能的神和天地、修养自己，奉守周正的阴阳四时、运作进展，可排除干扰众生的现有混乱源，能安顿尘世的事物、适足受用境遇。此道德本我不是儒家的道德自我①，不用圣智觉解

① 道德实践生活之本质是“自觉的自己支配自己，以超越现实自我”以证其自由、目的、共性与归宿，由此启示的“道德自我之尊严性”追究其根源性在心本体“存在及其真实至善”，推引其物质身体的精神崇高表现与真善美的文化社会事业发展。(参见唐君毅：《道德自我之建立》，“序”，上海：商务印书馆，1946年，第1页。) 这是道德精神自我、非其生命自我的典型论证，自我是良善范导、非自然生养的功能，其实质不同于严遵道家式的道德生命自我的内涵诉求，即使其将精神自我等同于生命自我或文化自我，也难改它经验的道德至善超越求证于本心，不是先天的自然生命本真流贯于本身。

的仁义设想良知本体、证得善恶价值主体，它以生命真实感受体证原初心意、推引天赋本能、创发并求解变化事物的实体。由此可得道德大匠合作塑造的生命本我，是自然无为的世俗之主，涣散在生活天地的每个角落，在天地熔炉借助太和鼓囊与神明风力把万物生铁铸造成器，润泽天下万物朝气蓬勃、欣欣向荣。此从本我的道德生命基元，拓展到其万物变化实体，具象描述其生命塑造过程。

> 夫立则遗其身，坐则忘其心。澹如赤子，泊如无形。不视不听，不为不言，变化消息，动静无常。与道俯仰，与德浮沉，与神合体，与和屈伸。不贱为物，不贵为人，与王侯异利，与万性殊患。死生为一，故不别存亡。此治身之无为也。(《出生入死篇》，第 42 页)
>
> 是以圣人，退为之为，去事之事，体道之心，履德之意。(见前引《天下有始篇》)
>
> 道无常术，德无常方，神无常体，和无常容。视之不能见，听之不能闻。既不可望，又不可扪。故达于道者，独见独闻，独为独存。父不能以授子，臣不能以授君。犹母之识其子，婴儿之识其亲也。夫子母相识，有以自然也。其所以然者，知不能陈也。(《知者不言篇》，第 58 页)
>
> 有而若亡，能而若劣。夫何故哉？建之以道，抱之以德。(《小国寡民篇》，第 118 页)

据上所引，道德本我的“无为”“治身”做法，挺立的不是生活主体、是其客体，坐忘的不是生命本身、是其欲望，真正回到澹泊的道德世界，不为人视听言说扰乱，随机应变各种可能，整体俯仰、沉浮、分合、屈伸，不在贵贱上分辨人物的价值高低或大小，不与王侯争名夺利为私已、跟万众患得患失以谋长远，它已生死一体融贯所有，不再分别生活的是非、得失、存亡。此道德本我的生命特质与作为，除在治身的具体表征与圣人的实际体验上有所反应与运化，在道者心目中更清醒这种独特的见识与存为。这不仅在人文内涵诉求上贬损仁智觉悟、抬举自然效验，在其形式表达上排除方术习惯、推崇自然沿袭；这是父子君臣在社会生活中不能私授的义涵、指令，它是母子婴儿在宇宙生命变化中自然显示的亲缘、成果。其中，本我自然，不是自我的当然，此在道德维系上有生命事物与生活价值的人为区别，而是我的生命根系（本）与生活主干（自）的差异内蕴、展呈的两个生命实体即本我与自我。因而，其仁智揭示的所以、不是本真展示的所以然，实际在生命融通上有美善与真伪的人文辨识，它是人文逻辑的因果求证、其所以然是自然逻辑的因缘实现。此道德生命本我的基元、实体、过程、特质、作为、证验、推引，在其“有”（实存）与“能”（能动）中构建自身，这是本我在道与德的相互作用与孕育下、成长的理论进展与构型。自然长成的道德本我，怎样涵摄其他呢？

> 道德变化，陶冶元首，禀授性命乎太虚之域、玄冥之中，而万物混沌始焉。
>
> 动知所之，静知所守，道德为父，神明为母，清静为师，太和为友，天下为家，万物为体。
>
> 本我之生，在于道德。孕而未育，所以成形。（《不出户篇》，第32、33页）
>
> 道德之化，变动虚玄。荡荡默默，泛泛无形，横漭慌

忽，浑沌无端。视之不见，听之不闻，开导禀授，无所不存。功成遂事，无所不然。无为之为，万物之根。（《为学日益篇》，第36页）

故虚无无为无知无欲者，道德之心而天地之意也；清静效象无为因应者，道德之动而天地之化也。（《行于大道篇》，第50—51页）

道德之情，正信为常。变化动静，一有一亡。覆载天地，经纬阴阳。纪纲日月，育养群生，逆之者死，顺之者昌。故天地之道，一阴一阳。阳气主德，阴气主刑，刑德相反，和在中央。

故建反往之计，招覆来之事，开万民之心，生诸侯之谋。明我道德之佑，阐我天地之助，以浑四海之心，同万国之意。

道德变化，无所不生。

故道德之所生，爱不能利也；天地之所成，为不能致也。唯无爱者能利之，唯无为者能遂之。是故，明王圣主，无欲无求，不创不作，无为无事，无载无章，反初归朴，海内自宁。（《以正治国篇》，第60、61、62、63页）

道德之旨，神明之务，太和之心，天地之意，祸莫甚乎亡，福莫甚乎存。非独天道，人物亦然。故存身之道，莫急乎养神；养神之要，莫甚乎素然。（《民不畏威篇》，第99页）

此知，本我是道德所蕴、生、育、成、塑、定，叫道德本我的生命原型。在此原型中观其动向与静守，如此比拟它的创生过程与结果，即在道德父亲与神明母亲的共同造就下、以清静无为当生命导师、太和融通作生活朋友、天下范围是成长家庭、分布万物为有效实体，这是道德本我与神明自我的结合、共创造太和然我的可能与现实。可见，此道德本我的生成变化，由自然的道我与德我赋予、决定，其性命在太虚领域与玄冥境界，是万物的存在基因与发展活力。因而，其变化“无所不生”也无所不成，还无所不化与无所不有，自得于玄虚之道又孕育在实体之德，在这玄虚父性与实体母性的一致作用下成就自我、表现然我。由此推《不出户篇》是道德本我成型与命脉的发掘，《为学日益篇》是其无形、无端、无所、无为的玄虚变化与自然推进，《行于大道篇》是它无所不化的内在说明与外在感应，《以正治国篇》讲其常情通过“正信”反映到各种演变中获得真身（气）、真心（意）、真爱（利）、真命（性），《民不畏威篇》由其要旨与实务而开展祸福存亡的生命活动与诉求，这是道德本我具有的命运原形、自然变形、内外感应、正信真情、要旨实务。这是按道德本我的认知思路作的理解，即道德父母生本我，变化发展得性命，虚无心意满天地，正信常情惠众生，要领实务养元神。

因此，由道与德共同构建、道德统一涵摄所形成与圆润的道德生命本我，在其理想建设的认知进路上有两种自足的总意向，一是道元德始、道心德意、道工德匠、道同德合、道体德行、道圆德方、道因德果的本我求证，二是道德父母之育化成型、开导本根维系、心意知欲效象、正常爱护众生、要务存养神明的本我展呈。前者是其元始、心意、工匠、同合、体行、圆方、因果的生命相连、相通、相造、相共、相用、相辅、相成，后者是它的化育造型、根系牵引、意欲动向、正常守护、要领修养的生命独体、前缘、欲求、诚信、旨趣，二者规整道德本我的生命理路、彰显本我的道德理据。

综上所述，《指归》的道与德归宗自然本因、推引仁义成果、担负道德使命，合理融贯在人类经验生活中并有效模塑道德生命本我。此本我的性命禀赋、归因在自然的整体造化，功效展示、落实在神明自我与太和然我的天地万物显形前。

第三节　论“神明”的原因、内核与本能

按前面说明，道与自然的关系理解，依《老子》“道生自然（物，即万物或事物）”与“道法自然（神，即谷神或元神）”，可分别解释严遵《指归》的“道因自然（本，即完本，或全）”与河上公注的“道性自然（体，即实体，或气）”，即在生、法、因、性上有效构建二者的实际关联。再以《指归》的方法认知原形与进路推阐，此关联简化为生与因。由此生进入道德的定性而非定量分析，其性虚，向下推神明的能动。在宇宙生命的能动衍化中，由此因进入自然的归因而非原理分析，自然是道德的因、道德是神明的因、神明是太和的因、太和是天地的因。立足于此，我们可大致考察其神明的原因、主核与本能。神明的因在道德，可视它为次于自然、道德的第三理据；它未被明确解读成能超越经验局限的形上本体①，其“出入形上、形下”与“精

① “神明与和虽然也是无，由于它们具有过渡性质，不能称为本体”（那薇：《严君平〈道德指归〉浅析》，第97页）；神明与太和是超越的无，不是独立自存的本体，为唯一的道德本体与繁多的事物存在的过渡中介，是从西方哲学的形式逻辑规定的理念或概念本体所做的抽象认证。以传统中国哲学的形名逻辑辨识的生命或生活本体（经验层面上一体）所推的意象分析，此二者是生命本体的有效表述即本能与本质，如自然是该本体的本因、道德是其本性，四者为此本体的可靠理据。

神”有别、能赋予生命事物的“根源义”并标识“人的主体性”①，是神明自我的宇宙生命本能反应。以下先议其因，再议其实际意蕴与能动。

一 “神明因于道德”的自然本系与自觉开示

前面《指归》上经《总序》说老子《道德经》原本形气至神明，此蕴涵形气的自然生命、它由道德的生命塑造后归结在神明的道德生命里，即生之形气→性之道德→能之神明的理路。前注金春峰说道德、神明指气，蔡振丰以待诠解的道之语言结构、强调神明概念。又道德是神明的母、因、灵、为、夫、先、旨、经，神明关联其自然的数理、道德的主辅、太和的君臣、我性的真假、微妙的常可、天地万物的宗亲、人事的治乱、家庭的祸福、稽式的高全。② 它在形气或形物的道德发展中是极致，被释为气的性质与功能之反映，是道的内蕴与表述之重点，在原有言说与诉求中是各种矛盾的关系组合与一切可能的缘由证解。

从“修身理国一体说”探讨“神明与性论的建构”，神明是“修养的主体”、与“性、命、情、意、志、欲等”关联，是“形上世界其中一阶段之名”、为“实质内容”未明的“二物”、归依自然、具“‘道德’连用之义”，可推当有的形上根源、精

① 参见陈尧义：《严遵〈老子指归〉义理析论》，第79、81、82页。

② 前引有神明为宗、情意体（或几）于神明、道德为神明母并陶冶神明、有无之无者而神明不能改、和因于神明与神明因于道德、神明生息使形容自正、神明宾从道德至灵而太和臣服神明至无、家获神明之福、（我性）所假生神明、稽式莫高于神明、神明是助（辅）、神明然于道德无为而太和自起神明无为、道德为父配神明为母、道德神明得清浊太和、浮神明、神明为师、神明之数是自然之道、道德之旨为神明之务、蔽于微妙之常却塞于神明之理、举事扰神明、道德所经为神明所纪等。

神追求与感应可能。① 天地万物的生成过程与结果表现的形、气、和、神明、道德、自然的相因环节，此因解作“源”、追溯其生命究竟与精神自由。② 此神明与人的修养主体相关、心性相应，在形上的名与形下的物之间融贯道德与其他、同归自然，但其主体能动性与心体灵通性不拘执名物，它照察自然的生命根系与自觉的精神境域。据先秦传世、出土文献资料表述的神明，大致是“外在于人的神灵实体”“（人物内含的）精神”“（功能言）神妙的作用”“境界层面的灵通透达与仙化”“（动词）以神性发明德性之谓”③ 交互的五种用意。可总括为宗教性的神体、内在性的精神、功能性的妙用、逍遥性的境界与道德性的发明，简作神体、精神、妙用、境界、明德。若用三个字概括是神（分内外，内精神，外鬼神）、妙（分体用，体是境，用是情）、德（合神妙），可解释神明是德我的自化与道我的命定，是道德本我的自明即神明自我。这是先秦诸子去神后、群体构建的道德本我理念打开的生活世界，在两汉文化个体归依生命整体诉求的神明自我，重新求助神的庇护、繁茂宗教性生灵发育与健壮，是汉代儒教世俗化建设、佛教神圣化迁移、道教本土化成长的前因后果的映射。按照自然的生命我理解，《指归》自觉意识老子道德本我的自然根源，去提引汉儒道德自我的仁义教案，凸显其神明自我的潜能效应、向大众说教希望义涵，润育太和然我的完整气质。这寄托宇宙生命我的道德解构与建构的融贯流程，被《指归》用整体自然与个体自觉、消解群体共治的纲常名教的僵

① 参见陈尧义：《严遵〈老子指归〉义理析论》，第77、79、82、88页。
② 参见陈慧娟：《两汉三家〈老子〉注养生思想研究》（下），第232页。
③ 丁四新：《郭店楚墓竹简思想研究》，第106页。

化认知。从它类似或略异的神明表述中，也能显示此流程的自然本系与自觉应用，即：

> 无以身为，故神明不释；无以天下为，故天下与之俱。夫何故哉？因道而动，循一而行。(《得一篇》，第12页)
>
> (盛德之人) 身体居一，神明千之，变化不可见，喜欲不可闻，若闭若塞，独与道存。(《上士闻道篇》，第15页)
>
> 一以虚，故能生二。二物并兴，妙妙纤微，生生存存，因物变化，滑淖无形，生息不衰；光耀玄冥，无向无存；包裹天地，莫睹其元；不可逐以声，不可逃以形，谓之神明。存物物存，去物物亡，智力不能接而威德不能运者，谓之二。(《道生一篇》，第18页)
>
> 形小神大，至于万倍，一以载万，故能轻举。一以物然，与天同道，根深蒂固，与神明处。真人所体，圣人所保也。(《方而不割篇》，第67页)
>
> 与物糅和，而生乎三，为天地始，阴阳祖宗。在物物存，去物物亡，无以名之，号曰神明。(《生也柔弱篇》，第110页)

神明内涵界定与“一”“二”“三”“千”“万”的老子式“道生一”至“万物”[①] 直接相关。此中的一是道德、不是德，二是神明、不是阴阳与天地，三是太和、不是清浊和之气。此界

---

① 《老子》甲本仅余“中气以为和”五字、乙本有“道生一，一生二，二生三，三生（……）以为和”（见高明撰：《帛书老子校注》，第29页），其汉简本较全、除将此甲乙本前后文字集中并补足缺失部分为“万物。万物负阴抱阳”［《北京大学藏西汉竹书（贰）》，第125页］。河上公解此一为“道始所生者”、二是“阴与阳”、三是“和、清、浊三气（分为天地人）”（王卡点校：《老子道德经河上公章句》，第168—169页）。

定，推一与二是道德与神明的关系理解，二与三是神明与太和的关系理解。两种关系理解，从二的能动察识、推至千的多样感知，从三的稳定全体、推出万的可能表征。这是道→道德→神明→太和→万物的整数生成的推演模式。此模式的道是第一因、道德是第一果，神明用道德成果、规范自我或自身与天下。这不是人为的规范、没有社会生活的强制执行的用意，它是自然的规范、流转宇宙生命的因循变化的实体，神明随行于道德、决非引领，其无意为实在、有意成虚无。神明循一、居一、虚一、去一、载一，是道德范导、安顿、涵容、流放、承载。

> 甚爱其身，至建荣名，为之行之，力之劳之，强迫情性，以损其神。多积货财，日以怵盈，怵亡之道，货名俱终。故神明不能活，天地不能全也。（《名身孰亲篇》，第 24 页）
>
> 道德之化……神明所因，天地所归，玄圣所道，处士所传也。（《为学日益篇》，第 36 页）
>
> 夫以一人之身，去心则危者复宁，用心则安者将亡，而况乎奉道德，顺神明，承天心，养群生者哉！是以圣人，建无身之身，怀无心之心，有无有之有，托无存之存。上含道德之化，下包万民之心。（《圣人无常心篇》，第 40 页）
>
> 其事始于自然，流于神明，常处其和，在为否之间。
>
> 夫鸿鹄高飞，终日驰骛，而不知宇宙之外；制法之人拘教之士累年学问，终身谈论，而不知道德之大也。且神明有所不能领，天地有所不能理，况乎守众世之论，不睹大要之所由，不亦宜乎？是故，众俗之薄贱，而得道之所独遵也。（《言甚易知篇》，第 95 页）
>
> 为道先倡，物以疏瞿，受多者圣智，得少者痴愚。故神

明圣智者，常生之主也；柔弱虚静者，神明之府也。

故，神明所居，危者可安，死者可活也；神明所去，宁者可危，而壮者可煞也。阳气之所居，木可卷而草可结也；阳气之所去，气可凝而冰可折也。故神明、阳气，生物之根也；而柔弱，物之药也。柔弱和顺，长生之具而神明、阳气之所托也。(《生也柔弱篇》，第110—111页)

由上知，道德是神明的因，后者是前者的果，二者是宇宙生命本根自然化育众多形物的能动因果。在道德生命模塑下，神明不释放其自身，它是循规蹈矩的自身；不唯一其自己，它是千变万化的自己；不虚设无所不有的存在，它是无所不能的本身；不爱惜荣华富贵的俗身，它是生机蓬勃的全身；不奉承宰制命运的主，它是成败存亡的自主；不夸张无所不包的内容，它是一切保养的内涵；不拘制百科全书的学问，它是博通古今的要领；不寄托于长生不老的归宿，它是生生不息的气息。它是宇宙生命的本能即灵或神明，与其本因即我或自然、本性即虚或道德、本质即气或太和，共同构成宇宙生命本体的完整存在。这是它的机体，与天下万物共进退；它的机理，和各种可能同变化；它的机制，隐含玄机，又能捕捉形声，并运用德智；它的机会，大展身手成全其他生活，又回归生命原初；它的机缘，顺承天心道义，通达群生事业；它的机能，驰骋在宇宙内外，又周运始终；此表现它的机智，和物存亡、与名无有、跟道承受、随气刚柔。其机体、机能、机理、机制、机缘、机会、机智，所隐藏的玄机与生机，未陷入人的机心铺展的名利谋略与器的机械操控的功德典范，其自由、变化、微妙、灵活、整全、连续、包容、共同、本然、宏大、和谐、柔弱、虚静、顺遂、长生、惯常。

融贯地总结上述引文大意，大概定义是和形物同存亡又无形、无声、无名的生命自我，是道德本我的推行、变化、智能、活力、心意、发用、作为、下引、呼号、生产、寄托，是我行、化、能、活、意、用、为、引、呼、产、托的自身，叫神明自我。此我能超脱俗身，与天下同在，跟道行动；能安居盛德，守护独道，演变见闻，封闭全体；能贯通虚无，妙存所有，笼罩天地，接运万物；能珍爱现成，创建荣耀，扬弃货名，顺遂情性；能始终自然，流连和谐，为其所为，否其所否；能纵横驰骋，内外无碍，大小无别，俗薄无妨，得要独遵；能接洽事物，整理天地，运作阴阳，实现太和；能不分先后，不顾亲疏，不管多少，不论智愚，不求主导，不作归宿；能安居乐业，存亡适度，来去自如，长生寄托。这是神明自我的本能反应。

二　神明之神的核要阐释与纵贯推绎

以上神明的核心是神，《指归》关于神的表述①整理为：一、神使物、人或民、鬼都自然；二、神与道、归属自然；三、神与虚无、实有（身）合体，却无常体；四、神与精同生、为形根，与性灵融通，与形体并作；五、神与和顺、反逆；六、心神知道、心志传神、情欲伤神、名势伏神、为事否神；七、神本在泊

① 汇总前引《指归》篇有神性得灵、神与精同为生形根蒂且审定名实得顺物和神、定神安精、保合精神、形神并作、事为神否、道与神无形无声使物自然（有神道与神气）、心志优游精神并在情欲中神与物连以保我精神、虚无与神合体、虚心平神以知道、精与神保身、逃遁名势与神卧起、神民之符为自然之验、民众托举明王圣主若神、鬼神与人自动且与神穷极、反和逆神、神气散分、神灵在己、神与化伦、原我或本我是精神所由、泊为神本、精神隆盛、明鬼神之道、神与化游、神骋相传、鬼神降其泽、顺神养和、（治身）与神合体、神无常体、（存身）养神等。

与养、化在伦与游、明在由与泽、穷在极与已；八、习惯用法是精神、神灵、神道、神气、神民、鬼神，可推神志、神物、神体、心神、神主、神本、神化、神明（是常见表达）、神性等；九、道德是精神的原由、精神是万物身体的保护神、精气是此二者的生命介质；十、除了神明，精神是被关注较多、含义明朗的用词，是形物的根蒂、是人安定与保合的主宰、是心遨游的自由王国、是业隆盛的美好依托。此神，通一切并明达所有以滋养全体，是神明的主体与精神的根系，是自然生命与道德灵魂，是后世的宗教如道教的信主，与思想的觉悟如玄学及科学的能动等。此见，在严遵的明亮眼里与渊深心中，神是自然的能动绽放与道德的性命融贯，及太和的本因提示、天地万物与人心名事的基础护佑。它是宇宙生命本能的代表即自然神（老子的谷神），与文化生命本体的原型即心神（孟子的圣神）。

在古代，它的常见说法是鬼神，《指归》探讨其“宇宙论知识基础上对无为道体的应用与落实”却“未建立鬼神中心的知识系统”①；它上承《淮南子》讲“人身是形气神的有机统一”的实体，并集中反映在“精神（即魂、神、魄、意、志的综合反应）”的主宰心上②。鬼神，作为宇宙论视域的无为道体的作用，对比知识论系统的宗教哲学的真主或上帝等，从其可能思想资源里形、气、神的关系定位与内涵诉求上确认其主宰心的精神。之前墨子的鬼神有能与不能、由人主或圣王判定利害以敬天

① 参见杜保瑞：《严君平〈老子指归〉哲学体系的方法论检讨》，第921页。
② 参见陈慧娟：《两汉三家〈老子〉注养生思想研究》（下），第226页。

与惠生①，孟子的圣神是欲善、己信、实美、光大、圣知、长存且与天地万物生命同源、合流、共宿（即心之安宅）②，庄子的真神是全道通、德本体、内蕴真精神、生动气物、独立天地往来却自然融合一切存在、绽放所有可能③，鹖冠子的生神有命、道、气、形、名、明、法、圣、贤却不可限定④，荀子的形神是能化、善治、固圣、守仁、诚信、效验、成事、益众却不见功业或进程⑤，《礼记》的天神是合鬼气之盛、为人间至教以训导人心、创生礼乐、安居乐业、长治久安⑥，董仲舒的元神是人君之高贵、神人之昏冥、尘气之精华、大地之宝命、上天之灵魄、现

① 杀人是“灭鬼神之主”（《非攻下》），圣王“上尊天，中事鬼神，下爱人”（《天志上》），鬼神不能“赏贤而罚暴”、明察其有无是“圣王之道”利害所系（《明鬼下》）。参见孙诒让撰：《墨子间诂》，上册，第141、193、241、249页。

② 君子所存之神“上下与天地同流”（《尽心上》），以可欲之善、诸己之信、充实之美、光辉之大、大化之圣、推不可知之神（《尽心下》）。参见朱熹撰：《四书章句集注》，第359、378页。

③ “神全”为“圣人之道”（《天地》）、“至人”能定“形德仁义”为“神之末”（《天道》）、相信“精神生于道”（《知北游》）与“真在内者，神动于外，是所以贵真”（《渔父》）、神人“不离于精”“（至人或真人）独与天地精神往来”（《天下》），参见郭庆藩撰：《庄子集释》，中册，第442、489、738页；下册，第1027、1061、1091页。

④ “神”是“莫不受命，不可为名”（《道端》）、“天地”为“形神之正”且“气由神生，道由神成”（《度万》）、得出“贤生圣，圣生道，道生法，法生神，神生明。神明者，正之末”（《兵政》），参见黄怀信撰：《鹖冠子校注》，第92、133、150、307—308页。

⑤ “诚心守仁则形，形则神，神则能化”（《不苟篇》）、神是“尽善挟治”且执固为圣人（《儒效篇》）、得众当“诚信如神”（《致士篇》）、是自然大化成万物却“不见其事而见其功”（《天论篇》），见王先谦撰：《荀子集解》，上册，第54、157—158、307—308页；下册，第365页。

⑥ 以心生乐得“乐则安，安则久，久则天，天则神”、气是“神之盛”与魄是“鬼之盛”而合为“教之至”，参见（清）孙希旦撰：《礼记集解》，下册，第1029、1218页。

生之和乐、全体之内充[①]。此得鬼神、圣神、真神、生神、形神、天神、元神的经验认知与超越诉求及完整融贯，在神的内涵理解上相当完备与足够深刻，这些有助于《指归》的神明之生命机体察识与能动辨析。

再补证一些原文，对应前述“神”的理解与归结。《上德不德篇》讲“神无所思，志无所虑，聪明玄远，寂泊空虚”“阴阳为使，鬼神为谋”“事亲如奉神”“劳神伤性”“神不可以思虑宁”，《上士闻道篇》说“居无之后，在有之前，弃捐天下，先有其身，养神积和，以治其心”，《道生一篇》认为天人“根系于一，受命于神者”（即三，指“太和”），《至柔篇》谈“神微之始，精妙之宗，生无根蒂，出入无门，常于为否之间，时和之元”，《名身孰亲篇》有“信顺之间足以存神”，《圣人无常心篇》讲“我之所以为我者，以有神（即神明）也。神之所以留我者，道使然也。托道之术，留神之方，清静为本，虚无为常，非心意之所能致，非思虑之所能然也”“化之为神”“俱得其性，皆有其神，视无所见，听无所闻”，《出生入死篇》有“损形于无境，浮神于无内”，《行于大道篇》讲“欺鬼侮神，饰治邪淫，归伪去真”“道所不祐，神所不在，天所不覆，万物所怨”，《善为道者篇》有“动与异事，虚以含神，中和外否，故能俱全”，《信言不美篇》讲“千岁之情同符而万世之为共术，天地之心可

① 人君要贵不可视听之神而神人“能冥能昏”（《立元神》）、在世之人“莫精于气，莫富于地，莫神于天”（《人副天数》）、其“生之外泰”是“和乐”而“内充”是“精神”（《循天之道》），见苏舆撰：《春秋繁露义证》，第171、354、453页。

见而鬼神之意可毕”，等等。[1] 此知，鬼神是阴阳使者的谋士、岁月演变的情符、天地展示的心意与不可被欺侮的真伪以及修饰的善恶，它是天地时空的真变化、善作为、实心意、自变符与阴阳谋，也是自然的呈现与潜隐及能动的融通。道德自我的神明是孔孟儒家的圣神，是我之所以为我的根据，也是老庄道家清静虚无的道德本我的自然生命化成，此不是儒家的仁智心意、思虑觉解的文化生活善端开显；它隐含在道德虚无能中和事物内外异同、完整推进其全体，若丧失这种虚无之道神的明照，则得不到道德本我护持与神明自我统摄。真神，既在鬼神的真，也在神圣的明，还在虚无清静的自然与规定本我的道德，更在整合然我的太和与天地、万物、人事的演变，它在它所在、却又不可能不在，不可能恒定于任何一个绝对孤立的纯我，它是涵摄所有也呈现一切的自然神，它是无为无不为的命运神，是无限可能的可能。生神是命系本根、受命化生、生得禀性、性能发挥、逞能败命、伤性害身、全身归真，形神有思有虑、有亲有故、有前有后、有得有失、有信有疑、有损有益、有沉有浮、有滞有通、有独有全，天神在朗照万物、在天地之心、在太和然我、在神明自我、在道德本我、在自然道我与命我、在人神对立的最高领导，元神成了自然精神、道德心神、神明天心、太和人意、万物内核、万事主宰、万民灵魂。除对鬼神的意思明确与习惯使用外，其他笼统得未界认圣神、真神、生神、形神、天神、元神的基本

---

① 见《指归》译注本，第 10、16、18、21、39、53、65、73、113、114、115、127、147、148、241、353 页。其中，有译作“事奉双亲犹如供奉天神”（该书第 17 页）、“劳累精神而损伤本性”（第 19 页）、“神明不留”（第 150 页）、“虚空而蕴含神明”（第 242 页），其他保持原样。

理路与内涵，多是神之志、谋、亲、性、宁、养、和、命、微、始、信、顺、存、有、留、化、得、浮、侮、所、虚、情、意等，直接把神之圣、真、生、形、天、元当前提与主体、散落并挺立在其中，它在乎是神之摹状与能动的整体展呈、非最初存在与最高宰制。它凸显神的本能的自我作用、非其本体的自我地位，是道德本我向其自我能动转化的主体标志与普遍意识。

这从神的能（效）而非鬼（玄）、圣（明）、真（性）、生（命）、形（物）、天（心）、元（始）推其前因是道德，《指归》重视、聚焦在生命神圣的有效塑造即神明的可能，由无为无不为的自然神、成就有所为与不为的人文圣的究竟证明，其因在道德、即自然道德生养中明察人类神圣基础的成因。此神在《指归》形上道体或本体统系里是本能反应，不是自然本因的说明与道德本性的规定，作神明的能动主体，制约其本因推引与本性规范。这从神的能动表征看，赋予本我性命的道德是神明自我的主因。

由以上神明的总说与归因，推得其神之玄冥（鬼）、明通（圣）、本性（真）、命运（生）、物体（形）、大心（天）、创始（元）的效验（能），包含宗教信守与科学、哲学求解的道德成果，是自然道我与德我的自命、道德本我的自明、太和然我的自因，是宇宙生命的本能且与其本因、本性、本质同构本体内涵。即神明自我的本能，是秉承道德本我的本性，开启太和然我的本状。

第四节　论"太和"的原因、实质与本状

这里简括上述宇宙生命原理的认知进序，先是生命我的自然本因，次为虚的道德本性，再为灵的神明本能，终得气的太和本质。此太和的气，因循自然的我、道德的虚、神明的灵，为天地万物然我的圆足状。前面对自然本因、道德本性、神明本能的理由与理路已充分阐述，以下将对太和本质的给定理由与大致理路作相应考察，先讲其因与果，再谈其质与状。

一　"和因于神明"的生命关联

"和"是什么？之前怎么说明的？它与神明的关系如何？与太和的意思有甚分别？与自然、道、德、神、天、物、人、意、言、器等，怎样互应彼此的特殊内蕴与完整表征？一系列针对"和"的问题，前有涉及，后仍困惑，此处主要讲其可能关联与应当表达。

此和及其衍生的和平、和正、中和、平和、和顺、和洽、和弱、和德与神的关系，一是神蒂时和、齐聚，二是神体和容、无常，三是神体和用、共屈伸，四是审定名物、神和，五是神隐和显、同行，六是养神或精神积和、成中主或法式，七是太虚之神、归和平，八是无形之神、明大通和正，九是神明和因、和为气因、神明与和常处也与物糅和、和辅神明，十是神明和柔、和弱、和顺、和适，十一是造化的心神以公正和，十二是人间百

神、自和，十三是乡治纲纪形成的特权之神、动合中和，十四是变化之神即气、平和也中适且自洽，十五是食腹之神、和美饱足，十六是文言之神、中肯和德。[①] 神与和的诸多关联，既有直观的理解，也有曲折的推想，还有二者可能与应当的要领。即，一、二、三是神体和用的同、异、合，五、六、七、八、十一、十四是神化和正的流行、法式或中主、虚静、明达、大公、融洽，九、十是神明和因的常与变，四、十六是文神和德的认定与中肯，十二、十三、十五是人神和谐的自由、权衡、满足，前三者是神体、神化、神明与和用、和正、和因的能动进展与推阐，后二者是文神、人神与和德、和谐的主体正觉与感应，这五者是神明自我的和因、和用、和正、和德、和谐的完整和之统系，是太和或天和或大和[②]的本状模拟的成功验证。也可说，神明与和的生命关联是因果（非科学实验与逻辑设计，是自然生成）、体

① 前文引“和”的一些说法，如“托神于太虚……静归和平”“无形，其度……和，其归也”“清明大通，皓白和正”“养神积和”“导之以精神，和之以法式”“和为中主，分理自明”“气因于和，和因于神明”“以含和柔弱而道无形”“造化之心，和正以公”“百蛮自和”“神为之蒂……与时和俱”“与神合体，与和屈伸”“审实定名，顺物和神”“（乡治）睹纲知纪，动合中和”“神无常体，和无常容”“刑德相反，和在中央”“一名一实，平和周密”“与神卧起，执道履和”“（明王圣主）和顺为常”“流于神明，常处其和”“阴阳和洽”“和腹而食”“（神明）与物糅和”“（神明所托）柔弱和顺”“去和弱而为刚强”“和者，道德之用，神明之辅”“若言中适，淡淡和德”等。

② “至乐”“天乐”先应“自然”“人事”、顺“天理”与行“五德”后可“调理四时，太和万物”（《天运》），“天和”明白“大宗大本”的“天地之德”并“均调天下”得“人和”“人乐”（《天道》），“泠风则小和，飘风则大和”（《齐物论》）；参见郭庆藩撰：《庄子集释》，中册，第505、463页；上册，第51页。“大治”“交被天和，食于地德”（《俶真训》）、治国“唯通于太和而持自然之应”（《览冥训》）、“正女形，壹女视，天和将至”（《道应训》）、“以馆清平之灵，澄澈神明之精，以与天和相婴薄”（《要略》），见刘文典撰：《淮南鸿烈集解》，上册，第58、239、459页；下册，第858页。

用（非概念抽象，是实际具象）、正当（非康德的知识与对象的一致，是虚无与实有的一贯）、德位（非孔荀式的汉儒的文化生命评定标准，是汉代黄老道家的宇宙生命自身尺度）、谐美（非唯一神宗教崇拜的绝对信念，是庄子真人观赏的相对圆满）之求解。神或神明与和的关联，在类似表述中可印证，如：

> 抱神履和，包裹万物，声飞化物，盈溢六合。（《得一篇》，第10页）
>
> 上陵仰阪，历阻过险，形疲喘悸，劳而静处，则神平气和，中外相保，以知清静虚无、无为变化之大功也。（《不出户篇》，第34页）
>
> 精神和顺，血气生息，心得所安，身无百疾。（《圣人无常心篇》，第39—40页）
>
> 故不为虚而虚自起，不为静而静自生，不休神而神自定，不和气而气自平。
>
> 自然通达，众美萌生，天地爱佑，祸乱素亡。夫何故哉？以含德和神而体童蒙也。及其有知也，去一而之二，去晦而之明。（《含德之厚篇》，第56、57页）
>
> 和道德，导神明，含万国，总无方；六合之外，毫厘之内，靡不被德蒙仁，以存性命，命终天年，保自然哉！（《善为道者篇》，第84页）

由上述引文可得，神与和一体，化万物，充溢六合或环宇，在物上神和合；神气平和，保养有大功，于劳形静处，知清虚无为，在身上神和气；精神气血，和顺生息，使身心健康发展，在生上精神和；虚静里，神气自起、自生、自定、自平，在自上神共和；自然通达，天地众生含德和神、体童蒙，在明上知神和；保存自然性命与道德精神、开导神明，总括万方并体察细微，在命上终和神。在物、身、生、自、明、命上，神与和相合，其一体万化、虚静养形、健康身心、起生定平、通众含德、导引始终，有神物和、神气和、神生和、神自和、神明和、神命和。即神与和的整体作为、有实物验证，虚无变化、有元气贯通，生息发展、有精神指引，进退起伏、有自我支撑，含吐众生、有认知澄明，循环往复、有命运维系。此物证、气流、主导、自在、标明、运势，确保二者结合可靠、可行、可推、可得、可知、可定。可靠的是物体或实体，可行的是气体或虚体，可推的是形体或变体，可得的是本体或自体，可知的是德体或性体，可定的是命体或常体。其命体自然，德体道我，本体德我，形体或神体自我，气体然我或先天展现的我，物体俗我或经验生活的我，在我上建构从人→物→气→和→神明→道德→自然的认知理路。自然是整体无限绽放、难以具体认知把握，道德是内在的性命禀赋、难用外推的生活实证，神明是能动的内涵融通、难得恒定的形式表达，太和是虚无存在与发展的大集合、其充盈的气衍化天地万物与人及其他。

因而，在宇宙生命视域里，《指归》的自然、道德、神明、太和所共同建构的虚无本体的实有开显，最终通过“气”完成向天地万物绽放其内涵与形态。此气与“和”的关系涵摄，该怎么理解？

二 “气因于和”的合当理解

前说《道德经》理念“原本形气”为《指归》后记式的题旨提点，此与两汉思想家用“‘气’来解释自然、社会、政治、形神、情性、德性的变化”① 的宇宙生成论相合。其篇中直述今天熟知也是古代常见的气之说法②，有正气、神气、和气、血气、意气、阳气、阴气与气化、气容、气因、气和、气志、气顺、气感、气力及禀气、静气、专气、含气、有气等。诸说核心是神气与和气，为道德精神的气质标志与自然生命的气体感知，是气的认识主轴。气与神、和的关系是宇宙生命的重中之重与环中之环，其重要性表现在虚无与实有的整体融贯如何可能，为圆环式的节点在自然、道德、神明后怎样有效建构活动实体。前已阐明其神与和的内生关联即相因、外在联系即相合，此处重点在和与气的因应、合当的推绎。

> 是故，使天有为，动不顺一，为高者卑，为清得裂。阴阳谬戾，纲驰纪绝。和气隔塞，三光消灭。雷霆妄作，万物皆失。(《得一篇》，第 11 页)

---

① 陈慧娟：《两汉三家〈老子〉注养生思想研究》(上)，第 64 页。

② 李霞认为“道德论是道家对生命现象做追根究底的考察后所建立起来的生命本体论”，其道为“生命终极根源”、德是“生命现实根据”、气是现实生命机体的基质或介质，此气的“原型‘风’与‘土’”而具象化天气与地气、抽象化阳气与阴气，其最初解释非《说文解字》的“云气”、是“三”的构形和“乞”“迄”“讫”用法、始于人的呼吸与血液等运动，到孔孟儒家“从一种物质实体性的存在升华为伦理性存在”如“志气”“勇气”“正气”等，由《老子》《庄子》《管子》《吕氏春秋》《淮南子》充分关注“生命之气”的“道”运化根源、“和”存在状态与“气”转换机制等是不同于“伦理之气”的孔孟荀儒家观念的；参见其《生死智慧》，第 96、97、99、103、121 页。

三以无，故能生万物。清浊以分，高卑以陈，阴阳始别，和气流行，三光运，群类生。(《道生一篇》，第18页)

(我无言) 和气洋溢，太平滋生。人物集处，宇内混同。(见前引《至柔篇》)

(治身) 重神爱气，轻物细名，思虑不惑，血气和平。筋骨便利，耳目聪明，肌肤润泽，面理有光。精神专固，生生青青，身体轻劲，美好难终。(《善建篇》，第53页)

和气易动，若病在人，阳泄神越，恶默好言。(《知者不言篇》，第59页)

阳气主德，阴气主刑，刑德相反，和在中央。(见前引《以正治国篇》)

和气流通，宇内童蒙，无知无欲，无事无功。(《善为道者篇》，第83页)

反逆天地，刑戮阴阳，黥劓道德，破碎神明，和气溃浊，变化不通；

德泽洽润，恩爱流行，慈惠和结，众情发扬。默然为之，神气相通，彼三军与我同心，奸为我使，盗为我工。(《用兵篇》，第92页)

(神明之在人) 是以，人始生也，骨弱筋柔，血气流行，心意专一，神气和平。面有荣华，身体润光，动作和悦，百节坚精。时日生息，旬月聪明。何则？神居之也。(《生也柔弱篇》，第110页)

太和妙气，妙物若神，空虚为家，寂泊为常，出入无窍，往来无间，动无不遂，静无不成，化化而不化，生生而不生也。(唐强思齐《道德真经玄德纂疏》引，《谷神不死篇》，第128页)

此见，神或精神、气、和的关联性说解一处，在治身中重视精神的专注固养与气血的适当调理，要学会平和对待生活的财物、名声、思虑，使筋骨、耳目、肌肤、面容得其便利、聪明、润泽、光华、美好，即精神与血气相和调、可助益身体治理。由此身的调治，推扩到整个人或人生，是神引导的神明、神气、血气的和平流转人全身上下内外前后、得和悦感受，这是神、气、和的生命正常循环运动所达致的整体和谐状态与舒适表征。若使此生命天地逆转、阴阳颠倒、道德强制、神明破碎、和气昏浊，结果是生命事物的自然变化受到严重阻碍甚至不能进行，除非是神明与和气畅通无阻地推扬众生的恩德与慈惠、和结在生命进路上。因而，神明、和气、神气的融通，要自然的舒展与道德的护持，这可从我（心、使、工）上认肯自然、道德、神明、和气、天地的生命关联。此关联在太和、气、物、神的动静、往来、出入、化生在空虚寂泊的生命根源上，从而获得微妙体验与灵动贯通及日常成就与永恒涵摄，其在宇宙生命系统自如地完成转换与回归而圆融。人这种能动的和气生了病或处于病态，糟糕的生命结局是活力没了、精神颓废了、害怕沉默的虚静、喜欢喧嚣的言谈，耗损自身精气或神气并躁动全身的血气、沉陷危机四伏的生命境地。因此，人、神、和气尽量保持良好的互动关系与内生的正常状态。而且，和气有四种基本的生命表现即：一是和气能生化万物，分门别类地展呈其具体情形；二是和气融通所有存在与发展，却不受知故与事功制约；三是和气在整个宇宙中洋溢一切内涵与征兆，滋养人物的太平生活世界；四是和气遭遇隔阻、导致天昏地暗、阴阳错乱、万物失生、纲纪废绝、人事暴虐、四分五裂。简述这四种表现为，气能生万物、融通所有、保障太平、怕遇隔阻，即气与和正常结合后能生、通、养、不能断。最后，和气分成“主德”的阳气与“主刑”的阴气，通过经验生活的德刑合理判断，证明和气的合适选择所造化的生命事物。这是从人的生活后验标准，推定他的先天生命之和合可能的完美内涵与状态，即气。气是融合的生命存在与分散的生活发展所普遍流通的有效介质。这概括为精神与血气调和好能治身、人与神和谐是气的融通、气结影响生命正常运作、生命圆融于虚寂根源与能动气息、和气生病会活力枯竭、和气能生养也能断裂更能通达、经验判断是德刑完美结合的最佳效果，因而神气和身、人神和气、气结和生、生虚动气、气病失和、和气融洽、德刑验证，气的和通是生命能穿越虚无寂寥与实有纷纭的有效保障。此证在和通意义上，气是宇宙生命的能动主体，融贯自然、道德、神明与天地、万物、人类及其他。

据有关研究，《指归》的自然总纲在道的精神指引下含摄玄和、一致行动，且“‘和’因‘玄’而后有，‘玄’因‘自然’而得生”，此和是“动中之静”使“无性作用于有性之异上”合符“‘自然’之理”，其“玄教之‘无’、‘有’交互运作”当“呈现‘和’之效果”，以求“工具性”的“玄归”与“究竟之境”的“玄冥”。[①] “‘和’在《指归》中是一个多层次概念范畴”，有“精气”“自然律”“精神境界”“中和位置”“含和柔弱”“自然祥和之气”“仁爱恩泽”“协调运行的规律”“一种心态”诸义，与“某种‘道’的属性”“和气”“和同”“主观意识涉入的‘和’”“德泽”义涵。[②] 前者对气和的有无之性的融通，偏于静的自然之理、玄的究竟意境探赜，却缺乏对道的精神与生

① 参见陈尧义：《严遵〈老子指归〉义理析论》，第48、129页。
② 参见陈慧娟：《两汉三家〈老子〉注养生思想研究》（下），第330页。

命我的深度分析及其理路的诠解；后者虽认可其和的内涵层次性与中和的关键性把握，侧重养生方法的应用推证与概念范畴的含义分别，未揭示其内在层级的生发途径，与其理论表达的精神要旨。一个偏于和的理境的虚玄特性，一个重于和的调养功效；这样的认知结果，是把生命本体推向虚设，将养生方法落到实处，使本体与方法二分。所以，《指归》的和之首义是融通、而非虚静与调治，其上承道德神明的能动，下启天地万物的样态。

由此得，气因于和的完全融通而生生不息，和用于气的普遍流贯而井井有条，和气造化天地万物的本状即然我，实际撑开经验万象的生活世界，逐渐启动人类社会的创造能源。

三　“气化”“太和”本状的根源探索及其生命我之反思

在讨论了“和”归结于“气”之后，我们会追问：气是什么[①]？和气是什么？太和是什么？其共性是什么？其贯通如何可能，表征成什么？与其他关联怎样？前述《指归》大致解释，其和由自然、道德、神明、天地、群生、万方、百祥、万福限定内

① 气是“形象”“理性”表达中华民族“独特的形上学、宇宙观、生命论的不可多得的工具”或载体，它有本体宇宙论的“思维模式”与“机体主义”的互动特征，此属于“‘人—天’系统论”并在战国时突出这种“有机性、整体性和普遍联系的宇宙论猜想”，其思想含“一与多、不形与形、连续性与点积性的逻辑悖谬”（参见萧萐父、郭齐勇：《气论与仁学之间的张力——读〈中国气论探源与发微〉》，《哲学研究》1991年第6期，第77、78、79页）。此蕴涵，在宇宙视域的气是有机连贯一切生命事物的独特载体，它有本体论的构想、也有方法论的认知，具备本体与方法交融的可能与实际，因而，本书将它作为形上本体的直接归结。另，崔大华认为“庄子的自然观中”之气是“弥漫宇宙的”普遍存在、从静态的本质看是“虚无”、动态上讲是阴阳作用的“和”“通”“化”万物；见其《庄学研究——中国哲学一个观念渊源的历史考察》，北京：人民出版社，1992年，第106、108—110页。此从庄子的自然哲学上，界识其气的体或本在虚无、用在万物、是无所不在的宇宙生命基质。

涵，气由我、道、德、性、命、神、和、正、阴、阳、清、浊、物、血、意等限定内容，和气由和与气、限定本义，太和由和限定要旨，这明达太和然我的本质与本状、本质是气的实体、本状是和的样态。此无限可能的初始状态与生命基质的整体共存，从认知主体看是普遍流行的生命我。从最高理念上讲，是绝对唯一的虚无道；从自身能动上说，是不断变化的自然神；从完美结合上看，是真实贯穿其他的太和气或元气。

先秦诸子与汉儒对此和与气有过精致讲解，简括为老子的气和于中[①]、有子的礼和于用[②]、墨子的众和于天[③]、孟子的人和于圣[④]、庄子的心和于德[⑤]、荀子的义和于分[⑥]、《淮南子》的气和

---

① 汉帛《老子》有“中气以为和”，另有“音声之相和”“和其光”“六亲不和”“和之至”“和曰常”“知和曰明”“和大怨”与“抟气致柔”“心使气曰强”在其简帛本里可见部分或大部分表述，参见刘笑敢：《老子古今》，下卷，第1069—1070、1166—1167页。

② 《学而》中有子讲礼用以“和为贵”，参见朱熹：《四书章句集注》，第51页。

③ 墨子讲“阴阳之和”“天地和”“肌肤和”“天下和”“万民和”“吏民和”（见《辞过》《尚贤下》《天志中》《备城门》），另有“（父子兄弟）离散不能相和合”“兄弟不和调”“兄弟相爱则和调”“芬香之和”“上下调和”“上下不调和”“唱和同患”“和心比力兼左右”（见《尚同上》《兼爱中》《节用中》《节葬下》《经下》《迎敌祠》）等，参见孙诒让撰：《墨子间诂》，上册，第37、38、72、73、100、162、177、198、328页；下册，第494、578页。

④ “天时不如地利，地利不如人和”（《公孙丑下》）、“（柳下惠为）圣之和”（《万章下》），朱熹：《四书章句集注》，第243、320页。

⑤ “心莫若和”（《人间世》）、“游心乎德之和”“德者，成和之修”（《德充符》），另有“知与恬交相养，而和理出其性。夫德，和也；道，理也”（《缮性》），参见郭庆藩撰：《庄子集释》，上册，第170、196、220页；中册，第548页。

⑥ “治气养心之术”之一是“柔之以调和”（《修身篇》）与“（人）义以分则和，和则一（胜物）”（《王制篇》）及“（圣人）血气和平，志意广大，行义塞于天地之间，仁知之极”（《君道篇》），王先谦撰：《荀子集解》，上册，第29、194、276—277页。

于生[①]、董仲舒的中和于仁[②]、《乐记》的气和于理[③]。此可推老子的宇宙生命之气，内化庄子的个体生命之德，外现《淮南子》的群体生命之物，统合成《乐记》的现实生命或事物之理；再由此规整有子的社会生命之礼，阐发墨子的人类生命之义即天志或众义，提升孟子的文化生命之圣，落实荀子的政治生命之分，中正董仲舒的历史生命或事实之法即仁义法[④]。这是自然生命由整体到个体、到群体、归一统，转向人类从社会到文化、到政治、得中正的自觉意识管理过程。一句话讲，这是气之中和，先成物之中和，再成仁（人义或意）之中和，终得法之中和。此探讨道、神、气之静与动的正当转换后的太和本状即和，或天地物合与分之生化前的太和本质即气，这是形上（显形前）之气向形中（显形中）之物转化、展现实有的初始，它是自然本体的虚无内涵、推进宇宙生命发展的直接成果。对此，《指归》阐述：

> 使地有为，动不顺一，为直得枉，为宁得发。山川崩

① “心怡气和”“（阴阳）承天地之和，形万殊之体，含气化物”“天地之气，莫大于和。和者，阴阳调，日夜分，而生物”“《天文》者，所以和阴阳之气”，此见《览冥训》《本经训》《泛论训》《要略》，刘文典撰：《淮南鸿烈集解》，上册，第244、310、520页；下册，第853页。

② “王正则元气和顺”“（仁者）气和（平易和理而无争）”“中之所为，而必就于和，故曰和其要也。和者，天之正也，阴阳之平也，其气最良，物之所生”“人气调和”，此见《王道》《必仁且智》《循天之道》《天地阴阳》，苏舆撰：《春秋繁露义证》，第101、258、466、467页。

③ 《乐记》有“（先王）合生气之和，道五常之行”“顺气成象，而和乐兴”“动四气之和，以著万物之理”，见孙希旦撰：《礼记集解》，下册，第1000、1003、1004页。

④ 以《春秋》治“人与我”的依据是“仁与义”，此仁“安人”、此义“正我”，其“仁之法在爱人”“义之法在正我”；参见苏舆撰：《春秋繁露义证》，《仁义法》，第248—250页。

绝，刚柔卷折。气化不通，五行毁缺。百谷枯槁，群生疾疫。(《得一篇》，第11页)

常习战斗，意议其主，至精相感，气化相动。是以天地钤结，阴阳隔闭，星辰散乱，日月斗蚀，诈逆萌生，灾变并发。非天降祸，世主无道。(《天下有道篇》，第30页)

天地人物，皆同元始，共一宗祖。六合之内，宇宙之表，连属一体。气化分离，纵横上下，剖而为二，判而为五。或为白黑，或为水火，或为酸咸，或为徵羽，人物同类，或为牝牡。(见前引《不出户篇》)

道德神明，清浊太和，天地人物，若末若根。数者相随，气化连通，逆顺昌衰，同于吉凶。道德之意，天地之心，安生乐息，憎恶杀伤，故命圣人，为万物王。(《善为道者篇》，第82页)

夫世之莫我知者，非我道小而不足以知也，又非我之事薄而不足为也，又非世之好败恶成、喜祸乐患而故不我从也，天性与我反，情欲与我殊。智陷于情欲，终世（弱）[溺]于所闻，神气不我我，而心意不我然。故其明不我能见，聪不我能闻。(《言甚易知篇》，第95页)

因而，道德本意全面阐发的神明智识，有清醒的精神觉解与糊涂的感性认知，可得思想大清明的综合辨析，这是我的聪明才智所反映的天地本心，这样的我即太和然我，命名为圣人、可称万物的王者。此经验生活世界即“世”的“我知”识别的客观对象非小道、薄事、表情、情欲、见闻，其足知在生命大道、足为在生命大事、完好在生命实情、全智在生命本意、全能在生命本我，我知、我为、我从、我反、我殊、我我、我然、我见、我闻是本因如此、本性如此、本能如此、本状如此，也可说是自然如此、道德如此、神明如此、太和如此。其道德本意与神明本识，同道德本性与神明本能是自然融贯与太和完整的；它们是天地人物的本根，即道德神明性命、体现为性能，与枝末，即道德神明生活、展示为意识。此我的生命性能与意识的气化贯通与道德规引的流程，在生命线上是自然本因→道德本性→神明本能→太和本状→天地人物，生活线上是人的道德本意（理）→神明本识（智）→太和本物（事）→天地本心（知）→人物本欲（情）。两条线交错，贯穿我的始终，以自然的生命整体，引领与充润自觉的生活个体。此自我生命能识的整全感召与推动，有根末、清浊、顺逆、盛衰、吉凶、生死、大小、厚薄、好恶、正反、共殊、能所等的差异性分别与一致性整合，使气的融贯成为可能与现实，永远追求并确保如此和谐的生命态势。

由此天地人物的生命意识溯源，发现同一个元始与共一位宗祖，是内外圆融的宇宙生命本体，自然衍化所有可能内蕴并具体表征一切样态，其自觉推演一切意义诉求并系统表达文化观念，自然生命与自觉观念的内通与外连是太和之气的分合聚散有无始终。因此，我的神气是神明与太和的生命气质之复杂反应与综合表征，也是精神与血气的生命融合之正常表现与灵动情形。这在自然生命的气化与自觉生活的文化里呈现道德自我本状，即太和然我的原样。天地人物的生命与生活的分化、整合是相对的融贯作为、非绝对的孤立进行，生命是自然之气普遍流行与特殊凝聚的道德成果，生活是道德自觉之意无限诉求与限定表达的自然成就。生命之气不畅通或被阻塞，物的生活世界就天崩地裂或地动山摇，惶惶不可终日而难安宁与焕发生机，不能和合相生与生生不息，这是生活事物无法也无力承受的生命之重、之灾，不允许用存在的假设反证之经验推绎，它在先天融贯的生命世界不可理喻与实证，否则，生命不会一直出现与永久保存。但生活的意，出现不畅快是习以为常的，事不如意起纷议、纷争、甚至战争，为争夺生活资源与权利及福禄，愿牺牲生命去换取或成全他者的幸福生活，其意精诚所至、感天动地。此为文化诚意与天地，其非生命的而是生活的，这是人把生活意识固执为生命意志的善意争取与纠结。此生活意气争与不争，不是无道的世主之人祸，是自觉的生活经验可能创造一切幸福岁月与王国的人之心力奋争所必定会困陷的文化宿命。在此意义上，《指归》要自觉其道、德、仁、义、礼、智、刑、赏的社会生活，全面回归自然、道德、神明、太和的宇宙生命怀抱，静养得生活自我的身心和谐一体、一贯、一致。

很明显看出，《指归》在汉代流行的气化宇宙论观念熏染下，它有以“太和”而非以“元”“神明”释“气”之蕴涵，此气区别于太和之和、一起在本体宇宙论域中模塑有形事物。①其气论在自然的普遍性之老庄思想前缘与西汉黄老道家养生学说近因的推引下，凸显宇宙万物的和谐之气，以此生命最大介质融

① “西汉习以气化宇宙论进行诠释”且分两类，一是《春秋繁露》代表的“以元气为本根的气化宇宙论”，另一是《淮南子》代表的“以元气为生成过程的气化宇宙论”，二者区别在“最终之存有应为何种性质”；《指归》“不言元气”而其“太和具浓厚气概念，神明之气概念较淡薄”，诸多研究者以“道、德、神明、太和为气”“德、神明、太和为气”“太和为气”，此“‘和’与‘气’在性质上有异”、前者更虚无、是道生之三、等同太和，有形者因此“透过‘气’被形塑”以成全其道的本体宇宙论。参见陈尧义：《严遵〈老子指归〉义理析论》，第16—21、31、37页。

贯其道与物。[1] 它的太和之气的虚无本体与实有事物的完全融合、具有普遍内涵的赋予与层级发展的差别，此本体的差异变化与具体性质凝聚的和气形塑万物，得自然之气的中介融通与养生之道的精神境界。由此知，以虚无本体模塑实有万物，是不能对其气化连通的生命融贯，作合适存在的过程说解；或者执泥于自然科学的气体实验成果的规定性，求证人类生命修养的境界成功提升极致的可能性，并以体用一源、显微无间[2]的笼统说法完成其内涵推演的实质化解。此未把生命之气贯彻到底，向上推越淡薄清虚、向下引更厚实昏浊；或侧重于自然气息流转人类感应的体验前后与修为的实效大小或高低，偏于应用。这造成宇宙生命的虚体与实用之和气融通的观念断裂。此之前有“《管子》以‘气’释‘道’”的本原改造，到《吕氏春秋》“以十二纪为框架的宇宙自然大生命观”阐明其物与气的内外关联，助益《淮

① “自然之气”的“普遍性质”是“无形性、变化性、流动性、周遍性”，《老子》的“冲气、专气、和气、使气”论在《庄子》的宇宙生成上为“气论本‘体’”，两汉是养生“气论之‘用’”以回归其体的最高养生境界；《指归》的气分“宇宙之气”“万物之气”、太和是“和谐之气”，此“渗透性、广袤性、包容性”的气（即“宇宙间最大之介质”）因应、贯通“道物”；参见陈慧娟：《两汉三家〈老子〉注养生思想研究》（上），第184、185、189页。

② 程颐晚年提出“体用一源，显微无间”的“重要命题”揭示“心性本体通过自身的道德创造活动与各种道德行事构成体中有用、用中有体、本末一贯的关系”（此见彭耀光：《从“体用一源，显微无间”看程颐理学的精神》，《东岳论丛》2011年第8期，第48页）；此命题在“《程氏易传》的全部思想”中居于核心的地位、它以儒解易而构成“体用一贯本末通达的有机体系”、其言意的“全部开放性内涵”指向“实理”以统万象（见肖孟夏：《“体用一源，显微无间”：程伊川理一本思想研究——以〈程氏易传〉为中心》，“内容提要”，复旦大学2014年博士学位论文，Ⅰ）。前者以心性本体的道德创造与行事、融贯其体用显微的连续完整，后者以《易传》的言意象与理的有机关联来说明其一统体系，二者的心性、道德、理是程颐的思想内核的不同注解而前者表现在事上、后者彰明于象上，一个从易诠释传统的前因引出宋理学的后果、一个从后觉的心性本体推进前验的道德规范、两个都力证儒家道统的合理性根源所在与有效性流行所指。

南子》“‘气’与人的生命状况紧密结合”、并配对到“五行方位”中建立“人文地理环境论”。[①] 此“中国传统形上学变化观念主要是由道家开创的”，其“强调变化的普遍性和无限性”与“统一的物质实在基础”，归依“自然主义”的“‘天人合一’境界”。[②] 汉代“充分利用阴阳家‘气’与‘精气’”“推衍先秦道家的养生说与本体论”，完成“唯物的养生论与气化的宇宙论”，此“深深影响了张载、黄宗羲、王船山一系重实践、重客观的唯气乃至唯‘器’的宇宙观”。[③] 可推其气化太和然我，是虚无存有、生命融通、自然演变、超越诉求与经验感悟，太和是气化的理据、和气是然我的实质、然我是天地的完形。因而，气是然我的生命本质与内涵，如灵是神明自我的生命本能与活力、虚是道德本我的生命本性与规定、我是自然道我与德我的生命主因与主体。此宇宙生命本体凸显的自然我，是《指归》的最大创设与最高证明。它不是笛卡尔“我思故我在”[④] 的思维认知之

① 参见李霞：《生死智慧》，第 109、115—116、120 页。

② 参见王中江：《道家学说的观念史研究》，第 208—209 页。

③ 参见陈丽桂：《汉代道家思想》，第 80、96 页。

④ 此“演绎推理和心灵直观”的“笛卡尔哲学的第一原理”有“免于任何怀疑的确定性”，可用分析与综合两种论证手段来求证其“‘思考’和‘存在’的必然关联是如何实现”（参见贾克防：《笛卡尔论分析方法与“我思故我在”》，《世界哲学》2014 年第 3 期，第 96、97 页）；该命题“内蕴的人的主体性和人的意识的自我确认原则”以宣告“哲学对神学的独立”及其“自主性”［参见段德智：《简论笛卡尔“我思故我在”的历史嬗变与历史命运——从笛卡尔到胡塞尔和萨特》，《武汉大学学报》（社会科学版）1990 年第 2 期，第 34 页］。这个我是认知主体人的心灵演绎综合分析之确定自我，可贯通性解释人类生活世界的客观思想与存在是必然联系与绝对可靠。

我，费希特“自我”“非我”① 的绝对存在之我，弗洛伊德“本我”“自我”“超我”的欲望变化之我；它是老子自然、无为、好静、无事、无欲、道大与独异、独昏、独闷、独泊、独遗、独鄙、愚、宝、教、知、则②之先天生命我与后觉生活我所统合的无限融通之我，是庄子逍遥的经验局限之我与超验无限之我、齐一的彼此辨析之我与天物共生之我、师法的无生无死之我与形生老死之我所集合的永恒整全之我③。由此规引严遵道我与德我，引领汉儒的孔子意必固之我与文礼博约之我、孟子斥杨朱无君为我而坚守仁义富足之我与正心承圣之我、荀子贵智富之我与名德欲之我④所分别的文化意识之我、道德精神之我与社会生活之

---

① 费希特知识学的基本原理是“‘自我’在纯粹抽象的活动中设定自身”“设定‘非我’”“把一个可分割的‘非我’与可分割的‘自我’对立”，以此“自我意识”为“一切事物的绝对在先的和无条件的出发点”而成就绝对精神实体，参见［德］费希特著，梁志学、沈真译：《论学者的使命、人的使命》，“费希特哲学思想简评”，北京：商务印书馆，1984 年，ⅸ、ⅹ。此是人的知识谱系里，思维纯粹抽象的概念活动形式中，设定一切经验事物成立的绝对精神自我。

② “我自然”“我无为”“我好静”“我无事”“我无欲”“我道大”“我独怕兮其未兆”“我独若遗”“我愚人之心”“我独昏昏”“我独闷闷”“我独顽似鄙”“我独异于人”“我亦教之”“使我介然有知”“我有三宝（慈俭后）”“不我知”“知我者希，则我者贵”，此散见于《老子》出土与通行本，参见刘笑敢：《老子古今》，下卷，第 1284—1286 页。

③ “我腾跃而上，不过数仞而下，翱翔蓬蒿之间，此亦飞之至（小大之辩）”（《逍遥游》）、“非彼无我，非我无所取”“天地与我并生，而万物与我为一”“我与若辩矣，若胜我，我不若胜”（《齐物论》）、“（古之真人）滀乎进我色也，与乎止我德也”“夫大块载我以形，劳我以生，佚我以老，息我以死”（《大宗师》）。参见郭庆藩撰：《庄子集释》，上册，第 17、61、85、112、239、247 页。

④ “毋意，毋必，毋固，毋我”“夫子循循然善诱人，博我以文，约我以礼”（《子罕》）、“彼以其富，我以吾仁；彼以其爵，我以吾义”（《公孙丑下》）与“杨氏（杨朱）为我，是无君”“我亦欲正人心，息邪说，距诐行，放淫辞，以承三圣者”（《滕文公下》），参见朱熹撰：《四书章句集注》，第 109、111、244、276、277 页；“我欲贱而贵，愚而智，贫而富，可乎（其唯学乎）”（《儒效篇》）、“彼贵我名声，美我德行，欲为我民，故辟门除涂以迎吾入（此以德兼人，反之则以力兼人）”（《议兵》），见王先谦撰：《荀子集解》，上册，第 148 页；下册，第 341 页。

我，追溯其自然本因、道德本性、神明本能与太和本状。

由此得，自然本体成立的理据是恒在的我，道德本体成立的理据是无限的虚，神明本体成立的理据是全能的灵，太和本体成立的理据是精微的气。这四者生命的整体融贯，是《指归》哲学本体的致思进路，即：我、虚、灵、气，同构其宇宙生命本体的认知模型，归因自然。

综本章所述，《指归》哲学本体建构的四理据，即我的自然本因、虚的道德本性、灵的神明本能、气的太和本质，可简称宇宙生命本体的自因、虚性、灵能、气质。自因是宇宙生命之我能够理解自身，虚性是此生命的无限规定性，灵能是此规定性的普遍活力，气质是此规定性的实际内容，故可用“气”明确指称宇宙生命本体。也可用自然、道德、神明、太和四个关键词的组字来说解本体的内涵构成，自然以自为主而得生命我（如前面所推阐的五个我）、彰显存在的主体性，道德以道为主而得道性自然（如庄子与河上公渴求的道性命运本真，非孔孟儒家希冀的德性仁义至善）、体现连续的引导性，神明以神为主而得变化不测或神化（如道教炼养的长生不死）、表达永恒的变动性，太和以太为主而得质朴元气（如王充的元气自然）、揭示普遍的基础性或根源性，这阐明宇宙生命我的主体性、引导性、变动性与根源性的完整自身的始终圆融，也蕴涵了宇宙生命本体的主体、主导、主动、主系或根的大致定位（或方位）与明确作用（或法力）所组合架构的方法认知系统。因而由此四理据即自然、道德、神明、太和，与一方法即形—象—名—分，可转入人的经验认知，能以相因含本因（自然）、内因（道德）、主因（神明）与成因（太和）①，以禀性归本性（自然）、常性（道德）、变性（神明）、实性（太和），以能动说本能（自然）、性能（道德）、动能（神明）、静能（太和），以摹状描绘本状（自然）、性状（道德）、生状（神明）、和状（太和）。此因、性、能、状，建构自然本体的法则即理，再从生命我的自然本因、命定虚的道德本性、此本性发挥灵的神明本能、此本能造就气的太和本状，这就是《指归》哲学本体的形上理路。此四理据，一贯同体：其因，作体之基因；其性，作体之禀性；其能，作体之功能；其状，作体之表征。其理路，一致同归：我，是此路主导；虚，是此路规范；灵，是此路照应；气，是此路落实。这是《指归》的“自然”哲学本体论之本因、本性、本能、本状的虚证构造说解，即以虚的自然、道德、神明、太和所作生命我的根本理论建设之依据，尚待其太和之气化为“物”的实证检验，即以实的天地、万物、人类所得现有的全体存在验证之寄托，与其人类之“知”凝固作“文”的适证觉解，即以适的意欲、言教、器事开展文化的特别活动支持之世界。

---

① 此四因，可简括为自然一因即自然本因，道德、神明、太和与其他都归因于自然，而自然只能是自因；它与亚里士多德的质料因、动力因、形式因、目的因（可简化为质料与形式二因）不同，后者解读为亚氏物理学探究运动事物依据的四种原因（参阅陈治国：《论海德格尔的“四重体”观念与亚里士多德的四因说》，《自然辩证法研究》2012 年第 5 期，第 20 页）、追问存在的可能与实现，但前者立足于自然神即生命体、不是自然形即生活物，追溯生命的根源、不是生活的根据，因而它是自因融贯一切存在与发展（落实道德生养神即自然神）、非以他因对照可能存在与现实发展（走向宗教信仰神即人格神）。

第五章 《老子指归》哲学本体的形物世界生成：天、物、人

上一章讲了《指归》哲学本体的本，得自然本因即我、道德本性即虚、神明本能即灵、太和本质即气之本根总括，示自然的宇宙生命的整体融贯与无限可能。此章重点探讨其体，此体以生命素材的存在形式、求证为实，而其用以人文名言的认知形式、求解其意。以下主要以天、物、人三材[①]的实有内蕴与实际

① 荀子讲人主论官“要守”的“三材”即“官人使吏之材”“士大夫官师之材”“卿相辅佐之材”（《君道篇》），又讲“济而材尽”（《不苟篇》）、“材性知能”（《荣辱篇》）、“材剧志大”（《非十二子篇》）、“势在人上则王公之材”（《儒效篇》）、“材而事之”“案谨募选阅材伎之士”“山林不童而百姓有余材”（《王制篇》）、“材万物，养万民”（《富国篇》）、“天材之利多”（《强国篇》）、“不材不中”（《正论篇》）、“性者，本始材朴”（《礼论篇》）、“经纬天地而材官万物”（《解蔽篇》）等，见王先谦撰：《荀子集解》，上册，第290、56、71、110、139、176、185、195、213页；下册，第358、381、432、469页。《系辞下》先说“象者，材也。爻也者，效天下之动者也”，又说易书悉备“天道”“地道”“人道”为“三材之道”、

表征，作大致辨析。这是自然本体建构的宇宙生命视域中，考察其天地万物的实有世界怎样具象展现，即宇宙生命的形气世界如何化生为形物世界，或是宇宙生命世界的可能如何成为现实。

第一节　论天地的生成、意涵与能限

基于以上《指归》哲学本体论的体之总说明，本节论天地之材的现实或形物世界建构之内生可能与大体造型，主要分三个议题：一是实有天地产生于太和，可追溯其生命的根源与流向；二是论天地的内涵与表征，此概说天的四种意涵及其异同、清宜、恶失、顺合；三是天地之限与能，此说明其实存的框限与拓展的可能。

一　"天地生于太和"之原由与历程

据上述宇宙生命的整体内涵赋予，可推天地生于太和圆融的生命本根即本质或气、长出万物方正的生活枝叶即殊形或实体，这是宇宙生命的实质性存在的气、能化生素材式发展的物的本体

(接上页)"三材"指天地人，此"道有变动，故曰爻。爻有等，故曰物。物相杂，故曰文。文不当，故吉凶生焉"(参见高亨：《周易大传今注》，第504—505、526—527页)。前者为官之材(社会生活才干)、后为道之材(自然生命质能)，后者更适合《指归》的生命材质之义的阐发，但天地一体、以物分天人、非以人判天地。另有《曲礼下》谈"天子之六工，曰土工、金工、石工、木工、兽工、草工，典制六材"(见孙希旦撰：《礼记集解》，上册，第134页)。此土、金、石、木、兽、草之六工制材，是《易传》三道的生命材质的细化说法，也是《指归》物材提炼的基础依据。

进路。再以其天生系列即自然→道德→神明→和→气→形→天→物→人的用意直解，间接推出太和是自然、道德、神明的合当融洽与气、形、天、物、人的适中支撑，此涵括与绽放是天地实存与拓展的生命基础。这融合与化生如何完成？下面从外现的天地观照与具体的万物实在，对质其可能的内涵推阐与可靠的形式分析。

> 道之至数，一之大方，变化由反，和纤为常，起然于否，为存于亡。天地生于太和，太和生于虚冥。（《得一篇》，第12页）
>
> 无声而万物骇，无音而万物唱。天地人物，无期俱和，若响应声。(《上士闻道篇》，第15页)
>
> 三以无，故能生万物。清浊以分，高卑以陈，阴阳始别，和气流行，三光运，群类生。
>
> 是故，虚无无形微寡柔弱者，天地之所由兴，而万物之所因生也；众人之所恶，而侯王之所以自名也；万物之源泉，成功之本根也。(《道生一篇》，第18—19页)
>
> 故万物不可和也，天地不可适也，和之则失和，适之则失适。弗和也而后能和之，弗适也而后能适之。(《知不知篇》，第97页)
>
> 清静不改，以存其常，和淖纤微，变化无方。与物糅和，而生乎三，为天地始，阴阳祖宗。(《生也柔弱篇》，第110页)

此“天地生于太和，太和‘含囊阴阳’”为《指归》宇宙生成论的最后阶段，以“无形世界”“最富含物质意味”的太和、推出具备物质性的“有形世界”之天地，在气化有形物之大者即天地的清浊分判下得“阴阳交和之气生成万物”。[①] 若以老子的道生一生二生三生万物的阴阳冲气或中气，解释《指归》的相因系列，则道德是一、神明是二、太和是三、道是一之前的“至数”、物是三之后的可数（能被具体统计的有限量）。这把《老子》的道与物相生系列转化成严遵的自然与万物相因系列，即穷尽“道”的至数是自然、体现“一”的“大方”是道德、能“反”的“变化”是神明、统摄“常”的细微是太和、流转“然”“否”的存亡是天地。此在相因系列上，顺应自然、推引道德、推动神明、推得太和、推出天地；在相生系列上，逆反“虚冥”（此含自然、道德、神明）、推证太和、推定天地；或从自然顺推天地是先天的宇宙生命相因，由天地逆推虚冥是后天的实存万物相生。这一顺一逆、一正一反、一因一生、一虚一实、一无一有，把道之初也是末的自然、物之始也是终的天地，通过神气变化的和或太和融合一起。可知其对老子道生物的理解，既不是河上公定性的自然运律、养护万物素质，也不是王弼转相法的自然规则、范导事物转化，它是自相因的自然本根、推衍天地万物。此相因相生的互化与连贯，在上士闻道中自然无声、无音、无期唱和天地万物或人物，在道生一、二、三、万物中自然虚无微弱的本根或源泉、兴生或流行万物群类，在知不知与生也柔弱中自然清静之“常”、和适天地万物之变。从闻道于无之自然、道生于虚之自然、知生于常之自然，得大体和唱、因应、适宜于天地万物。太和在正反之全、声音之无、根源之虚、不知之

① 参见陈尧义：《严遵〈老子指归〉义理析论》，第32、33页。

知与柔弱之生之中，展现天地内涵与万物表征，此概要推出太和是天地万物的宇宙生命本根之综合反应，及其枝节之独特分化的保证与保障。其具体细节的连贯说明，可依据道生万物的始终过程、万物玄奥的常变认知与天道融贯的中和把握来阐释。

> 生之形之，设而成之，品而流之，停而就之，终而始之，先而后之。既托其后，又在其前，神明以处，太和以存，清以上积，浊以下凝。天以之圆，地以之方。阴以得阴，阳以得阳。日月以照，星辰以行。四时以变化，五行以相胜。火以之热，水以之寒。草木以柔，金石以刚。味以甘苦，色以玄黄。音以高下，变以纵横。山陵以滞，风雨以行。鳞者以游，羽者以翔。兽以之走，人以聪明。殊类异族，皆以之存；变化相背，皆以之亡。万天殊状，水土异形，习俗相违，利害不同，容貌诡谬，意欲不通，阴阳所不能及，日月所不能明，皆以之始，皆以之终。（《道生篇》，第46—47页）

这个过程由道生成、形设、区分、造就、周转、排列、融合它们或万物，此从物的生形、成形、分形、定形、变形、组形、整形，作了细致描述与全面分析。道生之前是神明、太和保存其本能与原样，之后是清浊之气分出天地方圆、分得阴阳对证、分作天上日月星辰、分化天地中春夏秋冬即四时与金木水火土即五行，最后分出地上柔嫩草木与刚健金石、甘苦味与玄黄色、高低音与纵横变、畅通的风雨与凝滞的山陵、能游的鱼、能翔的鸟、能走的兽、能明的人。知其前是虚无的自然、道德、神明、太和之先天生命内涵与演变，是相因系列的推断，其后是实有的天地、阴阳、日月星辰、四时五行、草木金石、味色音变、风雨山川、鱼鸟兽人之后天生命样式与关联，是相生系列的验证。

> 木之生也，末因于条，条因于枝，枝因于茎，茎因于本，本因于根，根因于天地，天地受之于无形。华实生于有气，有气生于四时，四时生于阴阳，阴阳生于天地，天地受之于无形。吾是以知：道以无有之形、无状之容，开虚无，导神通，天地和，阴阳宁。调四时，决万方，殊形异类，皆得以成。变化终始，以无为为常。（《万物之奥篇》，第74页）

此道物、先后、无有、因生如何实现生命转化？这是天地从无到有、到可与不可的和生与形化的先后贯通论证，称作太和自化天地、天地本系太和。其经验认知是木生过程悟得的末→条→枝→茎→本→根→天地→无形的相因系列，相因即相生；由此花果（或华实）生于气→四时→阴阳→天地→无形，把相因的本末、变成相生的花果，或以后者的生、证验前者的因。此在木的生命主体或事物的限定认知下，其生的因循追寻到无形、是前后实存环节的可能也可靠连接，在形的有无上面临之前系列限定认知的最大生化挑战即无如何成有、有如何变无，这是老子“天下万物生于有，有生于无”① 的古今生命难题，不管严遵补充多少经验认知环节，也无力求解生命超越可能的所有实现机缘，此为自然的宇宙完整呈现，非自觉的人类全体把握。到其因的落实

① 楚简本《老子》作“天下之勿（物）生于又（有），生于亡（无）”，而到“严遵本‘天下’作‘天地’，弼本、河上本‘之物’作‘万物’”；《老子》用“返”联结“有”“无”并相容于“生成论与本体论”视域中，但“有无相生”的世界“基本原理”之自觉、明确揭示是“庄子及其后学的思想贡献”（参见丁四新：《郭店楚竹书〈老子〉校注》，第245、249页）。此表达，严遵可能借鉴庄学的有无相生原理，分析天地万物实存的前因与机缘。

在花果，也是前后的可能环节与可靠条件的必然反应与偶然成就，此因有其生的可能、决非必定成行。因生的自然关联是整体完全跨越先天存在与后验发展，不是自觉的个体或群体、局部理解挣脱实际限制、模塑其普遍可能与永恒宰制。就此看木的生之因系列与因之生系列，不是道德的心意生、构思“善”价值的终极理想，也不是宗教的主创生、相信“真”万能的绝对实现，更不是科学（近现代意义上的）的物相生、剖析“实”质体的有效关联，它是自然的命运生、展呈全自在的生活事物。此木有“无有”“无状”的“道”形容开显实在、神通一切、和谐天地阴阳、调治四时万方殊异成就，这是道之虚无的自然始终变化的暂时结果与永恒过程，是物之实有的经验认知的客观对象与主体阐释，是道与物和调所有存在、彰显天地活动范围的合理内容与效验事实。此由大体的宇宙生命过程认证，转入具体的树木本末论证，是宇宙生命先天融贯的全体之自然内涵外现，向后验限定的个体或群体之自觉内容外推。

> 天地未始，阴阳未萌，寒暑未兆，明晦未形，有物三立，一浊一清，清上浊下，和在中央。三者俱起，天地以成，阴阳以交，而万物以生。失之者败，得之者荣。夫和之于物也，刚而不折，柔而不卷，在天为绳，在地为准，在阳为规，在阴为矩。不行不止，不与不取，物以柔弱，气以坚强，动无不制，静无不与。故和者，道德之用，神明之辅，天地之制，群生所处，万方之要，自然之府，百祥之门，万福之户也。(《天之道篇》，第 112 页)

生命事物大体与具体的过程认知，最初体现在天道融贯的中和把握上，成全天地的完整涵摄与局部流露。其完整涵摄在一即道德之前的自然本因里“未始”“未萌”“未兆”“未形”，局部流露三即太和之后的万物本状里有“起”“成”“交”“生”，合此自然道之一、二、三与万物得老子的相生系列认证，这是《指归》相因系列观念对老子的相生思想推阐。此因生的得失、成败、荣辱都集中表现在和与物、道上，此和在万物上刚柔相济相成、准绳（或标判）天地常理、规矩（或范导）阴阳变化、止行取与适度、强弱动静正中，在道中是用于道德、辅助神明、规制天地、安顿群生、要领万方、归宿自然、开启百祥、祈求万福。这表明天地因生于和道，此和是太和气化的融洽，此道是自然道德的神明，性命融贯二者，得虚无内涵与实有表征的连续一体、开显天地万物。此内涵相因以推《指归》的本体理据，表征相生以认其材质或实体，二者圆融一起、无内外表里之别。其虚无权衡的最高标准，在自然；其实有把握的最大界限，在天地。也可说，《指归》的自然与天地的相因相生置换系列，是《老子》的道物的无有相生系列的细化、神化、气化与分化，其细化认知内涵、神化能动过程、气化具体结果、分化表现形式。

因此，以宇宙生命内蕴的自然、道德、神明、太和的本根，对应老子的道生一、二、三、万的道德、神明、太和、万物的诠释，其自然相因系列推阐的天人之生，及这种因生的大体原理、始终过程、常变内涵、中和结果与实物表征，可得天地生于太和、符合《老子》原意引申与《指归》主旨阐明及今人理解。天地的完整内涵与具体表征，之前怎么讨论，《指归》将如何说明，下面陈述其要旨。

二 天之意涵分析

严遵前后的“天”，是早期自然神（自然或生命之天）向中期人格神（宗教或生灵之天）的观念转变、定型于晚期人文神（道德或生性之天），是殷周最高政治观念改进与春秋战国秦汉诸子学术思想创新所全面提振的精神成果，加上《吕氏春秋》《淮南子》农业生活经验总结的一气、阴阳、四时、五行、万物所神妙统合的天文、地理、人事之科学成就（即科学或生存之天）。[①] 可简括为自然之天、宗教之天、道德之天、科学之天[②]，大体显示宇宙万物及地球人的生命、生灵、生性、生存四种基本意涵。此在《指归》如何体证四种意涵、展示其天的认知？此择取其部分代表性说法，即：

① 老子用“道”的形上学代替“天”的宗教性格并赋予“无”的体态，墨子“由经验界的观察以推言天志”，“心目中的天”为模糊的“人格神的性格”；《吕氏春秋》“天的观念演变”上推西周初“人格神”“天、帝”，下转周孔思孟的人文道德精神的自然法则与主体心觉解，其“由阴阳五行所构造的天”形成“有动力、有秩序、有反应（感通）的气的宇宙法则”及有机体世界，对汉代学术与政治影响重大；参见徐复观：《两汉思想史（二）》，北京：九州出版社，2013 年，第 72—77 页。劳思光认为“形上天”观念始于秦汉、大盛于两汉，老庄道家的天“形上意义较多”，孔孟儒家言天或命、表示“人之自觉”相对的“必然性”（见其《新编中国哲学史》，第一册，第 62、63、302 页）。石磊指出，春秋战国的“天命神学和人化之天时代的没落”，使“天道代替天命”成“天的意志的主要表达方式”（见其《先秦汉代儒教天论研究》，北京：中华书局，2015 年，第 48 页）。

② 冯友兰提出“自然之天、主宰之天、命运之天、物质之天、义理之天”，周桂钿归为“自然的天”“神灵的天”（参见周兵：《天人之际的理学新诠释》，成都：巴蜀书社，2006 年，第 20—21 页）；傅佩荣析“主宰之天、造生之天、载行之天、启示之天、审判之天”五种性格的先秦“天概念”（参见其《儒道天论发微》，北京：中华书局，2010 年，第 23、54 页）；康中乾是分作“意志之天、无为之天、道德之天、自然之天”（见蒲创国：《天人合一正义》，北京：中华书局，2015 年，第 24 页）。

天之性得一之清，而天之所为非清也。（见前引《得一篇》）

夫天人之生也，形因于气，气因于和，和因于神明，神明因于道德，道德因于自然：万物以存。故使天为天者非天也，使人为人者非人也。（《道生一篇》，第 17 页）

是故，以知知，与天相离；以为为，与天相奇；以事事，失天之意。（《为学日益篇》，第 38 页）

所授于德，富贵贫贱，夭寿苦乐，有宜不宜，谓之天命。遭遇君父，天地之动，逆顺昌衰，存亡及我，谓之遭命。万物陈列，吾将有事，举错废置，取舍去就，吉凶来，祸福至，谓之随命。（《道生篇》，第 45 页）

一以物然，与天同道，根深蒂固，与神明处。（《方而不割篇》，第 67 页）

是故，天之所胞，地之所函，太一之所主，天一之所将，四时所归，五行所监，群臣毒害，变化运行，各有分部，不得相干，周流万物，莫之可伤。（《治大国篇》，第 69 页）

天之所恶，不敢活也；天之所祐，不敢杀也；天之所损，不敢与也；天之所益，不敢夺也。是故，敢于不敢者之敢，动与天同符，静与地同极。天心所恶，莫之能辨。（《勇敢篇》，第 102 页）

顺天之时，尽地之力……耕织不时，失天之分……失天之分，家不可安……（《人之饥篇》，第 107—108 页）

上面引文的关键词，一为天性，道德赋予它清澈的本性，非天所能为的根性；二为天生，“形”“气”“和”“神明”“道德”“自然”相因使“万物”实存，生天的决非天本身而是他身，人也一样；三为天意，用人事的知与为，对待天的知与为，这跟其本意相背离；四为天命，由自然德我禀赋、求得适宜存在，它有生活发展的遭命与随命之境况；五为天道，天与道德同归自然根蒂，与神明共处生命境域，与万物开展生活领地；六为天统（胞或一），涵括天地一切、主导整体运化、善待各自发挥、区分万物成就、护养生存空间；七为天心，天所恶、祐、损、益，不敢活、杀、与、夺，即天生的好恶损益不可轻易人为的生死与夺，敢于天地动静"同符""同极"（即同变化、同证验、同始终）；八为天理，即天时与天分的正当理路与理解，人间耕织工作、本该具体顺应天时与充分利用地力、保障家庭生活安足，一旦违背将适得其反。

其明达的天性、天生、天意、天命、天道、天统、天心、天理，归结为自然的天道与天生、道德的天性与天命、神明的天心与天意、太和的天理与天统，可推自然之天的道生、道德之天的性命、宗教之天的心意、科学之天的理统。这与先秦诸子思想的天之进序不同，共同处即自然是其生命根系的现状之整体反映与超越之全面突破。先秦诸子是从帝与天的宗教观念里哲学突破出来，反映其道德诉求、构建其经验科学认知体系如十二纪与阴阳四时五行的周易象数模式。严遵是在汉儒独尊孔子学术经典化与政治权威神圣化之主宰天的启示与审判下，阐发的造生者与载行者以道德精神塑造宗教信念、指导科学实践，不是靠宗教信仰、启引其道德关怀与科学运作。这是重气化宇宙生成万物的《淮南子》与天启人间仁义的董仲舒之道德观念贡献的后续反应，也是严遵在此认知基础重申自然本因引领，统摄其道德本性规定、神明本能发挥与太和本状融洽的理论升华。《指归》从宇宙预定自然本因的生命天，相信能导出道德本性的生性天，进而导出神明或宗教本能的生灵天，再导出太和或科学本质的生存天，最终得万物本然的生产天或天地。此天的自然预定与道德信念，能否获取神明庇护与太和成全、造就自身？不否认这种可能，如何证明是观念认知要领选择的局部困境；若是生命整体，就自然全部绽放，可道德规范供养，能神明推动内蕴，由太和完成表征，进入天地万物流程。这是否意味着，先天的性、生、意、命、道、统、心、理，需要后天的情、活、思、运、德或得、分、识、论，检验其正当存在与必然发展吗？或天的先在的合理内涵赋予，不必然正当得出其后验的有效内容认可，仅涵摄其部分可能性为全部现实性，反而把生命的无限可能性、转成生活的限定现实性，这是生命真际向生活实际争取绝对效验的暂定逻辑吗？这是天的疑难，人总不能完全克解，只能部分验证。

此知天道同与天生异是自然的缘故，天性清与天命宜是道德的缘故，天心恶与天意失是神明的缘故，天理顺与天统合是太和的缘故。天道生同异的根系、在自然，其性命清宜的依据、在道德，其心意恶失的因缘、在神明，其理统顺合的效验、在太和。即，自然为天根，道德为其据，神明为其缘，太和为其验。合称自然道德的生命根据，与神明太和的生存机缘，共同造就的生活天地。于是，此自然之天与道德之天、整合为生命之天，神明之天与太和之天、合为生存之天，生命与生存之天、化作生活之天，此为天之生路，是古今中外及未来之天的发展理路，即宇宙生命的自然因的整体开放→其道德性的绝对范导→其神明能的融贯发挥→其太和状的浑沌实存。择要讲，天成为天，不是天的缘故，其根源、根据、根由与根本不在天，天的生命根源是自然、生性根据是道德、生灵根由是神明、生存根本是太和。

三 天地之能与限

宇宙生命天地是自然融贯，基本构成是天与地。就人的观感，天是高、远、全、大、清、圆的，地是卑、近、陷、小、浊、方的，天在地上、地在天下、天地中是万物。依孔孟儒家的求中信念，天之中是地，地之中是物，物之中是人，人之中是心，心之中是仁，证其仁的观念体系。以老庄道家的至大观念，人之大在心，心之大在身，身之大在地，地之大在天，天之大在道，得其道的认知图谱。一个内缩为仁、在人心觉解，一个外推成道、去天外体证，此周正构筑西汉大儒董仲舒的仁义天心①与大隐严遵的道德天心。严遵对天地的起源、内涵、演变的大意，是神圣的道德、规训人类的仁义，其用心是自然神通、融贯宇宙生命。下略举《指归》部分表述，进一步释读。所引按前述天地要旨，归纳为天地物类或人物的元始宗祖、和合区间、核心归属、常理变数、时空动静、事功心意，依次说明如下：

> 天地所由，物类所以，道为之元，德为之始，神明为宗，太和为祖。(《上德不德篇》，第3页)
>
> 天地人物，皆同元始，共一宗祖。(《不出户篇》,第32页)

天地有共同的元始宗祖即道元、德始、神明宗、太和祖，用无形的道德神明涵摄、作为与度量有类的天地万物，此暗含在天

---

① “《春秋》之道”是“霸王之道”、其“本于仁”、此“仁，天心”，参见苏舆撰：《春秋繁露义证》，《俞序》，第161页。

地之初的宇宙生命自然道德（非人文社会生活道德）神化的无限可能及其神话的和谐气度。

亲而不和，敬而不恭，天地人物，混沌玄通。

夫天地之间，万物并兴，不可以有事平也。（《上德不德篇》，第5、7页）

天地之间，虚廓之中，辽远广大，物类相应，不失毫厘者，同体故也。（《不出户篇》，第33页）

天地之间，广大修远，殊风异俗，物类众巨，变化无穷，利害谬诡，故能不能制，而为不能为也。我为天下，而天下亦为我，彼我相遇，则彼众而我寡，以寡遇众，则众宁寡殆。（《善建篇》，第53页）

天地有圆通的和合区间，在此虚廓、广大中物类或万物同体，并因运而生兴、发展、成就自我，此区间是人事不能轻易平复完整的地方，是各类存在事物息息相关联之处所，是产生无穷变化难以具体掌控利害得失的领域。这意味着，天地之间，是向虚无的最大开放与统实有的最全整合。

是故，天地人物，含心包核，有类之属，得道以生而道不有其德，得一而成而一不求其福。

或曰：道德，天地之神明也；天地，道德之形容也。何以明之？道德包万天也。庄子曰：夫天地有类而道德无形。有类之徒，莫不有数；无形之物，无有穷极。（《道生篇》，第46、47页）

（道德、神明、太和）天不能裹，地不能囊，规不能圆，矩不能方，度不能度，而量不能量。（《含德之厚篇》，

第 55 页）

天地不含群类，而群类自托焉……故天地亿万，而道王之……（《江海篇》，第 85 页）

天地有道德的核心归属，这在共同生命本原里已集中表述。这先是道生德养的道德核心之成型，非求日常生活之福德，得恒常生命之绵延；再是道德内核含万天或者亿万群类生机与可能，天地是道德的形容、道德是天地的内容或神明，也可把天地当作万民、道德为独王或圣王；再是，天地不知道德所为却缘由于它，如万物不明天地所以却实存其中，也像万民不了解主上事务却安享利惠，这还跟躯体不懂心灵引导却保全自己一样；最后，天地不能包裹道德、神明、太和之自然，却受其规矩方圆的自觉度量，由此道德恒生、内包、缘由与衡量，可知天地成型、形容、表征、尺度。

因天地之理，制万物之宜，事亲如奉神，履民如临深。

夫天地之应因于事，事应于变，变无常时。（《上德不德篇》，第 5、6、7 页）

天地有因循的常理变数，天地之理是因、是应，因在道之常或常道、应在物或事之变，是制、是宜，制在道之法或法则、宜在物或事之欲（适）；是亲、是敬，亲在道之身或道体、敬在道之神或神道，是临、是合，临在道之行或体道、合在道之气或和气。此知其理可因应、制宜、亲敬、临合。它的数是笼统推变、推类、度量，其缺《易传》的象数推绎、《吕氏春秋》的十二纪谱系、《淮南子》的天文测度、《春秋繁露》的人体阴阳五行构造①与《史记》《汉书》的律历算计，其重视宇宙生命原理的自然融贯、轻经验生活变数的自觉计量。

> 稽之天地，验之古今，动不相违，以知天地之道毕于我也。(《不出户篇》，第 34 页)
>
> 夫天地不知道德之所为，故可为然也；万物不睹天地之所以，故（不）可存也；万民不识主之所务，故可安也；四肢九窍不谕心之所导，故可全也。(《善为道者篇》，第 83 页)
>
> 动合天心，静得地意，言无不通，默无不利，谓之善。夫善者，君子所本，百行所长。吉祥所合，万福所往。流而不竭，用而不绝。万王不变，异俗不易。天地所与，神明所益。(《信言不美篇》，第 120 页)

天地有感知的时空动静，是说天地万物或人物，不仅有同一宗祖即道、公共内核即道德，还能无限造作、融会贯通，可以大略考察天地要素究竟怎样变化、验证古今要务到底依据什么。它始终在实际的道物往复运动中，充分展现生命我的全部内容，连续在真际的德我生命宇宙里，全面领悟人文圣的表达形式。因此，天地人物完整感应一切生命可能，经验认知具体生活细节。

> 有为之为，有废无功；无为之为，成遂无穷，天地是造，人物是兴。(《至柔篇》，第 21 页)
>
> 无为而功成，无事而福盈。天地由之，万物以生。无形，若远而近，若晦而明。(《行于大道篇》，第 51 页)

---

① 《人副天数》说“天地之符，阴阳之副，常设于身，身犹天……天以终岁之数，成人之身……内有五藏，副五行数”，参见苏舆撰：《春秋繁露义证》，第 356 页。

天地与之俯仰，人物与之反侧，随之东西，附之南北，所加者亡，所图者服，天下荡荡，并为一域，向风仰化，靡不蒙泽，故能矫邪振乱，无所不克，变化淫败，以为敦朴，功德至大，名势穷极。(《柔弱于水篇》，第115页)

天地有美善的事功心意，相对于大道或大我或自然之道的无形、无为、无事、无功、无心、无意、无穷、无极，是大物或天地或然我之有形、有为、有事、有功、有心、有意、有穷、有极。它不能超越生死利害与祸福得失，易被东西南北进向指示迷惑，也会困扰前后左右与名势功德。这是君子本善、万王常守的言默通达的天地心意，与天下风化、古今损益的人物事功。

此生命同源、自然圆通、道德核要、神明因应、太和感知与生活美善的天地，是现实人物能经验认识的大体范围、主要内涵、基本理据与典型演变。因而天地是虚无理念的出口、实有事物的进门，它是融通的生命框限、总体的生活范围，是普遍的可靠存在、永恒的无穷变化，是道德内核的无限开显、万物表征的特定绽放，是现实宇宙的支撑、历史世界的根源，人们在天地中建构一切可能与展呈所有正当。它作为宇宙生命素材，是难整体印证的虚构之空洞、常靠个体或群体效验的实有之局部，具体统合的各种可能内蕴与相应显形的大全。它是笼统建材与系统建构，此材是不确定的生命样板、蕴涵无穷潜能，其构是确定的生活框架、设置必要界限，展示虚无与实有连贯的生命整体适中，这是《指归》的本体理据、落实生命天地的最大保障。

第二节　论物的生成、蕴涵与分合

由上节推证宇宙生命的自然本体落实或呈现，在现实世界里真正的关键支撑在万物或物，因为天地是物之大者、人是其小者，即一切可通过物的体验而认知其表征与内蕴。物是什么呢？其前生后世是啥？作用如何？《指归》关于万物的起源、物的涵摄、物类的分合①，可释解这些问题的要领。

一　万物生于天地之可能与全程

《指归》未给“物”具体定义、限制其实有内涵，也未提供各方面详细关联、照察其可能样式。前述万物（天地、物、人）→形→气→和→神明→道德→自然的相因系列有由来与依凭，这是长期生活经验的笼统观察，它纠结于虚实无有的自化、道化、神化、气化的说解。其自生说分作两层，即自然之道→然者之德→生者之神明→存者之太和（清、和、浊）→成者之天地或阴

---

① 老子的天地、万物、天下之义一起比对，“天地万物同出于道，而万物生于天地”，此“道”“无”“朴”“大制”、相应“万物”“有”“器”“气”“名（言）”，其性质是“一”“混”“无名”“无形”“不待”与“万”“散”“有名”“有形”“有待”的对立，“天下”可解为“万物”或“国家”且它与“道、万物、天地”在《老子》中“分用不混”（陈梦家：《老子分释》，北京：中华书局，2016年，第56—58页）。郭简本“有状混成”，此状读作“道”，“帛书二本、弼本等作‘物’”，可训为“象”；但“‘状’乃感觉所构造之物”，其“即物即象”可“开显道体之实在性”（参见丁四新：《郭店楚竹书〈老子〉校注》，第174、176页）。

阳二气或万物、这是物在和与气上二分的共存亡。[①] 道体是万物所由、性命所与、禀赋所示，按老子道生万物序列，从虚之道与德、到无之神与气，再到有之形与物；再从宇宙生成上讲，是“从一个原始混沌之气到神气、和气再到万物之生成”即整个宇宙气态的“具象化、实质化”，这是战国秦汉时期确立的“‘天、地、人’宇宙自然一体大生命观”即同体（道）、同律（理）、同构（德）、同系（数），此在汉代“覆天载地的物质天”“赏善罚恶的神性天”“生物不测的形上天”“具有自然义的天”中“物我合一、我道相入”。[②] 简括为道、德、神、气的系列因应下，物之自、然、生、存、成、亡的全程运作，与在道、理、德、数的生命支撑下，气之元、神、和、象、质、形的成物可能，合为自然之道、理、德、神、数、气所因生的天地万物。对此道生、德养、神通、理分、数统、气化的天地完成物的可能与全程，大致论证是：

> 三以无，故能生万物。清浊以分，高卑以陈，阴阳始别，和气流行，三光运，群类生。有形脔可因循者，有声色可见闻者，谓之万物。
>
> 万物之生也，皆元于虚、始于无。(《道生一篇》,第18页)
>
> 无为之为，万物之根。(见前引《为学日益篇》)
>
> 天地不为知巧，故能含吐变化，杀生群类，而万物不能逃也。……天地释自然而为知巧，则身不能自生，而何变化之所包，何万物之所能全？

① 参见陈尧义：《严遵〈老子指归〉义理析论》，第69页。

② 参见陈慧娟：《两汉三家〈老子〉注养生思想研究》，上册，第142、143、189—190页；下册，第222、404—405页。

天地由之，万物以生。(《行于大道篇》，第 51 页)

万物不睹天地之所以，故（不）可存也；(见前引《善为道者篇》)

夫阴而不阳，万物不生；阳而不阴，万物不成。(《用兵篇》，第 91 页)

（清、浊、和）三者俱起，天地以成，阴阳以交，而万物以生。(见前引《天之道篇》)

有名者之为化也，遵道德，贵神明，师太和，则天地，故为万物母。(宋陈景元《道德真经藏室纂微篇》引，《道可道篇》，第 123 页)

此知，生出万物的基元是虚，此虚是道与德所合成的道德，它是道生的一，是万物的本性规定；道生的二是神明，是万物存在的初始，是万物的本能冲动；道生的三是太和，是万物发展的气化，是万物的本质赋予；无的神明与太和合成的气是万物生发的基质，虚的道与德合成的道德是其自在的基元。按前解，太和是无，神明是无之无，德是无无之无，道是无无无之无；或道是虚之虚，德是虚，神明是虚之无，太和是虚之有；如此推，气是无之实，物是实，此物、上推天是实之实、下推人是实之有、再推人之文是有之有；这是道与名的虚无实有的推导，即：道德之虚，化神和之无；和气之实，化万物之有；人物之有，化人文之意。于是，宇宙生命的道德之元与神和之质，创构天地、孕育万物、铺衍人文；这是有形、有声、有色、有名、有为的实际转化，所遵循的道德、尊重的神明、学习的太和、效法的天地、成就的万物、模塑的人文。

故得一者，万物之所导而变化之至要也，万方之准绳而百变之权量也。

是以，贤君圣主，势在民上，爵尊天下，泽连万物。德怀四海，道之所祐，天地所助，万物所归，鬼神所与。厉身起节，自谓孤寡，处卑守微，躬涉劳苦，损心挫志，务设民下。不为贵，故擅民之命；不为高，故常在民上；不欲也，故无所不有；不为也，故无所不宰；万物纷纭，身无所与，故能为之本。

（圣人）故能专制天下而威不可胜，全活万物而德不可量。（《得一篇》，第11页）

动知所之，静知所守，道德为父，神明为母，清静为师，太和为友，天下为家，万物为体。（见前引《不出户篇》）

天高而清明，地厚而顺宁，阴阳交通，和气流行，泊然无为，万物自生焉。天地非倾心移意，劳精神，务有事，凄凄恻恻，流爱加利，布恩施厚，成遂万物而有以为也。明王圣主，秉道统和，清静不改，一以变化，神明默达，与道同仪，天下应之，万物自化。（宋陈景元《道德真经藏室纂微篇》引，《天地不仁篇》，第127页）

如前引所谓万物，称有形的因循者、有见闻的声色者、有作为的实行者，它从气的清浊合成、位的高低彰显、性的阴阳演变、光的日月星照耀，得群类生命繁茂；它是自然清明、顺宁、高厚、无限的道德天地阴阳交合、日月孕育的气所无为造化的万物，不是倾注人类心意、精神、事务、情感、恩爱、厚利、重名所共同塑造的器物；明王、圣主应秉持此自然的清静之道与神和的因应之气，感化万事万物。此有《淮南子》《春秋繁露》的天人感应气息与神意及道理，《淮南子》以道德为基元、情事为诉求且用形气神融贯，《春秋繁露》以仁义为法则、德政为要求并以王三通天地人统摄①，二者助益《指归》以自然为基因、道德为基元、和气为基质、万物为实体、人文为虚用，构筑其宇宙生命本体的系列感应可能与实际。此自然基因（本因）、道德基元（本性）、神和基质（本能）的内涵诉求，与万物实体、人文虚用的表征反应，需在广阔无限的宇宙生命天地中完成，即万物生于天地。它没有纠结在虚无实有的细微化生过程与经验求证可能，用自然神妙与生活观察去捕捉其大体表象与应当意蕴，是把道德看作万物的生命引导与变化至要、万方的活动准绳与形态权量，不追究其所由而实得其所生、不明察其所以而实有其所存，在生存上辨其清浊的分别展呈、判其阴阳的交通融合、循其日月的更替兴衰、明其物事的利害得失、悟其人文的仁义法理。此重点转到物与人的可形、可象、可名、可分、可为的生活天地，考证宇宙生命自然、道德、神明、太和的内蕴效验，求实于天地万物、人类圣王、普罗大众的过程表现，具体反映在物的二气（阴阳）、三光（日月星）、四时（春夏秋冬）、五行（金木水火土）、群类（万类）之化生，与人的神（精神）、圣（文化）、王（君主）、臣（官吏）、民（众庶）之治理。

归结以上要领是，先在自生、自化、成全的自然因、道德

① 《王道通三》讲“王”字是“三画而连其中”、三画是“天地与人”、连其中“通其道”、法其“命”“数”以起人事、治其“道”“志”以归仁意，其“四时之行，父子之道也；天地之志，君臣之义也；阴阳之理，圣人之法也”，参见苏舆撰：《春秋繁露义证》，第329、331页。

父、神明母、清静师、太和友、天下家中养育万物体，不在知巧、文化、诠释的智识果、思想枝（或干）、言论叶、经典花、历史根与现实土里培植生活情（或社会义）；再从此自然生命道德主导的认知标准中提取万物变化的衡量分度，作天地万物自生、自化、自存、自为、自成、自治、自亡的活动仪表；再是这种大体的生命变化过程，从虚无开始、清浊区分、阴阳合通、三光运转、四时循环、五行生克、群类兴衰，生死聚散、分合轮回于一气流动与内外统系的共在天地；接着，由贤君、明王、圣主的生活视角体察这种变化形势、天地内容、万物细节、人类心意、民众事务，确认各自内生的可能关联与外现的实际样式及当遵循的原则、采取的手段与希望的目标；最后，其未揭示原委却已暗示归处，从哪儿来又回哪儿去是明智选择也是必然结局，这是万物生命自然到生活自觉、归生命自然的时空圆周运动。简括为万物自然生养、道德权衡、气化流行、人文觉解与命运回归，是它降生天地的大致理路，即自然→道德→气化→人文→命运的万物圆融。

一句话，万物以其自然的相因于道德、神明、太和，到天地的相生于虚实、无有、本末，在自身的相合于清浊、阴阳、时空，它在自然因、天地生、自身合中完成本命塑造，内涵生命基因、基元、基质，外推其生活实际、实体、实用。物的内涵是什么、表现如何，这是万物的实体说明，待下面解释。

二　物之内蕴、能动与关联

《经目》见“万物敷”一处，《上经总序》有“物”字 9

处、下经注解佚文是37处（其中，“万物”17处）①，上经正文注解有“物”字373处（其中，“万物”160处，除《老子》与《老子注》外），共420处（其中，“万物”178处）。其正文各篇章“物”的用语有“物类”“人物”“万物”（《上德不德篇》）、“法物”（《上士闻道篇》）、“意存之物”“无形之物”“无物”（《至柔篇》）、“阴物”“阳物”（《大成若缺篇》）、“珍物”（《万物之奥篇》）等。这里对“物”的讨论，主要以正文注解为准，分三个方面阐述，即：一、“物”是什么，二、“物”能做什么，三、“物”与其他的关系。

不生也而物自生，不为也而物自成。(《得一篇》,第9页)

祭燎而天地是伐，祷祀而鬼神是丧。非命之罪，事物自当也。(《含德之厚篇》，第57页)

要物之本，秉事之根，独与众异，天下莫闻。(《知者不言篇》，第59页)

(圣人）不置而物自安，不养而物自全。(《其安易持篇》，第80页)

凡此九王②，不为物主，而物自归焉；无有法式，而物

① （总序）“人物所安”“傲世轻物”“万物类通”“万物以存”“与物相连”“万物以全”“道物（2次）”“万物滋生”；（佚文）“糅于万物”“万物愁悲”“物物而治”“万物得之”“万物自生”“成物遂事”“万物齐均”“万物怨恨”“害本之物”“曲成万物”“与物推移”“万物不能以生”“物自得当”“万物大淳朴”“接物通变”“德无事而万物处”“此物之性而自然之理”，参见樊波成《指归》校笺本，第6—8、232、235、239、240、242、245、250、252、259、261、262、269、276、281、283、284页。

② 九王，指天地之道王、众阳之天王、阴气之地王、倮者之圣王、羽者之神凤王、毛者之麒麟王、鳞者之神龙王、介者之灵龟王、百川之江海王（可参见该书此页的具体说明）。

自治焉；不为仁义，而物自附焉；不任知力，而物自畏焉。何故哉？体道合和，无以物为，而物自为之化。（《江海篇》，第85页）

故，物或生之而为福，或生之而为祸，或杀之而为福，或杀之而为贼。二者深微，莫能穷测。

故长养而后世昌者，生当生也；生物而后亡者，生当亡也；杀戮而福至者，杀当亡也；丧物而祸来者，杀当生也。

故无为而物自生，无为而物自亡，影与之交，响与之通。不求而物自得，不拘而物自从，无察而物自显，无问而物自情。（《勇敢篇》，第102、103页）

大胜小，易胜险，富胜贫，众胜寡，高胜卑，近胜远，强胜弱，轻胜重，物之理也。（《小国寡民篇》，第117页）

对于物的具体情况，未直接给出清晰答案，但对物之本、理、生、命、异同、大小、高下、是非、祸福等作了简述与铺衍。物即事，要掌握事物的根本，在物的本原里、事的根据中，却不是与众物、众事全不相干的独特存在与纯粹主宰；不能由众事物的生活状况，去考究其生命本根，如果此本根跟人的生活世界全无联系，就不可能找到它的根本所在。这是从生活事物的实存形式，明达生命物的本根。物的理在其优胜处的比对，即其大、易、富、众、高、近、强、轻取胜于小、险、贫、寡、远、弱、重[1]，这是生活事物的高大、轻易、集群、富贵、亲缘、强盛的优势存在与发展，悖于生命事物的卑小、艰难、独特、平凡、疏离、柔弱的长久坚守与往复。此认知的生活事物的本与理，在天地鬼神的生命征伐与毁灭中追问“自当”“生当生”“生当亡”及命当失或绝，把经验判定的根本理据、推向先天实存的生命本源，即生命物由谁所生、所命、所得以成形、成事、成功。没有谁生与为，物本自生、自化、自成、自得、自当、自从、自附、自显、自情、自治、自畏、自归、自安、自亡、自全，它和合自然。即不存在他者的生命干预，整个过程是物的自我成全。

> 生怿长溢，困民贫国，扰浊精神，使心多欲，叛天违道，争为盗贼，天下不亲，世多兵革，一人为之，伤败万国，主死民亡，物蒙其毒，莫大乎货。(《名身孰亲篇》，第24页)
>
> 载之如地，覆之如天，明之如日，化之为神。物无大小，视之如身。为之未有，治之未然，绝祸之首，起福之元。(《圣人无常心篇》，第40页)

---

① 墨子反复讲顺天意的义正之兼道是“大不攻小也，强不侮弱也，众不贼寡也，诈不欺愚也，贵不傲贱也，富不骄贫也，壮不夺老也”（《天志下》，见孙诒让：《墨子间诂》，上册，第211页），韩非子认为有形之物的“短长、大小、方圆、坚脆、轻重、白黑”之理定、可成规矩分割生命事物以显生活事功（《解老篇》，见王先慎撰：《韩非子集解》，第162页），《泛论训》说圣人能观“物固有大不若小，众不若少者。及至夫强之弱，弱之强，危之安，存之亡”并在《泰族训》提出“小不能制大，弱不能使强”（见刘文典撰：《淮南鸿烈集解》，上册，第555页；下册，第830—831页）。这是突出政治社会的相对之作与正义之道或理，要护持生活事物的规范之在与和谐之行，有别于老子的宇宙天道之恒常与连续所融通的生命姿态应低下、卑微、柔弱、贫贱等，而严遵可能在这儿更强调生活的事理、非生命的原理。

大身而细物者，犹良贾察商，不以珠玉易瓦铅也。其无欲也，非恶货而好廉也，天下之物莫能悦其心也；其为虚也，非好静而恶扰也，天下之事莫足为也。

夫赤子之为物也，知而未发，通而未达，能而未动，巧而居拙。生而若死，新而若弊，为于不为，与道周密。生不生之生，身无身之身，用无用之用，闻无闻之闻。（《含德之厚篇》，第55—56页）

道德变化，无所不生。物有高下，指向不同。趋舍殊缪，或西或东。各推其性，以活其身。

夫起福生利，成功遂事，备物致用，使人大富，天下奢僭，财货不足，民人愈丑。（《以正治国篇》，第62、63页）

圣人在上，奇不得起，诈不得生，故鬼以其神养物于阴，圣人以其道养物于阳。（《治大国篇》，69页）

空虚无积，与物俱变，无为为之，与物俱然。（《信言不美篇》，121页）

由此疑惑，物为何能成就自己，不是毁灭，或依靠他者？按庄子《齐物论》的“物化”推引出“气化”[①]，在经验层面与先天层面的生命融合上给出生活的实施方案，即道通为一、聚散一

① 此篇除“物”的无非彼是、一马与为一，有其相刃相靡、固有然可、成毁复通、未始至尽、物我无成、万物普照、知物同是、无知物知、物尽相蕴、周蝶有分，即“与物相刃相靡”“物谓之而然”“物固有所然，物固有所可。无物不然，无物不可”“凡物无成与毁，复通为一”“有以为未始有物者，至矣，尽矣，不可以加矣。其次以为有物矣，而未始有封”“物与我无成”“万物皆照”“子知物之所同是”“（子知）物无知”“万物尽然，而以是相蕴”“周与胡蝶，则必有分矣。此之谓物化”；另《人间世》说“气也者，虚而待物者”“是万物之化”，《知北游》讲“万物一也……通天下一气”。参见郭庆藩撰：《庄子集释》，上册，第61、75、80、94—95、96、97、106、118、152、155页；中册，第730页。

气、至人无己、真知无限、逍遥尘世。于此发生过程及细节观察粗疏、浮于认知表面、流于笼统演变、多情感体贴与事务对照，这是传统中国哲学的生活情感局限与社会事业樊笼。《指归》未剖析形物的内在实质与机理及机制，全靠天地精神、人类情志、个体感悟、群体规则、社会经历与历史库存，揭示其可能与奥妙及进程。它认为，社会生活财货或财富扰乱精神、增加心欲、泛滥罪恶、激发争斗、制造灾祸，背离天道、荼毒众物、糟蹋众生，无欲、为虚、大身、轻财物、少受干扰、能清静、知足、安心；由此，圣人治国不当物主、不立法式、不称仁义、不用知力、不兴奇诈、重视调养、顺遂、无为无不为、无治无不治，能不生、不为、不置、不养、不求、不拘、不察、不问，如未受俗世沾染的赤子一般有不生之生、无身之身、无用之用、无闻之闻、周密之道、若弊之新、不为之为、未发之知、未达之通、未动之能、居拙之巧。因物的自然与圣的无为，君子无患于尘世的忧悲、无积于名货的祸福，与物“俱变”“俱然”且浮沉于道德、相参于天道，可把玄冥的鬼神与明达的圣道集中于自身的阴阳互补，和调社会生活的福利、事功、物用、富足、安定，不计较生活事物的同异是非、大小高低、祸福利害、兴衰成败等，专注生命事物自然变化、道德要求、神明机能、和谐作为、圆满结果与循环融通。引导人心的生活欲望，莫因财物生长、变成祸国殃民的恶势力、丧失宇宙生命的真精神，要为运载天地日月内涵的幸福、明察祸患的根源与提振自身的当为；莫用商贾的价值标准与俗主的繁琐事务、苦劳民力与烦扰圣心，应在生命事物的本根把握上独树一帜、在道德生化的趋势确认上灵动机变、在福利事功的正常谋取上少费知力；别在日常生活的是非同异中忧喜无度、在其祸福利害中高深莫测、在其兴衰成败中志得意满，能清心寡欲、虚静养性、欲身知足、生化周密、命运安全、超越是非、深透玄机、繁荣影响、融通生死、空虚无为、自然圆满；这是宇宙生命的实情、志趣、真谛、善愿、美事、圣智、君为、民福、众利。

是非覆逆，天下大倾，物失其命，家国以丧。（《为无为篇》，第 77 页）

物有同而异，有异而同，有非而是，有是而非。此君子之所以无患，而众世之所以忧悲也。（《天下谓我篇》，第 88 页）

秉道操德，与物浮沉……奉道顺天，与物相参。（《民不畏威篇》，第 100 页）

约物修文，亡言寡志。皆合自然，各得其所。（《小国寡民篇》，第 118 页）

据以上讨论，《指归》坚持以自然、道德、神明、太和的生命，作为万物的根本存在与正常变化的合当标尺，引导自觉、仁义、机智、纷争的生活事物，可避免纠结于财货蒙蔽、心思忧虑、欲望膨胀、罪恶横行、苦难丛生、繁文缛节、自作聪明、自食其果。此是否真有效，能否完全避免，如何确立善的标准，怎样满足先天要求、成就后世追求，成人的职责与使命，历代不衰、众生难解；没有人自觉的物，放下重任与圣旨或王命，成为自在的生命实体，轮回宇宙的时空与内涵。这难道是人经验知觉后的生活宿命，丧失或遮蔽其先天直觉的生命启引，唯因循自然无为的物、保存与发展这种适中的指示与旨趣吗？是否见天得其大却空虚容纳所有，物得其中却和合调适众生，人得其小却狂妄制造灾祸呢？天、物、人为一物，分大、中、小，依其自然境界的高低与自觉程度的深浅，其越向上为最终向下回归自然、越验证将时常迷失于肤浅，这不是人的生活财物提供给争斗消费到丧尽天良，而是宇宙的生命宝物应当珍惜美好存在有定数。这表明，物应是什么，能怎么做，做得怎么样，如何调节自身，可调整到何种地步，实现哪种诉求，更多意旨在自然生命而非自觉生活里。

《指归》这种天、地、物、人是一物、一指、一气、一化、一体、一贯、一性、一命的思想，《齐物论》有精彩描述与充分探讨并造就传统社会生活的经典命题与生动故事，直接通透现实根源与历史长河。此物论“全文三千多字”“最普遍意义的问题”“集中在是非、有无及物我（或心物）”上、具有“极高的抽象分析能力”，其核心认知为“齐‘物论’、齐万物与齐物我三义”，这是“哲学批判”“各种思想学说”、质疑“争是非本身的正当性”，可转变人“自我中心”的世界观态度、认肯“万有的自然性与自足性”、从争是非的认识论过渡到谈有无的本体论，在生存论上求证“心物关系”、在“本体论上化有为无”“导向另一种生活方式的信念基础”。① 以先天的物齐，消解后起的言论是非，是生命的正当性，规引生活的正当性与思想的正当性；再以物的自然、自足，消解人的小我之中心主义的生活态度与认识成果即是非，回归宇宙生命本体的证明；最后，转向心物关系的说明与无之本体落实、构建生活的信念基础，这挺立

① 参见陈少明：《〈齐物论〉及其影响》，“引言”，北京：北京大学出版社，2004 年，第 2、5 页。

“万物皆备于”道德主体之我的诚明与良知[①]，疏离庄子的儒墨是非明于天倪、你我他之辩胜于无争的道通、齐一、并我、物化的实际与梦境。此知庄子的物从有化无与从无化有之梦，在老子的恒之有无相生的道中获得数（一、二、三、万）的演绎与气（阴气、阳气、中气）的凝结，也为严遵的虚无之道德、神明、太和的自然生命内涵转入实有的天地、万物、人类的生活样式，提供其梦蝶意识的物化一切的观念支持与道生程式的气和现成的实物肯定。这是老子的有生无、无生有、有无相生、有无利用的道法自然、圆融的生命宇宙，给人的生活化因应与真知，提供荀子式天论的老子常道机缘与其人论的庄子至德进路[②]，可突出孔

① 《告子上》以牛犬之性不是人之性、得“性善”且固有“仁义礼智”、由心思诚明大体，诚在《离娄上》言“诚身有道”即天道诚与人道思诚，知在《尽心上》讲人“不学而能”的“良能”与“不虑而知”的“良知”所感知的亲仁、敬义及“万物皆备于我矣。反身而诚，乐莫大焉。强恕而行，求仁莫近”。参见朱熹撰：《四书章句集注》，第332、334—335、341、287、357、360页。

② 《天论篇》讲“天行有常”（注：天自有常行之道也）、“故明于天人之分，则可谓至人矣……不与天争职。天有其时，地有其财，人有其治，夫是之谓能参”“圣人清其天君，正其天官，备其天养，顺其天政，养其天情，以全其天功”“官人守天而自为守道也”“天有常道矣，地有常数矣，君子有常体矣”“故人之命在天，国之命在礼”（见王先谦撰：《荀子集解》下册，第362、364—365、366、367、368、374页）。此说天有常道、时变或序、职、君、官、养、政、情、功，人有常体、天命、治理、国礼，能天人分明为至人、能清正备顺养全为圣人、能守天守道为官人，这是荀子的自然天道之常规与人治天命之能为。弟子韩非《解老》谈“圣人观其玄虚，用其周而可论。故曰：‘道之可道，非常道也’”（参见王先慎撰：《韩非子集解》，第158页）；东汉河上公注老子的“非常道”为“非自然长生之道也。常道当以无为养神，无事安民，含光藏晖，灭迹匿端，不可称道”（见《体道》，王卡点校：《老子道德经河上公章句》，第1页）；此二者先后说明老子的常道玄虚、周用、可论的圣人解证与养神、安民、藏迹、难言的经世路径，跟荀子大意吻合。《马蹄》言“彼民有常性，织而衣，耕而食，是谓同德；一而不党，命曰天放。故至德之世，其行填填，其视颠颠”（疏解：填填，满足之心；颠颠，高直之貌。此见郭庆藩撰：《庄子集释》，中册，第342、343页）。这有民或人的衣食能为与其天性或命独特，但更突显远古民众行为的内心满足与仰望的高远追求，可被荀子从上推下、由远及近、据古明今。

子理势合一的圣王仁智与周秦礼法同治的君臣纲纪之经学典范与道学规劝①。汉隐严遵在老子的自然道学（异于宋明仁义道学，如刘安《淮南子》）与孔子的仁义经学（如汉儒董仲舒）之生命精神与生活愿望启引下，推证物之上的天之虚无内蕴道德、神明与太和的气化，与其下的人之实有表现意欲、言教、器事的文化，二者交织在物化的无限时空与所有可能中造就一切虚实圆融。这是自然的成全、笼统的圆满与宇观的完整的复合物世界，物是虚也是实、是有也是无，其虚实相通、有无相生。此有别于

① 《劝学篇》“《礼》者，法之大分、类之纲纪也，故学至乎《礼》而止矣”；《修身篇》“故学也者，礼法也”；《非十二子篇》“其持之有故，其言之成理……是圣人之不得势者也，仲尼、子弓是也……则圣人之得势者，舜、禹是也……上则法舜、禹之制，下则法仲尼、子弓之义……仁人之事毕，圣王之迹著矣”；《王制篇》“（君子礼义之统）君臣、父子、兄弟、夫妇，始则终，终则始，与天地同理，与万世同久，夫是之谓大本”；《王霸篇》“是百王之所同也，而礼法之大分也”；《礼论篇》“大象其生以送其死，使死生终始莫不称宜而好善，是礼义之法式也，儒者是矣”；《解蔽篇》“庄子蔽于天而不知人（注解：天，谓无为自然之道）……由天谓之道，尽因矣（注解：因，任其自然，无复治化也）……夫道者，体常而尽变……孔子仁知且不蔽，故学乱术，足以为先王者也（注解：乱，包治、乱二义）”“圣也者，尽伦者也；王也者，尽制者也。两尽者，足以为天下极矣。故学者，以圣王为师，案以圣王之制为法，法其法，以求其统类，以务象效其人”；《性恶篇》“然则礼义法度者，是生于圣人之伪，非故生于人之性也”（王先谦撰：《荀子集解》，上册，第 14、39、107、114、193、253—254 页；下册，第 439、464—465、481、571 页）。括号内注解，笔者据注文所加，且认为《劝学篇》的“礼”无需加书名号、此意思更融贯。礼法是学者的终极目标，是万世同理的大本，是百王或先王或圣王的共同原则，是人类死生始终宜善的礼义法式，是圣人作伪的礼义制度；圣王有得势与不得势之分、得势者如舜禹而为法制、不得势者如仲尼与子弓而为法义，其尽伦尽制为法统；就孔子而言，有义，有仁知（或智），不同于庄子的自然之道“尽因”、有蔽。此舜禹圣王（或为得势的圣人）伦理政治制度即礼法的建设成就与孔子圣人（或称得理的圣王）文化思想即仁智的理故完善成果，启引了西汉中期大儒董仲舒“天心”（即宇宙灵魂，非宋代程朱“天理”与明代阳明“良知”说）的仁义法之经学的礼范，与略后的黄老学者严遵“天命”（即宇宙生命）的自然因之道学的德能。

卢克莱修《物性论》的“种子”物体说①，其与虚空或“无”区隔。

简要讲，《指归》求证的是笼统的生命物、也是具体的生活事，是人经验的事物、也是人局限的存在。物的本命在自身，又不在自己，这种在与不在，是虚与实、无与有的隐显、分合的矛盾反应，是生命的正常运动、生活的异样动静、文化的反常思考、精神的同质追求。《指归》明确意识到这种笼统与具体、经验与局限、自身与他身、虚无与实有、生命与生活、文化与精神的各种纠缠与开解的无穷、无力、无法、无为，以自然为其最初源泉、适中涵养、最终归宿与最全圆润。

三 物类之命分与整合

前面在《指归》哲学方法论的分理、分度、分类、分数、分职处，于分类中提及《墨经》的类逻辑之理故与取予、《荀子》的“明分使群”之类纲纪、《易传》《礼记》《淮南子》《史记》有物之类聚群分、《指归》改其为族别群分，还在其分职中列举人之道分、天分、主分、臣分、民分。由此推得其核心问题，即物的本分是什么。它不是《墨经》的知之本分如何证明，也不是《荀子》的人之本分怎样遵守，更不是《易传》的天之本分去哪落实，而是《指归》的物类之本分，怎么统合天、人、

① 其规则是“未有任何事物从无中生出”，事物生出“需要一定的种子”，一切“有自己的种子”，自然能把“一切东西再分解为它们的原初物体”永存，自然永在虚空“用不可见的物体来工作”，虚空是无或无物、充实的种子是原初物体或原子、二者“互相间隔”与区别（参见［古罗马］卢克莱修著，方书春译：《物性论》，北京：商务印书馆，1981 年，第 9、12、18、28 页）。

知的本分以规引其分的本原。《指归》怎么解释呢？除对自然本因、道德本性、神明本能、太和本状消融于自在物体，其集中表现的命运活动无限绽放在有形天地的范围，分别辨识的人类良知、诉求在文化历史的意义里，基础生存的可靠依据、落实在特殊事物的自我满足里。可知《指归》在物的归类、合群、同族中，判断其个体存在与发展的命分。其物的命分，是天之道分、人之名分与知之理分的本据。它怎么得出这种判断？这与之前的说解有何不同？下面略辨析。

天地所由，物类所以，道为之元，德为之始，神明为宗，太和为祖。（见前引《上德不德篇》）

故老能复壮，死能复生，困能复达，废能复荣。变化不极，反复不穷，物类托之，不失其中。

是故，天人之道，物类化变，为寡者众，为贱者贵，为高者卑，为成者败。益之者损，利之者害。处其反者得其覆，为所求者失所欲。（《得一篇》，第 10、11 页）

故诸有形之徒皆属于物类。物有所宗，类有所祖。天地，物之大者，人次之矣。（见前引《道生一篇》）

天地之间，虚廓之中，辽远广大，物类相应，不失毫厘者，同体故也。（见前引《不出户篇》）

以有知无，由人识物。物类之无者生有，虚者生实，见微知著，观始睹卒。（见前引《道生篇》）

天地之间，广大修远，殊风异俗，物类众巨，变化无穷，利害谬诡，故能不能制，而为不能为也。（见前引《善建篇》）

（小人）若然者，道德所离，神明所去，天地所憎，阴阳所恶，物类不比，民人不附。

(圣智) 当此之时，道为之元，德为之始，神明为经，太和为纪。清浊为家，万物为子，三光为佐，四时为辅。静为物根，动为化首。物类托之，无有患咎。(见前引《天下谓我篇》)

道德所包，天地所载，阴阳所化，日月所照，物类并兴，纷缪杂乱，盛衰存亡，与时变化，积坚者败，体柔者胜，万物之理，自然之称也。(见前引《柔弱于水篇》)

故见奇而动，临危而畏，眩耀物类，诡诳时变，违通背达，归于穷困，动与患邻，静与祸比，宗庙危殆，万民散离者，博闻也。(《信言不美篇》，第120页)

在物类的本据推证上，有宇宙生命的根源性提示的四条关键认识线索，一是虚无、无为、因应的道→德→神明→太和→天地→物类的元始宗祖的由来追溯，二是小人悖逆表征的道德→神明→天地→阴阳→物类→民人的若然离去的憎恶比附，三是圣智正当推衍的道→德→神明→太和→清浊→万物→三光→四时→物类的元始经纪的动静反应，四是时空合理变化的自然→道德→天地→阴阳→日月→物类的纷杂兴衰的胜败体验。一为虚无的原由、寻道德本始，四为时空的验证、知自然化生，三为圣智的反映、明道德纲纪，二为小人的比附、逆道德自然，此四条从生命的虚无、时空与生活的圣智、小人，大体认肯自然的道德本始与纲纪，作物类的命分，即道分是物类自然命运的本分①。由物类命

① 如天分的本据是性分，人的名分之本据是义分，知的理分之本据是情分，这是以天性明其分、以名义明其分、以情理明其分。三者都归结在道以命运明其分，因而为命分，是物类的本分。

分的四条认知线索，可在自然生命的道德天地中具体考察其有形存在、可能起源与大小区别，可清楚其老壮、死生、困达、废荣的无穷反复与终极依托，可感应浩瀚的宇宙生命细微变化与感知人间生活事物的众寡、贵贱、高卑、成败、损益、利害、反覆、欲求、制为、正误、是非、能所、异同、有无、虚实、微著、始终等，可博闻其社会生活事件奇异响动、个体临危不惧表现、眼花缭乱各种现象、随时制造诡诈言行、违背顺利通达原则、归依祸患穷困窘境、危及宗庙安全护卫、离散民众四处逃命等糟糕现实情形。这是人类生活经验要领的笼统论证，向上指示虚空的天之道德性分、怎样穿越无限成有形存在，平推虚实无有之间的物之自然命分、怎样融贯天人成精微流动或变化，向下证明文化社会的个体名分怎样觉解情实成原理运作。此作因循自然之道的物类命分，面向天（神）、人（生）、文（化）三分，统合的无限上推、融通中介、抽象下移的全部应用。此简括其命分的认知线索与向度，即自然→道→德→道德→神明→太和→清浊（气）→天地→阴阳→三光→四时→物类（五行是一种广义的归类、民人是一种狭义的归类）的虚无实有推运，沿上中下或大正小的进向，朝无限与普遍及特殊的验证功效或价值生成与拓展。物类命分的本上发挥知与用的特殊功能是人，人类不同其他类的存在物是其知的历史谱系与现实作为，人全面造就庸俗而神圣的矛盾生活世界，保证社会事业与文化荣誉的长期维持与日常享受。

就此，我们可参照关于物类的其他一些说法。荀子认为物类“必有所始”且草木禽兽之“物各从其类”①，《淮南子》说物类

① 参见王先谦撰：《荀子集解》，《劝学篇》，上册，第7、8页。

有始未成、相动相应、相摩相似、感通和合①，刘向指出“成人之行”通物类之变且“睹游气之源”②，到王充直说“气变物类”、俗语失实、变复感动、相胜相使、可察可知可验、圣贤心意实证博识③。物类的初始是气，是神，是道吗？若从先秦两汉的思想资料看是气，以现代的认识水平评定是物④，二者在中国传统文化语境里用“生”得自然、无限、融贯，而在西方现代科学世界中求“验”证实在、局限、间断。严遵与之前荀子、《淮南子》，同时代的刘向、之后王充，都强调气化物类成形、从无到有、自始至终、连续感通、圣贤解释、经验证明、整体超越、自然圆满；他不是荀子的气、草木、禽兽、人的知类分辨以

① “所谓有始者，……将欲生兴而未成物类”（《俶真训》）、“物类相动，本标相应”（《天文训》）、“物类之相摩”“物类相似若然，而不可从外论者，众而难识矣”（《人间训》）、“乃始揽物引类……物之可以喻意象形者，乃以穿通窘滞，决渎壅塞，引人之意，系之无极，乃以明物类之感，同气之应，阴阳之合”（《要略》），见刘文典撰：《淮南鸿烈集解》，上册，第52、97页；下册，第762、765、853—854页。

② 子曰：“成人之行，达乎情性之理，通乎物类之变，知幽明之故，睹游气之源。”（《辩物》，向宗鲁：《说苑校证》，第442页。）

③ “岁月推移，气变物类”（《无形》）、“世俗之语，失物类之实”（《书虚》）、“凡变复之道，所以能相感动者，以物类”（《感虚》）、“物类相胜”（《福虚》）、“物类可察，上下可知”（《龙虚》）、“试以物类验之”（《论死》）、“惟圣心贤意，方比物类，为能实之”（《薄葬》）、“圣人据象兆，原物类，意而得之；其见变名物，博学而识之”（《知实》），见张宗祥：《论衡校注》，第31、87、117、121、133、414、461、527页。

④ 此物有两种认知，一种是古代人类生活经验思维预判的原子式自由物质体，如“卢克莱修原子论的思想主轴是经典力学”、其明示“‘各态历经假说’以及原子自由运动具有不确定性的假说”以告别古希腊哲人的决定论与第一推动（参见厚宇德、张志会：《〈物性论〉中的原子运动思想分析》，《自然辩证法研究》2015年第1期，第76页）；一种是近代来人对地球生物种类实验科学考证的基因型有机体与非基因型无机体，笼统阐明达尔文进化论里有生物进化、共同由来、渐进进化、物种繁殖与自然选择等说以历史演绎与现实归纳其认识成果（参见李敏霞：《〈物种起源〉的论证结构》，《自然辩证法研究》2007年第4期，第34页）。

正义[1]，当是《淮南子》起始、动应、近似、统合的过程推引以通道，不同于刘向的仁义礼乐之成人把握的自觉变化与本源，接近王充的自然气化贯通万物的圣贤察验与证解，突出自然的创生根源与过程之本真、完整，其内涵诉求与结果证明不清晰、缺细节考量。此见，《指归》重视物类的生命素材初始构想、过程推引与终极期许，而不是其生活材料的实际观测、细节归纳与条件分析。

简括上述要点是，在时空纵贯物类的今之理分与古之道分的天地命运之中，《指归》同传统认知一样，缺乏经验生活的质文、细察其究竟内涵与各种形态，更注重“生”的功能与“命”的运作、暗含“气”的贯通与“道”的指引、圆润在“自然”的无有转化。

第三节　论人的始源、认知与本智

如前面所言，天是物之大体、大到无限，人是物之小体、小到有限，物是天与人的中体、可大可小、有限也无限。相对于天，物是天的细节内容、节节关连成无限可能；相对于人，物是人的繁多存在、多多益善得美好世界。此天、物、人一体、一贯、一致，天是虚无的宇宙生命世界能落实的最初素材，人是适可的文化生命世界能期许的最大主体，物是这两个世界的现有支

① “水火有气而无生，草木有生而无知，禽兽有知而无义，人有气、有生、有知，亦且有义，故最为天下贵”（《王制篇》），见王先谦撰：《荀子集解》，上册，第194页。

撑的可靠实体，因而这两个生命世界在物的经验层面上融贯、呈现与觉解，促进人自身的定位与定义、定位于天地间、定义于万物中。以下按《指归》提供的认知线索，考察其要点与环节所构造的“人谱”（即关于人的思想图谱）。

一 人物生于物类之判别与统合

前已提及天地人物、人物之宜、人物同欲、人物是兴、人物集处等，此探讨天地、物、人的关系，尤其人与物的源起、集群、欲求、适宜；人的道德性说法有小人、君人、道人、德人、仁人、义人、礼人、圣人、众人等，这含有君子与小人、君人与人君、道德仁义礼、圣俗等分判；另有人民、人心、人伦、人主、人事、人道等说明，涉及社会生活主体、觉悟、伦理、领导、事务、原则等问题。《指归》关于人的内容丰富，先推证其起源。

> 天地所由，物类所以，道为之元，德为之始，神明为宗，太和为祖。道有深微，德有厚薄，神有清浊，和有高下。清者为天，浊者为地，阳者为男，阴者为女。人物禀假，受有多少，性有精粗，命有长短，情有美恶，意有大小。或为小人，或为君子，变化分离，剖判为数等。故有道人，有德人，有仁人，有义人，有礼人。敢问彼人何行而名号殊谬以至于斯？庄子曰：虚无无为，开导万物，谓之道人。清静因应，无所不为，谓之德人。兼爱万物，博施无穷，谓之仁人。理名正实，处事之义，谓之义人。谦退辞让，敬以守和，谓之礼人。凡此五人，皆乐长生，尊厚德，

> 贵高名。各慎其情性，任其聪明。道其所长，归其所安。趋务舛驰，或否或然。变化殊方，建号万差。德有优劣，世有盛衰，风离俗异，民命不同。(《上德不德篇》，第 3—4 页)

人是万千物类中的一类、天地所有存在的一种存在、道德神明太和的本根同润育的一分子，在宇宙生命的清浊、阴阳的识别中分男女两性并以多少、精粗、长短论其生活禀受、内涵与时限，在文化生活的事务、情意、智识判断中分君子与小人两极并以得失、美恶、大小论其境界损益、内外与高低，又在精神修为的工夫、状态、成就辨析上分道人、德人、仁人、义人、礼人五等并以长生、厚德、高名论其命运安乐（整体的）、尊卑（实质的）、贵贱（名义的）。此重点，不在老子宇宙生命清浊、阴阳识别的男女两性的特征内蕴如何，也不在孔子文化生命美恶、大小分判的君子小人德行的好坏高低评价怎样，主要在其精神生命觉迷、取舍导致的道德仁义礼之体证、实得程度。严遵追问这五种人的实际行为表现是什么，为什么会作这样明确的区分而有不同的指称？他的回答是，道人在虚无的生命境域与无为的生命方式中开导万物的存在与变化，德人在清静的生命状态与因应的生命原则下有所作为且无所不为，仁人在广博的生活领域与兼爱的生活情感中布施恩惠与珍惜资源，义人在正义的生活事务与合理的文化表达上处置得当也对应实际，礼人在谦让的生活态度与和谐的社会规范中进退有序也尊敬有度，他们确有殊异的生命与生活境遇、姿态、应对、成全。若以宇宙生命在经验认知上反映人的社会生活中，其历史表征是文化生命谱系、现实内蕴是精神生命诉求，则合此历史表征与现实内蕴得其生命的完整理解。在此认知意义上，道人是宇宙生命的守护神，一直以生命开导者的身份出现；德人是此生命的万能者，永远履行此生命无所不为的功能；仁人是此生命的关爱者，专注生活前景与功德；义人是此生命的执行者，承担具体生活的任务与使命；礼人是此生命的诚敬者，保持谦虚谨慎的生活情怀与理解。这是讲宇宙生命实际表现的不同角色，有不一样的生命功能发挥与功德作为，也有共同处即对永恒生命存在的渴望、厚重道德追求的敬仰、高贵名誉获取的重视。各自应调适其情志与禀性、充分发挥其聪慧明智、具体展示其独特优长、完整实现其生命目标，这既要求能有效履行他们的义务与自由驰骋其潜质、才智，也不否认其可能具有表现失当与值得肯定之处。其生命状况，变化多端也精彩纷呈，应有千差万别的做法与说法、优胜劣汰的比较与选择、盛衰存亡的经营与命运、生活迥异的风俗习惯与感知、期待悬殊的民众支持与随从，这是经验认知层面的大体描述。也可说这是从宇宙生命不同类型存在、大致活动情形与具体经验把握，阐释其精神生命发展造就的五种典范存在，它是对自然的宇宙生命之深层领悟与自觉的文化生命之内在超越。因而其天地人物（道德人）、现实人物（男女）、社会人物（君子小人），在这五种人中可得相应解读与推衍，大致内容如下：

是以，大音希声，告以不言。言于不言，神明相传。默然不动，天下大通。无声而万物骇，无音而万物唱。天地人物，无期俱和，若响应声。(《上士闻道篇》，第 15 页)

主有余德，民有余财，化袭万物，无所不为。光景不见，独玄有奇，天地人物，与之俱化，乘空载虚，与道徘徊。历度四海，周流六虚，浩洋无穷，栖息至无。夫何故哉？直而若屈，正而若枉。世主为声，天下为响。世主为

形，人物为影。(《大成若缺篇》，第 27 页)

不杀群类，不食生草，未成不服，未终不采，天地人物，各保其有。(《不出户篇》，第 33 页)

所禀于道，而成形体，万方殊类，人物男女，圣智勇怯，小大修短，仁廉贪酷，强弱轻重，声色状貌，精粗高下，谓之性。(《道生篇》，第 45 页)

不睹牝牡，阴阳以化。精神充实，人物并归。(《含德之厚篇》，第 56 页)

鬼非不神，浮于惚恍，载于纤微，经历万方，与时变化，神全万物，不以伤人也。非不伤人，圣人在上，与天相参，人物顺比，大化流行。智者不作，奇物不生，莫之为满，莫之为盈。天下喁喁，万物齐均，既不起高，又不造深。(《治大国篇》，第 69 页)

屈一人之下，伸万人之上，社稷尊，宗庙显，国富兵强，人物全济，延于无穷，小国之所愿也。(《大国篇》，第 72 页)

天地和顺，浑沌磅礴。溷若浊流，焕若严客。人物皆愚，归于寂寞。(《知不知篇》，第 97 页)

此得天地人物的生命状态是和顺、浑沌、磅礴、深厚、沉静、焕发、庄严、痴愚、寂寞，其生命反应是大音听声、不言传神、不动融通、万物唱和、无有转化、内外呼应，生命变化是有道、有德、有物、有为、有财、有余、有奇、有正、有度、无穷，生命功德是不杀、不食、不服、不采、各保。此道德人是庄子所讲的天和与严遵所言的太和、不是董仲舒所求的中和，在状态上突出其顺、浑、广、深、静、活、重、愚、寂，在反应上注重其细听玄远的声音、遥感失语的精神、运化静止的存在、发扬物类的协作、实现可能的成就、推引整体的完美，在变化上因循道德、寄托物事、引导作为、留意技巧、收获富裕、创建度制、规范财货、保持公正、追求永恒，在功德上善待群类、照顾幼小、讲究得体、尊重成果、确保适当。即他在状态上是守护神的道人，在反应上是万能者的德人，在变化上是前二者的融贯，在功德上是关爱者的仁人。实际人物的基本内涵是禀受性命情意，生活诉求是做正直世主（即世俗社会主人）、余德与余财、作用独特、影响天下，生活作为是前景恍惚、经历丰富、视野广阔、体察入微、感知纯真、因时制宜、莫为满盈、故作高深，生活成就为小国发展愿望、社稷宗庙尊贵显耀、国家综合实力雄厚、人才济济并各尽所能与长、子子孙孙无穷尽，生命归宿是牝牡或雌雄合体、阴阳变化、充实精神或者天地和合、化分实在、守护寂寞。由人物的生命实情，到其生活诉求、作为与成就，终归生命本根；这是德人的生命定型到仁人的生活理想，再到义人的生活作为与礼人的生活成就，最后归宗道人的生命本根。由生命之道与生活之德，品评人物男女的禀赋与等级，这是其生命与生活的特性分析，即生命形体从道德禀赋获取、生活表征由样貌才识反映。因其生命禀赋的厚薄多少、导致其活动形体的千差万别，也因生活内涵的精粗高下、导致其社会作为的五花八门，这是浓缩版的五人类型的品性鉴别、自然无限融通生命与生活。由此可知，原生的天地人物、化变的生活人物、定性的社会人物是道德的赋予、创造与规范。

这种道德内涵模塑的人物，在形的表征上是物类的命分，而在神的融通上是自然的根性，其在经验认知上可说人是物类的本分展示的生活成果。这是严遵以宇宙生命为基准，判别其道人、德人、仁人、义人、礼人的创造性解释与统合性建构，创构自然与人文的无限融贯并以前者为根系、后者为成果，这给后来者在自然的生命视域下认知实际生活的道德人，提供了必要的思想资源与理论启示。这对人的认识，涉及方方面面的内容关联，以下大致探讨其人生经历如何总结、人性好坏怎么评判、人格塑造成就什么。

二　人生、人性与人格之探讨

目前研究对《指归》关于“人”的论述，大体有三种认知：

一是对其人生哲学的总概括与要点说明。王德有、马龙肖对它的人生原则、态度、要诀与价值的说解，普遍原则是“自然无为”、“人的本性”是道德本性、“根本出发点是尊道贵德”，总精神是“柔弱无形”，基本态度是“反朴归真”，处世方术有明王圣主的“为君之道”、贤相忠臣的“为臣之道”、隐逸圣贤的“玄圣之道”与经世上士的“君子之道”，价值追求是“天下安宁、百姓乐生”“顺时随势，导以自然”“谦虚居下、恬淡无欲”。[①] 祝瑞开诠释它的“保身全性的人生哲学”，其基点是“贵身”的自我保存以“变态发展”汉初“‘人为贵’思想”、核心是“尊道贵德，各重其身”、根本在“重神”、表现如婴儿与赤子、效果是“自我麻醉”与满足、要求是“安分守己”“全性”、归宿为“混世、避世”。[②] 陈广忠等归结为“严遵的人生

① 参见王德有、马龙肖：《严君平的人生学说》，《中国哲学史》1992 年第 1 期，第 37—43 页。

② 参见祝瑞开：《两汉思想史》，第 206—210 页。

哲学”，基本问题是“性、命、情、意、志、欲”且释“性”为人的自然本能，把“命”分“天命”“遭命”“随命”，且“对‘情’的各种表现归纳”更“详尽”，“意”是思虑的“主要环节”，却未具体疏解“志”“欲”，基本姿态是“沉静无为”的“玄默”指示“天道自然规律”、圣人“处世修身”“治国之道”、君子“‘立身’避祸之术”，基本诉求是“和”以实现“人与自然”、社会、个体（他者）及自身的和谐境地。[①] 此处探讨《指归》人生思想的原则、本性或根本、基点或核心、态度或姿态、问题、大略、要求、表现、效果、价值或诉求、归宿。即，自然无为的原则，道德精神的本性，尊道贵德的内核，返朴归真的态度，问题在性命情意志欲，大略是君臣圣贤的道术，要求是安分保全，表现是蒙昧状态，效果是自我满足，诉求是整体和谐，归宿是苟且偷生。其原则、本性、内核、态度、问题、大略、诉求，是人生作为的积极反应；其要求、表现、效果、归宿，是此作为的消极因应。二者是一融贯的人生系统，由其最初原则、有效决定它的过程内涵与最终归宿。这主要在实验科学理性支持下，用历史唯物主义的进化观，批驳严遵人生哲学的思想征兆。前述略提其方法认知与本体承诺的概念逻辑分割处理的困惑与困境；其困惑是现代生活观念以存在的命运主权与发展的事业优势，对传统文化经典的意义赋予与幸运改造的无条件胜出；其困境是无论古今、中西、上下、左右、前后、时空内涵穿越一切，都绕不过生死关口、利害枷锁、成败陷阱、是非套圈、真伪化妆、得失合闸、来往全能的无限推进。若局限某时、某地、某人、某文、某意的绝对推阐与永远深刻，作某观念的判

① 参见陈广忠、梁宗华：《道家与中国哲学（汉代卷）》，第246—253、256页。

准，其他是某生命注脚与生活展开及文化塑造与思想完善，抬高自己到极端的同时又否决自身成底线的可能、恢复自我的漂流角色，给各种可能与现实提供任何机会与平台、充实临时内涵诉求并贡献于整体普遍建构。因而王、陈等人的现代观念框套与古典内容整理、祝氏的现代标准认知与传统资源检讨，都是其人生内涵与表征的一些迹象与意含、反映它的特殊价值存在。

二是人性现象的根源分析与类型把握。杜保瑞认为严遵“无为观”的“心理脉络”是“人性体悟”，其“客观理据”是“本体论论证”、但其“方法论”检证失败，严氏以老子“人性好胜贪利的现象说明人生失败的原因”，其“无为的真实义涵即是无私欲”，这种人生现象的“经验上的客观性”在“以价值为中心”的整个中国哲学体系里，没有被逻辑推证的方法论建构成“普遍命题”与“最高原理”，不如“儒家仁义礼知（智）的人伦性道德本体”重要、圆润。[①] 此以孔孟仁智的道德价值本体、规范人性现象的内涵诉求，检讨老子道家式的严遵本体论与方法论的证明局限，其本体未绝对标榜仁义道德的价值存在、其方法未严格按西方逻辑分析展开命题形式系统。陈尧义以神明为生命修养主体在性论中说解其性、命、情、意、志、欲的蕴涵及关联，人性内容“有道人、德人、仁人、义人、礼人等分别”，不同于“董仲舒论性将上善、下恶固定化”以仁贪潜质的“中民之性”为本；此五种人“性皆真”且“乐长生、慎情性，使之生长、安和，不陷溺于知巧、欲望”，真性通“心”顺“道”以超化“执定之向”与“有”、其异于孟子从大体的大人之心“善向之良知良能”的确定性开显，但其“仁人、义人、礼人”

① 参见杜保瑞：《严君平〈老子指归〉哲学体系的方法论检讨》，第914、915页。

可称为“儒家义理之代表”以见“儒道会通之端倪”。[①] 此把陈广忠等简括《指归》的人生哲学基本问题，落实为人性现象的基本前提，区别于孟子的人性善的大体把握与董仲舒的性善恶分的中民发挥，其不拘执知巧、欲求却得长生、生长、适性、畅情、安和的自在修为，从这些类型人的归纳与内涵的赋予知儒道会通的可能与努力。这是学界对其人性分析与把握的两种主要表达，一是从道家无为自然本体、逻辑推进到道德价值本体的儒家人性优势阐发，另一由其人性的六个关键内容检讨、分判五种类型的人物存在归属真性、指示儒道会通可能。这从人生哲学概括的要旨说明深入到人性类型分析的优势发挥，即《指归》对人有独特的真性情理解，不同于先秦西汉大儒的性善恶研判，而是老子道家的人生内涵系统探讨与适度整合。

三是理想人格的完美塑造与局限检证。那薇指出，严遵崇尚的“理想人格”是完美体现道德的圣人，这种人格是“内在的”“精神的”而非“外在的”“形体的”，它“以直觉思维的态度对待人生、对待社会的人”“与自然、与社会、与他人和谐相融的人”“在理性指导下去过一种非理性的生活”，这是黑格尔所说的“无主体性的个体”而“纯粹”“自然”“撇开社会属性”，现代人格塑造应内外着力探寻以“能自治”“治人”与共治。[②] 除上述五种类型人格的“不同层次”分析及“众人与俗人”的“等而下”，陈慧娟据“因著（着）气化的分离合和”总原理探析其“圣人”“真人”“至人”的理想人格，后二者“仅一见”，

① 参见陈尧义：《严遵〈老子指归〉义理析论》，第 94、95、96、101 页。

② 参见那薇：《严君平所崇尚的理想人格》，《孔子研究》1990 年第 2 期，第 34、36、38、40 页。

一“体现性命之真”，一“体现大道，与大道相合，而道德至高”。此二人与“道人”有“内修道德的趋向”，常见是圣人，与俗众的“外在形象”同，是大道的“实践者”与“落实者”。① 陈丽桂说其中“称述圣人者多达六十二次”，另有“玄圣”两次与“明王圣主”十三处，其他大致是一至四次，塑造的理想典范是圣人，其携带了《老子》“圣人”的“入世色彩与外王质性”，并以“清静无为的本旨与对反哲学”“《庄子》超然物外的情怀”证圣人的超俗性格，因而《指归》残卷模塑的理想圣人是“老庄哲学的结合体”。② 赵雅博明确讲《指归》为民众设置与服务的人君或国王，在具体实现上“以啬为基本前提”，其“啬是节俭”，践行“无为自然”政治主张或理想，提出“愚民政策”。③ 此处有体现生命大道本真的庄子式的精神内修之至人，有践履生命大道以效验俗众生活实惠的老子式之外王圣人，有取法圣道推行自然无为政治理念以啬俭服务社会大众的君人或人君，有七情六欲、知为讨巧、爱走捷径、顺遂色性、迷醉名利的万民以听从圣王教诲与管制（即民人或人民）。此四人以圣人为人格典范，上推至生命本真，下推出生活美善。圣人是至人的合理外化，君人是他的有效落实，民人是他的作用对象。由此获得生命精神的超越与生活经验的制约，成全自身理想的示范效应与融贯他者的中坚力量，这是圣人的生命魅力与生活功德所造就的人格榜样。其分歧处，圣人是宇宙生命内在精神的纯粹象征、还是外在形体的绝对主导，或者是内外兼修本真、至善、

① 参见陈慧娟：《两汉三家〈老子〉注养生思想研究》，下册，第394、395页。
② 参见陈丽桂：《汉代道家思想》，第150、151页。
③ 参见赵雅博：《从〈道德指归〉看严遵的思想》，下篇，第111、112页。

完美并承上启下的合理代表，或者是空有美善外表的粉饰却伪装慈爱愚众的集权专制，或其他。圣人主要被看作完善也存在缺憾的真正卓越代表，有内在精神与外在形体，有直觉思维与理性辩证，有个体超越与群体制约，有出世情怀与入世关怀，有自然无为与知欲作为，有理想规划与实际推动，有生活智慧与生命质朴，有本真根源与美善内涵，有道家引导与儒家融合，有古往滋养与现存补益，有大道护卫与捷径成就，有向上提升与往下积蓄，他是矛盾结合体与希望目标。可见，严遵的圣人形象塑造，没有老子的圣人原初自然或全然，没有孔子的君子应然或当然，没有庄子的至人纯真超然，没有西汉初黄老学者的圣王决然，却有汉儒的圣贤实然以适应现状并释放理想，这是前述人格形象成功模塑的庸俗经验体证与觉悟。在生命主旨上坚持自然无为，生活事业上维护自觉作为，其在无为与作为之间阐明道德原则的指引与整体和谐的结局，这是老子道家思想后继者的出世心在做入世业的志趣与困顿。

大致看，《指归》的人生观是积极应世、经世而非消极混世、避世，人性观是本真而非本善、本恶、本善恶混，人格观是自然无为又经验有限的圣人表征、非自觉作为又超越发展的神主特征。此三观是一贯的，即无限融贯；也是一体的，即生命主体；还是一致的，即诉求自然。由此人之生，推其性，定其格，成其圣，化其众，归其根。

三　人类之知与智

严遵对人的根本认知，不是物与心、形与灵（神）、实与识、事与理的绝对二分之自然、社会、精神的典型塑造[①]，而是希望突破生活经验局限的生命融贯之整体把握与独特辨别。他认为，生活人物在历史性的现实成就中的价值标志是智，即人物的生活智识是其类的创造性文化贡献与其他的差异性生命显示。以下主要从知[②]与智[③]来说明这种基本判断，即知故、知无、知道、知德、知力、去知、无知与圣智、明智、智名、人智、智者。

① 如孟子以为人的依据是心知的“仁”、庄子是“道与之貌”“天与之形”且莫劳“神”费“精”（《德充符》，见郭庆藩撰：《庄子集释》，上册，第226、227页）、荀子是生知的“义”等，西方有人类心灵体系“唯物论”“唯灵论”区分及“人体是一架会自己发动自己的机器”说法（参见［法］拉·梅特里著，顾寿观译：《人是机器》，北京：商务印书馆，1999年，第13、20页）、“现实性”的人是“一切社会关系的总和”（参见徐瑾：《疑义澄清：“人的本质是一切社会关系的总和”探微》，《马克思主义与现实》2017年第4期，第80页）、还有讲其为“符号的动物”而非“理性的动物”（见［德］恩斯特·卡西尔著，刘述先译：《论人：人类文化哲学导论》，桂林：广西师范大学出版社，2006年，第36页），等等。这些看法，从心与身、形与神、生与义、物与灵、实与系、言与理，都直接或间接地作了偏执一种可能的绝对论证与模塑。

② “莫知（不得而知）”“知不足（智慧不足）”“不知（不会让人知道）”“知无（知晓无）”（《上德不德篇》），“能知”“不能知”“无知无识（没有知觉）”（《得一篇》），“（道）难知”“（穷极）知不能存（智不能领悟）”“是知（由此可知）”（《上士闻道篇》），“知足”“知止（知道止步）”（《名身孰亲篇》），“上下不相知（上下相互不认识）”“以己知家（根据己家明晓彼家）”“以知（由此而知）”“有知（有了知识）”“知人”“知天”“小知”（《不出户篇》）等，参见《指归》译注本，第10、11、12、16、25、27、29、39、40、73、74、95、96、97、98、99页。此知作主词，是智；作动词或谓词，是得知、知道、知晓、可知、认识、明晓；作宾词，是知觉、知识。

③ “辩智聪明（智慧聪明）”“智虑四起”“愚智不为群”“智力不能接”“智慧不起”“绝智废教”“智如江海”“道德不为智巧”“智惠不能得”“智逾多而迷益深”“藏奇损智”“智伪无因而生”“上好智能而教万民”“睹智识愚”“愚智之识”“智尽而服”“智陷于情欲”“智巧，扰乱之罗（网）”“亡国之君废智去欲”“（圣人）智达无穷”“智者见之谓之智”等，参见《指归》译注本，第16、17、21、35、52、76、106、141、145、161、164、181、201、244、247、248、267、280、285、290、297、331页。此有智虑、智力、智慧、智教、智巧、智惠、智迷、智伪、智能、智欲、智者与辩智、愚智、绝智、损智、睹智、废智及智如、智逾、智尽、智陷，表达了智的思虑、才力、慧识、教化、技巧、实惠、迷惑、伪饰、能量、欲望、主体与论辩、愚昧、隔绝、损失、观察、废弃，及它的浩瀚、繁杂、完整、局限。

（上仁之君）别人物之宜，开知故①之门，生事起福，以益万民。录内略外，导之以亲，积思重原，以昭殊方。（《上德不德篇》，第5页）

（道德至灵）或在宇外，或处天内，人物借之而生，莫有见闻。毳不足以为号，弱不足以为名，圣人以意存之物也。

世无耻辱，不睹吉凶。知故窒塞，自然大通。家获神明之福，人有圣智之功。（见前引《至柔篇》）

夫知故之为术也，治人事，育群形，德延天地，功配阴阳。及其生乱也，发于无形，起于无声，与政卷舒，与化推移，得人如湿，逮人若阴，犹响应言，影不离形。为之愈乱，治之益烦，明智不能领，严刑不能禁。是无为者，有为之君而成功之主也，政教之元而变化之母也。（《大成若缺篇》，第28页）

以有知无，由人识物。物类之无者生有，虚者生实，见微知著，观始睹卒。非有巧能，自然之物，圣人因之，与天周密。是故②，知道以太虚之虚无所不禀，知德以至无之无

---

① 《指归》上经除此处及随后引的四个“知故”，还有“知故通达”（《上德不德篇》）、译作“巧伪通达了”，“不事知故”（《大成若缺篇》）、译为“不设机巧”，“陷溺知故”（《为学日益篇》），“忠信沮坏，正事消亡，自然伏窜，知故翱翔”（《为无为篇》），“广辞让、饰知故”（《江海篇》），“知故不生，祸乱息”“（道德废）知故流行”“天子（天下）享其知故之利，获此死亡之咎”（《知不知篇》），“开知故之迹，闭忠正之门”（《信言不美篇》）、译“知故”为“机巧诈伪”，参见《指归》译注本，第18、19、80、81、103、226、287、289、290、359、360页。

② 文本显示68次（其中佚文6次），常译作“因此”“所以”等，参见《指归》译注本，第9、20页；另，《经目》有7个“故”、译作“所以”，上经更多；“何故”（《上德不德篇》，除《老子》2次，共51次）、译作“为什么”“什么原因”，“是以”、译作“所以”等（参见该书第3、6、9、19、22页）。

无所不授；道以无为之为品于万方而无首，德以无设之设遂万物之形而无事，故能陶性命，(治)［冶］情意，造志欲，化万事。

兽以之走，人以聪明。殊类异族，皆以之存；变化相背，皆以之亡。(《道生篇》，第45、46页)

是故，口以大开，耳目急张，知故并起，万物孳蕃。奋心扬虑，显遂功名，名成功遂，祸至福终。

知力不得加，天下不能谋，治人理物，与阴阳配。内用其光而外不违衣食，耕获桑织有余，福积祸消，人给家赠，心不载求，贱不望贵，贫不幸富。纤微尊俭，内外不过，奉上养下，人道尽备。(《天下有始篇》，第49页)

"知故"与"是故""是以""何故"，在生活经验事物的因果追究上一致。此故与《墨经》所谓的类、理，有思维推证的相通处，并非单一的机巧与诈伪的表面修饰与暂时谋算，是人的合理性探索与有效性证明的综合反映与独特显示。《指归》说，知故的经验认识玄门是仁人即上仁之君打开的，此可判别人与物在社会生活中适不适用，能不能有效处理具体事务并带给民众受益的福利，直接以自身亲历、体证内外的发生情形，集中反映在文化思虑上系统考量其来龙去脉，昭告人们不同的可能原委与发展趋势。知故是大众生活见闻，也是圣人意念留存的文化名号，可在天地范围内证验，也可在宇宙区域外想象。世俗社会借助它的人文标识，了解生活的吉凶并明白生命的耻辱，家庭成员由此获得神明的福佑，人类因此拥有圣智的功德，但它的生命困惑、窒碍处要靠自然的无限融通。知故是有效调治人事与合理重塑群形的生活技术，其功德在生活天地永久延续、配合阴阳变化彰显；它有治、有育、有德、有功，也有乱、有为、有刑、有无，乱生发于无形、无声中，随政治势力席卷与舒展，因社会形势变化与转折，对人的得失影响在言行的明暗处，为虽如此无声无息地完成人的生命转化、也有声有色地改变其生活前景，刑是为了治乱、能养育、好辅德、可成功却添乱、害生、败德、坏事、惹麻烦，无在化解人有为的糟糕、领悟成功的诀窍、推进政教的效果、归依生命的本源；这是知故的功能表现与功德造就的矛盾，其能可治乱、德可成毁。这从实有的生活经验事物存在，认知虚无的生命超越发展，通过人的知识性建构、模塑物的意义性展现，在物类的无有、虚实之相互创生及其显微、始终的观测中，体证究竟意涵与言表正当形式，此为圣人因循自然而发挥的精巧智能的周密察识。人有不同于走兽的能大体预见族类生死存亡、规划其事业发展与价值创造的聪明才智，相信“太虚”自然的“道”能蕴涵一切并禀赋所有、也相信“至无”生命的“德”能全部承续以保持完整，可无为无不为地品读各种情况发生的缘由与过程，不拘内涵与形式地感知其可能与现实的生命造型与生活事务，真正做到陶冶性命、调治情意、改造志欲、成就事业的历史任务，维护文化传统的长期繁荣与日用恩泽。知故的这种祸福成败始终生死相依与是非相随，通过耳目见闻与嘴巴言说、宣扬其深谋远虑与功名利禄，借助知识力量与万物资源、经营天下的衣食住行的成果与适宜，善于发挥天时、地利、人和、智谋、劳作等综合因素，求取生活富贵与尊严，是社会群体的前后左右尽心思与内外上下齐努力所提供的丰足奉养，人道在此知故与知力共同作用下完备自身的内涵与表达。由于明知故问的终极生命困惑与明知故犯的日常生活振作，人在无为的自然中不能隐没幸福追求，在有为的社会中也不能逃避灾祸惩罚。

无为不能遁福，有为不能逃患。是以，圣人去力，去巧，去知，去贤。(《善建篇》，第53页)

夫小人则不然，博学多识，以钓智名；异行显功，以疑仁贤；诈世治俗，饰辞盛容；卑体阿顺，以揄爱恩；先指承意，以获众心；明党相结，多挟贼人；劳鲜而禄重，功寡而爵尊；国贫而家富，主微而身贵。(《天下谓我篇》，第88页)

止为之术，去人与智。为愚为慤，无知无欲。无欲则静，静则虚，虚则实，实则神。(《言甚易知篇》，第94页)

反天以顺民，逆民以顺道，贤者为佐，圣人为主，务爱有余，以为左右，智者居上，痴者居下，能大爵高，伎小官卑，功尟赏微，劳大禄重，侯王之道。(《天之道篇》，第113页)

明智的圣人，应避免利用生活的力量、技巧、知识与贤能，领会生命的奥妙、虚寂、无限、融通。这样的生命智识或真知，非生活见识或良知，是人们的现实价值的独特存在与历史意义的牢靠根系。圣人是前述五人即道人、德人、仁人、义人、礼人的生命智识与文化理想的完美塑造。他是现实生活社会的道德典范与仁义礼引导，是君子的前贤与前知前觉、侯王的老师与中主中心、民众的厚望与福利福音。不能违背生命智者的真实意愿、与天道抗争，求个人所谓美好的生活事业与政治事业及文化事业或历史事业。否则变成一个夸张文化知识力量的小人、逞能好强与争名夺利，只有求学、求名、求功、求利、求贤、求治、求爱、求得、求合、求禄、求富、求贵的生活学问来迷乱心灵与俗世，遮蔽求道、求实或真、求德、求义、求圣、求正、求生、求中、求清、求虚、求无、求常的生命学问去开启天门与人道。对人来说，智是其自然生命转向自觉生活的独特标识与完善技术，回归原初的质朴与诚挚须放弃过分的文饰与欲求，在知欲的生活谋取与争夺中平静身心的妄识与痴求、融入虚实变化无限的自然神。知故的生命功能之正奇开发与生活功德之好坏评定，大致揭示人的智能与智识建构的现实社会事业大厦与历史文化精神王国，此得本智是人的社会生活价值存在的关键觉解与自然生命实体发展的意义表达。简言之，知在故的经验认识结果上，探寻超越性根源存在的道、德、无，突破生活有限展呈的识、欲、力；智在圣的主体意识成果上，能明察王者的政治理想规划与民众的生活事业拓展，不拘执富贵名利的客观成就。二者在人的价值标识上一体同构，共同提供生命的真正觉悟与智识，会一起构造人类幸福美好生活的意义世界。

实际上在东汉初中期，河上公注的《老子》已蕴含大伪的智慧、绝弃的圣智、大迷的智、难治的多智、治国的智之福贼①，这意味着智的伪（人为）、多（繁杂）、福（如意）、贼

① “智慧出，有大伪”“绝圣弃智”“虽智大迷”“知人者智”“民之难治，以其智多。以智治国，国之贼；不以智治国，国之福”，河上公依次注为“智慧之君贱德而贵言，贱质而贵文，下则应之以为大伪奸诈”“弃智惠，反无为”“虽自以为智，言此人乃大迷惑”“能知人好恶，是为智”“以其智多而为巧伪”“使智慧之人治国之政事，必远道德，妄作威福，为国之贼也”“不使智慧之人治国之政事，则民守正直，不为邪饰，上下相亲，君臣同力，故为国之福也”（王卡点校：《老子道德经河上公章句》，第73、75、110、133、354—355页）；其要点是，智慧之君的贵贱效应即贱质德、贵文言以风行伪诈，智惠的无为归宿，人的大迷惑是自智而非自知，为智是了解人好恶的能力，多智会导致巧伪，智慧之人在国事治理上为贼或为福取决于道德，此简括为智慧在道德或质德、大迷惑在巧伪或文言、为智在才力、智惠在无为。

（糟糕）、迷（困惑）、弃（超越）。而智辩是先秦诸子百家争鸣的反映[①]，西汉初的前知与后智换用的因缘[②]，由此推出大伪的智慧是案（展现）、安（定见）、焉（质疑），心智的发达（知或心灵的明智）与耳目的见闻（声色，眼睛的迷茫）的必然关系，智者与智（识力）的内在标志是智本身、非人自身，智的大众开发是国家治理的难题也是其福德，真正的生命智识是可塑的生活模式、不是可解的理论定式，这确有《老子》传世文本凝聚的见解、忽视的问题、隐藏的内涵、表达的习惯与存疑的地方。由此得《老子》通行本与简帛本对“智”的明确区别，前者简洁指出人为创识、繁杂表征、如意诉求、糟糕后果、困惑所在与超越可能，后者较充分地揭示其思想繁荣、理论转换、疑难呈现、感官关联、内在标识、治国祸福。《指归》介于二者间，其智的认识既有后者人类生活事实基础的有力支撑，又有前者人文历史自觉推绎的理路求证。这是人的生命智识的现实经验支撑与历史超越可能的文化福缘与祸端，如何在智的日常祸福中体证

① “‘智辩’（或‘辩智’）乃先秦成语”且“‘绝智’未必排斥‘绝圣’”，“化（祸）莫大虐（乎）不智（知）足。智（知）足之为足”“天下皆智（知）美或善”“智（知）之者弗言，言之者弗智（知）”“古（故）智（知）足不辱（辱），智（知）止（止）不怠（殆）”“大（太）上，下智（知）又（有）之”（见丁四新：《郭店楚竹书〈老子〉校注》，第3、5、6、33、104、142、241、365页）。

② 《老子》帛书甲乙本作“知（智）慧出，案（安）有大伪”“绝声（圣）弃知（智）”“唯（虽）知（智）乎大眯（迷）”“知人者知（智）也”“夫民之难治也，以其知（智）也。故以知（智）知（治）国，国之贼也；以不知（智）知（治）国，国之德也”（见高明撰：《帛书老子校注》，第310、311、367、403、141页）。其汉简本是“智（知）”“恒智（知）楷式”“智慧出，安（焉）有大伪”“绝圣弃智”“智必大迷”“自智（知）者明”“吾是以智（知）无为之有益也”，（第六章，“‘智’通‘知’，凡帛书及传世本‘知’字，汉简本及郭简皆作‘智’”）、把帛书“民之难治”一节的“知”改作“智”，参见《北京大学藏西汉竹书·贰》，第126、136、152、157、160页。

与意会人身的能动作用与价值创造，是识的力量与构想。人类基于智的可验可证、可知可疑、可明可伪、可悟可迷、可福可祸、可得可失的两可困惑与困境，知其生命在生活的可验证、知疑、明伪、悟迷、福祸、得失上体现功德与意义，此得本智是人类生命破解生活难题、求取实惠、挣脱困局的识力保证与合理推引。

《指归》未对人的认知之物与心、形与灵或神、实与识、事与理的观念偏执，求取人适中之本智，在人的知故之生命潜能开发与生活功德彰显中创造社会事业与文化历史，这是人自觉存在的价值体现与意义追求，依靠智的经验支撑与超越可能，反映其两难处境与两可选择。这是人类不同于其他物类的生命能动标识与生活福德效验的根本所在。从这个意义上讲，人物的本智反映是文化生活证验的价值基础与事业驱动。

综括本章所论《指归》哲学本体之三体，即天地实体、万物实体、人类实体，简称天体、物体、人体，或大体、中体、小体，此实为物体以通贯天体与人体。毕竟，天至大无外，是全、称全体，内涵“气”、又称气体，有别于固液气三体的物理科学称谓，是传统道家哲学的总体观念认知的实在把握；人至小无内，是元，称基体（今生命科学叫作机体），独立常在又称单体，贯通于个体、群体、整体的社会科学本意，是现代语言哲学的主体精神存在的无限希望；物中介于这二者，是活的而非死的，叫活体，为宇宙生命在现实世界的真体，因而现实世界本体是活物。此物归根于前述四本据，即自然本因、道德本性、神明本能、太和本质，彰显“形”为哲学方法之方的时空定位、展现其实存的意象与渴求的名分，这是物化人文的畅通妙门与可行进路、此妙门定型于人体的心思框架、此进路在活人的言说范导。此得在现实认知层面，活的物体是《指归》哲学方法与本体能融通的关键枢纽，也是其本与体、体与用无限统贯又限定说解的核心支撑。借此推论中国、印度、西方生命哲学传统的本体认知典型，中国是生命实践本体哲学（汉代道德家，如严遵）以自然为因、道德为性、神明为能、太和为质（其质是气而状为和），在方法建构上是现实或现在最真的因应（含因果却不限于结果、其注重过程内蕴，应运而生，运为气，气为内在感应）→性命→能动（流行）→形质或材质（物体）之自然的整体超越，即它从自然的“气”质绽放为现成的“物”体而以人物的“有无”对照经验生活天地，这是宇宙生命的自然本体的形方法化所本来的生活做派；印度是生命境界本体哲学（汉至清的中国化佛学，如禅宗）以灵魂为因、真身或佛身或神佛为性、化身或俗身为能、报身或来生为质（愿），在方法建构上是历史或过去最善的因缘（缘起）→慧命→能觉（觉悟）→品质或素质（灵境）之宗教的外在超越，即从宗教的善缘开解为未来的善果而以心性的善恶审视欲望苦海今生，这是精神生命的宗教本体的善境界化所具备的人海气势；西方是生命理论本体哲学（现代西学的中国化诠解如冯友兰的正方法建构的新理学、金岳霖的式能内涵演绎的新道论）以实在为因、逻辑为性、思维为能、理念或概念为质（实），在方法建构上是希望或将来最纯的基因→定性→本能→本质或实质或成果之科学的内在超越，即从科学成果剖析出既往实存而以物性的真伪来验证究竟内涵表达，这是物质生命的科学本体的真逻辑化所确认的义理定式。因而，生命理论本体哲学的终极诉求是纯在的逻辑必然性、当统系其具象的经验偶然性，生命境界本体哲学的终极诉求是灵魂的至善应然性、能统领肉身的苦恶实然性，生命实践本体哲学的终极诉求是自我的本真全然性（即自然）、可统贯他者的部分适然性（即他然）。这是生命科学的基因的抽象设计的实际障碍以求无限效力，其宗教的灵魂的能动反应的俗世桎梏以求超越彼岸，其道德的自然的整体实存的理想笼罩以求规范关联。基于此，目前依旧是人类生命实践到境界、再到理论、又回实践、如此增进，认真美善呈现、构造与规划其始终不脱离自然生命的道德、宗教、科学的文化世界。

第六章　《老子指归》哲学本体的人文世界觉解：意、言、器

上一章讲了《指归》哲学本体在形物世界的具体落实，主要落实在天、物、人，此三者实为一物，是实体，能在知故与本智上开解现实存在的人的心灵本体。本章从心灵本体出发，重点讲现实的人、可成就历史的人的用术，能经世致用其意、言、器，得其可欲、可教、可事，可简称为人的用意、用言、用器。其意，暗示“心术”、可明察“智术”①；其言，自作“主术”、

① 《心术上》讲，心体君位以处道、（九）窍职官分以循理，“心术者，无为而制窍者也，故曰君”“以其形，因为之名，此因之术”；《心术下》说，形正德来以全物、中精（或诚）心治以知神，“心安”是“国安”、“心治”是“国治”、“治心在中”以明理或道（参见黎翔凤撰：《管子校注》，中册，第758、759、767、771、778、781—782）。“（十数人）皆世之仁贤忠良有道术之士”（《难言》），“智术之士，明察听用，且烛重人之阴情；能法之士，劲直听用，且矫重人之奸行。故智术能法之士用，则贵重之臣必在绳之外”“故资必不胜而势不两存，法术之士焉得不危”（见《孤愤》，王先慎撰：《韩非子集解》，第25、84、86页；另有《定法》讲申不害的“术者，因任而授官，循名而责实，操杀生之柄，课群臣之能者也，此人主之所执”，见该书，第433页）。

可施展“法术”[1]；其器，分化“方术”、可整合“道术”[2]；因而，心术能够开示智术，主术能够规范法术，方术能够统合道术，三者由人创制为“治术”、成可日常遵循的“经术”[3]。此为先秦、西汉学者群体确立的心术→智术→主术→法术→方术→道术→治术→经术的术用认知路线。心术在意，以顺人欲；智术在言，以明心知；主术在知，以推义理；法术在理，以解人情；方术在情，以乱本性；道术在性，以归命根；治术在命，以制神器；经术在器，以创事业。这是狭义的政治领域内的人主的心智的意欲之术、其义理的言教之术、性命的器事之术，所共创天下

① “箠策繁用者，非致远之术”“彻于心术之论，则嗜欲好憎外”（《原道训》）、“圣人内修道术，而不外饰仁义，不知耳目之宣，而游于精神之和”“孔、墨之弟子，皆以仁义之术教导于世”（《俶真训》）、“人主之术，处无为之事，而行不言之教”“孔丘、墨翟修先圣之术，通六艺之论，口道其言，身行其志，慕义从风”（《主术训》）、“为是释术数而任耳目”“鲁国服儒者之礼，行孔子之术”（《齐俗训》）、“《道应》者……考验乎老、庄之术，而以合得失之势者也”（《要略》），刘文典撰：《淮南鸿烈集解》，上册，第18、43、72、84、323、363、424、427页；下册，第855—856页。心术是致远之术，可分先圣之术即道术与人主之术即主术，此道术有孔墨仁义之术与老庄自然之术，主术除了韩非等所言的法术、还有术数，因而在政治理念上心术是内圣、在社会事业上主术是外王；但在言教上心术是道术与智术，在处事中主术是法术与术数。

② 《天下》言“天下之治方术者多……古之所谓道术者，果恶乎在……圣有所生，王有所成，皆原于一”，“内圣外王之道”“不明”“不发”使“天下之人各为其所欲焉以自为方”，后世学者“不见天地之纯，古人之大体”、致“道术将为天下裂”（见郭庆藩撰：《庄子集释》，下册，第1060、1064页）。“达师之教也，使弟子安焉，乐焉，休焉，游焉，肃焉，严焉。此六者得于学，则邪辟之道塞矣，理义之术胜矣”“人之情，不能亲其所怨，不能誉其所恶，学业之败也，道术之废也”“人之情，爱同于己者，誉同于己者，助同于己者，学业之章明也，道术之大行”（《诬徒》），见许维遹撰：《吕氏春秋集释》，上册，第96、98页。

③ “建治之术，贵得贤而同心”（《立元神》）、“君臣分职而治，各敬而事，争进其功，显广其名，而人君得载其中，此自然致力之术”（《保位权》）、“天覆无外，地载兼爱，风行令而一其威，雨布施而均其德。王术之谓”（《深察名号》）、“司农尚仁，进经术之士，道之以帝王之路，将顺其美，匡捄其恶”（《五行相生》），苏舆撰：《春秋繁露义证》，第171、176、289、362页。

的意义世界、文化世界与生活世界。由此拓展得，意欲是意义世界的心术，言教是文化世界的主术，器事是生活世界的方术，三者构成广义的人文世界，即为人类意义、文化、生活的现实领域的治术。系统讲，这是人的智术开启的意义世界，推引其法术范导的文化世界，获得其道术规整的生活世界，建构其经术典制的人文世界。此世界为《指归》的术用的意义诉求、文化功能与生活事业的全体建设。

第一节　意欲之术用

按上述“意”的“心术”与“智术”开示的意义世界的大

体原则，本节基于意欲的传统依据①与应当说解②，讨论《指归》的意与欲，先构建此观念，然后是此观念如何被认识，再后是其本体的作用发挥。

一 意与欲的基本界定

在《指归》中，“意”的常见说法是“心意”（20 个）与

① 《老子》楚简本有“寡欲”“不欲”“化而欲作”“甚欲”“欲得”“我或圣人欲不欲”、帛书本有“无欲”“有欲”“可欲”“吾欲”“将欲……必固”“不过欲”“欲上或先民”；见刘笑敢：《老子古今》，下卷，第 1390—1392 页。有“欲”的说解，无“意”的表述。《论语》有“毋意”（《子罕》）与“从心所欲不逾矩”（《为政》）、“己所不欲”（《颜渊》），“意，私意也”“（本心）随所意欲……心即体，欲即用，体即道，用即义”“私意无所容而心德全”，参见朱熹：《四书章句集注》，第 109、54—55、134 页；心与意是本末或公私的关系，心与欲是体用或道（仁）义的关系，本心与意欲是全体与个用、大道与个义的关系。“意欲人之恶贼其亲与”（《兼爱下》，孙诒让撰：《墨子间诂》，上册，第 124 页）；《八说》讲“意欲不宰于君”（王先慎撰：《韩非子集解》，第 468 页）；《道应训》讲“人主之意欲见于外，则为人臣之所制”（刘文典撰：《淮南鸿烈集解》，上册，第 488 页）；齐桓公“横行中国，意欲王天下”（《王道》）与圣人“意欲以除天下之患”（《盟会要》），参见苏舆撰：《春秋繁露义证》，第 111、141 页。此意欲，或为“意”与“欲”的合成词、这可能是名词与动词或两名词、如（圣或王）“意”是什么与“欲”怎样，或为一整词、如某某（君或人主）的“意欲”。

② 刘宗周“以《大学》的‘意’释阳明之‘心’”并实现“从‘心本体’向‘意本体’的战略性和革命性的转移”，其“‘意’被解释为心的‘朝向’、‘趋向’”且作“定盘针”“舟之舵”“指南车”，并以“生意之意”是“心意之意”而得“意本生生”、成“宇宙本体论化的‘意’”（参见张再林：《有别于“心本体”的“意本体”——对作为宋明新儒学归宿的刘蕺山哲学的重新定位》，《学海》2016 年第 4 期，第 167、168 页）；此意本体，有象方法的指示，诠释学的意是方法论的本体化以思（在），心学的意是本体论的方法化以生（命或根）。唐宋的“诗歌意境生成与演变的规律与奥秘”有两个嬗变，即“心灵主体性向知性（智性、意理）主体性的嬗变，由‘心灵’本体到‘意’本体的嬗变”，其“意本体实质上是景物的意理化”，它使“景物本体性存在”的“情感化、主体化”转成“工具化”、技巧化，用知性的“‘书本中’的自然”取代灵性的“原始的、本真的自然”（参见徐大威：《由“心灵”本体到“意”本体——论中国诗歌意境的演变》，《理论观察》2011 年第 1 期，第 117 页）；此诗歌的意本体，由心灵自然的情理、化人文智识的意理而证立。

“情意”(8个)，另有“德之意”“道德之意”“地之意”“天之意”“万国之意”“主之意”“人意”“民之意”“民意”“天地之意”“天意”“鬼神之意”“地意”“道之意”，其他如“意议其主”“意气玄玄”“得意”“失意”“属辞变意”“反指覆意”等。① 以此可先定其“意”，再推“心意”。其“欲”的表述有130处（佚文14处），有“无欲”17处（佚文4处）、“不欲”12处（佚文2处）、“情欲”6处（佚文1处）、“志欲”4处（佚文1处），其他是“顺心从欲”“所欲”（《上德不德篇》）、“喜欲不可闻”“绝民之欲”（《上士闻道篇》）、“人物同欲”（《至柔篇》）、“使心多欲”（《名身孰亲篇》）、“损欲以虚心”（《以正治国篇》）、“嗜欲无穷”（《善为道者篇》）等。此辨其欲，需归宗无欲或不欲，识其情欲与志欲。其意与欲的界识及推证，可知其意欲的内涵建构与觉解主体及功能诉求。下面解说其意与心意、欲与无欲及情欲或志欲。

> 因性而动，接物感寤，爱恶好憎，惊恐喜怒，悲乐忧恚，进退取与，谓之情。因命而动，生思虑，定计谋，决安危，通万事，明是非，别同异，谓之意。因于情意，动而之外，与物相连，常有所悦，招麾祸福，功名所遂，谓之志。顺性命，适情意，牵于殊类，系于万事，结而难解，谓之欲。(《道生篇》，第45—46页)

① 部分前引；部分释为“德意”“地意”“天之心意”“君主之意”“众民之意”“众民的情感”“天地的意念”“鬼神之事”“道意”“其意在于图谋君主”“专注于修辞而变更其涵义”“指意反复”，见《指归》译注本，第64、84、111、195、212、225、294、354、428、89、360页。此意，作心意、情感、意念、事、图谋、涵义、指（旨）意。

此“‘意’是孕育、产生‘思虚’以及思想的主要环节”，可解为意向、意思、意念。[①] 据此界说“性”“命”“情”“意”“志”“欲”，以“道”“德”衍生与制约、推引道→性→情→志或欲与德→命→意→志或欲相交错的路线图。[②] 对此道与德开显的情与意所归结的志或欲的认识脉络，突出其命“客观限制”与主体能动及性之气质，“‘欲’意指心志执著不可解”“非指满足生理需求之欲望”。[③] 其道德根源与“性命自然论”的逻辑，推道源、动性、接物、生情与德源、动命、生意，情意接物、生志，性命情意接万物、生欲，这道德、性命、情意、志欲的阐释是严遵“以儒入道的重要表现”。[④] 对照前述哲学方法理路的象与本体理据的道德，意是人有效思维的必要环节，在方法认知上是各种意涵的具体指示，在本体推证上是确定意涵的观念诉求，在方法与本体的融通上是无限向往与普遍关联。这种可能的向往与关联，表明意欲或意志不同于情欲或情志，前者是德命创造的思想内蕴，后者是道性化生的事物表征，二者性命相连、由道德规范。在人，性情的物感是爱、恶、好、憎、惊、恐、喜、怒、悲、乐、忧、恚、进、退、取、与，命意的思虑是定计、定谋、

① 道、德、神、和之常是“不可能用语言和意思表达清楚”而表达“一种规律”，此从“‘得’到‘意’”即对治国是“把握人们的心理思想动向”，《指归》“对意念的引导、控制、指挥作用也有清楚的记载”，参见陈广忠、梁宗华：《道家与中国哲学（汉代卷）》，第250、251、252页。此知其意，是相对于语言的意思、有助于治国的意向、方便于调控的意念。

② 参见万志全：《〈老子指归〉哲学思想探究》，第103—104页。

③ 参见陈尧义：《严遵〈老子指归〉义理析论》，第91—92页。

④ 严遵认为“性、命、情、意、志、欲六者都出于道德”，具体讲“性源于道，千差万别；命源于德，有天命、遭命、随命之不同。性动与物接而产生情，命动而产生意。情意动与物接而产生志，性命情意与万物接而产生欲”，参见金生杨：《再论严遵的道家哲学思想》，第8页。

决安、决危、通数（万）、通事、明是、明非、别同、别异，志的因是情意，它动在外、连接物、悦有常、招祸福、遂功名，欲的顺适在性命情意、牵系各类事务、难以彻底解决或只能暂时满足。此得人的情感，是生活各种情绪、态势、动作的混合体，其意思是心中的计谋、判决、通达、明白、分别的内涵要求，志向来自情意体悟、驰骋外物、乐观恒常、超化祸福、知足功名，适欲取于生命情意、生活事务、个体能限。合此是自然之道→性→德→命→（物）情→（人）意→志→欲的认知进路；道德性命是自然的，情是物的也是人的，情意志欲是人的。由此知其意欲是物情与人志的实效通释与真善推阐，即它有方法认知的工具或技术作用、有本体诠释的价值或理想功能。这是道性之自然绽放、德命之本我化生、物情之内涵展呈、人志之形式凝聚的意欲活动。

当此之时，溷沉太虚，沾溺至和，民忘心意，芒洋浮游，失其所恶，而获其所求。与天进退，与道周流。非迫禁而去恶，非拘教而后移也。(《圣人无常心篇》，第40页)

人主独立，臣下双身，养主之意，阿主之心，塞主之听，蔽主之明，此国之所以危而宗庙之所以丧也。是以，明王圣主，独有而不与也，独知而不教也，独能而不使也，方于己而不以也，廉于万物而不有也，直秉天心而不恃也，德光四海而不怙也。夫何故哉？去福以方，使下自公。(《方而不割篇》，第66页)

凡此二功，勇敌敢均，计策桀驰，射身相非，与天异意，与地异心。奋情舒志，各肆所安，或以千乘变为亡虏，或以匹夫化为君王。(《勇敢篇》，第102页)

据此知，人的意欲与情志纠结也融贯成情意与心意或志意，情意直接用道德性命界定与融洽，此处重点阐明其心意的情志与欲求。心意有两种明确表达，一是直接的意思合说即作为一个完整的词，二是间接的内容分说即以心与意连推。此心与意，或前或后；意在前，有天意对地心、道德意合天地心、同意存异心、指意获众心；心领先，有道心体察德意、道德心作为天地意、太和心关系天地意、人心悖逆天意、天心明通地意；此心、意，可对、合、存、获、察、为、系、逆、通，有别也有共、共在道德与天地、别在神明与太和（前为意之能，后为心之态）及道与德连天与地（各为心、意）。[①] 由此道德天地开导心意，知其一统性命实体，也知其分歧在情志的虚张；圣凡统合于专心致志以同意，分歧于然我觉解以异心。就此，审视上引材料，即：一是君臣同心、同意在阿谀奉承与塞听蔽明中终导致国危、宗庙丧，圣王或明主的特立独有（独立存在）、独知（独到知解）、独能（自我能动）、方己（规范自己）、廉物（简易物事）、秉心（秉持公心）、德普（道德普遍）、赐福（恩赐福惠），可不与（给予）、不教（教导）、不使（指使）、不以（凭靠）、不有（占有）、不恃（骄持）、不怙（纠结）、自公（公正）[②]。二是势均力敌的战场上勇敢得互不相让、谋划得歪打正着、贬抑得体无完

① 前面章节引用的相关说法较丰富，此处略举部分，如叙见天意与地心、发扬道心与德意、圣人上下原揆道德意与天地心、拟圣同意异心、圣人体履道心与德意、道德心与天地意是“虚无无为无知无欲”、上下顺合道德意与天地心、道德意与天地心“命圣人”、先承指意以获众心、太和心与天地意关乎祸福存亡、绝逆人心与天意、动静得合天心与地意、心意不我然、心意专一、开导心意等。

② 王德有译为“不施与”“不教授”“不使用”“不责人”“不占有”“不居傲”“不矜夸”“自然公平”，以此一一对照其自有、自明、自能、自正、自廉、自承、自得、自失（参见《指归》译注本，第 194 页）。

肤、悖逆得天南地北、表现心意完全不一致，如此可激扬个人的情感与志趣以施展所能与所长，得所安与所定、以判结局，作亡虏或成君王。三是沉浸在太虚、至和的生命愿景中的民众，忘记世俗生活心意的所恶与所求、有得有失，得在可与天共进退自如、能同道周流不息，失在欲望消解自然、教化寄托后世。[①] 简括为君臣或民的心意同于蔽则危于家国存亡，其异于实则各展所长、分成败，其忘于虚则周全于道、化自然。这是人的心意求同、出现蒙蔽与专断而导致痴迷与灾祸，其存异、发挥才能与情志而决定事业与成就，其务虚、落入无限与普适而顺遂自然与道德。在心意的同、异、虚之研判上，《指归》希望超越社会生活事业的成败存亡，守护自然生命道德的虚实无有。这种心意的最佳表现是无欲或不欲，不是志欲或情欲的肆虐。

> 上礼之君，性和而情柔，心疏而志欲，举事则阴阳，发号顺四时……顺心从欲，以和节之，迫情禁性，防堤未萌。牵世系俗，使不得淫。(《上德不德篇》，第6页)
>
> (谷) 不欲不求，无为无事，以顺其性。(《得一篇》，第10页)
>
> 故知者之居也，耳目视听，心意思虑，饮食时节，穷适志欲，聪明并作，不释昼夜，经历百方，筹策万事，定安危之始，明去就之路，将以全身体而延大命也。(《圣人无常心篇》，第39页)
>
> 知虑不能得，有为不能获，思之逾远，为之益薄。执之

① 后二段解释，参见《指归》译注本，第118、303页，不列举其说，主要是笔者对原文的理解与推绎。

不我擒，纵之不我释。唯无欲者，身为之宅，藏之于心，故曰“含德”。(《含德之厚篇》，第55页)

绝言之道，去心与意；止为之术，去人与智。为愚为悫，无知无欲。无欲则静，静则虚，虚则实，实则神。动归太素，静归自然，保身存国，富贵无患，群生得志，以至长存。(《言甚易知篇》，第94页)

对无欲的推证，较完整的是从纯朴的言道，抽出伪饰的心意，好停止做作的方法或方术、别卖弄所谓的智识技巧，体现敦厚的生命愚悫，扬弃知欲的外推事业，融进自然的内生宁静，护养无限的宇宙虚寂，充润实际的所有可能，融贯始终的神化过程，追溯共同的存在根源，归趋一致的发展前景，确保满意的身国富贵，顺遂群生的愿望志向，兑现永恒的循环往复。由生道、非言道，超化心意，弃绝仁智，归依质朴，放下知欲或志欲，静守笃实，抵达虚极，神化演绎，人得幸运，长治久安，生死一贯，无求纷扰，共享富足，这是《老子》第十九章转入第十六章、自明第三十三章的生命道理与第五十九章的治国要诀①。此

① 《老子》郭简本是绝弃智辩、巧利、伪诈而使民获百倍利、不为盗贼、归趋孝慈，此三言的宗旨是保养素朴、减少私欲；“至虚”得“恒”、“守中”得“笃”，万物运作、随天道归根，此“为修身体道之要”；以啬“治人事天”、为“早服”“积德”，不知其极却有其国与母、知“长生久视之道”，此啬为修身、治国、事天的重要方法与捷径（参见丁四新：《郭店楚竹书〈老子〉校注》，第3、23、211、223、261、268页）。帛书甲乙本以三言为“文不足”、令其归属素朴，增其静、复命、常、明、芒（妄）、容、公、王、天、道、不殆，可推知人智、自知明、胜人有力、自胜强、知足富、强行有志、得久寿（参见高明撰：《帛书老子校注》，第313、301—302、403—404页）。《道德经》第十九章首六句“绝矜徇之迹”、次三句“明立教之方”、后四句“示行门之由趣”，第十六章“明守静之人必归根而复命”、其“复命为知常之要，守静是致虚之由”，第三十三章“由自知自胜”全“天理”，第五十九章明“用俭”“理人事天”、初标“啬”以“转通前义”并下落根道（见杜光庭等注：《道德经集释》，下册，第688、670、778、923页）。

处无欲的认知内核是《老子》的道法自然的细化说明，道从言之起与弃的两极中得隐与显，法在生之性与命的蜕变中成行与型，自然在心之归与守的恒常中知虚与实。它以庄子的生命虚静之逍遥与完整，超越汉儒的生活欲望之烦恼与残缺。此让人身心受用的无欲之德，本在生命之道与自然中，不是思虑与有为所能够捕获的，也不是执守与放任所能够把握的，它在思之外与为之损，不受欲求的我掌控与解释。无欲同不欲、如谷一般，没有特别的生活欲求，只有普遍的生命要求，不需要专门的事业作为，只需顺遂本性发展。由自然之道的无欲历程，到身心含德的内蕴体证，再到性命顺适的欲求表征，揭示其自然、道德、性命的无欲涵摄、流变与征兆。这种和柔的性情与寡欲的心志所培育、指引的上礼之君，其行事、法令遵循阴阳四时的自然法则，不是顺从人文的心欲、阐发礼教的社会规范，约束天生的情性与节制世俗的贪欲，提供必要的防备与直接的牵系，除非此人的心欲是自然物的性命引导所调控的社会生活理念根系。正因这样能保全身体与延长大命，以确定安危的初始玄机，明达去就的终极出路；这是人们见闻之知与德性之知①的志欲适当逐求，与其成就的聪明才智之长期谋划，所共担的神圣职责；知者的心意的无限思量，是大众志欲的希望过程与圆润结局。这表明，志欲是心意的思考指向与期望目标，也是无欲的生活情趣与世俗标识。心意，

① “最早提出德性之知与见闻之知这两个概念的是张载”，此常被解作认识论的“理性知识”与“感性知识”，但前者“主要属于道德哲学的概念”、是“‘求仁’之知”，后者主要“属于认知哲学的概念”、是“‘求智’之知”，二者在各自确认的哲学概念适用范围内领先对方（即仁先于智，或智先于仁）是有据有理的；参见周炽成：《德性之知与见闻之知：从宋明儒家到现代新儒家》，《学术研究》1994 年第 2 期，第 48、51 页。

先是无欲的自然因应，由此获得志欲的道德生命，再得神明的能力发挥与太和的质朴状态，进入人类生活天地以觉解万物与规划万事，这是人的意欲的现实作用与历史贡献。其现实作用，如梁漱溟反复讲解它是生活的样法①，《经目》讲智者的“经效”，即“重符列验”的文化社会功能的具体运用；历史贡献是《经目》说《老子》道德的“效经”，即“变化所由”的宇宙生命谱系的完整构造，也如《庄子》推证自本自根之道或《周易》认定生生不息之道②。二者合为人的生活意欲，培育其文化生命的健康成长与适宜推扩。

因而，就人的生活性情与现世命运变化所直接感通觉察的意，与其顺适性命情意并牵系各类万事而纠结难解的欲，通过心志的认知主体关联，完成道性自然、德命本我、物情内容、人志仪表的意欲活动过程，再借助志欲的客观价值指示、明确其文化生命的现实作用与历史贡献。此感通与纠结，在认知主体之心与客观价值之欲中，有两个待优先求证的重要问题，一是此心怎么察识意欲，二是此欲如何明达其意。

---

① “尽宇宙是一生活”，生活是“眼、耳、鼻、舌、身、意”相分的“无已的”“事的相续”，生活的表层是“没尽的意欲”或“大意欲”（或“大潜力”“大要求”）；生活的呆实制作品“算是文明”、其“抽象的样法是文化”，因为“生活的根本在意欲而文化不过是生活之样法”，由此论“人类的生活”向前、持中、向后之西、中、印“三个路径样法”。参见梁漱溟：《东西文化及其哲学》，北京：商务印书馆，2010 年，第 61、62、66、68 页。

② “夫道，有情有信，无为无形……自本自根，未有天地，自古以固存”（见郭庆藩撰：《庄子集释》，上册，《大宗师》，第 252 页），“生生之谓易”即“阴阳与万物皆新陈代谢，生生不已，是谓变易”、此“易，穷则变，变则通，通则久”、易道“百物不废”也“始终”“无咎”。参见高亨：《周易大传今注》，第 461、499、528 页。

二　意欲的识解在人心

从《指归》蕴涵文化理路即形—象—名—分与生命理据即自然—道德—神明—太和的融贯生活本源追溯，其意欲通过人的本心、觉解它的究竟意旨，本心又由人的本智、识别其具体内涵。此本智是孟子良能自觉的良知①与庄子真人自得的真知②。

我们在解说《指归》的意欲之前，可先提供其目前认知的四个参照节点，即：一是叔本华的生存意志指称“意欲”、表征人生发展的苦痛③，即心志的欲求；二是梁漱溟的生活意志与欲

① “‘良心’和‘良知’是同一个词”且落实在个体共识上，前者指“一种心灵状态或心灵敞开的情感状态”，后者“属思维领域”而“指一种理性认知所表现出来的倾向”；孟子的良心即“四心”、属“心灵领域”、是“生命本能”的心灵觉悟与好善状态，其“良知是‘不虑而知’”、属“认知领域”、指“美善的认知”方式与状态及成果，其“良能是‘不虑而知’的能力”、属“行为领域”、指“美善的行为”方式与能力及状态，这三者是“自我生成的三个环节、三步阶梯”、其“本质关联是生成构建论”、良心土壤“生成良知”并以其识力推“良能践行”。参见唐代兴：《良心·良知·良能的生成论思考——德性研究的另一视角》，《道德与文明》2015 年第 2 期，第 14、21 页。

② 吴根友释此真知为“人文社会科学领域”的“价值真理”、真人是“一个‘物物而不物于物’的自由的人”（见其《庄子论真人与真知的关系——〈大宗师〉篇“且有真人而后有真知”命题的现代诠释》，《中国哲学史》2007 年第 1 期，第 61、67 页），杨国荣从《养生主》之“技进于道”说、解其“真正意义上的‘知’（所谓‘真知’）”惟“与‘道’为一”、由此追问“形上之知如何可能”“与人本身如何走向真实存在”而落脚在后者、进而具体展开真知与真人之辩、此二者统一过程是经验认识与德性涵养的生命互融。参见其《体道与成人——〈庄子〉视域中的真人与真知》，《文史哲》2006 年第 5 期，第 125、128—129、135 页。

③ “人生即意欲（或曰意志）之表现，意欲是无法满足之渊薮”、在追求这种满足中成“一大痛苦”，参见叔本华著、李小兵译：《意欲与人生之间的痛苦——叔本华随笔和箴言集》，“译者的话”，北京：三联书店，1988 年，第 2 页。

望、解释本根的“意欲”、统合文化成就的实际分歧[1]，即仁或人心的良知；三是法学心理的情志互动状况说明“意欲”、探索社会环境滋生的犯罪动机[2]，即心理的驱动；四是个人智力的系列反应推得纯粹“意欲”、直接实施道德规则约束[3]，即心智的运用。简言之，意欲是心志指示、心思察知、心理态势与心智作用，此心识意欲、明其志、得其思、推其理、用其智。这四种古今中西的认识，系统建构上可以升华为意欲的人生论之苦痛性满足、本体论之综合性涵摄、政治论之心理性洞察（狭义或法律规范的）与工夫论之道德性践履，即意欲需本体的理念启引、人生的过程满足、政治的超凡见识与工夫的价值实现，也即此意欲的本体、人生、政治与工夫四种诉求。此证意欲的本体在人心（仁）、表征在人生（情）、照应在人事（治）、修为在人身（智）。简括为，人的本心是生活意欲的认知主体。

我们对照以上说解，《指归》是否用了现代社会生活理解的“意欲”一词？它有无上述四种义涵？文中直接表述有两处，一

---

① 意欲是文化生活“本体论”引领“心理学、认识论和伦理学”系统建构的哲学核心概念，源自“叔本华的生命意志和柏格森的创造意志”、吸纳佛教“阿赖耶识之精”、归宗“孔孟之‘仁’”“陆王之良知或心”，此概念为梁氏思想独创、用“意欲 = 意志 + 欲望”简单公式表示，参见李道湘：《梁漱溟意欲论研究》，《甘肃社会科学》1993 年第 5 期，第 14、15 页。

② 可“将意欲定义为‘情绪和意志互动的一种综合状态’”。参见李兰英：《探问“意欲”为何——对故意概念中希望和放任的新诠释》，《法律科学 · 西北政法学院学报》2005 年第 5 期，第 50 页。

③ 中国传统的意欲是“私的主体”（“个体意义上的个人”）之“心智能力”并“直接指涉实践行动”、包含经验性情感与欲望等，推王阳明的身（经验人的存在）→心（“身之主”）→知（良知，“心之虚灵明觉”或“本然”）→意（知之用，即其体是知）→事（意之对象物），具人类“道德法则”的“纯粹意志”与生活世界的“经验意欲”的认知张力。参见李元：《纯粹意志与经验意欲的张力——王阳明与梁启超论“私”之比较》，《理论界》2016 年第 9 期，第 25、26、29 页。

是“万天殊状，水土异形，习俗相违，利害不同，容貌诡谬，意欲不通”（《道生篇》）[①]、不能与阴阳日月始终，另一是“道隆德盛……精神不耗，魂魄不毁；性命全完，意欲穷尽”（《小国寡民篇》）[②]。此可得人心意欲与物事形貌的实际不相称、导致其希望生活拓展的具体中断，只有一直保持其自然生命完整、即形神兼备永续或灵肉共存常和，这才能穷尽其文化生活诉求的全部内蕴与连贯表征。此大致暗示，宇宙生命本体维系的根源、过程、涵泳、归宿的连续圆融趋向，其真诚渴求人生可能满足与实际正当作为、自信蕴含政治社会建设的卓越见识。另两处是“意”与“欲”关系密切的说法，一是“意妙欲微，神明是守”（《至柔篇》）、一是“情意多欲，神与物连”（《为学日益篇》），可译作神明微妙的“意念”与神物牵连的“情意 + 欲望”[③]，这是生命体察入微的初始意念与现实生活矛盾交织的最终理解，经验设定其认知条件的好坏与期望结果的福祸，综合涵摄生命本体的超越意味与经验生活的限定效用，应暗藏从本体推至人生、政治以致工夫的认知进路。不管直接表达，还是间接呼应，意欲的

① 万天的状态不同，水土的表现各异，习俗的样式背离，利害的冲突明显，容貌的“奇特错谬”，意欲的“互不沟通”，阴阳与日月不能“照耀的境地”，一切因此有始有终（参见《指归》译注本，第 135 页）。这从天、水土、习俗、利害、容貌、意欲、阴阳、日月与始终，讲其差异存在、对冲关系、错综可能、间断情况与融贯愿望。

② 道德发展隆盛……其精神不被损耗，魂魄不遭毁灭；性命保持完全，意欲可得穷尽；参见《指归》译注本，第 351、352 页。此见道德、精神、魂魄、性命、意欲是正相关联的。

③ 王德有译作（在地域狭窄、民众稀少、兵员与食物短缺的情况下）“只要意念微妙，信守神明”（就能顺天、爱物、德隆、恩厚、吏卒忠信、君臣慎为、幸存天下）与（“仁义浅薄、性命不真”时随心动、陷巧伪与恩爱）“情意多有欲望，精神与物牵连”（此人心、人耳崇尚知、功、名而非道），参见《指归》译注本，第 61、105 页。

通与不通、限与穷、微与显、善与恶，既与外在的时空物质条件、生活发展形势、社会事业成就与文化历史期待紧密相关，也与其内蕴的自然要求、道德原则、神明信念、太和圆润的完整生命始终融贯。此四处意欲表述，未揭示本心与意欲的常识关联，但确切指证自然的阴阳变化过程、道德的精神生命引领、天地的万物人事觉察，在这种仁义性命失真的情况下从人心考量其知识、功利、名录的虚假诉求。从宇宙生命本体理据与素材上求证，转入人类文化生活的至要经术、检测其关键内容与常见形式，即在道德天地的大原则把握下一致互换、在情感欲望的小细节体会中多样识别。以下将简要补充《指归》对此的大体界识与细节领会。

从“人的精神层面”讲《指归》的“人心”包括“元神”与“识神”，元神含“正向的道德、神明等”以护持“养生”、排挤识神，识神含“负向的情欲、意志、思虑、知识等”以感官生“分别心”与是非判断。[①] 此证人心，经识神，得意欲，负向演绎，明是非，需要正向回归元神，养生延命，守护道德神

① 参见陈慧娟：《两汉三家〈老子〉注养生思想研究》（下），第303页。

明。此言行合当的人心①道理，补证“天心”② 的自然圆满，以推“天意”③ 的公正民心④，解说“人意”的情志事业，明达意欲的本体正义。情与志，在心或性、意与欲之间自觉融贯，前已说明；事与业，在社会生活的个体与群体中成就与成全，将在器事部分讨论；本与体，是前提，是依据，是根源，是主导，这在自然的本因与万物的实有上证解；正与义，是人的中正态度与仁义作为，在意欲的本义中探讨。此处需强调的是，人心与天心统

① 共8处（佚文3处），即“纪纲百变，网罗人心”“古今之通道而人心之正理”“行合人心而不悖”“违天之象，专任人心”“咎责绝逆人心”“言顺人心，身在人后”“人心既变，万物怨恨”“动静进退曲得人心”，见《指归》译注本，第18、220、221、308、327、387、396、427页。人心的正理是古今通道，纲纪是其网罗，言行举止合顺人心，但放任人心与天象相违、变动人心会引起万物怨恨、责罚人心会带来悖逆事情，此可推知人心的正理在通道、正法在纲纪、正言在顺遂、正行在符合、正得在曲全、正失在违逆。

② 此有17处（佚文1处），依次是“（上德之君）取舍合乎天心”“天心不洽，四位失常”“不祀而天心和”“天心和洽，万物丰熟”“（养志）不顺天心”“（奉顺道德神明）承天心（养群生）”“天心不得，宗庙灭亡”“天心大得，宇内欣欣”“直秉天心而不悖”“动得人力，静合天心”“天心所恶，莫之能辨”“发号而天心（天下）悲”“计在丧国，不失天心”“百姓怨恨，天心不平（2处）”“开以天心，督以自然”“动合天心，静得地意”，参见《指归》译注本，第10、18、80、85、104、114、175、181、193、263、304、328、342、345、353、358页。自然打开天心，顺承道德神明、养群生，天心使得宇内欣荣；其和洽，使万物丰熟；和，不用祭祀获取、靠人力配合；上德之君依它，有好恶、悲喜、取舍；不得、不失、不平、不顺、不洽、不祀，是因宗灭、国丧、民怨、逞志、失常、自和。此得天心自然顺遂道德、神明、太和，使宇内万物熟、人力合、君取舍与逆反（返）无（不），即天心融通形上、形中、形下而圆满。

③ 两处，即“煞戮（杀戮）不合天意”“公平无私，逾失天意，正直不邪，益失民心”（见《指归》译注本，第327、328、343页）。由自然，天心成天意；用道德，天意作天心；违逆自然与道德，不合天意与天心；天意被道德塑造为民心，民心被自然发挥为天意；天心即天意，民心即人意，天人以自然化与道德合。

④ 除上注一处，还有六处，即“塞民心意，使得安宁”“（世主）能陶冶民心，变化时俗”“修治色味，以顺民心”“不争不求，以得民意，以顺民心”“民心不得，性命不全”“（圣人）以固民心”（参见《指归》译注本，第43、116、123、265、309、349页）。

合的本心是意欲的本体与主体，此本体依据自然养生的元神、明道德圆融护持，此主体担当自觉赋义的识神、推知情意欲求。

这从人心向意欲的历史诉求转换，从生命理据向文化理路的现实情境落成，从中西哲学本体向生活功用的未来希望求证，从天人的心意关切向物事的神悟与俗识完整统合，可推出意欲的识解在本心，即本心得本意、心生得意进、心体得意用、心源得意流。这是人心的察识，以变的表象，求解常的内蕴，证明意欲的本义，开示自然本体的形下可能。

三 意欲的本义是人理解的自然

从上述意与欲的分解与合解，并未说明其本义，那么《指归》的意欲的本义是什么？若不能在人类思想的认知脉络上寻出其实际生活的具体表征、合理觉解、有效涵摄与命运抉择，则它变成活着的人之暂时的经验幻象、僵化的道德教条、空洞的意义表达与世俗的历史美善。此处对意欲的充分理解与根本追究，不能拘限在生活的局部表征、良知的人伦志趣、天人的无限通达与神俗的特殊开示，当从天人的自然生命融通、启引事物的道德生活表征、推其仁义精神旨趣与礼智社会实践及诚信执着。下面以《指归》的意与义之关系判断，析其意思与义理。

意有大小……剖判为数等……有义人……理名正实，处事之义，谓之义人……（易姓王）七十有二义……不可识者，不可称言，此其性命不同、功名不齐者非耶也？

上义之君……心如规矩，志如尺衡……秉权操变，以度时世，崇仁励义，以临万民。（见前引《上德不德篇》）

优游精神，不外心志。意中空虚，如木之浮，如壤之休，不识仁义，不达礼仪。心不知欲，志不知为。行步蹎蹎，瞻视颠颠，语言默默，意气玄玄。（见前引《为学日益篇》）

圣人操通达之性，游于玄默之野，处无能之乡，托不知之体……心无所图，志无所治……知故不生，祸乱息矣。不言而宇内治，无为而天下已……情无所乐，性无所喜，心无所安，志无所利。疾不知孝，病不知弟，既不睹仁，又不识义。（《知不知篇》，第97页）

前面讲《指归》的意的常见说法是心意与情意，其义的明确表达是“仁义”与“礼义”①。上引其意与义的三种认知关联，即：一是道德意的大小判分、有义人行事的名实之正理，此理从七十二位王者的义举中提取齐同称道的性命功名、所默识与隐言的道义，这是义君的心志能掌握时世的权变、激励万民追崇仁义的规矩与尺衡，为隐默的道德意与权度的仁义君之内心照应。二是空虚意的心志与仁义礼的言行之内外背离，此心意优游

① “仁义”有10处（佚文1处），如“崇仁义”（《上士闻道篇》）、“不显仁义”（《大成若缺篇》）、“仁义浅薄”“不识仁义”（《为学日益篇》）、“宗仁义”（《出生入死篇》）、“孝悌仁义”（《以正治国篇》）、“孝悌不显，仁义不彰”（《善为道者篇》）、“不为仁义”“又非崇礼义、广辞让、饰知故、设巧能以悦之”（《江海篇》）、“仁义而不以为号”（言甚易知篇）、“教以仁义，导以礼节”（《道可道篇》），还有顺连的仁与义、义与仁，如“信不及义，得不逮仁”（《上德不德篇》）、“不仁不义”（《得一篇》）、“除仁去义”（《至柔篇》）、“依义托仁”（《信言不美篇》）等；其中，“礼义”有2处，另一处是佚文“世尚礼义则人争，而不逮则为伪”（《不尚贤篇》）。参见《指归》译注本，第34、78、102、107、123、186、242、250、252、283、363、20、28、63、359、374页。仁义的彰显在孝悌，作人生宗旨的信念推崇与社会教化的理念传导，不为、不识、不显浅薄，却以意传的信义寄托名显的仁德、以孝慈的仁义节制伪饰的礼义。仁义根系于孝悌、枝传在礼节、花开人生信念、果成社会教条，这是汉儒仁义法对世俗生活个体与群体的模塑情形。

于至大无外的精神世界、动静如同浮木与休壤，其意气玄通道德神境却不知生活的志欲、作为，不识解仁义内涵也不明达礼仪形式，其言行视听不可理喻、不得适当，作心志的虚意与礼身的实义之逆反表现。三是圣人心志的喜乐安利意与凡俗疾病的孝悌仁义行之无不对应，此圣人生性通达、习惯玄默、无为应世、不知寄托、无所图治、平息祸乱，凡俗爱志在必得、纷争不断、有为经世、树立目标、实现价值、也满意名利双收、期望福德成全，结果是圣人得自然之无的领悟、凡俗持自觉之有的困惑，此为无限通达的圣意与经验滞碍的凡义之对冲效用。第一种关联被经验认知泛化为天意与人义的精神照应，在墨子的不义莫富贵亲近、义众交非而同义求治、天意为兼并天下的义政或义正、天德为顺承天意去爱利人的仁义、等同天意的天志是义的经纪[①]中，见天意或天志一同与人义或仁义分歧、求取权威主体即圣王的贤能统合，是现实政治社会的经验教训总结所诉求的群体意念一致与一贯；这种关联蕴涵第二关联的形上天，即心灵之自由意志，与第三关联的行为人，即圣凡之自觉意识。也可说，第二种关联被心灵觉解超化为虚意与实义的人文志向，其虚意在庄子的真人心

① “古者圣王之为政也，言曰：‘不义不富，不义不贵，不义不亲，不义不近’”（《尚贤上》）；“是以一人则一义，二人则二义，十人则十义……义者亦兹众。是以人是其义，以非人之义，故交相非”，由此推乡长能一同“乡之义”、为“乡治”，国君能一同“国之义”、为“国治”，天子能一同“天下之义”、为“天下治”（《尚同上》）；“天欲义而恶不义”以推生死、贫富、治乱在义之有无，把“义政”规定为“顺天意”、“力政”为“反天意”（《天志上》），又以“三代圣王”即“尧舜禹汤文武”所事的“天德”解释“此仁也，义也，爱人利人，顺天之意，得天之赏”（《天志中》），又“义者正也”“顺天之意者，兼也”“兼之为道也，义正”“（从事天德）圣知也，仁义也，忠惠也，慈孝也，是故聚敛天下之善名而加之”“天之志者，义之经”（《天志下》）。参见孙诒让撰：《墨子间诂》，上册，第44、73、75、191、194、202、207、211、218页。

志、一气虚拟之终极理想与心意自得言语之不传恒道①，实义在孟子的我心思固有仁、义、礼、智、忠信、志气与大人、君子、王者、臣民言行践履该通义②；此心意之虚实与仁义或人义之真善或真伪，经由贯通天地的志气识别，这是宇宙生命在人文视域彰显的虚而真之自然变化、实而善之自觉反映；《指归》以真玄

① “《齐谐》者，志怪者”（《逍遥游》）、“春秋经世先王之志，圣人议而不辩”“（庄周梦为胡蝶）自喻适志”（《齐物论》）、“（庖丁）为之踌躇满志”（《养生主第》）、“若一志，无听之以耳而听之以心，无听之以心而听之以气！听止于耳，心止于符。气也者，虚而待物者也。唯道集虚。虚者，心斋”（《人间世》）、“（真人）其心志，其容寂……喜怒通四时，与物有宜而莫知其极”（《大宗师》）“意有所至而爱有所亡”（《人间世》）；“意仁义其非人情”（《骈拇》），“语之所贵者意也，意有所随。意之所随者，不可以言传也，而世因贵言传书”（《天道》），“可以意致者，物之精”（《秋水》），“可言可意”（《则阳》），“言者所以在意，得意而忘言”（《外物》），“（善卷）逍遥于天地之间而心意自得”（《让王》），“（人）所以论长生安体乐意之道”（《盗跖》），“（辩者）饰人之心，易人之意”（《天下》）。参见郭庆藩撰：《庄子集释》，上册，第 5、89、118、125、152、173、235 页；中册，第 324、492、571—572 页；下册，第 909、936、957、1003、1104 页。

② “王亦曰仁义而已”“谨庠序之教，申之以孝悌之义”（《梁惠王上》）、“贼义者谓之残”“礼义由贤者出”（《梁惠王下》），“（动志的浩然之气）配义与道……是集义所生者，非义袭而取之”“羞恶之心，义之端”（《公孙丑上》），“劳心……劳心者治人……治人者食于人：天下之通义”“君臣有义”（《滕文公上》）、“（邪说）充塞仁义”（《滕文公下》），“君子犯义”“义，人之正路”“君义莫不义”“义之实，从兄”（《离娄上》）、“非礼之礼，非义之义，大人弗为”“大人者，言不必信，行不必果，惟义所在”“舜明于庶物，察于人伦，由仁义行，非行仁义”（《离娄下》），“（孔子曰）唐虞禅，夏后、殷、周继，其义一”（《万章上》）、“贵贵、尊贤，其义一”（《万章下》），“仁义礼智，非由外铄我也，我固有之也，弗思”“心之所同然者何也？谓理也，义也”“舍生而取义者”“仁义忠信，乐善不倦，此天爵”（《告子上》），“敬长，义也”“君子所性，仁义礼智根于心”“（尚志）仁义而已”“居仁由义，大人之事备”（《尽心章句上》）、“《春秋》无义战”“无礼义，则上下乱”（《尽心下》）（参见朱熹撰：《四书章句集注》，第 202、212、221—222、226、232—233、239、262、263、276、281、287、291、292、296、297、299、315、323、335、336、339、342、360、362、366、372、374 页）。恒善的仁义忠信是天爵，固有的仁义礼智得我思，心思所同是理或义、其根在人心、其端是羞恶、其实是从兄或敬长、其动是志气、其体一贯、其用正路、其申孝悌、其贼是残、其可舍生，由此判断大人完备于仁义、王者标识于仁义、邪说充塞于仁义、《春秋》说解此义、君臣守护此义、君子小人以义区分，由生活经验的治与食、推得此心是天下通义的发源地。

的意气取代善为的志气，偏重其自然领会（即观或玄览）的虚义，非自觉推绎（即思或思诚）的实义。第三种关联被俗身践履制约为圣意与凡义的社会事业，这在荀子内省之富贵志意与力推之卓越道义、言行表彰诚义与志意、君子志意行义成圣、用德知修行志意得义荣[①]上，知志意的内外合与道义的荣辱平，修持个人言行成圣、成王、成君子，这是文化个体向前、向上、向善的志趣与旨意，化自然生命整体归宗、归根、归真的道德与仁义，也是道德归隐自然的因果、仁义泛滥孝悌的疾病。此天意与人义、虚意与实义、圣意与凡义的认知关联，推证其意与义的一统与多样、自然与自觉、生命与文化的合与分、因与信、真与善，塑造和影响其社会个体、群体与整体的现实成就之是非、荣辱、得失与历史图景之隐显、美恶、体用。这表明，《指归》的意与义的关联，在天人关系、虚实关系、圣凡关系上，融贯其欲求与本源，此为意欲的本义的志气化、实物化、情事化。

由此意与义的关联，知《指归》的心意与志欲合成的意欲，比较接近王阳明之孟子式的志意与情欲合一的良知本义，或

① “志意修则骄富贵，道义重则轻王公，内省而外物轻”（《修身篇》），“（仲尼）诚义乎志意，加义乎身行，著之言语……名垂乎后世”“（天下诸侯）诚义乎志意，加义乎法则度量，著之以政事……名声之部（剖）发于天地之间”（《王霸篇》），“（君子）志意广大，行义塞于天地之间，仁知之极（成圣）”（《君道篇》），“志意修，德行厚，知虑明，是荣之由中出者也，夫是之谓义荣”（《正论篇》）。参见王先谦撰：《荀子集解》，上册，第31、276—277页；下册，第404页。

《淮南子》之庄子式的言意与心欲[1]所统合的真知本意，不是拘限梁漱溟之公式化的意志与欲望相整合的俗世认知、或终极在陈慧娟之宗教式的神意与人欲共协调的养生理念，它有其意的无穷灵动与欲的特殊关切所融通的生命期许与文化旨趣。此意欲，蕴涵了孟子的浩然志气、庄子的自然生物与荀子的当然行事，直接把《淮南子》因循的道、事与生育的神、气、形（物）之天地框架与人物纲纪，更化为自然因之天、人与道德生之气、物、意的命运循环与希望事业。这是《指归》的意欲本义，可推引其自然的生命心志、物气与情感的理解与实践。

第二节　言教之术用

人心意欲在生活世界推展为两种进向，一是人口述的言教即文化符号的历史表达与传承，一是人造作的器事即现实社会的具体工作与成就。此意相应《指归》方法思路的象环节的诉求，此言相应其名环节的表述，此器相应其分环节的落实，三者共建人文生活世界。但严遵相信“语言是阻碍宇宙体验的因素”、其

---

① “嗜欲形于胸中”“大夫隐道而不言，群臣准上意而怀当”“息巧辩之说……屏流言之迹……消知能……解意释神”（《览冥训》）、“胸腹充而嗜欲省”“嗜欲者使人之气越……志气日耗”“通许由之意……不观大义……不闻大言”（《精神训》）、“有道之主，灭想去意”“凡人之论，心欲小而志欲大，智欲员而行欲方”（《主术训》）、“身君子之言，信也；中君子之意，忠也”（《缪称训》）、“可行而不可言者，趋舍也；可言而不可行者，伪诈也……圣人之所独见而留意”（《泛论训》）。见刘文典撰：《淮南鸿烈集解》，上册，第246、252、258、266、269、284、361、371、389、536页。

从事物“整个因果链条中孤立出来”①，可“通过主客一体的体验方式”形成“体验性语言”②。我们由庄子、严遵、河上公、王弼的老子认知之名言（即名）与意思（即道）的系列考察③，可指认严氏的言语局限人生实际、抽取经验成果表征、回归自然道德意旨的非根本性，处于庄子生活语言为人后设之有限性与王弼言意论辩玄理之根本性的过渡环节。下面，笔者以当代语言哲学本体论的相关要点④，对《指归》的言教认识可能、其内涵关

① 参见那薇：《试析严君平的直觉思维》，第50页。

② 参见元正根：《浅析〈老子指归〉的思维方式》，第83页。

③ 王弼“名、言世界由‘无名无称（无名无形）→称→名（有名有形）’的开展过程，与道之开展现象世界有所对应”且“解蔽启发于道”、是“人可以识道的基础”，异于庄子“视语言为有限的‘人为建构’”并有“强烈的后设立场”如“卮言”“寓言”“重言”“狂言”，也异于《老子指归》《河上公章句》论“道与语言的问题”、不是一“根本的问题”。参见蔡振丰：《严遵、河上公、王弼三家〈老子〉注的诠释方法及其对道的理解》，第14、18页。

④ “语言哲学的主要流派”有“弗雷格、罗素和维特根斯坦等”代表的“分析性语言哲学”，即用数理逻辑分析法“对语言进行科学理性的分析”以“揭示外在客观世界和语言符号规则”，与“胡塞尔、海德格尔和伽达默尔等”代表的“本体论语言哲学”，即“通过语言分析来揭示人的世界、恢复人的存在”、“人的意识活动”建立“语言和世界”的关系、“人、存在和语言”是三合一的整体、人在语言中才有“理性、思想、观念”。（参见魏雪钦：《目中有“人”：本体论语言哲学对外语教育的启示》，《江西社会科学》2017年第8期，第41页）中国“先秦语言哲学体系的基本面貌”是静态探讨“语源论、指称论与类型论”的“语言的基础性研究”，其“揭示语言符号的来源、符号意义以及意义类型”与动态探讨“语用论与解释论”的“语言的实用性研究”，其“揭示语言符号使用和语言符号理解规律”；这启示人通过语言的“客观基础、心智基础、社会基础”去“总体把握”其本源，分析其“本体性、创造性、社会性”以“总体认识”它的本质（参见周建设：《先秦语言哲学思想探索》，《中国社会科学》2017年第7期，第159页）。道家语言哲学的特质是“以道统言、由言入道、言道互释”，其致思理路“由物及道、由名返实、由言而在”，它“在现实中”面临“道”之“名言工具化的荒谬”，其“‘意’的致取”“在消解维度彰明人对存在（道）的领悟”（参见赵玉强：《由“言”观“道”：道家语言哲学的内在逻辑与路向探赜》，《浙江社会科学》2017年第8期，第113页）。此见本体论语言哲学关注人的存在与世界，中国先秦语言哲学的本体性在其语源、指称与类型的基础研究中把握与认识，道家语言哲学的本体理路在其意的消解中明确“道”的存在。因而，严遵的言本体是其意本体在人世的开显。

联及实质的有效表达，从人们的文化生活世界作枝节性的连贯说解与根本性的存在追问。

一 言教的识解在意欲

这里先不讨论言教的意蕴如何及其关系，重点讲它能被意欲识解，或可证明言教是意欲的觉解成果。这是一种权宜说法，《指归》如何权宜这种可能，下面大体论证之。

> 主无教令而民无闻也。
>
> 是以，将取天下，常于无事，不言为术，无为为教①。无欲为宝，不知为要，能行以道，无不开导。（《为学日益篇》，第38页）

意欲与言教的关系理解，非完全等同于意与言的关系推阐；在人心的意欲与人文的言教中，其意先于欲并以意为内核、开放其欲，其言先于教并以言为主轴、运转其教；若在人身的欲望与人为的教育中，则其欲为生活实体、教成文化灵魂，二者在人的文化生活实践、比意与言更具原动力且更是主心骨。再据《指归》的道、德、性、命、情、意、志、欲的内涵顺推与关系递进，这可从人心的情意与志欲、人文的言论与教化，非人身的欲求与用意、人为（格式化或层级化处理）的宗教与言说，一致诠释相互响应的蕴涵与共同描摹的愿景。在世俗生活层面，《指归》文本的解释包含两种可能，一是主的教令与民的传闻，一

---

① 据《津逮》本、《学津》本作“无为无教”，同见王德有的《指归》点校本。

是不言的术与无为的教。前者是否定造物主宰的否定推断，其得到肯定特权引导的肯定认同；后者作为道术、统合天下的正面作为，要求执行无为教导的反向作为。前者视为教言态度的主体支持，后者是言教原理的客观辨析，侧重阐述其不言的教如何成无为的事与无欲的意、怎样得不知的道。由此意道的言（不言），引领欲事的教，证其意欲道事的言教，即言是教的原理归纳、教是言的意义演绎。

故道之为物，窥之无户，察之无门，播之无体，象之无容，意不能尽而言不能通。万物以生，不为之损；物皆归之，不为之盈。上下不穷，广大无涯，消息嬴诎，不可度訾。(《道生篇》，第46页)

聪明内作，外若聋盲，思虑玄起，状若痴狂。口不能言而意不能明也。(《知者不言篇》，第58页)

故言多诺者，事众而信不可然也；心多所易者，难积而变不可推也。是以圣人，心默而不动，口默而不言，目默而不视，耳默而不听。动如天地，静如鬼神，不为而成，不言而信。(《为无为篇》，第78页)

是以圣人，言不言之言，为不为之为；言以绝言，为以止为。绝言之道，去心与意；止为之术，去人与智。(《言甚易知篇》，第94页)

损知弃为，复归太古。结绳而识期，素情而语事。约物修文，亡言寡志。皆合自然，各得其所。……性命全完，意欲穷尽。(《小国寡民篇》，第118页)

四通博达，容疏言讷，谓之不辩。辀辀而成，默默而信，故能成（喜）[善]。何谓成善？动合天心，静得地意，

> 言无不通，默无不利，谓之善。夫善者，君子所本，百行所长。吉祥所合，万福所往。流而不竭，用而不绝。万王不变，异俗不易。天地所与，神明所益。故上以顺天，下以顺人，为治元始，事之恒常。成理万物，覆载群生，天下怀慕，继之无穷者，善也。(《信言不美篇》，第120页)

就此主体态度与客观原理的认知可能，其客观原理适合对言教与意欲的关系判断、做出充足理由的解释，大致有六种看法即：一是不能穷尽的意与不能通达的言之体察难题，主要表现在道与物的生命关联上，道之意是眼睛（窗户）无法窥探、心灵（房门）不能察觉、手足（以人能触摸外界的身体部位为依托）不可实验、（人为）构象不见形状，却损益万物的生死归趋、感知其上下消息到无限融通与有度权衡，度量其物之言是通或限。此以道之无，释其意之穷（玄或无极），对应于物之有，解其言之通（显或限制）。二是不能口述的言与不能心明的意之觉解困惑，这种困惑来自内生思虑的痴狂与外推物事的聋盲，痴狂成玄思、妨碍慧识的明达，聋盲生疏离、阻止见闻的因应，导致其意的不明与言的不实。此以内之玄思，释其意之痴狂，相应于外之事实，解其言之聋盲。三是心默的不动意与口默的不言言之感应纠结，这种纠结源于第二种情况的困惑，是此困惑在内心的思想挣扎与化解，比第二种情形更详解其究竟；此究竟是人或大众的口头诺言或承诺多于心中信念，这会影响其做事的难易与推理的可否，圣人或小众为避免这种情形发生而采取沉默的做法来视听言动，使其动静如天地鬼神般悄无声息地成事与信诺（言）。此以圣人之默，释其神意，对比于大众之诺，解其信言。四是绝言的言与去心的意之止为办法，这种办法的实施主体是圣人，让他说不可说的无言与做不可做的无为以及想不可想的无思，清除凡人所说的话、所做的事与所用的智，以无思的意与无言的言、为无为的事、得无止的术。此以无心之思，释其原意，止步于无知之智，解其本言。五是穷尽的意欲与稀缺的言志之完整对接，此生命对接在人的心意与言为被彻底弃绝的第四种情况下完成，需回归太古结绳记事的自然状态，没有人知欲与文物的直接生活干预与规约，众生各得其所、如其意、适其欲、畅其言、行其教、尽其性、完其命、通其道。它以合自然与性命全的意欲，释其无意，损弃于知为与约文的情事，解其无言。六是合天地动静的心意与利通人的默言之善举推扩，此推扩四通八达却不需要任何言论辩解知故，成于无形无为、信于无声无语也为本为长、得吉得福，流通上下左右永不枯竭并应用万事万物无断绝，是政治社会发展不轻易改变与天地神明不能随意增益的恒在，为顺治一切、料理事物、承载众生、美满天下、传播无穷的活动准则。此以合天地的心意，释其善意，对照于默默信的讷言，解其恒言。

因而人由传教态度与术教原理的言教可能表征，及其原理与态度统合的六种言意关系解释，可推知其道事之意欲是主民之言教的见闻根据，得出言教在实践程序层面与原理认知层面识解于意欲。

二　言与教的根本性澄明

言与教[①]的关联，在孔子的文、行、忠、信（四教）[②]中已完备；还可用老子的反（无）、正、合（德）之言[③]，对应孔子的不、有（义）、善之教[④]，成全前述《指归》的无不之虚、正

---

① 言的字形有甲骨文、金文与篆文，其构造是“会意兼形声字”“与音同源”、它的“本义为吹奏乐器”或指“吹奏的乐器”，演变成“说，陈说”“谈论，议论”“记载”“问”“告诉，告知”“陈述，说明”“就是说，意思是”“意料，料想”“说出来的话、辞令，辞章或一句话”“说出、写出的一个字”“意见，见解，学说”“盟辞，誓言，相约的话”“著作”等；教的字形与构造、如言之有与是，其“本义为指导启发，训诲培育”，演变为“施政教化”“训练，练习”“效法”“告诉”“学校教育”“古代官府出的教令、谕告”“某种学说或学术派别”“宗教”等。参见谷衍奎编：《汉字源流字典》，北京：语文出版社，2008 年，第 478—479、1183 页。

② “子以四教：文，行，忠，信”（《述而》）、“言忠信，行笃敬……言不忠信”“君子不以言举人，不以人废言”（《卫灵公》）、“言思忠”（《季氏》）、“言中伦，行中虑”（《微子》）。见朱熹撰：《四书章句集注》，第 99、163、167、174、186 页。

③ “（圣人）行不言之教”“多言数穷”“言善信”“犹兮其贵言”“希言自然”“言以丧礼处之”“故建言有之”“人之所教，我亦教之……吾将以为教父”“（吾知）不言之教”“知者不言，言者不知”“美言可以市”“用兵有言”“吾言甚易知，甚易行……言有宗，事有君”“（天之道）不言而善应”“正言若反”“信言不美，美言不信”，见王卡点校：《老子道德经河上公章句》，第 7、19、29、69、94、127、169—170、173、216、241、271、275、283、298、307 页。《老子》楚简甲本“教不教”的教与丙本“学不学”的学“音义俱通”、可互用、且前者义胜（参见丁四新：《郭店楚竹书〈老子〉校注》，第 79—81、406 页），其汉帛甲乙本把“多言”作“多闻”、增“故道之出言也”。参见高明撰：《帛书老子校注》，第 246、414 页；汉简本也印证此两处，大体一致。

④ “举善而教不能则劝”（《为政》）、“有教无类”（《卫灵公》）、“不教而杀谓之虐”（《尧曰》）（朱熹撰：《四书章句集注》，第 58、169、196 页）。

义之实、德善之可的言教。严遵借此言教[①]，反思汉儒道德逆向发扬的仁义法之人文效验[②]，释解《老子》以顺推道德正向发展的自然因果；这是道之我觉、物之充实、意之教化，展现的神之明、人之识与言之教，成就的和之气、天之理与器之用，即生命自然本真之虚无的道、开显出生活天地至善之实有的人、言说成文化意义完美之适可的教。这是严遵关于言与教的合当关系之价值检讨与事实澄清，他大致检讨"言"表达的工具性逻辑有"道"思虑的根本性意义，澄清人心勾勒的仁义"教"蓝图在自身"道德"的完整觉解中。如何得知其思想蕴涵这种意图与可能？

先归纳前面章节关于"言""教"表述，按《指归》篇目编排其要点如下：《上德不德篇》讲易姓王"不可称言"的封禅

① 老子"不言之教"到"不言之言"再到"正言若反"的"运思张力"，体现其"在本体意味上对言的贬斥"、无为的言"第一次在深层意趣上被反省"并与"自然之朴的圆融"之道"相因相成""寓托了灵思开合契机的玄纽"，不言的究竟义需其言"方便施设"所"遭遇的悖论"后必"取超越常例的奇诡言说方式"；参见黄克剑：《老子"不言之教"义趣疏证》，《哲学研究》2013 年第 9 期，第 43、44、45 页。《庄子》"'言道悖论'的超越"通过"揭示语言的工具性本质""彰显语言功能的边界""深刻批判'逻辑—工具性语言'的有限性"之"去蔽"，与"'三言'笔法的'诗意言说'""不断'建构—解构'的表达策略""'言不言'的话语方式"之"澄明"，化解并言说"大道"、避免"'人之说'的褊狭与言障"、成"体道真言"；见钟华：《"言道的悖论"及其超越——〈庄子〉话语策略新探》，《学术月刊》2006 年第 10 期，第 96、101 页。

② 荀子"乐教理论"建构"一个美善相乐的理想境界"、提出"一种由美入善的道德修养方法"，其"形上根据"是"明于天人之分"、"人性根据"是"性恶论"、"乐理根据"是"形道"，此"改善人的天性"、使其有"德性"、统合"道德与情感"而"达致'成人'境界"；参见鄯爱红：《试论荀子乐教与成人之道》，《孔子研究》1999 年第 4 期，第 64、65、67、69 页。这从真（实）到美入善的道德理想境界与修养方法的成人塑造，有其天之分化、人之生活、乐之理解，所禀赋的心（神）之意、身（物）之性与文（言）之道，融贯此三者即心、身、文，由人至天逆推得汉儒董仲舒的仁义法。

义，因其性命功名、各有差异；《上士闻道篇》讲中士眩迷自然微妙的“大言”“至论”、随意争议“浮言游说”，与“圣人建言”有“言道难知”以统万方之指，及大音希声以“不言”相告、神明相传“不言之言”；《至柔篇》讲世主教不言之言、化不化之化、示无象之象、归玄妙，与“我无言”推天地、道德皆无为，及道德无为、同“天地不言”行四时；《大成若缺篇》讲知故为术、治事、育形（或物）“犹响应言”，其无为是有为之君、成功之主、政教之元、变化之母；《为学日益篇》讲“主无教令”与“不言为术，无为为教”，可无事取天下、道开导无欲与不知的至关要领；《出生入死篇》讲无为治身表现是“不为不言”；《道生篇》讲道“意不能尽而言不能通”，“为物”生、损、归、盈“不穷”“无涯”“不可度”；《天下有始篇》讲过度地视、听、言、伪，妨碍正当的明、聪、德、功；《知者不言篇》讲内作的聪明“口不能言而意不能明”，在外界信息聋盲的情况下玄思痴狂；《为无为篇》讲“言多诺”不可信，口默即不言使“不言而信”；《言甚易知篇》说自然之具是“言言之言”、圣人“言不言之言”、“绝言之道”去心与意，与世主好知顺心、不识自然之道却“以言言言”，及终身谈论学问的“拘教之士”不知道德至大；《小国寡民篇》说损知复太古、结绳识情事，约文言志合自然、使性命全、意欲尽；《信言不美篇》说中适、和德的“言”是“信”。另有《道生一篇》讲“众人之教”“死于荣名”，“圣人之教”“务于无名”、竹帛书为圣教先导；①《为学

① “故众人之教……死于荣名。圣人之教则反之……去心释意，务于无名，无知无识，归于玄冥……不求于己，怨命尤天，圣人悲之，以为教先。书之竹帛，明示后人，终世反之，故罹其患。”（《指归》点校本，第 19 页）

日益篇》说仁义浅薄、性命不真时，用记载术数与辞文的篇籍“教万民”，此违背祖宗淳朴的遗训，也败坏正常生活风俗；《江海篇》讲百川并非江海之王的美德“束教”、归趋其中，是它形性自然如此；《知不知篇》讲自然是“道德之教”，影响是自然之验。

此根本性的言，是无言、不言或不可称言；我无言，得自然玄妙、道德无为、天地不言、四时运行；不言希声、以神明传，不言教化、以无象示，不言开导、以道术述，不言治身、以无为为，不言得信、以玄默对，不言可言、以名言言，不可称言的名义是神意，这是不能说、能通的言。然后，圣人建言知自然之道、统万方之旨、行无为之事、成政教之元；世主以言好知、不言旨趣，顺心创制、有为功名；中士或教士迷惑于道德的大言至论，却纷争于浮言游说里；这是能说又可通的言。再是多事生非、难兑现的诺言，教导万民识数与说辞的文言或言言，明故以治事育众的知言，求证聪明才智与社会功德的当言，与自然适宜且与道德一致的信言；这从生事的言到文教的言，再到明理的言，进而到成功的言后归结信守的言，这是可说、不能通的言。最后是绝言，以淡去人的道德心意、加强其自然的本性影响，不让文化生命做自然工具与玩具，要使宇宙生命的出路畅通与真谛明达，这是不可说、不可通的言。此是从（自然）无言→（天地）不言→（圣人）建言→（王者）主言→（中士）大言→（俗众）浮言→（教义或约定）文言→（理事）知言→（名实）当言→（道德）信言→（自然）绝言的认知进路，是言从无到有、可、绝的本体超越过程与方法化解结果。也可这样说，言的方法与本体的自然圆融，其方法的本体化是道德的文教信念，其本体的方法化是知故的智术实务。

因而，有世主的言教，其言的众人之教是贪图死得光荣的名号即仁义（汉儒生活法条），圣人之教是操心劳身于无名的道德之教即自然（道家生命法则）。当浅薄仁义失去祖辈淳厚的善意，伪饰生活没有质朴生命的真知，人实用的技术与夸张的言辞成文化社会教育败坏的起源与根据。这使人们不清楚自然的生命效验比道德的生活说教，更能引导大众物事的实在体会与完美进向，却习惯人类所谓美德教化的庸俗受众，把自身束缚在虚幻的美好生活历史发展向往中，遗忘生命天性的真实流淌于各种浪潮变化、好珍惜内涵的无限圆润。就此看，圣教是自然的道德之教、保性命之真，俗教是名言的知故之术、证礼法之善，前者为真身、开示生死究竟、遵循自然法则，后者作化身、虚构是非图景、描摹仁义王国，这二者相辅相成也相对相融在完整的人类特殊文化生活进程。这是人言的现实生活能纯粹抽象其无有实存的过程超越，与其教的历史文化、愿绝对指示其精神虚设的终极超越之本体建构原型，即言是人的文化信念宗教之基本标识。其言在无→不→建→主→大→浮→文→知→当→信→绝的人世中、轮替其本意与用意，教分俗教与圣教、以成全其文教与政教①并统合于主教或王教、满足于民智或臣道，言教从言的本用与教的圣俗、得王的圣本（或体）与俗用、模塑现实社会与历史王国。

由上述言教推论与文教期许，审视《指归》的反思与认证，

① “非有政教，物自然也”（《大成若缺篇》），译作“没有政令和教化，物自然如此呀”；“政教由之，或病或利”（《善为道者篇》），译为“政教顺道而行，有的失败，有的成功”；参见《指归》译注本，第 75、76、247、248 页。人的政教与物的自然相对照，其利病在自然之道的顺逆。

它未给出言与教的清晰定义，只提示其自然道德的玄奥意会。它不提供纯粹的语言逻辑工具（或结构形式），分析其概念范畴的抽象意义，作绝对信念的宗教关切；更重视混杂的语言功能表现，统合其观念认知的具体事物，作变幻意念的生活指导。这并不表示它只有生活的闪念（日常性或世俗性）却无文化的执念（恒常性或宗教性），更强调变化连贯的永恒生命。从言教的本源追寻，深入到意欲的自然开显，赋予其道德内涵与文化形式，玄思人类历史与范导社会现实，构筑其语言技术认知的理论空间与宗教精神信守的意义领域。依此本根性生活意涵的探索与纯粹性文化形式的求证，可对其本来的文化生活理念即本文或本念，作进一步诠解。

三 言教的本文是人表达的自然

严遵言教的主要思想，源自老庄的不言之教即圣教与孔荀的文理之教即四教或俗教，有两种可能意向即实践的主术之教与认知的义理之教，有六类言意关系解释其意欲优先于言教的认知进序，以及其圣体俗用之言教，由此得本义与演义所承担社会功效的政教，简括为圣道俗文的言教、主理俗物的神教、真意俗知的玄教、圣体俗用的名教、本义俗解的政教，其圣是本真之主或称为自然神、俗是文用之物或知或称人文神，此圣主之言与俗知之教得真善美智之言教。其玄教的形上义理[①]是，玄德宗旨以无、有向度，展开其玄意，具体落实形下的经验世界；言教在当今是思想政治教育的大问题[②]，古代社会为历史文化教导的内核；神教在西方中世纪是上帝存在、罪恶表征、灵魂修炼、名义归正、终极圆满[③]，中国汉代是圣人体验、真善欲求、心灵觉悟、道义中正、完整呈现；名教在魏晋名士的名理中，有事与辩、化与信的含义[④]，在汉代严遵的名分中有理与度、职与守的义务；政教在孔子儒家的仁教中有德、礼主客之分与文、神二教之化[⑤]，而在老子道家的圣教中，有道、德的性命融贯与主、民的物事成就。此以玄教、言教、神教、名教、政教的现实与历史两个面

---

① 《指归》多“阐述玄教于具体落实上之展现”、恍惚于“形上世界”，要明其“深义”、得探讨形上世界的义理，得出“以‘玄’为‘教’，以‘玄德’为宗”、沿循“无”与“有”两个面向洞悉奥义；参见陈尧义：《严遵〈老子指归〉义理析论》，第117—118页。

② “言教与行教之间的关系问题”是“思想政治教育的基本问题”；参见李铁强：《言教与行教的辩证关系及其启示》，《扬州大学（高教研究版）》2013年第4期，第26页。另，“身教”主要指嵇文甫以“自己的理想、品德、情趣、行为等来熏陶学生”，其“言教”“主要指他以自己所掌握的知识体系、学识上的深邃见解、教学的技巧和手段向学生传授知识、技能和学习方法”，见姚惜鸣：《嵇文甫的身教与言教》，《河南大学学报》（社会科学版）1995年第5期，第58页。

③ “神人关系是神教”的“基本问题”，其“存在论基础”是上帝，遭“破坏”在“罪恶为表征的在世结构”，被“修正”于“培灵”，可“归正”于“称义”，得“神是终极实在”；见黄文杰：《终极实在之启示与神教美学的有机构成》，《北京师范大学学报》（社会科学版）2017年第2期，第132页。

④ “名教”之名有“政治人事上的‘名’”与“纯粹名辩色彩的‘名’”义、其教有不同于“法制律令”的“风俗教化”与“精神上的信仰”义，参见郝虹：《试论汉末名家思想的兴起与魏晋“名教”一词的出现》，《中国哲学史》2006年第4期，第68、69页。

⑤ “轴心时代新政教典范的‘仁’”之“最高理念”分化“德”“礼”要素又统合“帝、王之道”的“主观之德与客观之德、主观之礼与客观之礼”、孔子“仁教”的结构化过程有“文教”“神教”两个层次。参见陈赟：《仁的思想与轴心时代中国的政教典范》，《学海》2012年第2期，第118—119、120页。

向，考察严遵《指归》文化理念依据及其生命进路，它由道玄→德言→圣神→贤名→王政归结于人心自觉与形象显示，这圣王合体贤德的名言或人文神之玄意是形上的道或本体诉求。这种诉求在其文本如何表达？下面从言与教的形上诉求，大致解析它的究竟旨趣。

故至微之微，微不可言，而至妙之妙，妙不可传。忠信之至，非礼之所能饰，而时和先后，非数之所能存也。(《上德不德篇》，第7页)

言之所言，异类不通；不言之言，阴阳化，天地感。

言者祸之户也，不言者，福之门也。是故，绝圣弃智，除仁去义。

人主不言，而道无为也。无为之关，不言之机，在于精妙，处于神微。神微之始，精妙之宗，生无根蒂，出入无门。常于为否之间，时和之元。故可闻而不可显也，可见而不可阐也，可得而不可传也，可用而不可言也。柄而推之，要而归之，易为智（老） ［者］陈，难为浅闻者言也。(《至柔篇》，第22页)

不言而天下应，不为而万物存。(《圣人无常心篇》，第40页)

和气易动，若病在人，阳泄神越，恶默好言。方言之时，心有所虑，志有所思，聪明并外，精神去之。音声内竭，外实有余，道德离散，日日远之。言之益疾而已愈不见，造之益众而已愈不知。是故，言者，逆道之要也，而距德之数也，反天之匠，覆地之具也。是故，得道之士，损聪弃明，不视不听，若无见闻；闭口结舌，若不知言。……无

言以言言，无为以为为，清静以治己，平和以应时。（《知者不言篇》，第 59 页）

故言行者，治身之狱也……（君子）藏言于心，常处玄默。当言深思，发声若哭。和顺时适，成人之福。应对辞让，直而不饰。故言满天下而不多，振动四海而不速，连接万物而不有，辞动天下各得所欲。（《万物之奥篇》，第 75 页）

夫圣人之言，宗于自然，祖于神明，（堂）［常］处其反，在默言之间，甚微以妙，归于自然。

夫至论大言者，总百变，要万方，剖判毫厘之内，明显虚无恍惚之外，周密无间，归于漭昧，此乃小节之士所不能闻，而隅曲之人所不能逮也。

（圣人）言不可闻，动不可形。心若江海，志若苍天，废为以立道，损善以益性。寂然荡荡，莫之能明，皎然昭昭，莫睹其情。颓然默默，魁然独存，薄外厚内，贱己卑名。去众离俗，与道为常。（《言甚易知篇》，第 94、95—96 页）

这可简要理出其无言→不言→不可言→心言或藏言→默言或微言→言言或方言或所言→好言→知言→当言→圣言→大言→言行→为→不为→无为的言为之认识回环。其基本观点是“无言”凭借“言”言说或表达、“无为”依靠“为”作为或体现，关键证明在“不言”与“不为”。“不言之言”在阴阳变化与天地感通、是幸福的生命大门、是人主的“无为”之道并以“精妙”与“神微”为机关、是天下的自然响应，有可与不可之分、不可言宇宙生命的“至微”与运用、不可闻圣人“立道”“益性”的“苍天”“江海”般之心志。不为之为是“不可传”的“至妙”，使万物自存，是“得道之士”的聪明见闻舍弃，是“和顺适时”成就人们的生活福德，是与自然之道相进退及常变。它有行与不行之别，行的是时间先后发生，而不是命数一直确定，特别是自然忠信的永远坚守、不是圣智仁义的长期推扬；不行的是对存在的强力粉饰，而不是发展的习惯因应，或更糟糕的是对众俗的生活欲望张扬，忽视神明的生命道德指引。集中反映在言与为上，不管其隐或显、好或恶、默或知、能或否、当或误、圣或俗、大或小、有或无、至或限，应清楚了解其言的微与信、异与通、祸与福、柄与要、思与虑、行与成（遂）、宗与祖、内与外、变与常，如何对其为的妙与饰、同与化、门与户、可与否、得与失、治与欲、反与归、密与间、形与情，作出至与时、类与别、缘与故、精与神、损与益、顺与逆、圣与俗、总与分、取与舍的鉴识。此可推得，至言忠信、微妙，不能礼饰与时存；言与不言，在为与不为，闻见得应用即可，显阐传言为不可；言病在，它为“背逆道的关键”“远离德的枢机”“反叛天的大匠”“违背地的器具”①，这使人“好言”“方言”“言之益”而“不知言”也不懂“无言”“治己”“应时”；所以，不当言行是“治身”的牢狱枷锁，合当言行是“应对”的圆满作为，提振“圣人之言”归宗“自然”“神明”，其“至论大言”总领万变周全与执守常道“独存”。也可说至言是信守的本文，不言与言是其体用的转换，病言是其对治的表象，圣言是其合当的要领。至言有两条认知进路，一是由不言至无言、归根于自然，一是由圣言至大言、昭示于神明，前者是道德性命的相因相生系列，后者是宗教信念的相识相执期望。《指归》更看重前者的理论探

① 《指归》译注本，第171页。

寻，淡化后者的精神诉求，二者是连贯的必然反应与终极的根源追溯。这可从其教的理解上，补证一二：

不知之知，知之祖也；不教之教，教之宗也，无为之为，为之始也；无事之事，事之元也。(《为学日益篇》，第36页)

是故圣人，化之以道，教之以身，为之未有，治之未然。……教以无教，导以无名，知以无知，状以无形；治不得起，乱不得生，天下无为，性命自然。(《其安易持篇》，第80页)

教以不知，导以无形。孝悌不显，仁义不彰。君王无荣，知者无名。无教之教，洽流四海，无为之为，通达八方。(《善为道者篇》，第83页)

是故，王者有为而天下有欲，去醇而离厚，清化而为浊，开人耳目，示以声色，养以五味，说以功德，教以仁义，导以礼节，民如寝觉，出于冥室，登丘陵而盼八方，览参辰而见日月，故化可言而德可列，攻可陈而名可别。是以，知放流，而邪伪作；道德壅蔽，神明隔绝；百残萌生，太和消竭。(宋张君房《云笈七签》卷一引，《道可道篇》，第122—123页)

(三十日共一月)欲明诸教虽多，同归一理，一理虽少，能总诸教。① (见顾欢《道德经注疏》引，《三十辐篇》)

圣人绝之，天下休息，不教而自化，不令而自伏也。(唐强思齐《道德真经玄德纂疏》引，《绝学篇》，第139页)

此概述为无教→不教→教→诸教→圣教的理路进展，其

① 《指归》点校本无此段文字，或为河上公本注，见《指归》校笺本，第253页。

"无教"与"无名""无知""无状""无为"同归"性命自然"，推导出它为"不教之教"的宗祖或宗旨与圣教的"自化""自伏"之绝学①，此圣学教导众生是"不知之知""无为之为""无事之事"、道化其身在"未有""未然"又无"名""知""状""为"、不彰显"孝悌""仁义"与荣名，俗学引领是"有为""有欲"、有名有知、有事有治、有功有德、有声有色、有伪有求、有仁义孝悌、有荣有蔽等，明白"诸教"众多、实统"一理"、此理是圣道。此可证无教即自然之教、无为自化，圣教即道德之教、无名自伏，不教以无教为宗、教以圣教为祖、其身心仁孝合理于绝学引导，所以《指归》的圣教即无教、非仁教或文教。此对上引三条的教与不教或无教的要领归纳，先以文化生命原始的知与不知、为与无为、事与无事，类比推理于教与不教；再是圣人教化为治，以道与身递进推导，得无教、无名、无知、无形、治乱、无为、自然；再后是君王教导，以此不知与无形，融贯推引四海、八方，却不显、不彰、无荣、无名、无教、无为。简括为，人的文化生命之归类推理、递进推导与融贯推引，得其教的宗、化与通。另三条佚文，可对应于此类、圣、王的说明，先是理教以总领诸教，再是圣教自化自伏天下，最后是王教有为有知、可列可别。王教说解、细致明确，从王者的为到天下的欲，引起的是醇厚离去、清浊混淆、耳目开示声色、五味滋养俗身、"功德""仁义""礼节"范导民众、觉解上下远

① 译作"圣人杜绝学习，使天下休养生息，不事教诲而自然教化，不发号令而自然顺从"（《指归》译注本，第414页）；此译略显僵化，圣人的不教、不学、不令，是为了自习、自化、自伏，即：不教俗务、教圣旨，不学伪诈、学质朴，不令作为、令无为。由此自我体验、转化、隐匿，凸显自然。

近内涵诉求、判别功名利禄配置，结果泛滥各种知识、使邪伪肆虐，遮蔽道德神明、使仁义德名伪饰，消解太和圆融众生、使欲望残害百姓与万物。此有为有欲的王教破坏了自然、道德、神明、太和的因果规则与内蕴开导及形名表征，需用无为无欲的圣教校正、归宗自因自生的理教。此上篇与佚文，揭示其教的两条超越路径，一是教至不教、再至无教的性命自然之本原化生，一是王教至圣教、再至理教的道德神明太和之实质融贯。其以教的自然进路为主、隐于宇宙生命，以道德进路为辅、显于文化生活，二者相辅相成于圣王一体、一贯以成就理教（其非荀子式的汉儒之礼教或名教），这是《指归》的言教本义、重在自然表达。

综上概要是，在言上是至言的言→不言→无言之自然根系与众或俗言→圣言→大言之神明昭示，在教中是总教的教→不教→无教之性命本原与王教→圣教→理教之道德融贯，由此言与教推得总的至的言教之可→否→合的宇宙生命整体与其俗王→神圣→道理的文化生命谱系。其可，在名；否，在形；合，在生；依此名、形、生，得天地万物的命运共同体。其俗，在为；神，在化；道，在德；依此为、化、德，明人间万事的文化交响曲。其俗之可，在为名（与利配对）；神之否，在化形（与体对接）；道之合，在德生（与命相连）；按此人的俗可、神否、道合，得知其言教作为的生命实践与形名创生的文化精神所归总的原理与达致的本根。因而，其言教本旨，首要在自然的无限开示，次为道德的理路融贯，由这二者成全与保证其文化理念系统的正当建设与功效运作。也可以说，言是自觉的自然根系与神明昭示，教是自律的性命本原与道德融贯，言教是自觉自律的文化生命本根与神圣道德主导。

第三节 器事之术用

本章前两节讲了意欲与言教的术用，意欲用于自然的人类生命心志、物气、情感的理解和实践，言教用于此自然开示与道德融贯的文化理念系统的正当建设和功效证明。本节为了进一步证明日常管用的器事如何构建长期稳靠的人文世界，从器事的认识根源、基本内蕴与社会本职，作必要探索与应然融贯，以便与前述全心能知的意欲、尽力实行的言教，充量同构此丰厚实惠的人文生活世界。

一 器事的识解在言教

由汉简帛《老子》思想建构的人文世界之名与器①，溯源至秦汉时《易传》宇宙或天地观照的生命原型之道与器②，推扩为

① 老子讲"'器'是人类改造'自然之物'而形成的'人文之物'"，"人文世界""以'器'为肇端而绽开"，由圣人筹划此器成"治理人文世界的制度、方法与'名分—名位—名法'系统"；参见王玉彬：《自然与人文之间——老子"器"论的思想意蕴》，《人文杂志》2017年第9期，第16页。

② 《周易·系辞上》的形而上之道与形而下之器的基本命题，常被解为"抽象道理和具体事物之间的关系"、其哲学"本体论的根本观念源于原始的'生殖器崇拜'"，在"生命原型"中"形"本义是"身体"、"道"是"头（首）"、"器"谓"生殖器"；参见吴广平：《〈周易〉"道器论"的文化阐释》，《吉首大学学报》（社会科学版）1996年第4期，第74、75页。

明清之际王夫之独到释解的社会生活之道与器①；此名所称谓的器在宇宙生命之道的自然视域中是形下反映，经文化生命之道的自觉辨认是形上实体；这是明代泰州学派的事本体对理之先在性与本始性②的后续指证，这种事—理关系的推阐也适用于器—道或名或言的理解。我们再就《论语》《墨子》《管子》《孟子》

① 王夫之阐明“天下惟器”及其道器关系，“从本体论方面”朴素诠解“一般和个别的辩证联结”、在器（事）上“扬弃朱熹的‘理一分殊’”；参见周好：《王夫之的道器论和道义论》，《船山学刊》1995年第2期，第50页。

② “以‘事’或‘情’为体的本体论形态”可追溯到孔子，至泰州学派“‘事’的本体性地位”凸显已体现“感性、个体性的张扬”与近代“俗世生活意义”提升，从知识发生学看“‘事’之于‘理’更具先在性与本始性”，从存在论角度讲“‘理’之于‘事’的根本性只在于‘理’更具涵盖性和规限性”；参见冯达文：《“事”的本体论意义——兼论泰州学的哲学涵蕴》，《中国哲学史》2001年第2期，第39、40、41页。

《淮南子》的器与事的关系论证①，可得此器为实限、事作虚愿，二者要求完整的经验融通与特别的过程铺衍。于是，在人文界识中，言教可先于器事、推证其实在，而在社会生活发展的经验总结上器事先于言教、推引其虚设，二者入自然生命存在的无限境域是同时萌芽、一体成长、实际绽放。就此，《指归》怎么验证其器事后于言教？

前述章节直接涉及器与事的表述有“理名正实，处事之义”“事亲如奉神”“（上礼之君）心疏而志欲，举事则阴阳”“天地之应因于事，事应于变”“不可以有事平”（《上德不德篇》）、

① 《论语》的器与事之关联，大约有三种表达，即：一是管仲“器小”、不摄“官事”也不“得俭”，二是“君子易事而难说”以“器”“使人”，三是“为仁”当“工欲善其事，必先利其器”；《孟子》有“百工之事”以“械器”易为、“事道”先“正祭器”；参见朱熹撰：《四书章句集注》，第67、149、164、261—262、325页。这是器量官事、器用易事或便事、利器善事、器行百事、祭器事道，可推器是事的量度、手段、实力、主持、诚意，事是器的品质、目标、成就、客串、信念，通常以前者为限、后者为愿、共创二者的真善。此器与事，在人的社会生活中是实有与虚无融贯的经验共同体。另有，墨子讲圣人“事无辞”“能为天下器”、王公大人“无造为乐器”以“事乎国家”、收“金器”可“左（佐）守事者”，《管子》说“事成而制器”“事无备”“器械不功”“计缓急之事”“明于器械之利”“先后功器事之治”“耕器具则战器备，农事习则功战巧”“常以毋事具器，毋事用之”“出名器重宝以事邻敌”，《淮南子》有“罢官之无事、器之无用者”“（农）耕事……具田器”“土事不文，木工不斲，金器不镂”“器械不苦，而职事不嫚”“（治国之道）其事经而不扰，其器完而不饰”。（孙诒让撰：《墨子间诂》，上册，第5、250页；下册，第629页。黎翔凤撰：《管子校注》，上册，第90、120、188页；中册，第690、1017页；下册，第1060、1173页。刘文典撰：《淮南鸿烈集解》，上册，第219、221、318、337、449页。）此知《墨子》的通器在辞事、乐器误国事、金器佐守事，《管子》的制器成事、废器害事、利器谋事、功器治事、耕器战事、具器用事、名器敌事，到《淮南子》的闲器罢事、田器耕事、金器土事、机器或器械职事、完器经事。三者大致从通器到具器、再到完器，以辞事得用事、终经事；具体讲是从乐器或金器，到器之制、废、利、功、耕、战、名，再到闲、田、工、技，再以事之误或守，断其成、害、谋、治、友、敌，判其殊、适、职、止。知此通→备或具→完的器的具体创造与应用过程是工→技→制→名→耕或田→战→功→利（乐或金）→闲→废，其事是谋→殊→职→治→适→成→守→误→害→止，二者要求完全普适的生活经验融通彼此、做特别细致的社会工作铺衍。

“乱扰迷惑，事由己出”（《得一篇》）、“浮言游说……成功遂事，则中士论而下士觉”“无为无事”“大器晚成”（《上士闻道篇》）、“任天事地”“万民无事，（世主）教以不言之言”（《至柔篇》）、“（天地之道）阴阳之事”（《名身孰亲篇》）、“不事知故，使民自然”“（知故为术）治人事”“无所不事”（《大成若缺篇》）、“功成遂事，无所不然”“无事之事，事之元也”“剖判人事”“万事尽彰”“兴事僻文”“灭文丧事，天下自已”“常于无事”“以事事，失天之意”（《为学日益篇》）、“德以无设之设遂万物之形而无事”“造志欲，化万事”“（意）生思虑，定计谋，决安危，通万事”“（欲）系于万事”（《道生篇》）、“（圣人）去事之事”（《天下有始篇》）、“无为而功成，无事而福盈”（《行于大道篇》）、“要物之本，秉事之根”（《知者不言篇》）、“建反往之计，招覆来之事”（《以正治国篇》）、“言多诺者，事众而信不可然也”（《为无为篇》）、“令事自事”（《其安易持篇》）、“事物自然”“王事自然……持之有理”（《江海篇》）、“事为而神否，身往而志还。形反我志，事逆我身”（《用兵篇》）、“（世主）以言言言，息知生事”“其事始于自然”（《言甚易知篇》）、“使有德之君，变志易心，生息万事，以教其民”“顺情从欲，穷极心意，动导天地，静陶万事，神灵在己”（《知不知篇》）、“臣之所事，君之所谋”“君臣隔塞，万事自明”（《民不畏死篇》）、“事应于天”（《柔弱于水篇》）、“结绳而识期，素情而语事”（《小国寡民篇》）、“成物遂事”（《谷神不死篇》）等。谈“器”一处即“大器”，是《老子》经文的直接引用与要领阐发①，其“大”为无（无外）、神（神化）、道（自道），此器相应其“事”之小、为有（无内）、为人（人化）、为德（自得），它具体折中在自然与人文的物之实（客观存在）、和（完整呈现）、正（形象规范），因而器化作真物、转成善事、重在生活经验对事的说解。由上述引文，概观是（天的）无事→有事→人事或己事→王事或众事→万事（一切事或所有事）→物事（即人文自然之器事）的自然进路与自觉承担，实作是生事或始事→兴事或举事→成事或遂事→秉事或招事→处事或为事→应事→语事或令事→去事或丧事→不事（或人的无事），彰显物事兴起、人事作为、情事感应、语事书写、理事或道事归结的现实建设与历史成就，其表征是事地→事物→事事→事亲→事众→事为→事逆所指示的对象存在与方向把握，此重点在无事、人事、万事、理事，凸显无事的自然宗旨与万事的人为修持。

就其实事，得名理正义，同孔子所谓的名正言顺事成之推引，做事当因应于人的心志、效法于天地阴阳变化律则，不要被世俗浮游的言说迷惑心志，人通过天意、化文教以兴事或败事，事在人（或身，或形）为、人明志向、志定心神、心计前程、成就大业。简述其言与事的关系，是名与实、心与身、应与因、觉与迷、知与行、诺与可、神与形、意与欲、谋与断、识与情等

---

① 引文见前述“变于无形”处，译作“大的器物很久才能制成”却“无所不有”、其“变”“化”“动”“为”无“形”“影”“声”“体”、也不可见“威德”“功业”与祸福、更不明白其“至巧”运作与生命缘故而长久不毁（参见《指归》译注本，第45—46页），此大器是全有而非部分、恒动而非固定、无限而非局限、自然而非人文、融通而非窒碍、永在而非暂存，成神器、从俗物入神道的发展轨迹、持守宇宙生命的本真，由此物之本真、推引事之至善、成器之至巧。

错综交织，不可单一得出言先于事、事先于言、言事同时进行，应看具体情况、定其可能联系与适当差异。言教与器事的认知关联，也不可简单裁定其究竟如何。此重点解读其无事的无为成遂而言论志欲、言教化民而世主修身、自然作为而知故治理、所有事元而生一切事、无形不设而设置物德、无所不为而成功满福，其万事由志欲造化、思虑与计谋通达、意欲牵系、心志生息、心意穷究、人心自明。其无事是无为的言论、无主的言教、无知的自然、无生的基元、无设的道德、无求的幸福，以此推万事或有事而得人心、心意、心志、志欲、意欲、思虑、计谋所明达、追究、生灭、造作、牵挂、理解、规划的生活成就。或简括为无事是言教的用意、有事是器物的成就，在此诠释下得器事的成品、识解于言教的意蕴。可疏解成，无事的元与常，判其为、言、德、福，为无为而无所不为、言不言而无知不言、德不德而无物不德（德）、福不福而无祸不福；有事可为、可名或可言、可欲、可亲、可由或可因、可惑、可成、可说或可道、可知、可教、可治、可分、可兴、可灭、可系、可去、可招、可信、可逆、可变、可顺、可谋、可明、可应，此可推阐其事的原由、作为、言说、欲求、亲信、困惑、知谋、治教、分明、顺逆、成毁、应变、系统。从器事上讲，人的生命是虚的无事即自然存在或天生的神器（大器），其生活是实的有事即具体作为或人造的器械（器具），反映在社会是适的可事即抽象功德（即人文的器物，或文物）。由此自在的生命神器到自为的生活器具或用器，再到自觉的社会文物或文器，这是从无意识的存在到有意识的发展，再到超意识的言论的文化历史进程。在这种社会生活的器与事推演上，器事通过言教被认知其原初存在与可能拓展。但对器的说明不多，相对事的物是器的人文存在与创构，器用于万物应验与万事推证，由人谋划与塑造后表现在实物与实事上。

据此器、事的思想蕴涵，检讨《指归》的大器之全部笼罩与无限超越的整体透视，其事的无→有→可之自在生命神器、自为生活用器、自觉创建文器的人类文明史进展，得出人的器事成就被识解于其言教知故。按当代哲学解释，神器是文器的精神本体、文器是神器的世俗应用，无事是有事的超越本体、有事是无事的经验作为，神无的器事本体是文有的言教方法诠释所得。这器事内涵怎么建构？它有何特征显示？以下说解。

二 器与事的主旨范导

器与丧、哭在字形演变上紧密相关，它与生死命运、悲喜情感的内涵融通，但作为客观的生活用具对照其整体存在与具体推演，成为人的官能、气度、才力、权位、名号、见识、成就、理念、生存条件与发展因素等，被赋予生命根源性的前件、过程性的实在与终极性的寄托的现身与化身；此知，器是因（源）、物（生）、能（力）、度（量）、名（位或势），事是果（流）、情（感）、职（务）、值（得）、义（理）。[①] 以二者入人文世界、审

① 器字是甲骨文“丧”简化、金文分二形而有其繁体、篆文三变后作“哭”，其“会意字”构造、本义是“哭丧”也指“各种用具的统称”，衍义“器物的部件”“古代标志名位、爵号的器物”“政权，权力”“有形的具体事物，与‘道’相对”“手段，条件，因素”“能力，才干”“人才”“看重，赏识”“人的气量、风度”“器官”“量词”；事字也是会意构造、“与史、吏同源”，其本义“当为从事打猎”、引申为“做”“治理，办理”“奉行，从事”“侍奉”“任用”“役使”“勤劳”“职务，官职”“职业，工作”“事情”“变故”“关系，责任”“件，副”“人”“姓”“立，树立”“插入，刺入”。参见谷衍奎编：《汉字源流字典》，第1878—1879、580页。

视其内涵建构与外延扩充，区划人的生活、器归属在自然生命物的创发与造就、事归属在历史文化物的引领与成全，此事承载历史使命、现实工作及其未来希望。或依李泽厚的解法[①]，器为人活着的工具性本体、度量经验存在（即物）与寻证超越存在（即道），事为价值性本体、满足心理或心灵期望（即义）与完善生理实惠（即利）。由此器事的本体意涵与方法推导，可得人类社会的文化生活基础依据与发展要求，权衡《指归》的器与事的核心论证、知其主旨与主导。

是以，圣人之治小国也，转祸为福，因危为宁。富以舟舆，实以甲兵。器械便利，衣食有余。牛马蕃息，畜积充满。什伯邻国，以固民心。能而不为，知而不作。滋味不活，庖厨不饰。绝身灭色，身为之式。饮而后食，劳而后息。暑服一单，寒衣一复。期于和适，不厚其服。务以便生，不为口腹。赋鲜徭寡，民有余力。并兼之原绝，而增加之流息。风俗敦厚，遵俭忠悫。有而若亡，能而若劣。夫何故哉？建之以道，抱之以德。(《小国寡民篇》，第 118 页)

太古圣人之牧民也，因天地之所为，不事乎智巧，饮则用瓢，食则用手，万物齐均，无有高下。及至王者有为，赋

① 李泽厚哲学的一元“历史本体或实践本体”生发出“两个序列”的多级“工具本体—度本体”与“心理本体—情本体”；这“不是简单的融合和互补，而是在‘度’的基础上，进行有比例的，以合理性为前提的融会”；他“在康德哲学的框架上，用马克思主义唯物史观、自然的人化、人的自由和全面发展理论，来诠释中国哲学，最终回到中国传统的儒家思想”；他强调“工具本体，集体主体性对于心理本体和个体主体性的逻辑先在性”，晚年“从中国人传统的文化心理结构来探求‘情本体’的建构之道”、追溯至《论语》；他以“人类主体性为中介”从“集体”转向“个体”使“工具本体获得了通向心理本体的桥梁”。参见王耕：《李泽厚历史本体论研究》，河北大学 2015 年博士学位论文，第 9、22、24、28、32、39 页。

重役烦，百姓罢极，上求不厌，贡献辽远，男女负载，不胜其任，故智者作为推毂，驾马服牛，负重致远，解缓民劳。复世相承，巧作滋生，雕琢斑毂朱轮，饰以金银，加以翠玑，一车之费，足以贫民。是以老氏伤创作之害道德，名为善之生祸乱也，故举车、器、室三事，说有、无、利、用之相资，因以垂戒云。

道德衰废之时，忧患攻其内，阴阳贼其外，民人薄弱，羸瘦多疾，是故，水火齐起，五味将形，生熟不别，干渍不分，故智者埏土为器，以熟酸咸，遂至田猎奢淫，残贼群生，刳胎杀㲉，以顺君心，雕琢珠玉，以为盂盘，朴散为器，一至于斯。（宋陈景元《道德真经藏室纂微篇》引，《三十辐篇》，第132页）

上述的大器成生命神器、构建其器的超越层面意涵，此处器械是生活用具、保障其经验层面意思，前者为大体而后者为细用、二者统合于圣人并分解于民众。器的神体与俗用，在人的实践中隐显有形与分合适度。由此树立一个圣人用常见器械治理小国事务的政治生活典范即：现实目标是化“祸”“危”为“福”“宁”，首要是提供富足的舟车、甲兵、衣食、牛马等，方便国民的出行、防卫、温饱、耕战等需求，打好物质生活基础以结交邻国友邦并稳固民心，再严格要求自身，不可逞能妄作虚知也不贪图食色丰美，再是保持良好的饮食劳作与“和适”穿戴习惯，然后是赋税与徭役要少甚至尽量避免发生兼并掠夺资源战争，最后形成“敦厚”“俭”（简朴）“悫”（诚挚）的社会风俗熏染众生安居乐业。这样建设的基本理念是自然之道，如此作为的关键保障是社会之德，二者共同维护的优良传统是人文道德。此器械的经验生活层面，目标诉求是幸福安宁，方法措施是提供便利，翔实内容是衣食住行，实施过程是由己及人即身→家→乡→国→天下，满意效果是公序良俗，指导理念是自然道德，以此构建圣人的理想生活王国。这是对老子“小国寡民”设计蓝图与“身家乡邦天下”运作模式的经验推阐与理想向往。其佚文将此作为太古圣人“垂戒”后世成功生存与舒适活动的训导，即：“牧民”的动因在“天地”、不在“智巧”，饮食用瓢、手对万物都一样无高下之分，积极有为的王者出现后赋役繁重、百姓疲惫至极、上层统治者贪得无厌、男女贡献与负载难以承受、智者创造发明想缓解困局却推波助澜苦难，结果是世世代代前赴后继地折腾在巧伪、雕饰、消费、享乐中增加民众贫寒与辛劳，老子伤痛这美其名曰善意的王智创作所祸害圣人道德的做法，举证“车、器、室三事”的“有、无、利、用”“相资”相补也相对相害的生活矛盾化解，明达圣道的自然理想或天地境界之无限超越与王智的人文要求或生活作为之特定限制。所以“道德衰废”时，内外忧患深重、使民人弱病，但在人的生命自然不分生熟、干湿之际，向其生活自觉创造各种便利的场景转化，有智者的文化贡献与社会成就、也有君王的奢淫残杀与美好粉饰，这是真朴的神器被人改造成伪善的俗器的善果与恶果。其器事一体、车室牛马等为器，这是世俗生活的便利器具，是荒废神圣生命道德的矛盾存在，有善的成果享用，也有恶的妄作承受，要圣人理想的指引、范导王智现实的升华或突破或超拔。即在圣人的理想生活王国里器械是便利的象征与效验，在王者、智者、民众的现实生活世界里器事是祸福安危的标识与成果，此二者的道德对接与自然融通是古今人们的实惠保养与幸运出口。对此营利器械出现不可避免、也不必恐惧，人的谋道神器启示应当自觉并归宗自然，二者融洽与整全是圣王的一致努力与至善用意。

是以事不可预设而变不可先图，犹痛不可先摩而痒不可先折，五味不可以升斗和，琴瑟不可以尺寸调也。

（大丈夫）违礼废义，归于无事，因时应变，不预设然。秉微统要，与时推移，取舍屈伸，与变俱存。（《上德不德篇》，第7页）

（圣人）不为事主，不为知师。寂若无人，至于无为。（《为学日益篇》，第37页）

无为微妙，周以密矣；滑淖安静，无不制矣；生息聪明，巧利察矣；通达万方，无不溉矣。故曰：有为之元，万事之母也。圣人得之，与物反矣。（《天下有始篇》，第48页）

人主诚能事无事之事，则天下无效无象，无知无识，不赏不与，万民自富。

人主之政，布德施利，明目察察，万民昭昭，皆知祸福，孝悌仁义，万事差别，偟偟徽徽，知伪缺缺，故失所安，性命天绝。[1]（《以正治国篇》，第64页）

① 这段话译为："君主施政，播撒恩德施予利益，擦亮眼睛洞察一切，则万民明辨事理，都知祸福，行孝悌仁义，辨万事差别，谨小慎微，知错负疚，因此而失去安宁，性命自然灭绝。"（《指归》译注本，第188页）此译不够通顺，明眼人主播施德利以行政、使万民明事理与知祸福，以孝悌仁义原则范导自己并辨别万事差异，其态度谨慎、认知缺失、行动如何未说，结果是不能安身立命，这人主与民众、民众与仁义、仁义与事务、事务与命运的社会生活逻辑推证链条明显断裂，因而人主的德利由万民明察祸福、此孝悌仁义是万事分别的社会原理、其生活态度是慎终追远即谨慎作为而文化认知是礼乐美善即粉饰缺陷、行动过程是安全无保障而命运后果是出路断绝，即以德利仁义行事使人的知有伪与缺、行有失与危、命有损与绝。这是对汉儒政治作为与理念的反思与批判，以求人的性命自然归真与道德自觉导善。

事情自达，万物自通。莫之为吉，莫之为凶。天下荡荡，莫之其常。(《方而不割篇》，第 66 页)

民之所以离安去生而难治者，以其知也。民知则欲生，欲生则事始，事始则（坊）［功］名作，功名作则忿争起，忿争起则大奸生，大奸生则难治矣。(《善为道者篇》，第 83 页)

无为，遂事之声也；遂事，无为之响也。智巧，扰乱之罗也；有为，败事之网也。[①] (《知不知篇》，第 96—97 页)

故智者见之谓之智，仁者见之谓之仁，天下以之，日夜不释，莫之能睹。夫何故哉？以其生物微而成事妙也。(《天之道篇》，第 112 页)

大致归纳上述理路，是无事→事→万事→成事→遂事→败事→无事即：无事是人的生命最初与生活开始，也是人的命运归宿与事业终结；是人主的心灵执念（诚）与行动突破（能），是天下万民富足的效象、知识、赏与的根据，是无为的通达与有为的基元，是万事的酝酿也是万物的回归；作为大丈夫的人，成长在天地自然间，成熟于古今社会中，不能强制性命在礼义规范，当体会时变的精微与取舍的要领，因应事物的转化、不预设必然过程结果。人来自无事，归趋无事，中间有事。此无事揭示的，是所有个体努力与创造，是事的文化与物化之融通。简化为无事→有事→无事；其有事，本无事；无事，实有事；事之虚实，可有可无，未成定式；自如其事，当时行事，过期废事，始终无事。

---

① 其《老子》注："愚以无为，若形与声，本也，故能生智巧；有为，若影与响，末也，故乱败。"(《指归》校笺本，第 183 页；这段文字及其断句都依此书)

如果无事，又怎么有事、或如何生事？不可预设的是事，事情与万物一样，自己通达天下的常变、为可，可吉祥、也可凶险，自然如此，不是人力能更改、人文能固定。圣人明白这事理，以无为处事与不言行教；民众因生活欲望躁动与文化知识规划，不得安生与调治。事之变无、变有的不可预料，推引可自然，又从圣人无为、对比俗众有为、得出为无为，进而“事无事之事”是“事主”“有为之元，万事之母”，可自因、自生、自成、自治、自通、自达、自富、自足。此推无事之事是主事（即首要事）、生元（生命元素）、因母（总原因），有事之事是客事（次要事）、活体（活动实体）、果子（分结果），可见事是融贯性的自化关联与对象性的他做成就、关联由自己完全绽放、成就随他者局部交接。有事是人类生活的故事与事故，其具事的动静、多少、成败，以见器的虚实、大小、能效。事之始，是有事，终成无事，有无之间是万事成、遂、败。成事与生物一样微妙，智者与仁者各有见解。这样成事是无为而非有为，是自然而非自觉，是生命成长而非文化成就，是顺遂一切、非逆反所有。成事是遂事，遂事与无为是响与声的关系，无为是自然之声、遂事是此声之响。此事成败的遂与违，常用万事表征来评断是非得失，含一事分万事至无限事、万事合一事为有限事的两种极端表达，但多少事的分判是经验的审计、并不是超越的觉解。就此讲“万事差别”，在人主的德利、万民的祸福、仁义的原则、心知的缺失、身行的效验与命运的出路，不单是施政手段与过程、受众明察与昭示、认知是非与取舍、身心反应与顺遂、结局满足与圆润。其根据在无为无事，无为微妙周密、安静全制、聪明察识、通畅普适，无事与无为一样；其有为有事是效应，有为得预设目标、学习智巧或知故或言教、构建网罗、遵循礼义，有事与有为一样；总是以无事为本源、重点、规引与归结，有事作枝节、琐碎、试验与经历。就事而言，无事是人的生命过程发展的始终超越，有事是其生活创造成果的系统局限。此以无事的超越、引领有事的局限，且将自觉生活的器用、引向自然生命的道体，这是其器事本体意涵的可能启示。

由此器械与神器或大器，对照无事与有事，二者结合于人类社会存在基础与发展大业，有效建构经验生活的群体表征并推绎文化生命的整体超越。此器、事都有经验与超越的可能与现实，二者关系如道与德、天与地、意与欲、言与教等错综联结，主核在器、以事彰显生活。《指归》推重神器与无事，而不是器械与有事，它关心经验如何超越发展与超越怎样经验存在，不是经验内容如何与超越结果怎样。

三 器事的本职是人承载的自然

笔者在理论认知上探讨器事的内涵、表征与关联及其规则后，它的生活职责或任务是什么？前有“分职”落实、作“职分”，又讲物类的本分、示“道分”。实的职分、虚拟得人类价值认可的位分，虚的道分、实体化为宇宙生命的性分。在虚实结合的器事创造中，赋予其经验要素的价值评估与超越诉求的实质支撑，其价值评估是方法认知的人文成果所兑现的社会意义，其实质支撑是本体诉求的生命存在所绽放的自然完全。或，以大器为器的理想与实际之划界，致虚是神器，成无限超越的本体寄托，如自然、道德等；落实是器械，作经验限定的具体应用如车、室等。二者融合为大器，可动可静，动在时空内不断创制、可能是其历史段落的特殊成就，静到时空外或超时空的恒定存在、处于现实领域的莫测变化。此得，器可大成于无事经营的神境、为命运维系的准绳，也可小成于有事造作的人间、为名利牵绊的实物。器事这大至无的超越期望与小至有的经验过程，求中至效的生活受用之凭据与方式，有命根寻证与人体炼养的双重意蕴。此以《指归》释《老子》之“民多利器，国家滋昏”“不敢为天下先，故能成器长”① 句为据，即：

> 夫起福生利，成功遂事，备物致用，使人大富，天下奢僭，财货不足，民人愈丑。福满山泽，金玉成积，国愈不安，民益少利。饰智相愚，以诈相要，防堤邪淫，奸伪之路密。分别同异，是非之变众，则国家昏而政事衰。（《以正治国篇》，第63页）
>
> 故得道之士则不然，体虚积慈，视物如己；检形促容②，归于微纤；玄默托后，不为物先；合和顺理，以应自然；动静与众反，出入异门户；不以勇勇，故不怒而天下恐；不以

① 《老子》楚简本有“利器”说、无“成器长”句（参见丁四新：《郭店楚竹书〈老子〉校注》，第158页），其汉帛书甲本作“能为成事长”、乙本改“事”作“器”（参见高明撰：《帛书老子校注》，第161页）；到了河上公释作“利器者权也”“成器长，谓得道人也”（参见王卡点校：《老子道德经河上公章句》，第221、263页），王弼注“利器，凡所以利己之器也”“能立成器为天下利，为物之长也”（见楼宇烈校释：《老子道德经注校释》，第149、170页）。这表明西汉有“器”“事”的互用、发明其意，但河上公注解其为政治上的利器即权与人生中的成器即道、王弼却释为生活上的利器与事物中的成器，后者更具实际器物的普遍存在义、前者更具抽象把握的笼统认知义。

② 《指归》译注本中将此检更为“捡（或字误）”，译作“约束”，引《汉书·黄霸传》“郡事皆以义法令捡式”、其注“捡”为“局也”（见该书第262页）；若依《老子》第六十七章的经文，或为俭，此检、捡、俭三字在人为的意义上是否一致呢？

> 广广，故不施而天下往；不以先先，故不言而天下长。是故，出慈入勇，出俭入广，释后且先，反和逆神，动违自然：福与之远，祸与之邻，大命以绝，神气散分，天地不能安，道德不能存。临死不觉，怨命尤天。非命薄也，非人贼也，安骄乐势，废道而上力也。(《天下谓我篇》，第 89 页)

此未解释民众的利器有哪些，是怎么造的，具体该如何操作与改进，能解决什么样的实际问题，它更关心的是这些利器投入生活实践后的福利、事功、物用与人的富足、动态、表现，以及引起一系列糟糕的社会反应与国家衰败之困境，从而彻底、有效地化解这种困惑与困境。利器创造福果的同时也制造祸因，产生利益的同时也带来危害，成遂事功的同时也败坏道德（广义的，非止人伦狭义），提供资源的同时也准备污染，指明用途的同时也显示麻烦，满足享受的同时也导致奢侈，美饰言行的同时也丑化民人。即祸福、利害、成败、取舍、用废、盈缺、美丑等，是器的利钝两面的双向作为与正反响应，它绝没有成为完全如意的甚至也不可能永远保持美好的生活事物，这是经验之器的局限性、破坏性、罪恶性，也是其时效性、建设性、方便性。因而利器不是人的生活目的，是他的特殊手段，不能作为普遍追求与终极归宿。否则，福泽满山遍地，金玉珠宝堆积满家全国，国家并不安定，民众也未受益，反而智愚伪饰、欺诈威胁、邪淫泛滥、奸佞横行、差异悬殊、是非纷争、国政颓废、大众昏聩、祸事连连。这突出器不利于人存在与发展的一面以求道的对治。“成器长”的是“得道之士”，他凭“慈、俭、后”得“勇、广、先”，不尽力铺张“器”的对象性作为与功利性结果，而自然融合“物”的整体性存在与无限性发展，因而自身能虚怀若谷地容纳一切、归趋微妙变化、不争功名利禄、动静出入“合和顺理”。在常靠文明器物提引社会群体的生活勇气、广阔前景与大众福利上，此三宝不怒争、不施恩、不言利却能使天下敬畏(恐)、向往与成全，这是道的智慧与自然的力量在士的身上的良性表征与循环。若反其道而行之，人勇敢、放纵、优先地追求生活功利，违背自然而自觉祸福、是非、得失、成败，结果是丧失生命圆满和谐与无为精神、支离破碎现状、天地震荡不安、道德荒废不存、临死执迷不悟、习惯忧天怨命、苟且安乐形势、推扬人力智识、菲薄自然之真道、夸耀俗世之善文、导入万劫深渊。这从得道者的慈俭后理念上认肯器长的成，在其自然的宇宙生命之道的顺遂实践，它的败或毁在自觉的文化生命之功的利害实现。利器的疏解是从功效上否认其合理的满足，应节制其合当的作为，为人在道能超越经验之器提示出路与愿景。因而，慈俭后三宝是人应自觉成就的文化生活大器，自然升越为其宇宙生命神器，勇广先三为是人需特别制约的文化生命利器，全面防止其故意张扬社会事业器械。这种器的锋利功效与恬淡理念之正反推证的目标是，经验的利器不可发挥功能到它极致、埋下国家与人类毁灭的祸根，超越的神器始终要保持其功德的道义、须彰显生命生活自然的真谛。这种自然真谛，难道倡导人们取消文化社会的自觉创造与完善进取吗？下面以事，略补充《指归》的有关论证。

堂堂之业而不喻于众庶，栖栖之事不悦于大丈夫。鸟兽并兴，各有所趋。群士经世，各有所归。是以捐聪明，弃智虑，反归真朴。(《上士闻道篇》，第 13 页)

饰文益事，务以相序也。(《为学日益篇》，第 37 页)

> 治之于身……重神爱气，轻物细名……精神专固，生生青青……治之于家……事业修治，常有余财……治之于乡……曲直异理，是非自得……职修名荣，称为君子，常有余德……治之于国……百官乐职，万事自然……道德有余，与天为常。治之于天下……功与道伦，宇内反真，无事无忧，太平自兴。(《善建篇》，第53—54页)
>
> 不知人，则无以通事，不通事，则无以交世。……任官奉职，事上临下，成人之业，继人之后，施之万民，莫过乎可久。(宋陈景元《道德真经藏室纂微篇》引，《知人者智篇》，第144—145页)

此见堂正、辉煌、安乐、心念的人间事业，不能使大众明白真朴的生命道理，不能让大丈夫满意繁杂的生活事务，反而是歪扭、冷清、悲戚、生灭的天地事物，给大众与大丈夫的自然生命启迪与自觉生活改造的可能与现实。鸟兽兴盛与衰落都有无力逃避的生命归趋，现实是群士制器经世致用、有其无法选择的生活归结。这种可能与现实的生命与生活归往中，人的聪明智虑是无计可施也徒劳无功，真懂得并落实适可而止，是深谋远虑的明智之举与身体力行的福德之利。由此治身、治家、治乡、治国、治天下，巩固生命精神而生生不息、青春蓬勃、不为外物与功名扰乱心神明澈与血气畅通，修治生活事业而满足所实际拥有的财富、不贪求额外臆想的奢华，清楚个人与社会的是非曲直的文化道理而保留职位与名禄、做道德君子而非势利小人，调配百官职务适当、能人尽其才、才尽其用、用尽其善、善得其真、真归自然、自然推引道德、道德维护恒常，完成事功与道德的匹配、促进整个宇宙太平无事。这是从自身的事物之精神巩固，到家庭与家族的事业之财富创造，再到乡土或地域的事理之是非评判，进而到国家或王国的万事之道德职责，最后归于天下或人间的无事之自然太平。这可视为广义推阐的器物受事业目标引领、事理规范统系、事务职责承担后的命道发展。当然，在《指归》注解《老子》经文的狭义经验诠释中，先是自身与器物融为一体而固精神，次为家庭与事业结合开创而有余财、乡域与事理对治是非而有余德、邦国与事务职守道德而得自然、天下与无事回归真朴而兴太平，专注于身、家、乡、国、天下的器事之神、财、德、道、真的生命恒常衍化与生活日常把握，反而对现实社会的表征、器技、业务、责任、成就，与文化历史的意欲、智识、名义、经典、谱系的事实细节澄清与价值正当要求，不够具体完整。由此，器事的个人与社会生活诉求，大业与正事是经世的象征与真朴的根系，其文饰各种事务的收益与损失是人生职责也是活动顺序，人只有通过这些实际事务与事业，了解他者、熟悉俗世、承担使命、履行责任、造福万民、训导后人、期望顺遂、归结时局。因而器事有生活事务与事业及事理的文化自觉承担之经验作为，也有生命事物与道德的本真自然融通之超越可能。在这种经验与超越的双重浑融理解下的器事，其本职是实际的生活业务，也是本真的生命道德。《指归》对生活业务的细节内容未作系统考察、提出实效的原理构造，也未对生命道德的变化过程、做完整的资料分析、创建稳定的研究模式，主要在历史与现实的松散生活经验感知中玄通其文化要领与生命真谛，这是传统思想的社会生活觉解优势与自然生命困惑通病。其优越性体现在文化历史教训悠久、高明、丰厚、连续、圆足，其局限性拘束在生命的现实经验肤浅、狭隘、零碎、断裂、缺失。在科学实验与成果垄断了今天生活时空进展的人们，仍难彻底超脱这种局限和扬弃这类优越。

胡伟希曾以原器为题①，直接把所有的器，限制在人工、人为、人文、人生的理想世界与现实领地，以其实用、规范、象征的社会生活功能，与实、虚、隐的文化生命表达，确认其形上的整体超越与形下的具体丰富。吴卫以明末生活的特殊器具造作情况为例②，完全依器械的基本理念、技术设计、功能认识、实际应用、造型审美等，对人工制造的器械在经验层面的指导原则、行动过程、期望效果、整体把握作系统考察。冯友兰《新事论》以求解“实际问题”姿态，总体上接续研究“真际”“共名”“大全”③ 的《新理学》认知思路，其事论的理路以事物殊共、明事项层次、别事实内涵、处置具体事务、掌握事态发展、护育儿女情事、传播技能事功、成全文艺美事、规范事情运作、书写

① 器“专指‘人工制作’之物”，按功能分为“实用之器”“规范之器”“象征之器”，以形态分“实形之器”“虚拟之器”“隐形之器”，此功能与形态的认知划分是求器相对适中的“理想类型”，可展示“道”“技”“人的主体性”的形上维度，能以器之生活经验的“具体性与丰富性”获得其生命大道的“超越性”。参见胡伟希：《原器》，《河北学刊》2014 年第 6 期，第 1—4、7 页。

② 吴卫归纳为“文化思想层面的①‘崇实黜虚 致用厚生’、②‘人为物本 物因人用’；设计技巧层面的③‘工役俱省 简易捷利’、④‘假物役机 凭智巧先’；造物认识层面的⑤‘随地所宜 观物取辨’；以及技术美学层面的⑥‘器完不饰 素朴质真’等四个层面、六大特征”。参见其《器以象制 象以圜生——明末中国传统升水器械设计思想研究》，清华大学 2004 年博士学位论文，第 150 页。

③ “真际”是“本然”之有、“实际”是“自然”之存在，实“必有真”而真“不必有实”也“未必不虚”，“真际作形式底肯定”且“其肯定是逻辑底，而不是经验底”，“从类之观点”看“真际是一大共名”“其类包括一切”，由“全之观点看”“真际作一整个而思之”、是“全或大全”即“宇宙之观念”。参见冯友兰：《新理学》，第 16、33、38、40—41 页。

前后史事、乐观对待战事、促进社会好事。[1] 此新事论比胡氏原器说，更系统、厚实、完整、高远，但相对个体的人生琐事、群体的国家大事、整体的自然无事与网络时代大数据的事事新闻关联及科技创新点滴程序指认的器械感应，此事论与器说及其应用都太粗疏。因而器事的讨论，不仅要合理化的人文疏证与合法化的社会规导，更需要合适化的自觉效验与合道化的自然发展。

前述《指归》，对此有深刻反思与通透检讨及矛盾说解，反思其器事、言教、意欲的相识与人类、万物、天地的相生，如何回归到太和、神明、道德、自然的相因，通达生命我的上下、前后、左右、内外绽放与统合；这相识、相生、相因系列的涵摄错综交织甚至彼此替代，在经验认知上造成自然隐于生命以气、物、器融贯所有与展现一切，推举道德显于生活以神、人、文而化解实存与洞察虚无，从而使道德归属人文的历史绝对精神（汉儒）、抽离自然的现实相对具体（黄老），出现仁义礼智信为人类社会纲常内核的文化生命、其宰制道生—德养—物形—器成的宇宙生命的危局与执念。这是严遵忧虑与排解的历史文化包袱与现实生活负担，求生命的自觉修正与自然回归，所以他始终把自然放在第一因与终极果上，其他论证都从此出发又归结于此。

---

① 其书对人类社会生活里殊异事物“某类”“某性”“同理”的古今中西“文质”判分，诸事项的逻辑层次考察，既成事实的城乡区划，个体事务“生产家庭化”与“生产社会化”处置，家国事态发展的“忠孝”关怀疏导，“事亲”的妇女儿童问题分析，事“师”的学校教化互动方式，事“情”的艺术感觉与文学赏识，事情的特殊性表现与普遍性规定，事前“继往”与事后“开来”以构历史，事“争斗的精神”而不是“无逸的精神”以抗战与建设，事“道德”以求“好”“组织社会”却缺乏西方“文化底知识、技术、工业”，做传统经验生活总结与现代文化生命提引，应对当时的民族救亡与思想启蒙。参见冯友兰：《新事论：中国到自由之路》，北京：北京大学出版社，2014 年，第 3、7、13、27、48、63、81、101、138、149、177、183、217、221、237、239 页。

就此看《指归》主旨论证，它总在宇宙生命现实中永久守护人的本根与本真，不去文化生命历史中刻意夸张其主干与至善，这是它与以《春秋繁露》为代表的汉儒哲学思想的关键分歧。

综述本章要领，《指归》以释解《老子》“大器”的整体涵摄与无限超越，可推阐其事的自在神器、自为用器、自觉文器，求证器事的内容识解在言教的规范整理。此大器与器械，造就器事各种实有的生活经验表征与内蕴及过程，还有其完全虚无的生命超越可能与实现及结果，二者错综在历史认知条件下合适对接与合理转化。它没有具体考察器与事的详情、技术、成因与效果，主旨在自然无限融贯、而非自觉特定铸造。此器事是传统社会可道与可名的生活方术的实践杰作与价值模塑，欲彰显宇宙生命的智识与愿景。因而在世俗社会中，此器事指明的方术有技术化的可能倾向与功能兑现，其意欲提示的方术有心术化的自由谋划与自觉规划，言教展呈的方术有主术化的应世方式与经世策略。此三术是人文生活世界的三根支柱，一是心灵支柱、提供意义资助，二是言语支柱、提供教化内容，三是器械支柱、提供事业基础。因而意、言、器是人文生活实体，其有形的方法认知进路与自然的本体期许表征。此意为人心思的本而得心灵生命的体、应文化生活的用，以其欲为特殊观念行动的方、制普遍事物遵循的法去履行人们的职责、任务、使命，这是意欲在心的本、体、用之意与其在口的方、法之欲的实际融贯推证。同样可推，言（此人文教的本而得文化生命的体、应社会生活的用）与教（具体理论传导的方，成抽象存在规引的法）、器（此人事务的本而得自然生命的体、应现实生活的用）与事（个体生活成就的方，定群体事业合作的法），可如此融贯成口述与指令的言教、手工与足行的器事之综合系统，这二者与心思、自信的意欲之缤纷图谱，共造人文世界的确切与灿烂。

结语　《老子指归》哲学的要领统摄、认识定位与思想融贯

本书主要研讨西汉中后期隐士严遵著述的《指归》文本思想，它可能与应当具有的哲学观念建构的前情、理路、理据、素材与经术。其前情分为三种即作者认知情况、文本认知情况、研究认知情况，也即了解严遵生平事迹与总体评价、《指归》一书的可能成型与实际变形、当代学人对此理论探讨的诸多认知成果。由此，我们可更深入展开《指归》的“形”哲学方法论的认知原型与理路，系统推阐其“自然”哲学本体论的理据、素材、经术的要点、关联与整全图谱。它的原型指认是从“形”的“无”到“有”再到“可”的特别确指，总体思路是形、象、名、分的依序推引，基本理据是证立的自然、道德、神明四本、太和，关键素材是落实的天地、万物、人类三体，适用经术是识解的意欲、言教、器事三用，要点把握是自然的生命我、虚无的太和气、实有的客观物与适可的人心意之系列推理，关系说明是形上之相因、形中之相生、形下之相识的综合阐释，整全可

能是宇宙生命融贯所有、开显形物世界与人文世界。这种哲学分析的观念图谱，在传统文本思想资料的可能意蕴解读中，在当代学术认知语境的应当合适期许里。据此可能诠释与应当诉求，笔者完成《指归》理论构造模型与应用范围的探讨，模型是其哲学本体与方法的互化互融楷式，范围是生命、现实、历史三个世界。

一 《老子指归》哲学要点归纳及得失检讨

迄今为止，《指归》哲学研究逐渐繁富到各个认知领域的枝节问题，也高度概括成一些特别重要的专题阐释，但本书专注其方法论与本体论的融贯推阐。此方法建构的最大启示来自形名方法反思与无不思维方式，得形名融通法。此本体建构的内在动力是对形之上、中、下的判分，对应于文本观念的自然主旨之虚无、实有、适可的宇宙生命说解，可解释形上的生命世界的道德、神明、太和的性（命）、能（运）、质（体）的系列研判，可说明形中的现实世界的天地、万物、人类的大、中、小的连续区分，可诠解形下的人类历史世界的意欲、言教、器事的心（内）、口（中）、手（外）的特殊分判，如此得其融贯证明。之前虽有诸多学者把自然原因与本体的观点推扬，但他们的论证要么太简，归宗老子的道本体，要么太虚，追踪到王弼的无本体，要么太实，投靠到汉儒的人性善恶。基于这种研究现状，本书重新反思其方法与本体的内涵与关联，力证成一完整融贯的哲学认知体系。现将本书研究要点与要领归纳，并检讨其得失。

第一章是严遵其人与《指归》其书，重在其思想认知的原初生活基础与文本基础的建构。先以相关记载与评说来讲述作者的事迹、功德与精神，再以系列考证辨析其文本、并以《经目》《总序》阐明其篇章布局与理论宗旨，此揭示原创者生活背景与其思想文本的构型、大要。这是关于作者与文本的前情。另一种是研究综述提供，与前二者同构《指归》哲学认知基础，其大致分为，纷呈多元本体与多种方法的基本观念萌芽期，聚焦在自然生命世界观与无不融通的思维方式探索期，定格在西方哲学认识标准与中国民族精神内涵的传统理念转进期，开启形名观与道本体宇宙论的创新意识腾飞期。这方法与本体的诠解，大多惯以抽象的概念本体论，设定其具体论证的永远适用原则，笼统铺张其负的方法与大体信任其正的方法的绝对统摄，全面推证其理论建构的长期可靠程序，结果是要么本体与方法二分得断裂、求纯粹，要么偏重其一、不协调、难融通。这直接面临三个制约《指归》哲学深度探讨的关键性疑难即：一是我们凭什么走出方法认知的数理逻辑系统的定量化分析，与核心内容的局部理解的完全格式化统摄，共同突围西方哲学命题的判断标准的理论造型困局；二是我们怎样适度清除唯一本体的绝对证明的纯粹的概念化抽象，与实践路径的相对把握的实效的多元化具体，所终极信守的主客二分思维隔离带来的理论认知困扰；三是我们如何彻底解决思想追求的境界无限融入精神化的超越，与生命存在的发展条件可能得物质化的验证，从而反复纠结在人类社会生活滋养的现实融通困境。这哲学理论困局、认知困扰与现实困境，为本书提供研究的问题契机、思想突破口与理论目标。

第二、三章是对《指归》的“形”哲学方法论的原型证明与理路开显。先是原形确认，此由生命事物的变化、体验、规范推得其无常形、有真体与可度制，进而由自然的“根”“行”、道德的“性”“心”与万物的“刑”“型”推测其存在方式与发展样态，再由“形”的比较、本真、呈现的方式识别其可能表征与应当蕴涵。此得其无形的生命理则、有形的现实造型与可形的适当识别，这是其哲学方法论的可能性求证。次为它的理路求解，这由“象”“名”“分”三者推引形物的“法式”“正实”“度数”，得三种认知进路即无象→法象→自象→饰象、正法→正名→正实、分理→分度→分类→分数→分职，合成其哲学的总体认知理路即形→象→名→分。该理路，求证目测的物形、成心思的意象、作求实的名符、为观念的分判，是其方法的内涵、形式、标尺与全程的审视，这是其哲学方法论的现实性解释。由此可能性求证与现实性解释，我们可得方法认知的理则、造型、路径、内涵、形式与过程，理则是自然、造型是形物、路径是人文、内涵是意象、形式是名分、过程是无限，其推重宇宙生命的自然恒在、无限融通一切认识可能与现实，不是概念思维的自觉创构、限定解析对象存在与关系演绎。此哲学方法面临的最大认知疑难是，自然与自觉的恒定原则建立与细化程序怎么明确，即形与象、形与名、形与分、象与名、象与分、名与分及其他是如何必然推导出彼此的内涵与关联，不是实然的经验总结的概要与应然的超越理解的赋值。也可说，在哲学每个主要观念的逻辑推演环节上不够严谨、规范，但大致提供其可能无限的意象空间与现实指定的名分证明。这意味着，传统中国哲学资源里有负的方法与正的方法，并非全靠生命直觉体证的生活工夫，理应是正负统合融贯的“形”方法论，此能在思维层面推出亚里士多德的形式逻辑，也实际支撑形名观念维系中华民族的传统社会生活。

立足于此，《指归》哲学的方法本体化与本体方法化是可能的，也是可行的。此二者是生命融通，不是文化沟通，更不是思维会通，但它不排斥后二者的沟通与会通，是其得以成行的理论认知基础与生活经验保障。这是本书研究的亮点之一。

第四、五、六章是《指归》的“自然”哲学本体论的生命理据、素材、经术的系统探讨，全名叫“自然、虚无、实有、适可”的宇宙生命本体论的形上证立、形中落实与形下虚拟或期许。这是自然本体论证的总理路即虚无→实有→适可，开显的两条认知进路即虚→实→适与无→有→可。虚无内含道德、神明、太和，实有内含天地、万物、人类，适可内含意欲、言教、器事。此因虚无而全、拥有完整的生命世界，因实有而现、展呈真切的形物世界，因适可而愿、期望美善的人文世界。先是自然本因的证明，总论其意涵，推论其古今义、虚实体、内外用、因应和，证得生命我，即道我、德我、本我、自我、然我；由此推演道德的原因、内涵、理路与神明的原因、核心、本能，及太和的原因、实质、本状；并在宇宙生命的归因上，推绎出其自然本因、道德本性、神明本能、太和本质、万物本状的整体融贯与无限统合。再是自然本体落实到形物世界，讲解天地的产生、意涵、能限与物的生成、内涵、分合，及人的始源、认知与本智，其关键在天、物、人一体、一贯，为大、中、小，是宇宙生命素材。最后是自然本体觉解人文世界，讲意欲、言教、器事之术用，及其本义、本文、本职归宗于自然。此自然的本因在我、道德的本性在虚、神明的本能在灵、太和的本质在气，构成《指归》哲学本体之四本。其体在物，大至天地、涵摄无限以归根自然，小至人类、明白局限以凸显自然，其间万物、普遍流行以表征自然，此得《指归》的天、物、人三体。其用在术，主要是人的意欲、涵养心术、开示智术，言教明达主术、规范法术，器事提供方术、统系道术，三者合谋为治术、典制经术即经营人文世界的办法，这是《指归》的意、言、器三用。由此，我们可对《指归》的方法与本体作规整，其始于形以通无、成于象以明有、定于名以行文、分于理以推因、本于自然以为据、体于万物以作材、用于人以谋术、合于全以统众，这是其文本思想释读哲学方法、本体融通的证解要诀。

对以上所论，略谈其得失即：首先在《指归》思想的作者、文本、研究认知基础上作哲学系统创构，疑难处是人物事迹简略、文献资料残补、学术标准疏阔，补救可能是精细的相关资料比对与完整的理论基础探索，问题集中反映在其哲学方法与本体的相对全面理解与更加深度考察。其次，是哲学方法认知，主要证明其原型与理路，现有研究症结在古今认识方法是否完全一致、中西分析范式是否在相同条件证立，破解策略是用中国古典文本推阐其内核，解说局限在现代语言习惯表达怎样融洽传统思想世界。最后是哲学本体推证，重心在确认自然之本、万物之体与人之术用，其理论困境是古今中西的本体承诺异同怎么统合一个认知谱系，有效手段是借宇宙生命的虚无、实有、适可之自然重构其意蕴，存留缺憾是生命本源浇灌生活支流、非人的才力与智识能彻底完成与清楚。此残缺的认知基础、疑难的形的方法说解与自然的本体推证，为本书哲学研究提供可靠根据、可能理路与希望目标。

二　《老子指归》哲学的理论贡献与价值定位

我们可从汉代思想史或哲学史、老学史、道家哲学发展史、传统中国哲学史等多方面了解《指归》哲学的理论贡献，再结合本书研究要点、理路、理据与其观念谱系，界认其可能的价值创造。下面从哲学史与哲学及二者意向纵横的思想谱系，辨识其哲学认知的优长与缺失。

（一）《老子指归》的哲学史定位

从早期冯友兰的《中国哲学史》到中期劳思光的《新编中国哲学史》，以及近期冯达文、郭齐勇等主编的《新编中国哲学史》，再从侯外庐等的《中国思想通史》到徐复观的《两汉思想史》、周桂钿的《秦汉思想史》等，都未提及严遵或《指归》的哲学思想资料与要点。[①] 仅见祝瑞开、金春峰、熊铁基、陈广忠等在其思想史或哲学史著作，有专章或专节讨论与简评，可参前面综述及注释。

祝瑞开认为严遵"'道开虚无'的思辨哲学和以我为中心的人生、政治哲学"，"在中国哲学史上是一个重要的中间环节"，有很重要地位，其继承发展"先秦老、庄的消极、无为的思想"并结合"儒、法的名分、中庸调和、刑名法术等"成"一个新的独特的思想体系"，并"对扬雄的'太玄'和魏晋玄学都有影

① 除已注解，另有冯友兰：《中国哲学史》（下），北京：三联书店，2009 年；侯外庐、赵纪彬、杜国庠：《中国思想通史（第一卷）》，北京：人民出版社，2011 年；冯达文、郭齐勇主编：《新编中国哲学史（上册）》，北京：人民出版社，2004 年；周桂钿：《秦汉思想史（上）》，福州：福建教育出版社，2015 年。

响”，为后者先声与重要渊源。[①] 这认可其本体思辨哲学与我的人生哲学、政治哲学的中转作用与创新可能，它上承老庄思想而调和儒法观念成一新体系、又下启扬雄学说与魏晋玄学阐发。这是大多数研究者对《指归》思想内容与功能的基本看法。此哲学认知体系有独特性也有消极性，其独特在前后观念的比对中凸显虚无之道的整全统摄，其消极因素在老庄思想推阐无为避世的苟且活法。这种独创性集聚在道观念的虚无本体思辨，与现世主体我的超逸人生政治观照里，重无限的开悟与实在的解脱，但其消极因素广泛蔓延到社会生活实践与文化理念传播中，造成的危害更大、影响深远。这在本体论的价值创造上笼统呼应本书研究的总体判断，即《指归》在“自然”哲学本体论上独创完整的宇宙生命认知系统，未合当阐明这种理论创造的核心观念如何辐射前后思想要素，反而走向粗疏的方法论解读、零散的人生保全智慧与宏大的政治事业展望，沉陷概念逻辑分析的抽象虚无本体与传统社会生活的具体局限表现。这是以老庄无为的道，作哲学本体的核心论证，有效承载的思想中介的桥梁作用与意义，是依附在老子的道本体论下的虚无义的明证。这是误解整体超越的生命我与局部经验的生活我所映射的观念幻象，前者为自然而生命融贯虚无、实有、适可以启示事物存在与发展的大全、实现、愿望，后者为自觉而生活认知眼前、回忆过往、推测将来以求现实与历史的套圈、残斑、遗憾；后者靠人文虚设的道、构建执着生活出路，张扬庸俗我的人生政治事务与事业；前者据自然虚无的道、造化恒变生命轨迹，推崇神圣我的宇宙无限可能与本真。这

① 参见祝瑞开：《两汉思想史》，第200、201页。

是它承上启下、继往开来的生命根基，在哲学观念认知史中成活的文化因素、渗透前后思想世界。所以，《指归》不是以虚无的道与我的人生，赢得其应有的历史地位或名分以框限现实希望；它是以自然的道德与我的生命，获取其本有的现实作用以护持历史远航。

熊铁基等人也认同《指归》思想在哲学史的中间环节地位、以《老》《庄》《易》的观念认知直接影响玄学的思想建构[①]，又认为作者严遵是“秦汉新道家的”“突出代表”、上承老子的“宇宙本原”之道“把‘虚无’、‘自然’推向极端”、颇似“魏晋玄学本体论思想”[②]，熊的弟子刘玲娣发挥其“虚无之论更契合玄学的哲理思辨”、与河上公注一样“用道的虚无解释道的无为”、是对《老子》与“汉代黄老学”的“道论和宇宙论”的“继承和发展”[③]。陈广忠等具体解释“王弼、何晏以‘无为本’的玄学思想”植根于《指归》“‘虚’、‘无’理论”[④]，黄留珠等也持其“道”的“思辨论证”的“承前启后、继往开来的重要作用”、是“汉代道家思想转变为魏晋何、王哲学的中间环节”[⑤]。这依然肯定其思想承续老子的宇宙本原之道的虚无义、启引何王玄学的无本体论发展，更强调其虚无自然义的根本作用

① 玄学直接源自《老》《庄》《易》，其思想链条“不可能是断断续续”，《指归》“当是其中的一个环节”，此应是它“在哲学史上的地位，也是其在老学思想史上的地位”。参见熊铁基等著：《中国老学史》，第176页。

② 参见熊铁基：《秦汉新道家》，上海：上海人民出版社，2001年，第386、392、397页。

③ 参见刘玲娣等：《秦汉道家与道教》，第144、146、150页。

④ 参见陈广忠等：《道家与中国哲学（汉代卷）》，第264页。

⑤ 参见张岂之主编，黄留珠（分卷主编）：《中国思想学说史·秦汉卷》，桂林：广西师范大学出版社，2006年，第225页。

并增补其汉代黄老道家新身份，以及老庄易文本与河上公的老子注的思想顺承关系。这更注重前后思想学说依据的经典文本观念要点的相关性推证，在时差上缩短其社会生活的情景疏隔、在理解上发掘其思想源泉的学派关联。即严遵是西汉黄老道家的代表人物，其作品《指归》是承上启下的关键性认识枢纽。这是严遵其人其书在上下学术流派中的大致定位，倾心于道的虚无的哲学史意义，依旧忽视或低估其自然的生命地位与作用，未给予其系统建构的开创可能与现实的价值认同。

综上可说，严遵《指归》哲学本体论的虚无自然义是一个独创性的证明，其思想认知系统起到承先启后的作用与意义，他是老庄易之学说的传人、汉代黄老道家的代表人物与魏晋玄学的先驱。

（二）《老子指归》的哲学定位

其哲学定位如同哲学史的地位一样，要么是老学的后裔而推阐其道本体论如杜保瑞等，要么是汉代黄老学的代表而推重其气化宇宙生成论如陈慧娟等，要么是汉代思想或哲学支流如张运华等，多为边缘性的理论存在与传承性的观念联结，未编入哲学认知序列，基本不能真正展现其哲学的独特认知。这些评判尚未明达其哲学方法论与本体论的特殊贡献，仅凭传统哲学判断标准上作出概要式的比附与习惯性的扬弃。

金春峰认为，《指归》哲学的突出贡献是“对老子自然思想做了重大发挥”，同样相信“其本体论的思辨”占“相当分量”；如前述其道即自然、主要是宇宙生成论思路的本体论阐发、属于经验类推比附，其“自然概念包含三重相互关联的含义”即万物“自形自成自生自灭”、反对宇宙某种“目的”“善”存在、

"自然是万物自己存在、生长、变化的原因、规律、根据和力量"，此自然观念针对汉代"神学目的论"有"强烈的批判和战斗的意义"。[①] 这在道的本体论思辨中，特别突出《指归》的自然观念内涵、作用与意义。但其本体证立依据是老子的道，即道是本体、道即自然、自然是本体；鲜明的认知态度是，生成论为主、本体论为辅的哲学架构；虽指出此观念塑造对汉代神学目的论的巨大冲击，未把自然放在本体的最高层级、统摄其他观念、融贯前后主要学说，这是陈尧义一直把自然当《指归》总纲领、置于道的精神之下的观念支撑。如此看其自然的本体论开创不是主要的，其生成论更有批判战斗精神与影响。此自然，是针对万物的主宰、人类的目的或善，不是超越道本身、成为本因。这让人疑惑，其是道本体的物化、解读它的虚无义、有深度阐发，还是自然生成的气化、呈现它的实有义、有适度把握？张运华讲《指归》的自然哲学有本体论思想萌芽与思辩论证方法，此自然本体的逻辑推证"与魏晋玄学存在着某种相通"、这种方法"不占主导地位"[②]。他未将其自然哲学的本体论与方法论提到应有的认识高度，是自然的宇宙生成论辅以本体论的翻版表达，对思维认知特点与理路未揭示。康中乾在此宇宙生成论与本体论之间，以"由无生有的'道'化论""以无为本的'道'本论"疏解、指认其开"郭象'独化'论思想的先河"[③]。这视作前述张岱年讲天地起源论与王德有证无本体论，及陈丽桂说老庄超越精神的矛盾反映，既在实有中连贯生命，又在虚无中实现超越或

① 参见金春峰：《汉代思想史》，第 352、356、357 页。
② 参见张运华：《先秦两汉道家思想研究》，第 271、273 页。
③ 参见康中乾：《中国古代哲学的本体论》，第 335、341、345 页。

绝对，二者相融于道本与化以自成体系即独，此为《指归》的道融贯理念指导下的生成论与本体论的断裂推证。其他说法如综述归纳的几种基本表达，终归到老子的道本体论中获得合理辩证与有效支持。

本书认为《指归》最明显的哲学创造，是其“自然”本体论的证立、落实、虚拟的系列把握，其“道德因于自然”、得“道”“德”皆因“自然”，此虚实合的“道因”有别于老子天地视域的“道生”“道法”、河上公人生视域的“道性”、王弼言意视域的“道法”以及金春峰生成论视域的“道即自然”。老子的道生向实有层面绽放万物即自然物，其道法向虚无层面追溯命根即自然神，而《管子》《庄子》《淮南子》的因循自然与适应自然统合的《指归》之道因、蕴涵其命根的虚无与万物的实有及人类经验的适可的基础思考，其自然所开示的虚无、实有、适可三种意向以证成本因、为宇宙生命本体。此与河上公注从老子道生转成道性、由万物挺立人类、更在乎长生的实际修行、遗忘道法的虚无超越即自然命，也与王弼注从老子的道法之自然转入言意、用无名替代无形、更在乎玄妙的名理对于实际的名教超越、放弃道生的形物验证即自然理，确有很大不同。后二者是老子的道观念的单向度求证其性（或生）与理（或法），决不是《指归》在此单向度求证极端虚无、指认其多元意涵的生命因或我即自然本。本在自然，没有比自然更根本的观念塑造与生命存在，而生、命、理、法的自然是把它放在道的下面作补充与延伸，自然成为本体、只有在严遵《指归》中实现。也可说，在老子的道之可能的单向度求证的指引下，严遵合此生与法、推因，得绝对超越、普遍流行与适度存在的自然全体或整体；河上公由此生、定性，得绝对自由、特殊发展、终生守护的自然个体，为现实生活个体；王弼由此法、定理，得绝对规范、超化形物、适当表征的自然群体，为历史文化群体。此证《指归》推扬老子自然观念的整体超越思想，开创其本体论的宏大气象与深透源流，即从生命整体展呈现实个体、融入历史群体的自然演绎历程。所以，自然的宇宙生命本体论，是《指归》思想在哲学中的显著创构。

其另一个明显创构是“形”哲学方法论。这在元正根的无不融通法上否定式证明自然生命世界观，在陈尧义的玄无形名法中肯定式推演其本体宇宙论；前者自觉依托于负的方法、显形于文，失落于生命直觉的洞悟、留意于识，认知困境是可意会、难言传、无法适当交流其理论要旨；后者企图凸显正的方法、落实在名，又遮蔽人文编排的意象、寄望于玄，理论难题是思路不明、内涵不定、无力具体落实其观念进程。一个执着于其形之象的无限会意而无痕、难认，有“自然”的生命本体觉悟，无“形”的思维方法认证；一个拘泥于其形之名的玄思而道虚、气禀，有“形”的思维方法引领，无“自然”的生命本体建立。二者与王弼一样，超化“形”的经验认知牵系而深入“象”之意或“名”之义或理的超越精神诉求，未对“分”之度有确切的规范认识与具体的程序设计，也不清楚“形”在人经验生活的基础地位与作用。《指归》在“反覆相过”中以“一形”开启人类的经验认知，此推得其总的理路与四条进路；前者以官能主体划分，即眼观的形、心思的象、口述的名、脑判的分；后者以宇宙的生命我证解，“我”的“形”从“无”到“有”、得“可”，物或形的“象”从“无”立“法”、由“法”悟“自”、以“自”伪“饰”，文或饰的“名”作“法”、推“理”或名、正“实”，真或实的“分”以“理”制“度”、以“度”划“类”、以“类”量“数”、以“数”称“职”。此为其方法认知的独创内涵，为本书研究推阐，也是综述各方法的统合与细化。

由此“形”哲学方法论与“自然”哲学本体论的系统建构，可知《指归》在汉代宇宙生成论为主流的观念认识形态中，其自然本体是对之前易本体、老庄的道本体、孔孟的仁本体、汉儒的气本体①的创造性统摄，对之后扬雄的玄本体、王弼的无本体、郭象的独本体②的建设性启引；其“形”方法是对老孔墨的“名”方法（即“无名”“正名”“名实”）、庄子的“言”（即三言）方法、稷下与秦汉黄老学者的“术”（见前述）方法、荀子的“分”方法、《易传》的“象”方法③的基础推进与系统整合。因而，《指归》哲学的形方法论的思维方式开显，与自然本

① 据《易传》之生生义、《老子》之道本与道化义及《庄子》之道通或气化义、《论语》中孔子为仁与归仁义及《孟子》之仁心与安宅义、董仲舒之元气说，可推证其易本体在生之全或周以统所有生、道本体在其根或原以融通或衍化其他发展、仁本体在人之心或性以觉解义理、气本体在物之元或质以流行实有。

② “玄”成“本体”、在“元”或“太”，“无”成“本体”、在“本”或“根”，“独”成“本体”、在“一”或“性”，此是“道德”为元、根、一而推玄、无、独，即道德禀赋或规定，其并非“自然”所直接赋予或化生。这些观念受汉儒的仁义道德内涵的深刻影响，反疏远黄老学者严遵的自然道德意蕴完整阐释，不过将其视作宇宙生命存在的背景与基础，它们侧重于文化生命的拓展在人的仁智与事业。

③ 由先秦诸子的形名逻辑分析得“名”为人文逻辑的主要表达方式，庄子惯用的工具性语言是大道澄明的有效话语解说，《管子》《吕氏春秋》《淮南子》等各种“术”是经世致用的具体对策施展，荀子以分为社会群体生活的度量标准、是权衡各方名利适当配置的可靠办法，《易传》取象比类以数推天地万物生成与构造、是生命事物的先天原形向后验造型的意会理路。此名与言在道的表述上相同、相通，术与分在名的理解上同义、通用，但它们在心的意涵中观物、成形、得象、拟像，这是严遵“形象名分”方法认知思想的传统观念融会之可能。

体论的生命无限融贯，是其理论认知系统在经验与超越层面的核心观念能完整建构的两根支柱。

三 《老子指归》哲学融贯前后思想学说要素

《指归》哲学是一个融贯的认知系统，不仅是它的观念要素在其内涵建构上能够互化、圆足，而且对其前后学说的理论要点能兼容、通达。这主要表现在其哲学方法论与本体论的圆融，对之前核心观念的消化与之后重要理念的启引，及其他基本概念的疏导。

（一）《老子指归》哲学方法论与本体论的圆融理解

笔者认为，《指归》哲学是“形”方法论与“自然”本体论在宇宙生命视域里的完全统一、为“气”与“物”的无限化生融合，其在文化生命视域里是彻底分裂、为“意”与“言”的特定指示称谓；此二者，在“人”的经验生活领域是局部分合、为“道”与“器”的可能价值塑造。因而只能在宇宙的大生命视野下，站在人的生活角度，通过历史经验提纯的观念因素，审查其文化内涵与思想形式，认肯其精神主旨并构建理论图谱。这是本书研究的可行性推进的大体说明。

具体说解是，其方法认知要素为形、象、名、分，总理路是形→象→名→分，化作四条进路，即无形→有形→可形、无象→法象→自象→饰象、正法→正名→正实、分理→分度→分类→分数→分职；此理路与进路，造就其方的观念原型与法的基本原则，构建其方法分析模式。其本体构成要素是本、体、用，简述为本于自然、体于万物、用于人世，展开讲是四本据、三材体、三术用；本据是自然本因、道德本性、神明本能、太和本质，材体是天地大体、万物中体、人类小体，术用是意欲心术、言教主术、器事方术；指证其本的因在我、性在虚、能在灵、质在气，由此气、化宇宙一切虚无，落成天地万物与人间万事；天、物、人一体、一贯，由此物、化天地人间实有，确定界限与追求无限；意、言、器合人、合用，由此文、化人类生活适可，设立规范与成就事业；此在形的经验认知层面可归结为形上的气、形中的物、形下的意，理论支撑其自然本体的证立、落实与期许，构筑其超越的生命世界、展呈的形物世界与觉解的人文世界。也可说在形的哲学方法判分的上、中、下的内涵诉求，拥有自然的哲学本体实际展示的三种可能，即形气、形物、形意，这是形方法的自然本体化。反过来，我们拆解其本体内涵的关键词，如自然、道德、神明、太和、天地、万物、人类、意欲、言教、器事，可得此自或我、道、神、太（或元或气）、天、物、人、意、言、器为方，其然、德、明、和、地、万、类、欲、教、事为法，这是自然本体的形方法化。此是汉严遵《指归》的哲学认知方法与本体，在宇宙生命与文化生命中圆融其实际生活，其观念预设只是权宜方便人的经验把握与理想建构，在无限的根源、可能与终极上此是其方法即本体、文化即生命、自觉即自然，反证也如此。这样反复推理的研究结果是，形方法论与自然本体论是一回事、一个东西、一样解说，而其中的关键词、基本理念、认知线索、思想侧面、理论整体同样无限圆通。因而，认知观念分割是人类的现实经验局限与历史理想诉求，生命并不存在这种绝对的观念分割与恒定的价值行为。

基于自然的生命完整融贯与自觉的形系统分析，《指归》把一切存在与发展的本因放在自然上，比置于道中更周全其虚无内涵、实有形式与适可认知，由此进行其形的方法建设，比在名中更灵动其意象即道德、明确其分判即名分、归依其要旨即自然。这是形方法与自然本体，比名或言方法与道本体，更能圆润推证其哲学系统建构。

（二）对先秦西汉“易”“道”“仁”“气”等核心观念消化

从传统哲学思想认知上讲，“易”是《周易》的核心观念，前述《易传》中有“生生之谓易”的说法，其变易、简易、不易[①]及后起的交易等义涵都可在此“生生”中解证；变易是创化之生或化生、为第一“生”字，简易是现成之生或现生（身）、为第二“生”字，不易是贯穿此二生的常性或本命，交易是错综此生命过程的复合状况反映。这可说，“易”是宇宙生命的完整象征与恒动展示。

老子的“道”观念，如王中江总结的，是在“易”的大化流变路上开显的。它以恒道与可道来推证究竟内涵，由此转向恒名与可名、无名与有名的经验形式，进而讨论无欲与有欲的生活诉求，充分考察其异同以归众妙玄门，这是自然道德的宇宙生命、向人类欲望的文化生命转进的圆满证明。[②] 这是以易的常变，追究其名的恒可，观悟于道，寻归到命根或门，彰显世间活路的人生智慧与自然法则。孔子的“仁”观念，可由老子自然之道的人生智慧推出，提示他“为仁由己”与“克己复礼为

① 参见丁四新：《“易一名而含三义”疏辨》，《中国哲学史》1996 年第 3 期，第 69 页。

② 此参见王弼本《老子》第一章，不赘述经文，《指归》有数段佚文解读其义（见王德有的《指归》译注本，第 362 页）；但在《老子》楚简本中无，其汉简帛本已相当完备，“常”原作“恒”。

仁”[①] 的想法与做法。其一个“由己”能表达人的主体自觉，一个“克己”可表明人的社会自律，这成为人的存在尺度与发展向度。其后，孟子以人心规定此仁为善端，董仲舒以此作仁义法、天心。这是易道之常，定成仁，以义路，开拓礼智或礼法，范导人类群体的心灵愿望与文化意义。《管子》以精气本原、《庄子》以一气聚散来阐明易之变的实体或实质，这应是老子之道的常可之间的精微流转，也当是孔子之仁的为克之间的雄壮感应，在其后整合先秦诸子思想的汉代气化宇宙论中恒作元气、可成志气，能为大气、能克俗气，作为修身治国的基础支撑，此气含自然、自觉的双重义。这是从生生之易、归结得的常变，老子由此寻其道或理而求德或得或解、理解道德的生命内涵与表现，孔子由此为其仁或心而正义或理、规范人生的活动内容与成果，《管子》《庄子》由此明其体或质而发用或文、演绎现实的纷繁存在与发展，此三者，是早期易的三义，所现老子的生命变化道路即变易之道，孔子的个人心灵觉解即不易之仁[②]，《管子》《庄子》的唯一存在实体即简易之气。

严遵在这些观念的影响下[③]，在《指归》中突出老子的道、归因自然，化生庄子的气、成太和，抑制孔子的仁、在人心，觉

① 参见（宋）朱熹撰：《四书章句集注》，《颜渊》，第 132 页。

② “易”不仅“指某个抽象的观念”也指“某种最先最高恒常的实际存在”、且为儒家“一个本原概念”，“儒家的其它核心概念”如仁、义、礼、乐等待“‘易’这一本体概念为基础”来理解；参见张丽：《论“易”作为〈易传〉的本体概念》，《广东社会科学》2010 年第 3 期，第 82 页。

③ 另有学者认为，严遵是相对于董仲舒崇天官方神学的民间异端思想家，其著述思维上“遵循易学‘取象比类’的理路”，《君平说二经目》与具体解读中“兼容易学之象数与义理”，“援《易》解《老》”以“天地之道推衍人道”；参见詹石窗主编：《新编中国哲学史》，北京：中国书店，2002 年，第 217—219 页。

解宇宙生命出路，不是护持文化生命进路，其道德的观念是宇宙生命的禀性或本性、不是文化生命的悟性或理性。正是这样，仁义不为此道德的内核，自然作它的原因，保证宇宙生命的正常贯通，制止文化生命的反常作为，这使其对汉儒的仁义法更有批判作用与意义，造成此自然因与仁义法的生活冲突与生命张力，是后来魏晋的名教与自然之争的前缘与内蕴。

（三）对两汉魏晋"玄""无""有""独"等重要理念启引

大多研究相信严遵或《指归》哲学是两汉哲学的过渡环节，是秦汉哲学尤其是先秦哲学与魏晋哲学的中介桥梁，这不仅在《老》《庄》《易》的经典文本中有直接凭证，在其日常的生活作为上与此中观念要求息息相关，还把孝顺忠的汉儒仁义法的纲常教条也付诸有效行动与合理推证，特别是它的自然理念成道德原因、道德又是神明的主因与和气的成因及仁义的基石，为弟子扬雄仿《易》作《太玄》、王充的自然元气说、《老子想尔注》的神主意识、王弼的无本体辨析出名教源于自然①、郭象的无有合体独悟名教即自然②等，提供宇宙生命的虚无的超越意识、实

① "王弼老学"是"以无摄有的理路"来"解决自然与名教"的关系问题，其"义理内容"包括"因道立教""离道执教""越教归道""即道全教"（其道是"自然之道"、教为"名教"），以"崇本息末"打通二者关系并"实现儒道两家思想的综合"，因而强调"名教由自然"生成、将其理解为"本末体用关系"；参见高晨阳：《论王弼自然与名教之辨的基本义蕴及理路》，《孔子研究》1997 年第 3 期，第 101、102 页。

② 从王弼的"名教本于自然"与嵇康的"越名教而任自然""发展到郭象的捐迹反一"，比其"名教即自然"更确切反映他对二者的关系认识，有助于澄清它们的"'迹'与'所以迹'（'本'）的关系"、指明"名教的局限性"、调和二者实际矛盾以"达到礼义忠信与自然本性的统一"、"将道家的哲学本体"即"道""自然"发展为"绝对性意味的道德本体"；参见吕锡琛：《郭象认为"名教"即"自然"吗?》，《哲学研究》1999 年第 7 期，第 75 页。

有的直接观察与适可的经验觉解。

前述陈尧义将“玄”看作形名方法的一种思维模式，笔者视作宇宙生命出路的开显，这种开显给扬雄的“太玄”[1] 寻根问底的可能。此玄，把严遵的自然之虚与无，组合在一起成连贯的生命之路或道，对照其依《论语》作《法言》所评赞严氏仁智表征，他是跨越实有的天地万物、进入先天的玄境或沉潜后觉的仁域，这导致经验认知的悬置而拥有先验的证悟。如此一来，用玄嫁接其师严遵的生命世界与人文世界为精神生命或文化生命世界，反而遗忘了形物世界的生成可能，为王充的元气流行此世界、创造认知的契机，所以王氏重在效验以对董仲舒的神或天、严遵的虚、扬雄的玄的批驳来认肯现实存在与可能构成，不是空论其形神、虚实、无有、玄幻。但扬雄这种自然生命的超脱感与卓越领悟，成汉末道教经典著作的绝对认知框架，上推其神以昭示万有，这在《老子想尔注》中有明显反应，陈慧娟曾对此做了比较分析，这是以自然神融贯所有而成为主宰，它在严氏神明论证中已现端倪。略后的王弼从象、言、意[2]切入玄理之辩，与道教典籍在宇宙生命、上推自然、下引自觉为自信的理路不同，他是下系自然的生命根源、上望自觉的文化前景，其本末体用之论由此证立。此证明严遵的自然本体觉解的人文世界，是魏晋玄学的无与有、言与意之阐解的认知基础。在此基础上彰显自然与

---

① “严遵关于‘道’、‘玄’、‘有生于无’等思想，不单对他的学生扬雄的‘太玄’有影响，且影响了魏晋玄学”（曾春海：《中国哲学史纲》，第 195 页）。

② 根据“意义包括可言说的显性物象和不可言说的隐性意象、境界”，此在魏晋名士王弼等人的言“尽意”与“不尽意”辩论中，可适当分疏“宇宙和人生的根本道理”的“象外之意”与“系表之言”，参见张立文：《得忘之间：语言、形象、意境》，《中国人民大学学报》2001 年第 3 期，第 28 页。

名教的实质性差异与内生性关联，稍晚的郭象以独化统合贵无与崇有，不过是把气化、物化、文化融摄在生命主体的我上开示可能的本性自足。

就此看《指归》的自然本体之虚无、实有与适可，启发《太玄》的宇宙生命理路设计与《法言》的文化生命理据坚持，推进《论衡》形物世界的实质证验之融贯，开示汉末道教生命世界的精神超拔之主宰、魏晋玄学人文世界的理论探索之深透。也可说后三者要么以气，要么以神，要么以理，统摄其自然三义，弥合扬雄的两极跨越，反拘执虚无的神或理以求绝对、局限实有的气以证可能，遮蔽严氏的宇宙生命的自然圆融与文化生命的自觉制约所能动贯通的三个世界。

（四）对其他基本概念如“理”“事”“心”“物”等的疏导

《指归》除了对先秦西汉的一些核心观念如易、道、仁、气等的理解消化，与两汉魏晋的几类典型看法如玄、无、有、独等的要领启发外，它可适当疏导“理”“事”“心”“物”等的思想诉求。如果从《周易》到老孔、再到汉儒与严遵，以核心理念无限融通其宇宙生命的完整绽放与独特领悟，那么从扬雄开始、到王充与早期道教典籍、再到王弼与郭象，注重其理念的绝对超越感与推证的终极可能设定，推崇一元二分的思维认知模式、非一本三化的生命演变可能。即先秦西汉，易含三义，道分判恒道、德道、可道，仁推引义、礼、智，气化生精、形、神，自然总括虚无、实有、适可，这是直接以易、道、仁、气、自然为本根所演化的三种认知可能；在汉魏晋，玄对非玄，无对有，意对言，独对多，这是明确以玄、无、意、独为基元所开示的两类观念存在。

同样，魏晋后的理、事、心、物等主要观念是以此二分思维模式来判断是非的。前述许抗生说宋明以理代道为宇宙本体，冯达文讲泰州学派以事代理为生活实践本体，张再林以为刘宗周是把王阳明的“心本体”改作“意本体”，徐大威讲唐宋诗歌意境的重大转变是“心灵本体”变成“意本体”，郑万耕、王德有、祝瑞开等以唯物与唯心判析的哲学思想认知，等等。在传统观念的语境，程朱的理可觉解在陆王的心、谓心即理①，宋明的事可对付成明清的物，唐宋与晚明的意都可安顿在阳明的心；但在现代输入的概念中，其物是自然的、事是社会的，其心是主体或主观的、理是客观的。也可以说，传统社会的事或物有生死变化、为是非判断、归结在善的心或理，现代生活的物与事有主客判断、为真伪考察而重实的理、轻虚的心。即传统的理、事、心、物等观念，依然蕴涵易、道、仁、气之生与自然之因所识别其善恶是非，为经验生活与先天存在的二分，集中体现在形物世界的活动情形与人文世界的基本原理的普遍对照，此为实有的自然与适可的自然的比对而倾心后者绝对合理，反把虚无的自然废弃，进而以人文的自然之适可取代生命的自然之虚无、引领形物的自然之实有。这是宋明儒者的理或心的自觉、统摄生活事或物的自然的自信与执迷，容易蜕变成文化理念的精神迷悟，此与现代西方的心物二分概念在经验世界做亲缘认可与接洽。所以现代观念认识的心与物、理与事，更明达的是物与理的求实与有效、事与心的求是与为善，以形物世界为基础、建构人文世界的繁华事业与缤纷言论，一起与亲缘的自然传统把疏远的生命世界虚无悬置

① 参见蒋国保：《“性即理”与“心即理”本义辨析》，《江南大学学报》（人文社会科学版）2011 年第 5 期。

而物化、实化，从传统把它遗忘而文化、适化。因而，此人类适可化的常是天理或良知虚设的自觉美好祝愿，其实有化的是物质或事务现存的自身拓展局限，反而不明觉虚无化的是宇宙或生命可能的自然无限融通。

因此，我们通过《指归》哲学研究的自然本体的三个意向与三个世界划分，清醒认识到生命世界的自然是虚无却大全、形物世界的自然是实有却局限、人文世界的自然是适可却祝愿。或许，活着的人无法拥有大全、逃脱局限、放弃祝愿，但看破生死并穿越这种障碍的存在与发展是不会局限在祝愿中大全的。

就以上主要思想观念的分析，本书认为《指归》哲学方法论与本体论的融贯说明，有助于承续前贤的认知要点、启引后进的观念塑造、疏导今天的思想迷悟，能开显自然的生命世界、形物世界与人文世界，因循虚无指示、创生实有天地、追逐适可事业。不论是以形物世界或者人文世界的基本理念为主导，都会把生命世界悬置与遗忘，抬高生活世界荣耀与满足，这是人类应该警示的地方与觉解的缺失。

参考文献

一、古籍

（汉）班固著，（唐）颜师古注：《汉书》，北京：中华书局，1962年版。

北京大学出土文献研究所编：《北京大学藏西汉竹书·贰》，上海：上海古籍出版社，2012年版。

陈鼓应注译：《黄帝四经今注今译：马王堆汉墓出土帛书》，修订本，北京：商务印书馆，2016年版。

（清）陈立撰，吴则虞点校：《白虎通疏证》上下册，北京：中华书局，1994年版。

（南朝宋）范晔撰，（唐）李贤等：《后汉书》注，北京：中华书局，2012年版。

郭丹译：《左传》全二册，北京：中华书局，2014年版。

（清）郭庆藩撰，王孝鱼点校：《庄子集释》上中下三册，北京：中华书局，2012年版。

（汉）河上公、（唐）杜光庭等注：《道德经集释》上下册，北京：中国书店，2015年版。

（汉）贾谊著，阎振益、钟夏校注：《新书校注》，北京：中华书局，

2000 年版。

李民、王健撰：《尚书译注》，上海：上海古籍出版社，2009 年版。

黎翔凤撰，梁运华整：《管子校注》上中下三册，北京：中华书局，2004 年版。

刘文典撰，冯逸、乔华点校：《淮南鸿烈集解》上下册，北京：中华书局，1989 年版。

（汉）刘向撰，向宗鲁校证：《说苑校证》，北京：中华书局，1987 年版。

（汉）司马迁撰，（南朝宋）裴骃集解，（唐）司马贞索隐、张守节正义：《史记》全十册，点校本、修订本，北京：中华书局，2014 年版。

苏舆撰，钟哲点校：《春秋繁露义证》，北京：中华书局，1992 年版。

（春秋）孙武撰，（三国魏）曹操等注、杨丙安校理：《十一家注孙子校理》，北京：中华书局，2012 年版。

（清）孙希旦撰，沈啸寰、王星贤点校：《礼记集解》上中下三册，北京：中华书局，1989 年版。

（清）孙诒让撰，孙启治点校：《墨子间诂》上下册，北京：中华书局，2001 年版。

（三国魏）王弼注，楼宇烈校释：《老子道德经注校释》，北京：中华书局，2008 年版。

（汉）王充著，张宗祥校注、郑绍昌标点：《论衡校注》，上海：上海古籍出版社，2013 年版。

王卡点校：《老子道德经河上公章句》，北京：中华书局，1993 年版。

王利器撰：《文子疏义》，北京：中华书局，2000 年版。

汪荣宝撰，陈仲夫点校：《法言义疏》全二册，北京：中华书局，1987 年版。

王文锦译解：《礼记译解》，北京：中华书局，2016 年版。

（清）王先谦撰，沈啸寰、王星贤点校：《荀子集解》上下册，北京：

中华书局，1988 年版。

（清）王先慎撰，钟哲点校：《韩非子集解》，北京：中华书局，1998 年版。

（元）吴澄：《道德真经吴澄注》，上海：华东师范大学出版社，2010 年版。

许维遹撰：《吕氏春秋集释》上下册，北京：中华书局，2009 年版。

（汉）严遵著，王德有点校：《老子指归》，北京：中华书局，1994 年版。

（汉）严遵著，王德有译注：《老子指归译注》，北京：商务印书馆，2004 年版。

（汉）严遵撰，樊波成校笺：《老子指归校笺》，上海古籍出版社，2013 年版。

杨伯峻撰：《列子集释》，北京：中华书局，2013 年版。

（汉）扬雄著，张震泽校注：《扬雄集校注》，上海：上海古籍出版社，1993 年版。

姚春鹏译注：《黄帝内经》，北京：中华书局，2016 年版。

（宋）朱熹：《四书章句集注》，北京：中华书局，1983 年版。

二、论著

（一）原作

陈鼓应：《老子注译及评介》，修订增补本，北京：中华书局，1984 年版。

陈鼓应：《中国哲学创始者：老子新论》，北京：中华书局，2015 年版。

陈广忠、梁宗华：《道家与中国哲学（汉代卷）》，北京：人民出版社，2004 年版。

陈国符：《道藏源流考》，北京：中华书局，1963 年版。

陈慧娟:《两汉三家〈老子〉注养生思想研究》(上下),新北:花木兰文化出版社,2014 年版。

陈丽桂:《汉代道家思想》,北京:中华书局,2015 年版。

陈梦家:《老子分释》,北京:中华书局,2016 年版。

陈少明:《〈齐物论〉及其影响》,北京:北京大学出版社,2004 年版。

陈尧义:《严遵〈老子指归〉义理析论》,新北:花木兰文化出版社,2012 年版。

程贞一、闻人军译注:《周髀算经译注》,上海:上海古籍出版社,2012 年版。

崔大华:《庄学研究——中国哲学一个观念渊源的历史考察》,北京:人民出版社,1992 年版。

丁四新:《郭店楚墓竹简思想研究》,北京:东方出版社,2000 年版。

丁四新:《郭店楚竹书〈老子〉校注》,武汉:武汉大学出版社,2010 年版。

方光华:《中国古代本体思想史稿》,北京:中国社会科学出版社,2005 年版。

方立天:《方立天文集·第 5 卷,中国古代哲学·上》,北京:中国人民大学出版社,2006 年版。

冯达文:《中国哲学的本原——本体论》,广州:广东人民出版社,2001 年版。

冯达文、郭齐勇主编:《新编中国哲学史(上册)》,北京:人民出版社,2004 年版。

冯友兰:《中国哲学史》(上下),北京:三联书店,2009 年版。

冯友兰:《人生哲学:外二种》,北京:中华书局,2014 年版。

冯友兰:《新知言》,北京:北京大学出版社,2014 年版。

冯友兰:《新理学》,北京:北京大学出版社,2014 年版。

冯友兰:《新原人》,北京:北京大学出版社,2014 年版。

冯友兰：《新事论：中国到自由之路》，北京：北京大学出版社，2014年版。

付粉鸽：《自然与自由——老庄生命哲学研究》，北京：人民出版社，2010年版。

傅佩荣：《儒道天论发微》，北京：中华书局，2010年版。

高亨：《周易大传今注》，济南：齐鲁书社，2009年版。

高明撰：《帛书老子校注》，北京：中华书局，1996年版。

苟小泉：《中国传统哲学本体论形态研究》，北京：北京师范大学出版社，2013年版。

谷衍奎编：《汉字源流字典》，北京：语文出版社，2008年版。

郭齐勇：《熊十力哲学研究》，北京：人民出版社，2011年版。

何介福：《巴蜀史》，成都：西南交通大学出版社，2009年版。

侯外庐、赵纪彬、杜国庠著：《中国思想通史（第一卷）》，北京：人民出版社，2011年版。

胡适著：《先秦名学史》，《先秦名学史》翻译组译、李匡武校，上海：学林出版社，1983年版。

贾江鸿：《作为灵魂与身体的统一体的“人”：笛卡尔哲学研究》，北京：中国社会科学出版社，2013年版。

金春峰：《汉代思想史》，北京：中国社会科学出版社，1987年版。

金岳霖：《逻辑》，北京：中国人民大学出版社，2010年版。

金岳霖：《论道》，北京：商务印书馆，2015年版。

康中乾：《中国古代哲学的本体论》，北京：人民出版社，2016年版。

劳思光：《新编中国哲学史》，北京：三联书店，2015年版。

李霞：《生死智慧——道家生命观研究》，北京：人民出版社，2004年版。

李贤中：《先秦名家“名实”思想探析》，台北：文史哲出版社，1992年版。

李泽厚：《历史本体论·己卯五说》，增订本，北京：三联书店，2008年版。

李忠：《迭代 浑沌 分形》，北京：科学出版社，2007年版。

梁漱溟：《东西文化及其哲学》，北京：商务印书馆，2010年版。

林夏水：《数学哲学》，北京：商务印书馆，2003年版。

刘玲娣、熊铁基：《秦汉道家与道教》，西安：三秦出版社，2012年版。

刘笑敢：《庄子哲学及其演变》，北京：中国社会科学出版社，1988年版。

刘笑敢：《老子古今：五种对勘与析评引论（附〈老子〉五种原文对照逐字通检）》上下卷，修订版，北京：中国社会科学出版社，2006年版。

罗光：《生命哲学》，台北：台湾学生书局，修订版，1988年版。

罗开玉、谢辉：《成都通史·秦汉三国（蜀汉）时期》，成都：四川人民出版社，2011年版。

蒙文通：《巴蜀古史论述》，成都：四川人民出版社，1981年版。

牟宗三：《理则学》，修订版，南京：江苏教育出版社，2006年版。

彭裕商、吴毅强：《郭店楚简老子集释》，成都：巴蜀书社，2011年版。

蒲创国：《天人合一正义》，北京：中华书局，2015年版。

石磊：《先秦汉代儒教天论研究》，北京：中华书局，2015年版。

孙宏安：《中国古代数学思想》，大连：大连理工大学出版社，2008年版。

孙中原：《中国逻辑研究》，北京：商务印书馆，2006年版。

孙中原撰：《墨子解读》，北京：中国人民大学出版社，2013年版。

唐君毅：《道德自我之建立》，上海：商务印书馆，1946年版。

唐君毅：《中国哲学原论·原道篇》，北京：中国社会科学出版社，2006年版。

唐雄山：《贾谊礼治思想研究》，广州：中山大学出版社，2005年版。

王德有著，汤一介主编：《严君平评传——出入无有　解惑消愁（中华历史文化名人评传·道家系列）》，南宁：广西教育出版社，1997年版。

汪奠基：《中国逻辑思想史》，武汉：武汉大学出版社，2012年版。

王中江：《道家学说的观念史研究》，北京：中华书局，2015年版。

熊铁基：《秦汉新道家》，上海：上海人民出版社，2001年版。

熊铁基、马良怀、刘韶军：《中国老学史》，福州：福建人民出版社，2005年版。

许春华：《天人合道：老子哲学研究》，北京：人民出版社，2013年版。

徐复观：《两汉思想史：全3册》，北京：九州出版社，2013年版。

许建良：《先秦道家的道德世界》，北京：中国社会科学出版社，2006年版。

许抗生：《当代新道家》，北京：社会科学文献出版社，2013年版。

严群：《柏拉图及思想》，北京：商务印书馆，2011年版。

杨展如编著：《分形物理学》，上海：上海科技教育出版社，1996年版。

俞宣孟：《本体论研究》，上海：上海人民出版社，2005年版。

袁庭栋：《巴蜀文化志》（修订本），成都：巴蜀书社，2009年版。

曾春海：《中国哲学史纲》，上海：华东师范大学出版社，2014年版。

翟锦程：《先秦名学研究》，天津：天津古籍出版社，2005年版。

詹石窗主编：《新编中国哲学史》，北京：中国书店，2002年版。

张岂之主编，黄留珠（分卷主编）：《中国思想学说史·秦汉卷》，桂林：广西师范大学出版社，2006年版。

张锡哲：《分形繁美——距离比值迭代分形及复迭代函数系统的研究》，沈阳：东北大学出版社，2015年版。

张运华：《先秦两汉道家思想研究》，长春：吉林教育出版社，1998

年版。

张造群：《礼治之道——汉代名教研究》，北京：人民出版社，2011年版。

张之沧、张岗：《多元方法论——对传统方法论的批判与解构》，北京：人民出版社，2012 年版。

周兵：《天人之际的理学新诠释》，成都：巴蜀书社，2006 年版。

周桂钿：《秦汉思想史（上）》，福州：福建教育出版社，2015 年版。

祝瑞开：《两汉思想史》，上海：上海古籍出版社，1989 年版。

（二）译作

［德］恩斯特·卡西尔著，刘述先译：《论人：人类文化哲学导论》，桂林：广西师范大学出版社，2006 年版。

［德］费希特著，梁志学、沈真译：《论学者的使命、人的使命》，北京：商务印书馆，1984 年版。

［奥］弗洛伊德著，高觉敷译：《精神分析引论》，北京：商务印书馆，1984 年版。

［德］黑格尔著，杨一之译：《逻辑学·上卷》，北京：商务印书馆，2009 年版。

［德］康德著，蓝公武译：《纯粹理性批判》，北京：商务印书馆，2009 年版。

［德］康德著，许景行译：《逻辑学讲义》，北京：商务印书馆，2010年版。

［匈］拉卡托斯著，林夏水、薛迪群、范建年译：《数字、科学和认识论》，北京：商务印书馆，2010 年版。

［法］拉·梅特里著，顾寿观译：《人是机器》，北京：商务印书馆，1999 年版。

［英］路德维希·维特根斯坦著，蔡远译：《哲学研究》，北京：中国社会科学出版社，2009 年版。

[古罗马] 卢克莱修著，方书春译：《物性论》，北京：商务印书馆，1981年版。

[德] 潘能伯格著，李秋零译：《神学与哲学》，北京：商务印书馆，2013年版。

[德] 叔本华著，李小兵译：《意欲与人生之间的痛苦——叔本华随笔和箴言集》，上海：上海三联书店，1988年版。

[英] 苏珊·哈克著，罗毅译，张家龙校：《逻辑哲学》，北京：商务印书馆，2003年版。

三、论文

（一）博士论文与硕士论文

江林：《〈诗经〉与宗周礼乐文明》，浙江大学2004年博士学位论文。

吴卫：《器以象制　象以圜生——明末中国传统升水器械设计思想研究》，清华大学2004年博士学位论文。

顾瑞荣：《道家“大一”思想及其表达式研究》，上海师范大学2007年博士学位论文。

胡红伟：《“名”的追寻——名实关系视域下的先秦政治哲学》，首都师范大学2013年博士学位论文。

肖孟夏：《“体用一源，显微无间”：程伊川理一本思想研究——以〈程氏易传〉为中心》，复旦大学2014年博士学位论文。

王耕：《李泽厚历史本体论研究》，河北大学2015年博士学位论文。

刘照惠：《语言存在与知性的经验基础——基于洛克“人类知性论”的语言哲学思考》，西南大学2016年博士学位论文。

叶树勋：《先秦道家“德”观念研究》，清华大学2016年博士学位论文。

陈俪文：《〈老子指归〉一书道涵意之探索》，辅仁大学1997年硕士学位论文。

刘为博：《严遵〈老子指归〉研究》，台湾师范大学 2000 年硕士学位论文。

陈盈秋：《〈老子指归〉的政治观》，台湾大学 2005 年硕士学位论文。

吕洁：《严君平〈老子指归〉道论思想研究》，陕西师范大学 2007 年硕士学位论文。

冯静：《严遵〈老子指归〉自然观研究》，西藏民族学院 2014 年硕士学位论文。

严一钦：《从严遵〈老子指归〉看严遵和扬雄的思想共性》，福建师范大学 2015 年硕士学位论文。

（二）期刊论文

白奚：《章太炎的形神论及其历史地位》，《兰州大学学报》（社会科学版）1992 年第 1 期。

曹峰：《作为一种政治思想的“形名”论、“正名”论、“名实”论》，《社会科学》2015 年第 12 期。

曹运耕：《试论唯象思维的三个阶段》，《华东师范大学学报》（哲学社会科学版）1997 年第 2 期。

陈赟：《仁的思想与轴心时代中国的政教典范》，《学海》2012 年第 2 期。

陈治国：《论海德格尔的“四重体”观念与亚里士多德的四因说》，《自然辩证法研究》2012 年第 5 期。

［美国］成中英：《本体诠释学三论》，《安徽师范大学学报》（人文社会科学版）2004 年第 4 期。

戴正农、章莉：《问题、方法、知识：西蒙跨学科研究启示》，《东南大学学报》（哲学社会科学版）2011 年第 5 期。

丁四新：《“易一名而含三义”疏辨》，《中国哲学史》1996 年第 3 期。

丁四新：《早期〈老子〉文本的演变、成型与定型——以出土简帛本为依据》，《中州学刊》2014 年第 10 期。

段德智：《简论笛卡尔“我思故我在”的历史嬗变与历史命运——从笛卡尔到胡塞尔和萨特》，《武汉大学学报》（社会科学版）1990 年第 2 期。

冯达文：《“事”的本体论意义——兼论泰州学的哲学涵蕴》，《中国哲学史》2001 年第 2 期。

高晨阳：《范缜的形神论与玄学的体用观》，《文史哲》1987 年第 3 期。

高晨阳：《论王弼自然与名教之辨的基本义蕴及理路》，《孔子研究》1997 年第 3 期。

郝虹：《试论汉末名家思想的兴起与魏晋“名教”一词的出现》，《中国哲学史》2006 年第 4 期。

厚宇德、张志会：《〈物性论〉中的原子运动思想分析》，《自然辩证法研究》2015 年第 1 期。

胡伟希：《原器》，《河北学刊》2014 年第 6 期。

黄克剑：《老子“不言之教”义趣疏证》，《哲学研究》2013 年第 9 期。

黄铭：《科学与人文：从对立到互补——在跨学科和跨文化的发展中》，《科学技术与辩证法》2006 年第 5 期。

黄文杰：《终极实在之启示与神教美学的有机构成》，《北京师范大学学报》（社会科学版）2017 年第 2 期。

霍永寿：《概念的建构与解构：禅宗语言哲学研究的基本维度》，《西安外国语大学学报》2016 年第 3 期。

郭斌：《浅析“世界三”与卡西尔符号世界的异同——从卡西尔的符号世界看波普尔的“三个世界”理论》，《自然辩证法通讯》2015 年第 6 期。

郭齐勇：《〈恒先〉——道法家形名思想的佚篇》，《江汉论坛》2004 年第 8 期。

蒋国保：《“性即理”与“心即理”本义辨析》，《江南大学学报》（人文社会科学版）2011 年第 5 期。

李道湘：《梁漱溟意欲论研究》，《甘肃社会科学》1993 年第 5 期。

李景林：《正负方法与人生境界——冯友兰哲学方法论引发之思考》，《中国社会科学》2010 年第 6 期。

李兰英：《探问“意欲”为何——对故意概念中希望和放任的新诠释》，《法律科学》（西北政法学院学报）2005 年第 5 期。

李敏霞：《〈物种起源〉的论证结构》，《自然辩证法研究》2007 年第 4 期。

李铁强：《言教与行教的辩证关系及其启示》，《扬州大学（高教研究版）》2013 年第 4 期。

李天道：《“大象无形”与中国美学“意境”之模糊心态》，《西南民族大学学报》（人文社科版）2009 年第 5 期。

李元：《纯粹意志与经验意欲的张力——王阳明与梁启超论“私”之比较》，《理论界》2016 年第 9 期。

林素英：《荀子诗教观及其对传统文论之影响》，《河北师范大学学报》（哲学社会科学版）2014 年第 4 期。

刘冠军：《哲学方法论论纲》，《理论学刊》2001 年第 6 期。

刘静芳：《体验、解析、会通——张岱年哲学方法论的综合创新》，《学术月刊》2005 年第 5 期。

刘培育：《韩非的形名逻辑思想》，《宁夏大学学报》（社会科学版）1984 年第 1 期。

刘笑敢：《反向格义与中国哲学方法论反思》，《哲学研究》2006 年第 4 期。

鲁品越：《“有”与“无”的哲学：从老子哲学到有形资产与无形资产》，《开放时代》1996 年第 4 期。

吕乃基：《三个世界的关系——从本体论的视角看》，《哲学研究》2008 年第 5 期。

吕锡琛：《郭象认为“名教”即“自然”吗?》，《哲学研究》1999 年第 7 期。

贾克防：《笛卡尔论分析方法与“我思故我在”》，《世界哲学》2014 年第 3 期。

柯可：《中华线象思维的特点与贡献》，《广东社会科学》2008 年第 1 期。

彭耀光：《从“体用一源，显微无间”看程颐理学的精神》，《东岳论丛》2011 年第 8 期。

鄯爱红：《试论荀子乐教与成人之道》，《孔子研究》1999 年第 4 期。

沈剑英：《论因明之三种比量与简别方法》，《社会科学战线》1980 年第 4 期。

孙显元：《一切科学都是本体论和方法论》，《社会科学》1985 年第 6 期。

唐代兴：《良心·良知·良能的生成论思考——德性研究的另一视角》，《道德与文明》2015 年第 2 期。

汤奇学：《“中学为体，西学为用”思想的演变》，《复旦学报》(社会科学版) 1982 年第 1 期。

王传林：《庄子语境中的“德”“形”之辨》，《阴山学刊》2015 年第 2 期。

汪奠基：《韩非的形名辩说形式》，《社会科学战线》1981 年第 2 期。

王乐耕：《“大方无隅，大器免成，大音希声，大象无形”新译》，《社会科学战线》1986 年第 2 期。

王前：《论“象思维”的机理》，《中国社会科学院研究生院学报》2002 年第 3 期。

王树人：《中国的“象思维”及其原创性问题》，《学术月刊》2006 年第 1 期。

王树人、喻柏林：《论“象”与“象思维”》，《中国社会科学》1998

年第 4 期。

王树人：《“象思维”与原创性论纲》，《哲学研究》2005 年第 3 期。

王树人：《中西比较视野下的“象思维”——回到原创之思》，《文史哲》2004 年第 6 期。

王习胜：《预设与解题——从本体论、方法论看科学问题的预设对科学研究的影响》，《北京大学学报》2000 年第 S1 期。

王煜：《“大象无形”新译驳论》，《社会科学战线》1987 年第 3 期。

王玉彬：《自然与人文之间——老子“器”论的思想意蕴》，《人文杂志》2017 年第 9 期

王媛媛：《封闭与开放：走向学科研究与跨学科研究的统一》，《高等教育研究》2010 年第 5 期。

魏艳枫：《德教与刑罚——荀子与韩非性恶观比较》，《东北师大学报》（哲学社会科学版）2013 年第 6 期。

魏雪钦：《目中有“人”：本体论语言哲学对外语教育的启示》，《江西社会科学》2017 年第 8 期。

吴根友：《庄子论真人与真知的关系——〈大宗师〉篇“且有真人而后有真知”命题的现代诠释》，《中国哲学史》2007 年第 1 期。

吴广平：《〈周易〉“道器论”的文化阐释》，《吉首大学学报》（社会科学版）1996 年第 4 期。

萧萐父、郭齐勇：《气论与仁学之间的张力——读〈中国气论探源与发微〉》，《哲学研究》1991 年第 6 期。

邢玉瑞：《象思维之“象”的含义》，《中医杂志》2014 年 4 期。

徐大威：《由“心灵”本体到“意”本体——论中国诗歌意境的演变》，《理论观察》2011 年第 1 期。

徐洪兴：《“太虚无形，气之本体”——略论张载的宇宙本体论及其成因和意义》，《复旦学报》（社会科学版）2005 年第 3 期。

徐瑾：《疑义澄清：“人的本质是一切社会关系的总和”探微》，《马克

思主义与现实》2017 年第 4 期。

薛晓东:《论生命起源过程中的偶然性——生命科学的哲学断想之一》,《科学技术与辩证法》1989 年第 2 期。

杨国荣:《体道与成人——〈庄子〉视域中的真人与真知》,《文史哲》2006 年第 5 期。

姚惜鸣:《嵇文甫的身教与言教》,《河南大学学报》(社会科学版)1995 年第 5 期。

张丽:《论"易"作为〈易传〉的本体概念》,《广东社会科学》2010 年第 3 期。

张立文:《得忘之间:语言、形象、意境》,《中国人民大学学报》2001 年第 3 期。

张祥龙:《概念化思维与象思维》,《杭州师范大学学报》(社会科学版)2008 年第 5 期。

张再林:《有别于"心本体"的"意本体"——对作为宋明新儒学归宿的刘蕺山哲学的重新定位》,《学海》2016 年第 4 期。

赵玉强:《由"言"观"道":道家语言哲学的内在逻辑与路向探赜》,《浙江社会科学》2017 年第 8 期。

郑如心:《〈黄帝内经〉的形神论》,《东北师大学报》1981 年第 1 期。

郑文辉:《论亚里士多德形式逻辑基本规律的学说》,《中山大学学报》(社会科学版)1993 年第 3 期。

钟华:《"言道的悖论"及其超越——〈庄子〉话语策略新探》,《学术月刊》2006 年第 10 期。

周炽成:《德性之知与见闻之知:从宋明儒家到现代新儒家》,《学术研究》1994 年第 2 期。

周建设:《先秦语言哲学思想探索》,《中国社会科学》2017 年第 7 期。

周好:《王夫之的道器论和道义论》,《船山学刊》1995 年第 2 期。

朱红文:《生命哲学思潮与社会科学中的"培根式的革命"》,《求索》

1989 年第 1 期。

四、与严遵或《指归》直接相关的期刊或集刊论文

蔡振丰：《严遵、河上公、王弼三家〈老子〉注的诠释方法及其对道的理解》，《台湾大学文史哲学报》2000 年第 52 期。

陈福滨：《〈老子指归〉中“道”思想之探究》，《哲学与文化》2003 年第 9 期。

陈静：《呈明与分化——以〈老子指归〉为中心论汉代宇宙论的特点》，《国学学刊》2016 年第 2 期。

陈丽桂：《道家养生观在汉代的演变与转化——以〈淮南子〉、〈老子指归〉、〈老子河上公章句〉、〈老子想尔注〉为核心》，《国文学报》2006 年第 39 期。

邓星盈、黄开国：《试论严君平的学术思想》，《社会科学研究》1997 年第 6 期。

杜保瑞：《严君平〈老子指归〉哲学体系的方法论检讨》，《哲学与文化》2002 年第 10 期。

樊波成：《〈老子指归〉当为严遵〈老子章句〉——严遵〈老子注〉的发现以及〈老子指归〉的性质》，《中国典籍与文化》2013 年第 1 期。

冯广宏：《蜀学开山之作——严君平〈老子指归〉》，载于《蜀学 · 第四辑》，成都：巴蜀书社，2009 年版。

黄钊：《严遵〈老子指归〉道德观探析》，《周口师范学院学报》2008 年第 1 期。

金生杨：《再论严遵的道家哲学思想》，载于《蜀学 · 第八辑》，成都：巴蜀书社，2014 年版。

林俊宏：《〈老子指归〉之政治思想试论》，《政治科学论丛》2004 年第 22 期。

林明照：《〈老子道德经河上公章句〉、〈老子指归〉中的治道推演》，载于《道家文化研究·第29辑》（陈鼓应主编），北京：三联书店，2015年版。

刘玲娣：《汉代老子宇宙观的黄老色彩——以〈老子指归〉为例》，《三峡大学学报》（人文社会科学版）2007年第4期。

刘新光：《隐者的信仰持守——〈严遵传〉赏读》，《湖北招生考试》2012年第32期。

罗剑云：《严君平卖卜降妖成都市》，《中国道教》1996年第4期。

罗因：《战国秦汉几种〈老子〉注养生思想的递变》，《东吴中文学报》2010年第19期。

那薇：《严君平〈道德指归〉浅析》，《社会科学研究》1985年第3期。

那薇：《试析严君平的直觉思维》，《哲学研究》1988年第10期。

那薇：《严君平所崇尚的理想人格》，《孔子研究》1990年第2期。

丘乐媛：《〈老子指归〉“无为”思想的易学渊源》，《周易研究》2011年第6期。

丘乐媛：《身心之喻——〈老子指归〉身体隐喻中的思想》，《兰州学刊》2011年第11期。

万志全：《〈老子指归〉美学思想研究》，《美与时代》2007年第9期。

万志全：《〈老子指归〉哲学思想探究》，《湖北社会科学》2010年第1期。

王博：《西汉竹书〈老子〉与严遵〈老子指归〉》，《中国哲学史》2013年第3期。

王德有：《〈老子指归〉自然观初探》，《哲学研究》1984年第9期。

王德有：《严君平〈老子指归〉真伪考辨》，《齐鲁学刊》1985年第4期。

王德有、马龙肖：《严君平的人生学说》，《中国哲学史》1992年第1期。

王俊彦：《〈老子指归〉、〈老子道德经河上公章句〉、〈老子想尔注〉

的气论》，载于《诸子学刊·第11辑》（方勇主编），上海：上海古籍出版社，2014年版。

王利器：《道藏本〈道德真经指归〉提要》，载于《中国哲学》（第四辑，包遵信主编），北京：三联书店，1980年版。

王萍：《严遵、扬雄的道家思想》，《山东大学学报》（哲学社会科学版）2001年第1期。

王曦：《〈老子指归〉"不以循循者"之"循循"解》，《船山学刊》2007年第3期。

薛公忱：《〈老子指归〉的生命观》，《南京中医药大学学报》（社会科学版）2001年第1期。

严一钦：《〈老子指归〉的伪书问题》，《通化师范学院学报》（人文社会科学）2015年第1期。

杨玉辉：《〈老子指归〉的养生思想》，《宗教学研究》2004第4期。

余彦焱：《钱曾藏〈道德指归论〉述略》，《古籍整理研究学刊》2006年第5期。

袁朗：《严遵、向秀、郭象"独化"思想之演进》，载于《诸子学刊·第8辑》（方勇主编），上海：上海古籍出版社，2013年版。

［韩］元正根：《浅析〈老子指归〉的思维方式——"无○之○"与"不○之○"》，《中国哲学史》1999年第3期。

张京华：《"与时俱和"——严遵〈老子指归〉及其对现代和谐社会理论的启示》，《船山学刊》2008年第1期。

张鸿恺：《严遵〈道德指归〉思想述评》，载于《第四届文学与资讯学术研讨会会前论文集》，2008年10月。

张实龙：《严君平解读〈老子〉之方法》，《安庆师范学院学报》（社会科学版）1999年第4期。

张涛：《严遵易学思想浅析》，《内蒙古师大学报》（哲学社会科学版）1999年第3期。

张运华:《〈老子指归〉“道开虚无”的自然哲学》,《湘潭大学社会科学学报》2000 年第 4 期。

赵景飞:《〈老子指归〉“有无一体”论初探》,《船山学刊》2011 年第 2 期。

[西班牙] 赵雅博:《从〈道德指归〉看严遵的思想》(上下),《哲学与文化》1999 年第 1 期和第 2 期。

赵智萍:《〈老子指归〉道家美学思想初探》,《理论前沿》2013 年第 11 期。

[新加坡] 郑良树:《〈老子〉严遵本校记》,《书目季刊》,1999 年第 32 卷第 4 期。

郑万耕:《严君平哲学思想述略》,《北京师范大学学报》1984 年第 3 期。

周玲:《〈老子指归〉与两汉之际“道”观念的新变化》,《贵阳学院学报》(社会科学版)(季刊) 2010 年第 2 期。

祝瑞开:《严遵哲学魏晋玄学的先声》,《上海大学学报》(社会科学版) 1988 年第 5 期。

后　记

今世事艰困，疫情肆虐全球，危机蛰伏，慈母病逝①，悲心苦意，暂存自身，安生养命，因循自然。幸有《儒道释博士论文丛书》对笔者两年前的旧作严格审查、认真要求、适当认可并全额资助出版，此略慰个人之前读博点滴心思，并觉写此博士论文的四年精力并未完全白费。在我更换新的工作单位与岗位快三年，日渐疏离当初专业研究的兴趣点与当代人文学术名利圈，颇感力不从心与惭愧而忙于安顿眼前生活之际，还是鼓起勇气向导师丁四新教授（现调至清华大学哲学系任教）求赐一《序》，丁师仍不忘叮嘱我要好好修改。本想趁寒假花工夫在这旧作上能有精进，无奈现实牵扯太多，也难静心去查阅、补充、更新资料或深度思量，只能抽空零星改正一小部分内容并稍加推引主要章

① 在我刚适应新工作之际，母亲因心肺及颈椎病加重而突逝于 2021 年 1 月中旬，让我悲痛难抑，强作镇静地照常生活，也对老子所谓“道”“大曰逝，逝曰远，远曰反”的思想深有同感，认可母爱伟大并希望母亲消逝的生命能回归自然而在另一种层面上永存。为此，自写小诗一首，另附在后，以示纪念。其实，我的父亲也是因为疾病而早逝于 2003 年冬天，当时正是我考硕士研究生的奋斗关键时期，但人们大多无奈与无助于消解这种病痛的折磨，而渴求遥远的安顿与本根的存留。但愿父母在九泉之下安息。

节要点，大体照旧坦露原有的写作心迹与状况。

本书即我的博士论文，从选题、拟定题目、准备资料、反复阅读指定的文本、进行开题报告与实际创写，到初稿完成、定稿修正、预答辩与网评盲审等的顺利通过，大致历时逾三年，且我集中投入时间连续写作约有一年。从当时未正式答辩期间到如今临近出版之际，笔者先做一番简要总结，如果用三个词表达，即感谢、体会与改进。

首先是感谢。对本书的成形与完善影响最深、最大的是导师丁四新教授，他从博士论文研究的具体人物与文本的选定到题目、提纲、内容的多次修订促成，尤其对初稿内容的点点滴滴的精致调整与总体的条条框框的适宜把控，及定稿时重要细节的直接提示与通行规范的明确要求，都付出了大量心血，提供了宝贵而翔实意见，承担了辅导重任。此外，在开题与预答辩报告会上，特别在平时系统的专业课程学习与规范写作过程中，我还得到过武汉大学李维武老师字正腔圆的读解与其对现代中国哲学思潮推证的滋润；得到过郭齐勇老师有关儒学的精简点拨与对传统文化思想培育的理论认知肯定；得到过徐水生老师庄学探讨的启发与对道家观念文本演绎尺度的指引；得到过吴根友老师在当前重视民族意识下对中国哲学原味的彰显与主题限度自觉的振奋；得到过欧阳祯人老师诗性空灵的牵引与文学浪漫的世界观照。还有文碧方老师学业上的问学督促与生活上的友善提点等关怀投入，储昭华老师在西方哲学范式指导下的专业方法讲评与核心议题修整，刘乐恒老师在实际的学习过程中馈赠大作和中肯批正，陈晓杰老师的儒学专题研讨和真诚建议，连凡老师的课堂执着演讲和自我展望，等等，这些都给了我必要的学术营养与改进研究的专业素材。需要着重说明的是，由教育部统一指派武汉大学校外的三位不知名的网评老师（其已给出具体意见、暂不录于此）关于本论文优劣得失的专业性指导意见，与已在现场提供具体公开点评的答辩老师明确给出的指导与建议（这也有一些说法、此不列举），以及在学术会议上获得的北京大学教授王中江老师的专业鼓励与道家形上学探索的期许，在科研工作中受到的河南省社会科学院研究员安继民老师的问学提引与国家课题练习指点，西南大学教授高秀昌老师的学业关怀与商丘师范学院教授高建立老师的论文指评，及其他老师的诚挚关心和帮助，都让我受益匪浅。除了这些老师外，我在道家读书会与诸位学兄、学弟、学妹们的老庄思想砥砺与碰撞，阅读传统经典著作的师兄、师姐、师弟、师妹们的资料分享与观念交融，及校内外其他学友的感性交往与知性探讨，这些直接或间接地熏染了本人博士论文的创作想法与直接思悟。除此，还有亲友的无限体谅与无悔支持，原先工作单位河南省社会科学院领导与同事特别是哲学与宗教研究所同事们的事务性帮扶与原则性开拨，及网络上熟悉的或不熟悉的前辈或朋友的行业资讯与独特论说，给了我宽松的家庭环境、工作场所与认识侧面。当然，也包括现时为本书出版在不同工作领域付出辛劳的老师们。对此，我深表诚挚的谢意！

其次是体会。经过四年的专业学习与目标推进，我对本书写作的深刻体会是：这并非尽意、尽理的纯粹理智的写作，其中的意思难尽、义理难明，即使我总尽可能地想做好、想说清楚，也有许多不如意、不合理的论证之处，有待后续补益与周正。我的写作也并不是尽情、尽性或发之于心的纯粹性情化的表达，有时难免有情绪化与个性化展示。所幸我的负面情绪没有泛滥成灾，个性色彩也不十分突出，比较注意克制与汲取其他方面的思想营养。当然，可能我消解得不够理想，消融得不太充分，仍待多方节制与融合。写作也不可能是放下一切，什么都不顾，完全拼命大无畏地在文字世界纵横捭阖，历史文化命运的神奇力量是唯一指引，理智与情感都成了多余的装饰，生命莽撞到只有思想工夫的不断修为与信念的彻底执著——这确实做不到。当然，写作也不应当是一时、一事的特别功利性的作为，仅仅针对目前职业与事业的前景规划和当下践履，习惯性地、有选择地进行务实、势利的理论研究，根本不管专业兴趣如何，也不考虑历史文献的限制与未来的学术道路，只求现实名利，试图把学术研究作为日常生活的有效工具，打磨出其短期的光彩与效应——这也不太适合我。也就是说，我这种研究不是尽意尽理的纯理写作、尽情尽性的一心构思、尽力尽命的全身投入、尽时尽事的功利作为，而是尽量、尽兴的适度兴趣化的创写，即适量投入精力与时间、情感与理智，又根据兴趣发挥、专业练习来造就自我的研究议题与学术期待。也可以说，它是生活经验限定事务与理由的数量集合，是显形可数的具体对象，而不是隐晦无穷的无限愿望，它本身就是局限的生活事物的存在与发展。这样尽兴的写作追求的是经验的超越与生命的圆润，是力图把艰苦的学术探索变成甜美的情感愿望，力图实现思想的逍遥与观念的解脱而抵达精神胜境。有鉴于此，我尽量做了主客观的复合兼容，却不敢奢望效果如何喜人、理解怎么透彻、情感怎样丰沛、命运如何顺遂，但求能随机尽兴而归、有所收获、面对缺失、承认遗憾。这是我论文写作完成后的一点真切体会，即尽量尽兴去做一番《老子指归》的哲学研究而有得有失。所以，真诚希望有关专家与读者指出本书的不足与缺漏，以期更好改进。

最后是改进。当一切事物初步定型以后，我能改变什么呢？如果认识到了不足，我能弥补吗？假如现代社会发展有严重的危机，我能解决问题、保住太平吗？如果生存环境糟糕，我能改观现状吗？或者工作技能太差，我能提升到所需要的认知水平吗？如果家庭缺乏幸福感，我能给予这种感觉吗？或者眼前麻烦事太多，我能避开这些干扰吗？我若不能改变这些基本的生命牵扯，就只有让这些牵扯时刻影响我的生活实际。同理，对论文存在的得失，我又能怎样？题目不好，换了再换行吗？提纲不融贯，重新布局成吗？资料不全，收集多少才够呢？内容不充实，用什么填充最饱满呢？问题意识不突出，要真正意识到哪种问题才值得探讨呢？研究方法太老套，要采用什么办法才能创新理论认知呢？基本观点较生硬，那么置于大众的常识性看法中就显得亲切了吗？它的意义怎么体现更有价值呢？个体诠释的度怎么在群体演进中表达才更恰当呢？这些大大小小的问题与意见该怎么重视与落实好呢？个人以为，先得尊重自身的长期努力与真实想法，基于所得的尽量、尽兴研究的成果，再适当听取老师与学友提供的可能、可行性的修改完善建议。这样才能有机会对本书的材料与观点做细致订正。

人的一生不容易，要做大事、大学问，有大成就，就得克服大困难，但几人能称心如意呢？能在大家的引导与帮助下略获所求，便知足了。因而，我想感谢的人很多，不能一一表示感谢；所体会的东西更多，不得统统陈述究竟；要改进的地方太多，无法处处落实到位：在这里只想也只能且只可选现阶段重要的部分来感谢、体会与改进！基于这番读博经历、诸类生活情愫与学习研究探索，我将其略归纳为如下诗篇：

珞珈有梦，青天开撩。东湖心潮，西山路绕。
枫园陋室，满壁辉照。樱顶远眺，云淡烟消。
受教课堂，明师引导。苦读典籍，领略风骚。
人海匆忙，车流嚣嚣。物欲诱惑，俗身烦恼。
用情执意，问道神妙。经事究理，尊德命好。
相邀会聊，高谈寂寥。独恋孤岛，卑微骨傲。
精耕实地，无惧水漂。收获日月，空盼星耀。
忆思今古，暮暮朝朝。求索上下，时时渺渺。
至爱花俏，春怨枯草。蓬勃枝叶，夏争热闹。
品味硕果，秋足丰饶。归依本根，冬藏绝招。
学成煎熬，提纯慧脑。行作模范，灵魂铸造。

另增补一首《今忆严遵》：

成都市井隐高才，重庆山城遮远见。
兴仁言德求太和，遵义行道归自然。

这是笔者以今城市名（四川省成都市、直辖市重庆、贵州省兴仁市、遵义市）与老子的自然道义、孔子的中和仁德、汉代隐士严遵的世俗生活抱负相结合而写成，希望古代先贤的智慧不要成为地方规划发展的战略包袱，他们的生命追求不要成为文化道德的思想束缚。就此心声，与当代国人共勉，我们当全力解开古老思想的厚重包袱与精神枷锁，创收古今中外理论探索的无限精彩与有限自由，真正助益现实困境的苦痛磨炼与幸福突围！

2018 年 5 月原写于武汉大学珞珈山下

2021 年 1—2 月全书增补于遵义医科大学新蒲校区人文楼

另附：

母亲之水

母亲这无悔疼爱子女却任劳任怨又一直默默付出的人化成了骨灰，埋葬到故乡山岗黄土中，终与十多年前逝世的父亲相依于另一个世界。可惜我知道母亲心肺病情严重时太晚，她在剧烈疼痛中顽强煎熬了半年多，让我们做子女的误以为是一般骨伤引起的喊痛现象，实际上她的身体已被长年辛劳与过度担忧蚕食得疾病丛生。她总怕自己晚年生病太久成为儿女的生活负担，不忍让儿女没日没夜地照顾生怨，却自个把病越拖越严重，成了一个恶性循环，好了这种病又很快引起那种病，且都危重得要命，以至于到了无法挽回的地步。为了满足老人最后一点心愿，她的葬礼尽量从简，最多把她给予儿女的诸多好，当作一种无限怀念。于是，我以水为题眼，如老子所讲的“上善若水。水善利万物而不争，处众人之所恶，故几于道”。也许母亲并未如水般上善，偶尔也赌气争强，但她常和颜慈祥，而母爱则是美好光明的，有水一样的涵养宇宙万物的善良与宽容。该诗共有九段，第一段从母亲的源与园，追溯其生命的内涵与表现；第二段遥想其出生的泪与愿，追忆她的青春与成长；第三段讲她成家立业后的汗与甜，亲眼目睹其勤劳与顽强；第四段讲她当家庭主妇所承担的苦与痛，操持家务、忘记自我、疾病丛生；第五段讲她所承受的病与憾，药力有限、看淡生死、牵挂后辈；第六段讲她躯体化作骨灰的血与燃，骨灰被洒向虚空，愁恨消散、回归自然；第七段讲她死后的冷与念，一死百了、痴望神采、徒添疑惑、疏淡恩泽；第八段讲她所埋葬的悲与幻，暗叹伤怀无用、装扮无益，幸存者依旧来往于尘世清浊间；第九段讲作为后辈愧疚的我与散，我的前半生也倔强奔走四方，最近才深知命运无常、至亲散落无影！这是在本书出版前我的心情遭遇，希望以此文纪念绵绵若存的厚爱以奋后进！

女人是水的源
在哪流出自己的内涵
父母是儿女的天
如何建造幸福的家园

一脸泪水
到深沉的渊
涌现青春的娇艳
太阳哭诉
月亮的离开
剩星星的眼睛闪现亲眷
所有的漏洞
变现成长的梯田
培育远处的彩虹流年

一沟汗水

淌进高耸的山
浇灌绿油油的庄稼
喂饱勤耕的牛
肥壮的猪
打鸣的鸡
护主的狗
滴穿顽石的缝隙
滋润柔弱的花草

一路苦水
盛满日常生活的饭碗
煮好丈夫早出晚归的可口饭菜
编排姑娘手舞足蹈的负累筐袋
架设男孩东奔西走的幸运车桥
关照岁月前景光亮的孤灯
加油燃烧灯芯热情与温馨
拼命建设慈惠平台与境界
忍痛承受病魔疯狂与肆虐

一床药水
内服可治心肺病的中西药
外敷缓解筋骨疼的民间方
被盖住糊涂却包裹着清醒
死是不可逃避的归宿
生又何必计较付出多少才满足

命就这般硬撑到后代的顾虑数
运也如此转折进前世的希冀浮
终耗尽全身的力还来年的遗愿驻

一炉血水
遭无情的鬼火煎熬为灰烬
再美再善再真再贵的躯壳都白费
等有灵的神使带去最高最大最久最远的仙都
莫怕荒茫得只见一片虚无
实际繁华故事全成烟云飘散
如果残留淡淡香味抚慰怀念
多惹痴恨缠绵点点愁思提炼
现本色的平凡投入众妙的自然

一头雾水
摇摆在血与火交织的冷风雨中凝视
人当为何物造就其精神支柱
愿为何事肝脑涂地义无反顾
又求何书歌功颂德名垂青史
究竟何意无怨无悔奋发图强
枯树静默过客的追问
飞鸟忽略木桩的守候
子女抹掉母体的恩泽

一墓汽水

窒息阴暗的角落伤悲
碑文写些什么能改变一切变故呢
面子出彩鸡鸭鱼肉豪宴
里子染黑仁义礼智信念
纵横宾朋怜悯悲惨世界
茕立赤子笑迎潮来潮往
无知浊浪滔天
幻想洁净人间

请原谅别致的少年
经忸怩的青年
成顶撞的壮年
辜负老人的期盼
化为绝离的纸片
粉碎在墓前

初写于2021年1月20、21日
1月28日下午整理、补写前言
1月30日上午略更正个别字词
2月16日更改原题名、增补前言
2月19、24日订正个别字词

《儒道释博士论文丛书》已出书目

第一批（1999年）

道教斋醮科仪研究　张泽洪著

道教炼养心理学引论　张　钦著

道教劝善书研究　陈　霞著

道教与神魔小说　苟　波著

净明道研究　黄小石著

第二批（2000年）

神圣礼乐

——正统道教科仪音乐研究

蒲亨强著

魏晋玄学人格美研究　高华平著

明清全真教论稿　王志忠著

佛教与儒教的冲突与融合

彭自强著

经验主义的孔子道德思想及其历史演变　邓思平著

第三批（2001年）

宋元老学研究　刘固盛著

道教内丹学探微　戈国龙著

汉魏六朝道教教育思想研究

汤伟侠著

般若与老庄　蔡　宏著

刘一明修道思想研究　刘　宁著

晚明自我观研究　傅小凡著

第四批（2002年）

近现代以佛摄儒研究　李远杰著

礼宜乐和的文化思想　金尚礼著

生死超越与人间关怀

——神仙信仰在道教与民间的互动　李小光著

近现代居士佛学研究　刘成有著

生命的层级

——冯友兰人生境界说研究

刘东超著

第五批（2003年）

中国佛教僧团发展及其研究

王永会著

实相本体与涅槃境界　余日昌著

斋醮科仪　天师神韵　傅利民著

荷泽宗研究　聂　清著

精神分析与佛学的比较研究

尹　立著

太虚对中国佛教现代化道路的抉择　罗同兵著

终极信仰与多元价值的融通

姚才刚著

第六批(2004 年)

西学东渐与明清实学　李志军著

上清派修道思想研究　张崇富著

北宋《老子》注研究　尹志华著

相国寺
——在唐宋帝国的神圣与凡俗之间　段玉明著

熊十力本体论哲学研究　郭美华著

关于知识的本体论研究
——本质　结构　形态　昌家立著

明代王学研究　鲍世斌著

中国技术思想研究
——古代机械设计与方法　刘克明著

朱熹与《参同契》文本　钦伟刚著

中国律宗思想研究　王建光著

第七批(2005 年)

元代庙学
——无法割舍的儒学教育链　胡　务著

牟宗三"道德的形而上学"研究　闵仕君著

隋唐五代道教美学思想研究　李　裴著

宋元道教易学初探　章伟文著

杜光庭《道德真经广圣义》的道教哲学研究　金兑勇著

天台判教论　韩焕忠著

杜光庭道教小说研究　罗争鸣著

魏源思想探析　李素平著

泰州学派新论　季芳桐著

《文子》成书及其思想　葛刚岩著

傅金铨内丹思想研究　谢正强著

第八批(2006 年)

汉末魏晋南北朝道教戒律规范研究　伍成泉著

两性关系本乎阴阳
——先秦儒家、道家经典中的性别意识研究　贺璋瑢著

陈撄宁与道教文化的现代转型　刘延刚著

扬雄《法言》思想研究　郭君铭著

《周易禅解》研究　谢金良著

明清道教与戏剧研究　李　艳著

王弼易学解经体例探源　尹锡珉著

唐代道教管理制度研究　林西朗著

四念处研究　哈　磊著

天人之际的理学新诠释
——王夫之《读四书大全说》思想研究　周　兵著

第九批(2007 年)

晚明狂禅思潮与文学思想研究　赵　伟著

先秦儒家孝道研究　王长坤著

致良知论
——王阳明去恶思想研究　胡永中著

伍守阳内丹思想研究　丁常春著
贝叶上的傣族文明
——云南德宏南传上座部佛教社会考察研究　吴之清著
朱子论"曾点气象"研究　田智忠著
二十世纪中国道教学术的新开展　傅凤英著
道教与基督教生态思想比较研究　毛丽娅著
汉晋文学中的《庄子》接受　杨　柳著
马祖道一禅法思想研究　邱　环著
道教自然观研究　赵　芃著

第十批(2008 **年**)

王船山礼学思想研究　陈力祥著
王船山美学基础
——以身体观和诠释学为进路的考察　韩振华著
马来西亚华人佛教信仰研究　白玉国著
《管子》哲学思想研究　张连伟著
东晋佛教思想与文学研究　释慧莲著
北宋禅宗思想及其渊源　土屋太祐著
早期道教教职研究　丁　强著
隋唐五代道教诗歌的审美管窥　田晓膺著
道教与明清文人画研究　张明学著
道教戒律研究　唐　怡著

第十一批(2009 **年**)

驯服自我
——王常月修道思想研究　朱展炎著
道经图像研究　许宜兰著
阳明学与佛道关系研究　刘　聪著
清代净土宗著述研究　于海波著
宗教律法与社会秩序
——以道教戒律为例的研究　刘绍云著
老子及其遗著研究
——关于战国楚简《老子》、《太一生水》、《恒先》的考察　谭宝刚著
汉唐道教修炼方式与道教女性观之变化研究　岳齐琼著
宋元三教融合与道教发展研究　杨　军著
都市佛寺的社会交换研究　肖尧中著
早期天台学对唯识古学的吸收与抉择　刘朝霞著

第十二批(2010 **年**)

道教社会伦理思想之研究　何立芳著
印度佛教净土思想研究　汪志强著
社会转型下的宗教与健康关系研究　冯小林著

教化与工夫
——工夫论视域中的阳明心学系统　陈多旭著
心性灵明之阶
——早期全真道情欲论思想研究　刘　恒著
中古道书语言研究　冯利华著
近现代禅净合流研究　许　颖著
永明延寿心学研究　田青青著
中国传统社会宗教的世俗化研究
——以金元时期全真教社会思想与传播为个案　夏当英著
成玄英《庄子疏》研究　崔珍晳著

第十三批(2011 年)

道医陶弘景研究　刘永霞著
汉代内学
——纬书思想通论　任蜜林著
一心与圆教
——永明延寿思想研究　杨文斌著
三教关系视野中的陈景元思想研究　隋思喜著
蒙文通道学思想研究　罗映光著
敦煌本《太玄真一本际经》思想研究　黄崑威著
总持之智
——太虚大师研究　丁小平著
明清民间宗教思想研究
——以神灵观为中心　刘雄峰著
东晋宋齐梁陈比丘尼研究　唐　嘉著
《贞观政要》治道研究　杨　琪著

第十四批(2012 年)

老子八十一化图研究　胡春涛著
马一浮思想研究　李国红著
《老子》思想溯源　刘鹤丹著
"仙佛合宗"修道思想研究　卢笑迎著
方东美论道家思想　施保国著
湛甘泉哲学思想研究　王文娟著
仪式的建构与表达
——滇南建水祭孔仪式的文化与记忆　曾　黎著
智旭佛学易哲学研究　张韶宇著
悟道·修道·弘道
——丘处机道论及其历史地位　赵玉玲著
隋唐道教与习俗　周　波著

第十五批(2013 年)

庄子哲学的后现代解读　郭继明著
法藏圆融之"理"研究　孙业成著
汉传佛教寺院经济演变研究　于　飞著
魏晋南北朝社会生活与道教文化　刘　志著

中古道官制度研究　刘康乐著
金元道教信仰与图像表现——以永乐宫壁画为中心　刘　科著
元代道教戏剧研究　廖　敏著
明代灵济道派研究　王福梅著
中国宗教的慈善参与新发展及机制研究　明世法著
两晋南北朝时期河陇佛教地理研究　杨发鹏著

第十六批(2014 年)

道教气论学说研究　路永照著
历史中的镜像——论晚明僧人视域中的《庄子》　周黄琴著
从玄解到证悟——论中土佛理诗之发展演变　张君梅著
回归诚明——李翱《复性书》研究　韩丽华著
图像与信仰——中古中国维摩诘变相研究　肖建军著
中国道教经籍在十九世纪英语世界的译介研究　俞森林著
四川道教宫观建筑艺术研究　李星丽著
道与艺——《庄子》的哲学、美学思想与文学艺术　胡晓薇著
李光地易学思想研究　冯静武著
显隐哲学视域中的文艺审美　杨继勇著

第十七批(2015 年)

赞宁《宋高僧传》研究　杨志飞著
自我与圣域——现代性视野中的唐君毅哲学　胡　岩著
明代道教文化与社会生活　寇凤凯著
道教医世思想溯源　杨　洋著
近代以来中国佛教慈善事业研究　李湖江著
现代性和中国佛耶关系(1911—1949)　周晓微著
西域佛教演变研究　彭无情著
藏族古典寓言小说研究　觉乃·云才让著
藏传佛教判教研究　何杰峰著
藏彝走廊北部地区藏传佛教寺院研究　李顺庆著

第十八批(2016 年)

重庆华岩寺佛教仪式音乐与传承　陈　芳著
明末清初临济宗圆悟、法藏纷争始末考论　吕真观著
《文子》思想研究　姜李勤著
汉末至五代道教书法美学研究　沈　路著
佛教传统的价值重估与重建

——太虚与印顺判教思想研究　邓莉雅著

边缘与归属：道教认同的文化史考察　郭硕知著

道教时日禁忌探源　廖　宇著

清代清修内丹思想比较研究——以柳华阳、闵一得、黄元吉为对象　张　涛著

闵一得研究　陈　云著

第十九批(2017 年)

中医运气学说与道教关系研究　金　权著

《道枢》研究　张　阳著

全真教制初探　高丽杨著

道教师道思想研究　孙瑞雪著

生命哲学视域下的道教服食研究　徐　刚著

“真心观”与宋元明文艺思想研究　曹　磊著

礼法与天理：朱熹《家礼》思想研究　彭卫民著

儒佛融摄视野下的马一浮、熊十力思想比较研究　王　毓著

道教与书法关系研究　阳志辉著

近代城市宫观与地方社会——以杭州玉皇山福星观为中心　郭　峰著

第二十批(2018 年)

法相唯识学认知思想研究　石文山著

禅观影像论　史　文著

早期道教经韵授度体系研究　陈文安著

明清禅宗“牧牛诗组”之研究　林孟蓉著

道教内外丹关系研究　盖　菲著

先秦道家人性论研究　周　耿著

王弼易学研究——以体用论为中心　张二平著

究天人之际——从《尚书》上探儒家本色　黄靖雅著

上阳子陈致虚生平及思想研究　周　冶著

第二十一批(2019 年)

《春秋》纬与汉代思想世界　王小明著

道教与唐前志怪小说专题研究　徐胜男著

康有为、梁启超与谭嗣同佛教思想研究　赵建华著

先秦儒道本体论研究　王先亮著

张万福与唐初道教仪式的形成　田　禾著

“三纲九目”:朱子《小学》思想研究　　徐国明著

先秦儒家天命鬼神观研究　胡静静著

汉末道教的“真道”观及其展开——基于《太平经》《老子想尔注》《周易参同契》的研究　　孙功进著

道德与解脱:中晚明士人对儒家生死问题的辩论与诠释　　刘琳娜著

王阳明与其及门四大弟子的情论研究　　张翅飞著

大道鸿烈——《淮南子》汉代黄老新“道治”思想研究　　高　旭著

第二十二批(2020年)

元代理学与社会　　朱　军著

《晏子春秋》研究　　袁　青著

明代寺院经济研究　　周上群著

《老子指归》的哲学研究　袁永飞著

南宋士人笔记中的宋代道士形象研究　　武清旸著

唐玄宗道儒佛思想研究——以注疏三经为中心　　王玲霞著

陈景元美学思想研究　　罗崇蓉著

敦煌本《大乘百法明门论》注疏研究　　张　磊著

川北地区道教宫观建筑思想及历史文化研究　王鲁辛著

德国巴伐利亚州立图书馆藏三类金门瑶经书抄本研究　　肖　习著

图书在版编目（CIP）数据

《老子指归》的哲学研究/袁永飞著．—成都：巴蜀书社，2021.10
（儒道释博士论文丛书）
ISBN 978-7-5531-1552-8

Ⅰ．①老…　Ⅱ．①袁…　Ⅲ．①道家②《老子指归》—研究　Ⅳ．①B223.15

中国版本图书馆 CIP 数据核字（2021）第 202611 号

《老子指归》的哲学研究
LAOZI ZHIGUI DE ZHEXUE YANJIU

袁永飞　著

责任编辑　谢正强
出　　版　巴蜀书社
　　　　　成都市槐树街 2 号　邮编 610031
　　　　　总编室电话：（028）86259397
网　　址　www.bsbook.com
发　　行　巴蜀书社
　　　　　发行科电话：（028）86259422　86259423
经　　销　新华书店
印　　刷　四川宏丰印务有限公司
　　　　　电话：（028）85726655　13689082673
版　　次　2021 年 12 月第 1 版
印　　次　2021 年 12 月第 1 次印刷
成品尺寸　203mm×140mm
印　　张　14
字　　数　360 千字
书　　号　ISBN 978-7-5531-1552-8
定　　价　79.00 元